语言、基因和考古

——以甘青地区为中心的跨学科探索

［法］徐 丹 主 编
文少卿　王传超 副主编

上海科学技术出版社

图书在版编目（CIP）数据

语言、基因和考古：以甘青地区为中心的跨学科探索 /（法）徐丹主编；文少卿，王传超副主编. -- 上海：上海科学技术出版社，2023.12
ISBN 978-7-5478-6464-7

Ⅰ. ①语… Ⅱ. ①徐… ②文… ③王… Ⅲ. ①语言学－研究－甘肃②语言学－研究－青海③分子人类学－研究－甘肃④分子人类学－研究－青海 Ⅳ. ①H0②Q986

中国国家版本馆CIP数据核字（2023）第243961号

语言、基因和考古——以甘青地区为中心的跨学科探索
[法] 徐 丹 主编
文少卿 王传超 副主编

上海世纪出版（集团）有限公司
上海科学技术出版社 出版、发行
（上海市闵行区号景路159弄A座9F-10F）
邮政编码 201101 www.sstp.cn
徐州绪权印刷有限公司印刷
开本 787×1092 1/16 印张 20.25
字数 330千字
2023年12月第1版 2023年12月第1次印刷
ISBN 978-7-5478-6464-7/Q·84
定价：198.00元

本书如有缺页、错装或坏损等严重质量问题，请向印刷厂联系调换

序

本书是多学科交叉的一个令人欣喜的成果，是来自语言学、遗传学和考古学三门学科的学者合力探讨甘青地区族群、语言和历史文化变迁的初步尝试。本书共收录了17篇文章，其中语言学6篇、遗传学4篇、环境考古学2篇、学科交叉5篇。

最近几十年，随着学科专业化程度的不断增强，跨学科研究已成为各门社会科学的主要趋势。不同学科相互渗透，工作上接近、互动并常常合为一体，深刻地激励着各门社会科学的发展。促进这一过程的，是各个领域的学者日益需要采用综合或并列的方法来进行研究，并以新的学科结合开拓全新的研究方向。

早在20世纪50年代末，美国化学家利比（W. Libby）发明的碳十四断代技术为考古学带来了一场革命。这一技术将考古学家从烦琐而费时的类型学和地层学断代工作中解放出来，去关注更加重要的文化变迁问题。几乎与此同步的，是美国考古学家布雷德伍德（R. Braidwood）和麦克尼什（R. MacNeish）分别领衔的新月沃地扎尔莫项目和墨西哥特化坎项目，分别探索西亚和中美洲两地农业起源，两者都是在美国科学基金会支持下的多学科交叉项目。这两个项目由考古学、地质学、生态学、动物学、植物学、体质人类学、土壤学等不同学科的专家共同参与，以解决农业起源这个战略性课题[①]。

随着20世纪60年代新考古学或过程考古学的兴起，考古学的目的开始从出土材料的描述和构建年代学序列转向材料阐释和社会发展规律的探索。考古学研究不仅要知其然，而且要知其所以然。为了解决人地关系、生计适应、交流贸易、族群关系、技术发展和经济基础等新的问题，各种科技手段被用来提炼考古材料里面所蕴含的各种信息。科技手段和学科交叉成为考古学研

---

① 布鲁斯·特里格.考古学思想史.第二版.陈淳,译.北京：中国人民大学出版社,2010：283.

究的常规操作。由于考古发掘会遇到与人类活动密切相关的各种人工制品和生态物,参与考古学研究的自然科学专家越来越多,研究的对象和材料也逐渐发展到几乎无所不包的状态。同时各种人文途径,如语言学、民族学、民族志、口述传统、艺术史等学科也参与考古学的历史重建中来。生物人类学和遗传学也取得了前所未有的突破。我们对人类自身历史图像的了解从来没有像今天这样清晰和具体。

科技考古和学科交叉在20世纪末进入中国,并被我国学界迅速采纳。然而遗憾的是,科技考古的蓬勃发展并没有充分发挥它们在历史重建中应有的作用,而是变成了一群游离于"锄头考古学"之外的独立分支,与考古学的物质文化研究长期处于"两张皮"的状态。不同领域的科技分析也没有做到预期的相互交叉、彼此互补,进而为社会变迁的理论阐释提供必要的证据链和崭新的视野,反倒变成了各小圈子孤芳自赏的交流,很难和其他方向的学者沟通。造成这种貌合神离反常情况的原因大抵有以下几个。

第一,考古学是一门外来学科,在引入中国之后它被国内的学术传统所同化,最明显的一点就是它一直被视为历史学的一个分支,将解决文献历史的问题看作最有成就感的工作。这使得考古学失去了作为一门独立学科的身份。虽然目前考古学已经升格为与历史学并列的一级学科,但中国考古学的学术取向仍然是历史学的,除了旧石器时代考古外,大部分的重要问题都来自历史学。由于中国考古学没有去探索这门学科擅长处理的问题,科技考古专家与执着于类型学的考古学者缺乏共同的语言和问题意识,无法进行实质性的学科交叉,只能从自己的专长和兴趣来提炼信息。这种研究成果有时虽然令人瞩目,但是它们仍然是孤立于历史图像之外的碎片化证据,无法与其他考古材料和信息整合和互补,为重建历史演变的过程提供关键的证据。

第二,20世纪中叶考古学学科交叉的发展与学科范式的变化同步,这是因为考古学提出了更高的要求和更重要的问题,在欧美产生了"更加科学化和更加人类学化"的新考古学。但是,科技考古引入中国的过程,基本上是与欧美考古学理论发展和范式变革脱节的。由于科技手段新颖和实用,所以引入和发展很快,但是问题导向的理论思考因带有意识形态或学派立场的色彩而受到冷遇和抵制。所以,在科技手段引入和方法变得多样化的同时,以"考古学文化"和区系文化类型分析为主导的范式没有变。结果,科技分析和学科交叉虽然非常时尚,但是除了为类型学分析为主的研究报告提供一些技术测试的附录之外,难以变成考古材料整合分析和信息互补的重要组成部分。

第三,许多科技考古专家是从自然科学领域直接进入考古学的。若无考古学扎实的基础训练,精通各种技术的专家未必了解和领悟不同材料在考古学历史重建中所处的地位和重要性,不清楚各种材料在考古记录形成过程中的复杂性,以及不重视它们与其他考古学材料的共生关系和历时变化。如果不了解各种材料在地层中的时空分布以及与其他材料共生关系的要义,那么即使亲临现场进行采样,也有可能无视材料的形成和埋藏背景,这样孤立得出的分析结果究竟有多大意义?分析数据又如何与其他材料和信息进行交叉和互补?

德·拉埃(S. J. De Laet)指出,考古学的多学科研究,可以根据各有关学科相互渗透的程度和状况在不同的水平上进行。

在最低的水平上,考古学家求助于"辅助"学科。这些学科的专家并不参加考古调查,甚至对考古学毫无兴趣。但是,考古学家更乐意与那些对考古有兴趣的专家合作。参加这些工作的实验室人员大多是技术史专家,这样的合作已经达到了多学科研究的水平。

有一种学科交叉的例子,是完全不同的学科从对方吸收相关的理论、方法和模型,在目标未必一致的研究中进行富有成效的合作。比如,考古学流行的功能论、系统论、结构主义,还有沃勒斯坦(I. Wallerstein)的"世界系统"理论等,都是直接借用人类学和经济学的模型。将其他学科的理论方法作为自己学科研究和解释的灵感源泉。

科技考古的发展表现在考古学家不仅需要增加本学科的技术和方法,而且需要熟悉和掌握和自己领域毫不相关学科的技术和方法。最明显的是考古学中不断增长的定量研究方法趋势,使得数学知识和统计学成为学科所需的专业性知识。

借鉴德·比(P. de Bie)的观点,德·拉埃将学科交叉分为几个不同的层次和阶段。

第一阶段是各学科学者对一个问题进行共同研究,发表各种报告。这种齐头并进的协作,使得我们能够对共同关心的问题有更深入的了解。

第二阶段是不同学科的学者同步处理同一问题,彼此交流各自的研究成果,并在这些报告的基础上产生综合的研究成果。布雷德伍德和麦克尼什的西亚与中美洲农业起源研究,就是这种研究的典范,由参与项目的地质学家、气候学家、生态学家、古植物学家、古动物学家和考古学家从各自学科的角度来处理同一个问题,分别撰写研究报告,并由考古学家做出总结性的阐释。弗兰纳利(K. Flannery)主编的考古报告《圭拉那魁兹:墨西哥瓦哈卡的古代期觅食与早期农业》可以作为这类学科交叉的经典①。

但是,德·拉埃认为,只有当不同学科的合作达到了高度综合的程度,才算进入真正的跨学科阶段。而这种研究项目一般来说还是很少的,用法国史前学家博尔德(F. Bordes)的话来说,就是"包括我们自己的学科在内,没有哪一门学科是'辅助'主要学科的,所有学科都是相互辅助的。……这是一个研究'整体',而不是专业的划分"。

学科交叉的最高境界是"超学科"阶段,在这个阶段,门类繁多的社会科学和人文科学将融合在一种普遍的人类科学之中,每个专家都将运用自己的方法对这门学科做出贡献②。

从本文集的成果来看,语言学、遗传学和考古学三个领域学者的成果相当于学科交叉的第一阶段,就是各领域的学者发表自己的成果,以求对共同关心的问题能有互补的认识。在这三门学科中,语言学与遗传学的关系比较密切,因为人群的迁徙会在基因和语言上产生相似的融合与变化。伦福儒(C. Renfrew)和巴恩(P. Bahn)说,族群常常与语言区相关联,族群和语言区的界限也往往重叠。在某些情况下,讲某种语言的地区大小,对决定后来形成的族群规模是有影响的③。在第六版的《考古学:理论、方法与实践》里,伦福儒和巴恩特别更新了语言变迁与遗传学研究的密切关系,提出古 DNA 结果对库尔干人群迁移与印欧语传播理论的支持④。

从遗传学的进展来看,一般从宏观视野来追溯人类的演化和人群的迁徙

---

① 肯特·弗兰纳利.圭拉那魁兹:墨西哥瓦哈卡古代期觅食与早期农业.陈淳,陈虹,董惟妙,等译.上海:上海古籍出版社,2019.
② 西格弗雷德·德·拉埃.第二章 考古学与史前学//联合国教科文组织编.当代学术通观:社会科学和人文科学研究的主要趋势(人文科学卷).上海:上海人民出版社,2004:149-174.
③ 科林·伦福儒,保罗·巴恩.古代族属与语言//考古学:理论、方法与实践.第六版.陈淳,译.上海:上海古籍出版社,2015:166.
④ 科林·伦福儒,保罗·巴恩.语系与语言的变迁//考古学:理论、方法与实践.第六版.陈淳,译.上海:上海古籍出版社,2015:470.

的案例比较多,而语言学的分析也能从古DNA的成果获得支持。本文集的语言学研究多集中在不同人群的语言借贷和融合,这种交融和基因的交流有一定的相似之处。然而,我觉得这种学科交叉的更高境界在于不限于采用一种技术来论证另一门学科的假设,而是能够为本学科开拓新的视角,获得比单一证据更丰富的知识。

语言学对考古学范式的影响也很大,比如考古学文化"相似即相近"的原理就来自语言学的类比,把相似的考古学文化看作是某人群的代表。文化历史考古学范式的缔造者德国史前学家科西纳(G. Kossinna)和英国考古学家柴尔德(V. G. Childe)都是从语言学领域转向史前考古的。但是就目前来看,将物质文化的异同与语言类比还存在很大的问题,因为导致语言变化的社会因素与导致物质文化变化的因素并不相同。但是,语言学所获得的洞见应该可以为考古学文化分析提供更好的视野,帮助人们认识到文化交融的复杂性。

遗传学对考古学的贡献可以与碳十四断代方法相媲美,其成果成为近年来最为显著的亮点。伦福儒和巴恩指出,古今的DNA研究正在一种系统的分子基础上为研究人类进化以及动植物驯化提供一条前途光明而又充满惊喜的途径。最近古DNA研究为物质文化的变迁是由于某社会内部的发明还是由于新人群的迁移提供了新的洞见[①]。

甘青地区靠近欧亚大陆交汇处,地理和生态环境的特殊性使得这片区域成为史前期和历史时期人群和文化交流最为频繁的地区,环境多样性和气候多变的特点使得古代人群以各种方法适应他们栖息地的环境,开发出适应于不同生态位的生业技术。而马背民族的流动性又为这片地区不断带来民族和文化融合的动力,成为民族、文化、技术和宗教信仰的大熔炉,多学科合作的前景不可限量。

本文集是多学科交叉的可喜尝试,由于不同学科研究的材料差异很大,而且问题和方法也很不同,能够彼此直接借鉴和论证的研究范围可能相差很大。因此,各领域的学者应当适当熟悉和了解姐妹学科的研究现状,寻找自己的学科能为其他学科做些什么,或留意其他学科的成果能为自己的研究提供哪些启发。学科交叉不能只盯着自己的传统路径,还需要有敏锐的洞察力去寻找

---

① 科林·伦福儒,保罗·巴恩.考古学:理论、方法与实践.第八版.陈淳,董宁宁,薛轶宁,等译.上海:上海古籍出版社,2022:18—19.

学科边缘地带的结合点,从而能够使这些边缘地带的结合点成为崭新的研究领域。

最后,用皮亚杰(J. Piaget)的一段话作为本序的结语。他说,科学运动最令人瞩目之处,是新的知识分支的骤增。邻近学科的结合会提出新的目标,后者能够丰富母学科而又反作用于母学科。这种异质性领域的相互杂交用"遗传重组"来形容更有意义。在经典生物学中,杂交往往等同于没有生殖力,而现代生物学证实,"遗传重组"比纯基因更平衡、适应性更强,并且"遗传重组"趋于在进化机制概念中取代"突变"。在精密科学和自然科学领域中,杂交具有很强的生命力,它在人文科学中也能产生许多新的分支,从而对产生这些新分支的母学科产生巨大的推动作用。所以,跨学科的真正目的是通过结构性重组的交换来达到对各个知识领域的改造和重组[①]。

陈　淳

复旦大学文物与博物馆学系教授

2023 年 6 月 29 日

---

① 让·皮亚杰.跨学科研究的一般问题与共同机制方法论//联合国教科文组织编.当代学术通观:社会科学和人文科学研究的主要趋势(人文科学卷).上海:上海人民出版社,2004:430-477.

前　言

跨学科研究已经成为科学创新最常见的手段与方法，是高水平科研的重要特征。对于人类历史的研究可以利用语言学、遗传学、考古学方面的知识。通过考古学和语言学的研究可以追溯人群及语言、文化的演变，而通过DNA溯源可以追踪人群血缘的演替。这三个领域的交叉研究为比较研究人群文化和基因动态变化的过程提供了新方法和新思路，可以丰富我们对于族群整体历史的认知[①]。

中国西北甘青地区位于丝绸之路的核心地带，是研究人群遗传混合和语言接触的绝佳场所。基于欧洲研究委员会资助的重大项目（ERC‐2019‐AdG 883700‐TRAM）Tracing language and population mixing in the Gansu-Qinghai area（追溯甘青一带语言和人群的混合），本书主编之一、法国语言学者徐丹院士和国内外从事语言学、遗传学和考古学的青年学者合作，组成中外跨学科的联合团队，共同探究西北地区人群遗传混合和语言接触的关系。核心成员已经合作了近十年。在徐丹院士申请的法国项目（ANR‐12‐BSH2‐0004‐01）Do languages and genes correlate？‐ A case study in Northwestern China（语言和基因是否匹配——以中国西北为例）里，联合团队已经成功研究了甘青地区一些族群，如东乡族、裕固族，以及语言和人群演变的具体案例，如甘肃临夏回族自治州东乡县的唐汪话、甘肃永登县薛家湾人群的来历及其密语的研究等。

本书一共收录了17篇文章，大部分源自联合团队内部培训的讲座课程，其中包括4篇已经发表的文章。本书基于前沿理论和方法，立足跨学科探索，既可作为语言学、分子人类学、考古学等学科的专业教材，也适合作为其他领域学者和读者的参考材料。

---

① 王传超.跨学科推进人类史前历史研究.中国社会科学报，2022‐08‐16(001).

本书为欧洲研究委员会项目的第一部著作,也是一本普及性的入门读物。这些普及性的文章暂时还未涉及我们最新的研究成果。由于新冠疫情的影响,该项目于2023年夏季才开始新一轮的田野调查和遗传采样。我们在未来的著作里将会介绍后续的研究。我们相信和期待着,以后的研究成果会更精彩!

复旦大学陈淳教授不辞劳苦、欣然为本书作序,我们在此谨表诚挚的谢意!感谢杨旖旎女士为本书的编辑付出了大量的时间和辛苦的工作!感谢上海科学技术出版社给予本书的大力支持和帮助!没有他们辛勤的劳动及支持,本书是无法和读者见面的。

徐丹　德国美因茨大学教授、欧洲科学院院士
文少卿　复旦大学文物与博物馆学系/科技考古研究院副教授
王传超　厦门大学人类学研究所所长、教授、博士生导师

2023年6月30日

目 录

第一部分 跨学科研究的理论与思考

第一讲 东亚的农业起源与早期农业生态 ········· 潘 艳 3

第二讲 史前时代甘青地区人类活动及其与生存环境变化的
关系 ········· 李 若 34

第三讲 人类父系 Y 染色体 DNA 数据分析方法简介 ········· 韦兰海 52

第四讲 考古学和古基因组学视野下的藏缅语族迁徙与
演化 ········· 郭健新 王传超 62

第五讲 新石器时代转型影响下的东亚父系遗传结构 ········· 文少卿 76

第六讲 语言、考古和遗传学多学科视角下的印欧语系
起源与扩散 ········· 杨文姣 孙 瑾 郭健新 王传超 87

第七讲 基因家谱学在中国的发展历程
········· 文少卿 韩 昇 李 辉 103

第八讲 中国境内的混合语及语言混合的机制 ········· 徐 丹 118

第九讲 多学科视角下突厥语人群的起源和演化 ········· 沈 曲 王传超 148

第二部分 甘青地区跨学科研究案例

第十讲 甘青地区语言和人群混合与替代的演化模式
——跨学科方法研究的尝试 ········· 徐 丹 159

第十一讲 青藏高原人群的遗传历史 ········· 王传超 179

第十二讲 丝绸之路沿线人群的基因交流与语言演化 ········· 文少卿 190

第十三讲　语言接触与语言共性
　　　　——以甘青语言区域若干现象为例……………周晨磊　209

第十四讲　裕固族部落与户族及西部裕固语语言结构特点
　　　　………………………………………钟雪晴（雅尔姬斯）　222

第十五讲　东部裕固语与察哈尔蒙古语语音和词汇语义比较
　　　　………………………………………………斯钦朝克图　235

第十六讲　甘青一带汉语中"是"的特殊用法及其形成原因
　　　　——从"河州花儿"中"是"的演变谈起……彭大兴旺　黎　皓　273

第十七讲　甘青区域的语言与人群：以保安语为例………黎　皓　294

索引………………………………………………………………309

第一部分

跨学科研究的理论与思考

第一讲
东亚的农业起源与早期农业生态

潘 艳

(复旦大学文物与博物馆学系)

农业起源是人类历史中一项重大的技术变革,不仅为人口增长、社会加速发展奠定了必要的物质基础,更开启了人类文化传播和塑造世界的全新时代。本文基于考古学发现和研究勾勒东亚地区(今中国、朝鲜半岛、日本列岛)主要农作物和家养动物的最初驯化过程,以及农业起源阶段的人类生活。东亚大陆的农业探源很大程度有赖于古老驯化动植物物种的确认,最早在该地区驯化的禾本科农作物有水稻、粟和黍、大豆,还有桃这类果树,家畜有狗和家猪。这些物种的驯化故事始于距今约 10 000 年,经历了漫长而缓慢的早期过程,一直延续到距今 8 000—7 000 年间。与此同时,朝鲜半岛和日本列岛的先民尽管没有发展出以活跃的农作物栽培和家畜驯养为代表的经济形态,但是以其农业生态的原生性而构成东亚地区早期农业发生的重要部分。

一、东亚大陆的动植物驯化

(一) 水稻

今天被称为"亚洲栽培稻"(*Oryza sativa*)的驯化水稻是东亚先民对世界的一项巨大贡献,大量考古学证据表明它最早是在长江中游和下游地区被种植并驯化的,大体上都可以追溯至距今 10 000 年前,且基本不间断地延续下来。

两类物质材料是考古学家判断水稻是否持续地被人类种植的依据,一类是水稻小穗基盘断裂处的形态,另一类是两种植硅石的形态。水稻小穗基盘形态与驯野稻群的落粒性差异紧密相关,考古学和遗传学都有证据表明,在水稻的诸多驯化性状中,落粒性减弱是在被人类栽培之初就出现的变化,这一特征远早于稻粒的尺寸大小、芒的退化、亚种分化等变化,因此小穗基盘形态特征能够向我们提示水稻最初驯化的信号。落粒性原本是野生稻扩散种子、繁殖后代的自然机制,水稻成熟时,颖果基部发育出一层离层细胞,使稻粒脱落。但野生稻群中存在很小比例的离层不发育的个体,它们的成熟颖果不会自然脱落。人类的栽培行为是从收获野生稻种子开始的,这些不会自然脱落的稻粒总是有更大概率被收获,而后在下一个季节被播种到地里。因而,在人类种植的水稻种群中,不自然落粒的个体比例就会大于野生稻种群中的这一比例。当这种栽培行为年复一年地不断重复,不落粒个体的比例就可能以比较快的速度增长,随着人类施与的选择压力逐渐强化,这种不落粒的性状在整个水稻种群中得到确立。水稻自然落粒的小穗基盘底部瘢痕是光滑整齐的,不能自然落粒、需要人为脱粒的小穗基盘则呈现各种受力撕扯留下的粗糙断面,这两种形态差异可以在出土水稻遗存中观察到。一项实验研究显示,粗糙的小穗基盘比例在10%以下仍属野生稻,大于20%就可判定为受到人类持续栽培和选择的结果,即离开典型的野生状态,属于被驯化的范畴[1]。在考古学证据中,来自距今8 000—7 000年的跨湖桥遗址的水稻小穗基盘中,形态粗糙的已占40%[2]。年代更早的湖西遗址中粗糙小穗基盘的比例为38.8%[3],考虑到湖西遗址代表迄今所知长江下游最早的新石器文化上山文化晚期,我们可以确信,长江下游水稻驯化发生的时间应当从距今8 400年向前追溯,甚至可能涵盖整个上山文化存续的时代。

两种稻属植物特有的植硅石——双峰形植硅石和扇形植硅石,也可以用作分辨水稻驯野属性、指示水稻驯化发生的参考标准。双峰形植硅石是由水稻颖壳表皮细胞形成的,基于双峰形植硅石形态参数建立的判别式可以将其分成驯化型和野生型[4~5]。长江中游水稻驯化的发生是以该方法证明的。吊桶环遗址位于江西省万年县的大源盆地中,研究者在其距今11 000—7 000年的地层沉积中找到了一定数量的双峰形植硅石,利用此前建立的判别式对它们的形态参数进行分析后发现,其中的驯化型比例呈现从早到晚持续增高,同时野生型比例持续降低的趋势[6](图1-1)。这种持续性显然不可能是偶发所致,最合理的解释是水稻在此被人类有意地种植,栽培行为所带来的选择压力使水稻双峰形细胞发生了定向的性状变化。

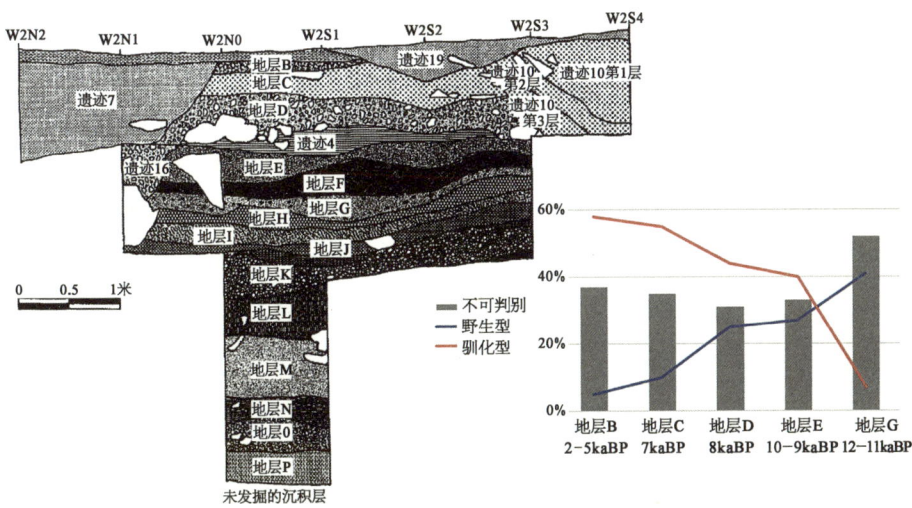

图 1-1　吊桶环遗址发掘地层剖面与双峰形植硅石比例变化曲线图[6]

扇形植硅石形态最早为日本学者所关注，可以用于区分驯化稻的籼粳亚种，但此法仅适用于在无野生稻天然分布的地区发现稻作由外部传入的证据[7]。最近10年，吕厚远的研究团队发展了利用扇形植硅石形态判断驯野属性的新方法。他们指出扇形植硅石来源于水稻叶片表皮的泡状细胞，叶片缺水时，它会皱缩，使叶片卷曲，受到周围细胞反复挤压，泡状细胞底部就形成了鱼鳞状纹饰，受水分胁迫越严重，鱼鳞状纹饰数量越多。他们还认为叶片内卷能力与植株结实率高紧密相关，对高产量植株的选择也强化了叶片卷曲能力这一性状。广泛的采样和实验分析发现，野生稻生长区表土中具有≥9个鱼鳞状纹饰的扇形植硅石比例为17.5%±8.3%，驯化稻表土中的这一比例是57.6%±8.7%[8]。

上述两类植硅石研究均表明长江下游距今10 000—8 000年间已经发生持续的水稻栽培和驯化过程，在此漫长的时段中，不同时间和区域的水稻驯化进程不尽相同，且多有波动，这些应与在多种本地环境中人类与水稻之间不同的互动模式有关。以扇形植硅石的量化分析为例，2021年一项对上山文化5个遗址（上山、湖西、荷花山、桥头、庙山）的研究表明，鱼鳞状纹饰≥9个的扇形植硅石比例均处于现代野生稻表土和驯化稻表土的水平之间。具体可分为三个阶段：距今10 000—9 000年驯化水平较低，距今9 000—8 500年是驯化水平较高的一个时期，随后约500年驯化水平表现出因时因地的波动[9]（图1-2）。除此以外，笔者还收集了迄今已发表的长江下游扇形植硅石鱼鳞状纹饰分析数据，年代跨上山文化和跨湖桥文化两个时期，尽管没有一例样品达到现代驯化水稻土样的标准,但我们仍然可以从这批数据中发现水稻早期驯化的线索。大体上表现为,绝大多数数据明显离开野生稻分布的范围,这一比例的中值在上山文化时期持续上升,在跨湖桥文化时期略微降低;均值从上山早期至中期明显上升后,略微下降并一直稳定保持到跨湖桥时期[9~12](图1-3)。植物考古界对扇形植硅石形态研究的不懈努力以及将之在长江下游早期农业探索中的广泛应用,令人信服地佐证了这一地区人类对水稻植被的干预和各

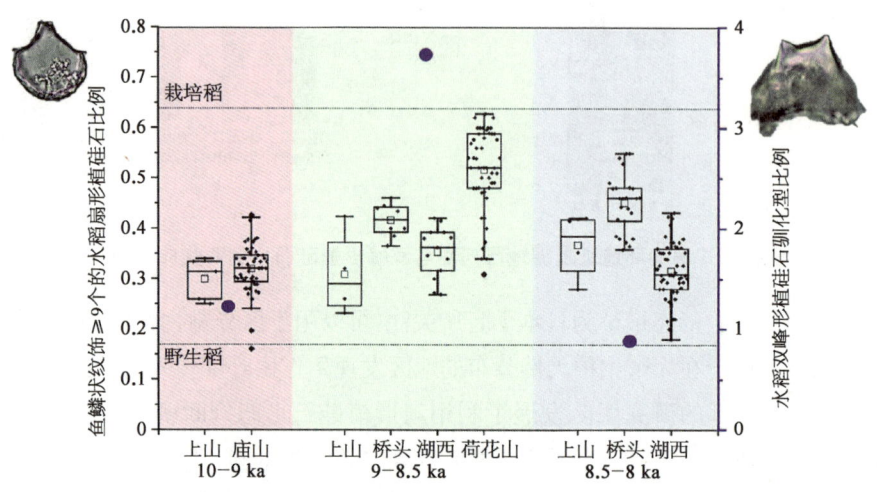

图1-2 上山文化5个遗址扇形植硅石与双峰形植硅石分析结果[9]

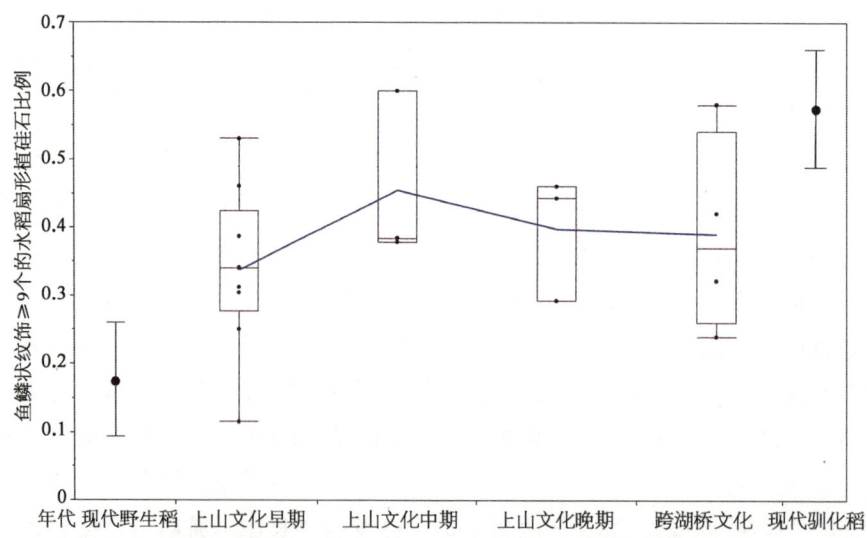

图1-3 长江下游距今10 000—8 000年间上山文化与跨湖桥文化扇形植硅石研究数据

种互动的尝试早在距今约 10 000 年就已经相当活跃了。

在长江中游地区,继吊桶环遗址以后,彭头山和八十垱是该地区距今 9 000—8 000 年的重要遗址,对其中出土碳化稻遗存的粒型研究[13]仅仅表明,水稻驯化早期的样本不适宜、也不应当参照现代稻种的粒型范畴来比照分析。对距今 8 000—7 300 年的杉龙岗遗址出土碳化稻米遗存的粒型分析存在类似的困难[14]。在水稻驯化过程中,与落粒性特征相比,粒型尺寸的变化发生得较晚,不适合作为探测早期驯化发生的指标。此外,也尚未见其他应用小穗基盘或植硅石形态分析方法对这两个遗址稻属遗存的系统研究。尽管实证比较单薄,但考古界仍接受水稻在彭头山文化已被栽培的观点。

除了长江中下游以外,在不晚于距今 8 000 年的时段内,稻米遗存还广泛出土于淮河上游、淮河下游、黄河下游(海岱)等地区。淮河上游有贾湖和八里岗遗址。贾湖出土了碳化稻遗存和稻属植硅石,形态测量研究显示水稻很可能是被栽培的[15~16]。八里岗前仰韶时期的水稻小穗基盘驯化型比例达到近 80%,到仰韶时期增长至 88%,表明至少距今 8 600 年人类已经种植水稻了[17]。淮河下游地区有顺山集、韩井、雪南三个遗址,均属于顺山集文化,它们的扇形植硅石鱼鳞状纹饰≥9 个的比例均在野生与驯化的范围之间,与上山文化类似。其双峰形植硅石中驯化型的比例不占优势,而且现有的数据也未显示某种明确的趋势[18~20](图 1-4)。在大植物遗存方面,顺山集和雪南遗址浮

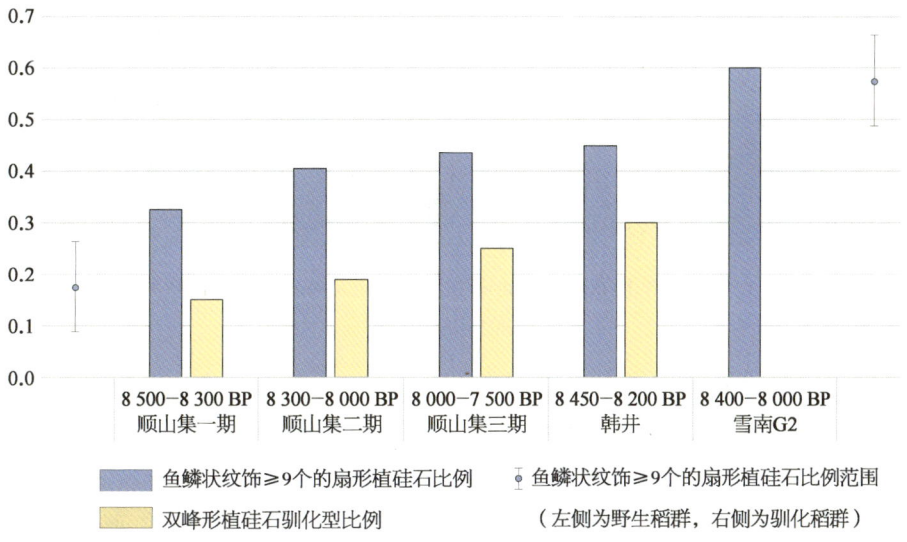

图 1-4 淮河下游遗址出土稻属植硅石分析数据

选所得的碳化稻粒数量太少,不足以开展形态的定量分析[20~21]。但是,韩井遗址揭露了顺山集文化一期由洼地和多条水沟组成的水稻田遗迹[22]。综合以上线索,江淮东部在距今8 000年以前已有水稻栽培是可以印证的。黄河下游的西河[23]、月庄遗址[24]都出土了碳化稻粒,但每个遗址均仅在1~2处灰坑中发现,且数量较少,不足以分析及评估其驯野属性,我们也因此无从推测这些稻粒是当地种植还是自外部传入[25]。总体来看,距今9 000年前,水稻栽培最北到达淮河上游。距今8 000年,水稻栽培的北界已到达淮河下游,水稻也为更北的黄河下游人群所利用(图1-5)。

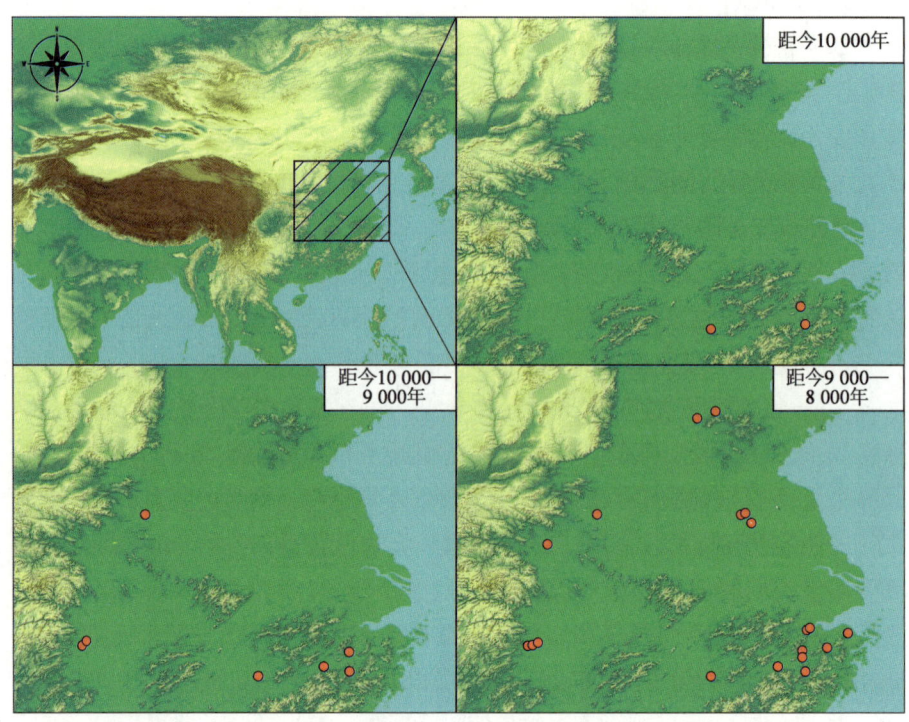

图1-5 距今10 000—8 000年东亚大陆水稻考古记录的时空分布
红点为出土水稻遗存的遗址

　　以上是考古学界目前所知的距今10 000—8 000年东亚大陆有关人类与水稻互动的全部资料,尽管受限于出土材料的可获性,考古学还未能准确地说明早期驯化过程的诸多关键细节,但自水稻最初在长江中下游地区被人类干预且尚未成为一个性状稳定的驯化物种时,它已经快速地向原生地以北的广大地域扩散,这是可以确定的。

(二) 小米

在中国北方驯化的小米包括粟(Setaria italica)和黍(Panicum miliaceum)两个种。粟的野生祖型是狗尾草,黍的野生祖型还不甚明了。剑桥大学团队的遗传学研究提供了可能参与驯化黍进化的一些种,黍被发现是一个异源四倍体,具体地说,它的母方亲本很可能来自纤枝稷(P. capillare)或纤枝稷的近亲,父方亲本来自铺地黍(P. repens),而铺地黍本身也是一个由两个不同但是近亲种作为亲本的异源四倍体,其母方亲本接近细柄黍(P. sumatrense)[26]。

粟和黍被人类栽培后发生的形态变化比水稻容易观察,参考现代狗尾草和粟的形态差异就可知,野生种种子扁平,呈纺锤形,两端较尖锐,驯化种种子膨大,粒型变宽增厚,呈球形[27]。尽管粟和黍的种子乍看之下很相似,但在显微镜低倍放大的条件下,两者形态的多方面差异显示得相当清晰,从而容易区分。而粟和黍稃片细胞植硅石的多项形态差异则有助于在缺少碳化遗存的情况下分辨两种不同农作物的存在[28]。

迄今所知最古老的经人类栽培的粟和黍遗存出土于北京门头沟的东胡林遗址,年代早至距今 10 000 年左右。这些碳化粟粒近球形,已经出现了驯化种的特征,但尺寸特别小,不仅明显小于现生粟粒,还小于现生狗尾草的种子尺寸(但用来对比的现生狗尾草标本未经碳化)。这表明对驯化早期的种群个体而言,无论是驯化型,还是野生型,都不能直接等价于今天的现生种,两者之间相隔着万年时间尺度的进化过程[29]。在接下来的 2 000 年内,考古出土植物材料的缺乏使我们无法获知在此期间粟黍栽培或传播的动态。然而,在距今 10 000—9 400 年的河北徐水南庄头遗址,家犬骨骼的稳定同位素分析结果给出了一些蛛丝马迹,两例家犬的食物结构中明显包含了一定比例的碳四植物,而这里出现的碳四植物只可能来自人类栽培的粟黍[30]。到距今 8 000 年左右,驯化粟和黍已经在相当广大的地域内传播开来,华北北部至西辽河地区的兴隆沟[31]、南湾子北[32]、贾家沟西[33]、塔尺营子[33]、兴隆[34]、裕民[35]、四麻沟[36]、四台[37]遗址,海岱地区的西河、张马屯、月庄遗址,太行山东麓自北向南的磁山、裴李岗遗址,最西到秦岭以西的大地湾遗址[27,38~40]均出土了碳化小米遗存。这些遗址都位于北方黄土区的边缘地带,且无一越过秦岭—淮河一线(图 1-6)。到这一时期,不同地区或遗址的考古记录已经清晰地展现出小米在丰富程度和出土背景等多方面的差异,说明小米的早期驯化是在一种多元化的社会与生业背景中展开的。

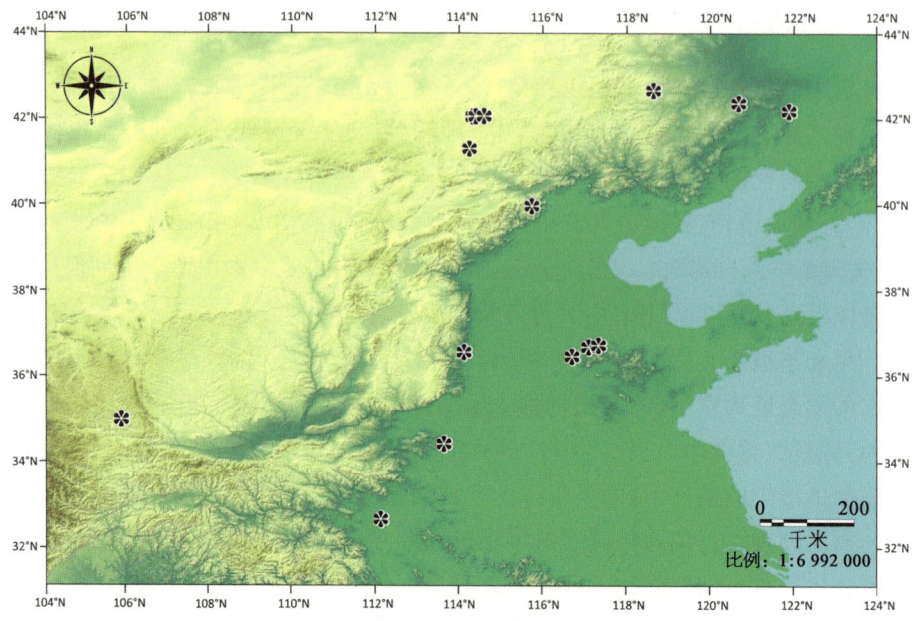

图 1-6　距今 10 000—8 000 年出土驯化粟与黍的考古遗址分布图

磁山遗址曾发现大规模的小米窖藏,包含谷物堆积的窖穴就有 88 个,据估算,全部谷物储量可能超过 50 吨。当然,这些储量并不代表短期内出产的粮食产量,而是先民在此居住的数百年间累积存粮的总和[41]。植硅石分析进一步揭示了粮食窖藏的种类和结构,磁山遗址所出谷物绝大部分应为黍,粟仅占少数。储藏坑一般为长方形竖穴坑,大小为长 1~1.5 米、宽 0.5~0.8 米、深 1~5 米不等,均经过仔细准备,自坑底往上,每堆积 0.5 米厚的谷物,就铺一层芦苇叶[42]。有些窖穴底部有一件完整陶器,被推测为用于盛取粮食的容器。有些窖穴堆积的粮食底部整齐地摆放着猪、犬等家畜的完整骨架,被推测为与祈求粮食安全有关的礼仪性行为[41]。该遗址的种种迹象表明这里很可能是当时该地区农业村落集中储粮的地点。西辽河流域也出现了小米种植较为成熟的定居社群。兴隆沟遗址第一地点是一处兴隆洼文化中期的大型村落,植物考古发现 20 000 余颗种子,其中碳化黍近 1 500 颗,碳化粟仅数十颗[31]。由于兴隆沟的发现时间早于东胡林遗址十余年,在相当长的一段时间内,内蒙古地区西辽河上游被认为是小米驯化的起源地。但就目前我们所掌握的考古材料来看,兴隆沟遗址更应该被视为小米早期驯化尾声的代表性地点之一,而非驯化的开始。与磁山遗址仅出土两座房址不同,属于兴隆洼文化中期的兴隆沟遗址曾经是一个有近百人居住的定居村落,房屋修建在平缓的坡地上,成排布局,面朝坡下,平均每座房内居住 4 人左右[43]。以小米为主的旱地农业已经能够可持续地供养这样的小规模部落了。南阳盆地在距今 8 000 年左右已经接受了稻米栽培,从此起,也出现了逐渐采纳黍和粟的迹象。比如,八里岗遗址前仰韶时代的植物遗存以稻为主,仅见少量疑似黍的标本,进入仰韶时期以后,黍和粟在植物组合中所占的比例很快增长[17],周围其他遗址的农作物结构也有类似的变化趋势。这表明水田和旱地两种农业方式在传播到南阳盆地后均得以保留并发展,目前看来是东亚大陆稻旱混作的最早例证[44]。海岱地区也有小米与稻米共出的现象,但其意义与南阳盆地不尽相同。此时段驯化物种以黍和粟最为常见,但在植物遗存组合中所占比例较低。稻米仅见于月庄和西河遗址,均集中出土于一个灰坑,其驯野属性与来源均无法证,而且在此后一千多年的遗址中,出土稻米的不超过 10 个。稻米遗存总是"昙花一现"式地零星闪现,不具有时间上的连续性[25]。因此,海岱地区与纬度较低的南阳盆地相比,似乎不太容易接受稻米栽培这种农业方式,而小米种植则能够延续下去,换言之,稻旱混作的农业在此难以为继。

(三) 大豆

现代栽培大豆(*Glycine max*)的野生祖型是野大豆(*Glycine soja*),驯化种与野生种的豆粒尺寸、豆粒硬度、种子扩散机制、蛋白质和脂肪含量等多个性状都存在明显差异,考古材料让我们了解到大豆在东亚大陆地区与朝鲜半岛和日本列岛地区有着不同的驯化路径,恰与人类对两种不同表型性状的选择紧密相关。

大豆粒型增大在整个东亚地区史前均现端倪,而在朝鲜半岛和日本列岛的考古记录中表现得更为突出。一项对中国出土的碳化大豆遗存尺寸的研究显示,大豆自 8 000 多年前就被人类利用,但到距今 4 500 年以后的龙山时代,豆粒才明显增大,而此后大豆粒型增大也比较缓慢,直到唐宋时期的大豆遗存才接近现代大豆中尺寸最小的样本[45]。另一项研究囊括了中、日、韩三国考古出土的大豆遗存,年代范围涵盖距今 8 000 年以上直至公元 4 世纪(图 1-7)。大量详细数据表明,即使中国龙山时期出现一部分尺寸略有增长的大豆,但从前仰韶时期到二里头时期,乃至更晚的商周时期,大豆遗存的尺寸聚合在一个类群里,而且有一部分商周时期的标本明显小于前仰韶时期的。换言之,东亚大陆范围内,实际上,在汉代以前并不存在明确的豆粒历时增大的现象。即使到了汉代,大豆粒型已明显增大,但与朝鲜半岛和日本列岛考古出土的大豆相比,尺寸仍然偏小。韩国和日本的大豆遗存年代与东亚大陆相仿,为距今7 800—5 500年的绳文时代,以及距今7 000—2 550年的栉文时代到无文时代中期,它们不论年代早晚,整体性地大于同时期的中国大豆,而且其中粒型最大的样本集中于无文时代早期,即距今3 500—2 800年间。这表明,尽管大豆在整个东亚从新石器早中期就被广泛利用,但日本列岛和朝鲜半岛先民可能比大陆人群更早有意识地加强对大粒型特征的选择。李炅娥等人还提出一种猜测,日本绳文时代的大粒型大豆是否可能向朝鲜半岛扩散,再传入中国而成

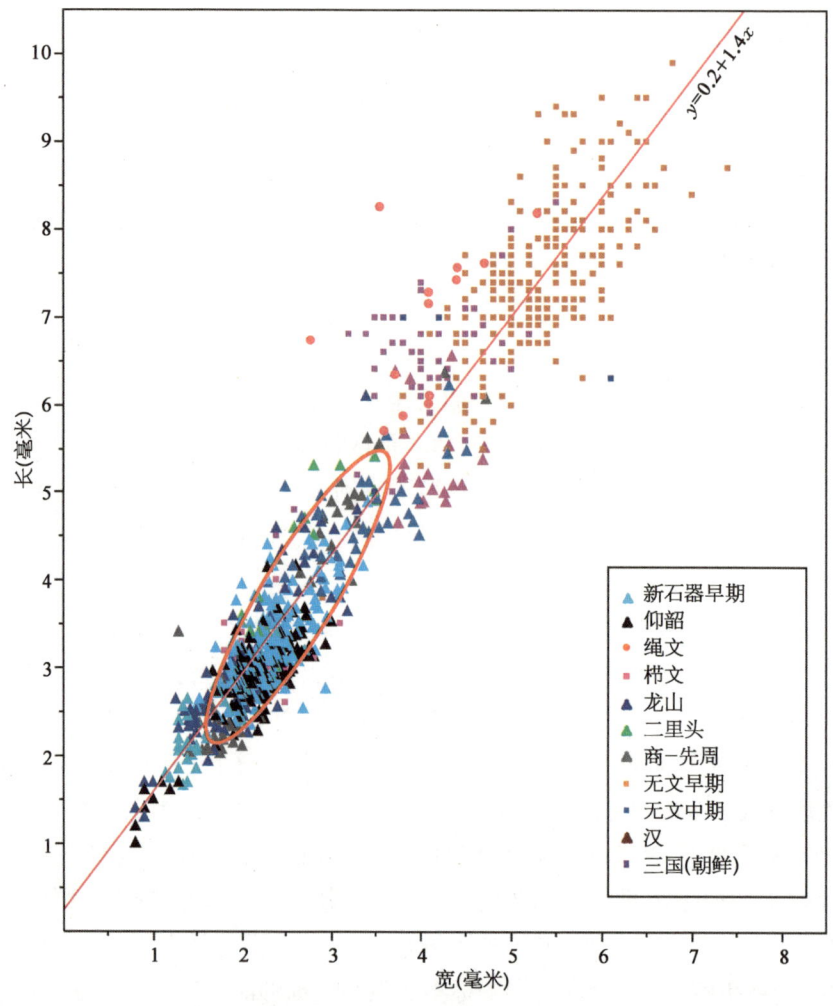

图1-7 中国、日本、韩国考古出土大豆遗存长宽测量值聚类分析图示[46]

为后来驯化种的一个地方品种来源[46]？虽然这种假设尚未得到验证，但这一思路提示我们，东亚地区史前物质文化的传播方式未必总是从大陆流向朝鲜半岛和日本列岛，反方向的扩散也是一种可能。

与在朝鲜半岛和日本列岛地区不同，大豆在与东亚大陆地区人群的互动中发生了更重要的表型性状改变——脂肪含量的增加。现生驯化大豆和野生大豆的碳化实验显示：因野生大豆含油量低，经低温燃烧后的碳化豆粒仍能基本保持原状，即使经高温或长时间燃烧，子叶膨胀爆裂所造成的碳化变形也并不严重；驯化大豆因含油量高，豆粒在低温碳化阶段就会膨胀，且随着爆裂向多个方向发生以及子叶所含油脂被烧失，豆粒发生严重变形，并出现各种大小不一的内凹空洞[47]。这提示了大豆驯化的另一种选择压力。利用第三代中能同步辐射光源对中国出土碳化大豆的CT扫描实验与三维结构透视分析更清晰地呈现了大豆驯化过程中油脂含量的变化（图1-8）。研究者选取属于后李文化、龙山文化、商和唐代的碳化大豆样本共7颗，以现代驯化和野生大豆样本作为参照组，根据它们的三维结构图计算其内部因油脂烧失所形成的所有孔洞的总体积，这个体积值能反映大豆所含的油脂比例，结果表明所有古代样本含油量都高于现代野生样本（图1-9），暗示海岱地区先民可能早在距今7 500年前就开始有意识地选择含油量高的大豆[48]。这项研究不仅解释了可通过碳化大豆爆裂形态来推测驯化进程的内在机制，也以实际数据佐证了人类选育高含油量大豆的农业行为。

（四）桃

东亚史前桃树种植和选育的考古学证据来自长江下游。根据笔者粗略的经验，长江下游八成以上的史前遗址都会出土桃核，这种不寻常的时间连续性引起了植物考古学家的关注。郑云飞等[49]收集了出自5个不同年代遗址（跨湖桥、田螺山、茅山、卞家山、钱山漾）的桃核遗存，仅以肉眼观察便可发现年代偏早的桃核偏球形，而年代偏晚的桃核偏扁椭球形的区别。进一步，基于桃核形态测量值的聚类分析（图1-10，绿色区域）表明：在跨湖桥文化时期（标本约当距今7 600年左右），形态聚作两类，且两者重心距离较近；在河姆渡文化时期（标本约当距今6 800—6 100年），形态仍然聚为两类，但两类重心之间的距离较前一时期明显相互远离；到良渚文化时期（标本约当距今4 600—4 500年），形态仅聚为一类，而且与跨湖桥文化时期相比，聚类重心指示桃核尺寸明显增大。由这一线索，研究者推测，自距今7 600年后的3 000年中，长江下游

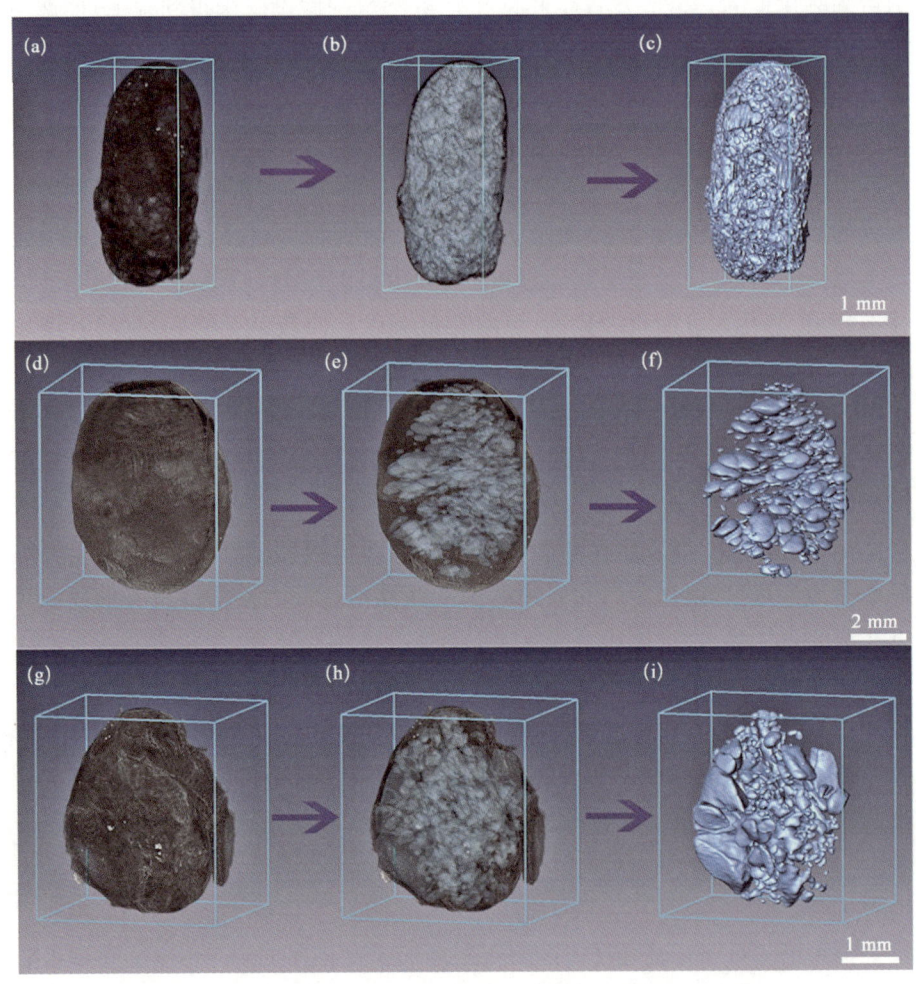

图 1-8 基于 CT 扫描图像的碳化大豆内部孔洞的 3D 复原图像

(a)(d)(g)分别是考古出土大豆、现代驯化大豆、现代野生大豆的体积扫描；
(b)(e)(h)是大豆中孔洞的透视图像；(c)(f)(i)为检测到的孔洞表面图像[48]

先民可能长期以某种方式栽种或管理桃树——比如移植、扦插、嫁接，并刻意对果实形态进行选择，最终达成了类似于定向育种的结果。随后，日本九州伊木力遗址出土的桃核遗存被拿来与同时期的河姆渡文化桃核作了比较（图1-10，紫色区域），它们的尺寸普遍接近更晚的良渚时期样本，而且形态更趋扁椭球形，说明它已经是一个不同于野生种的驯化种群。由于九州此前没有野生桃树生长，这些桃核很可能佐证了桃的驯化种自中国传播而来的可能。此外，这些桃核所代表的日本列岛上奠基性种群的驯化性状变化速度要比中

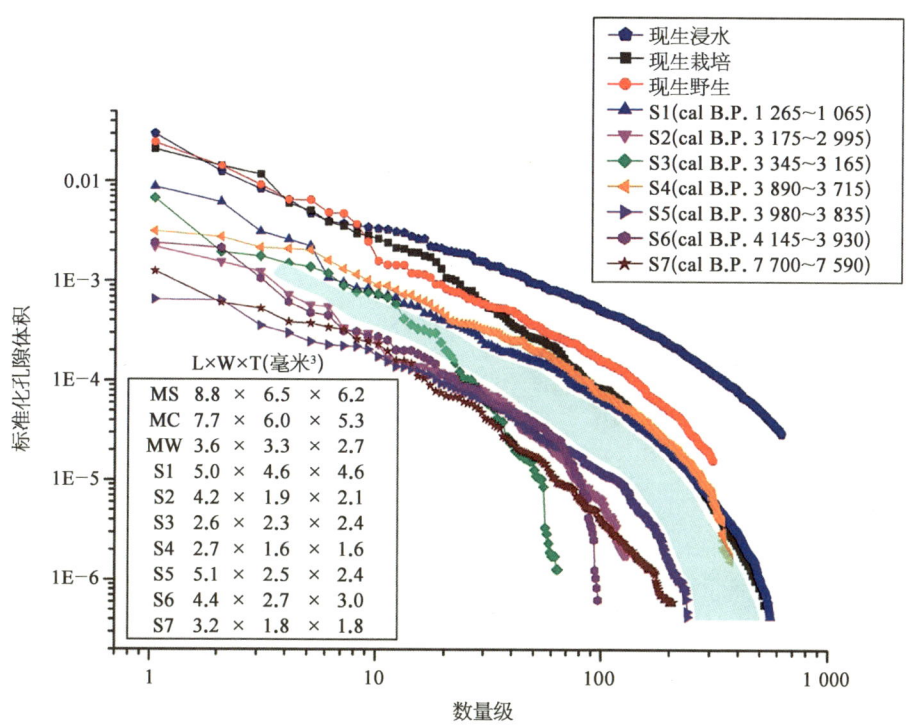

图1-9 碳化大豆孔洞结构的体积分级计数图示[48]

国桃核的变化速度快,这也是一条值得探究的线索,但需要更多出土材料的参考比对。

(五) 家猪

有关家猪驯化起源与演进的遗传学研究大多集中于线粒体DNA分析,2005年的一项研究[50]发现世界各地的野猪种群似乎都对驯化种群有基因贡献,便推测各地的野猪都曾被独立驯化,存在6个驯化中心。后来不少学者指出这种现象更可能是家猪输入各地后与本土野猪之间发生基因渐渗所导致的[51],家猪多中心驯化的观点才渐渐弱化。此后,遗传学研究和考古学发现都证明近东和东亚是家猪的两个独立驯化中心,家猪的扩散与人类在欧亚大陆和大洋洲的大规模迁徙相伴[52~53],在这一漫长而错综的过程中,移民地的本土野猪与家猪发生基因交流往往是主要趋势,甚至是塑造种质资源库的主要因素。多项研究显示,中国大陆家猪的野生祖先很可能来自湄公河流域[54~56]。距今7 500—2 750年黄河流域考古出土家猪骨骼的线粒体DNA分析表明,东

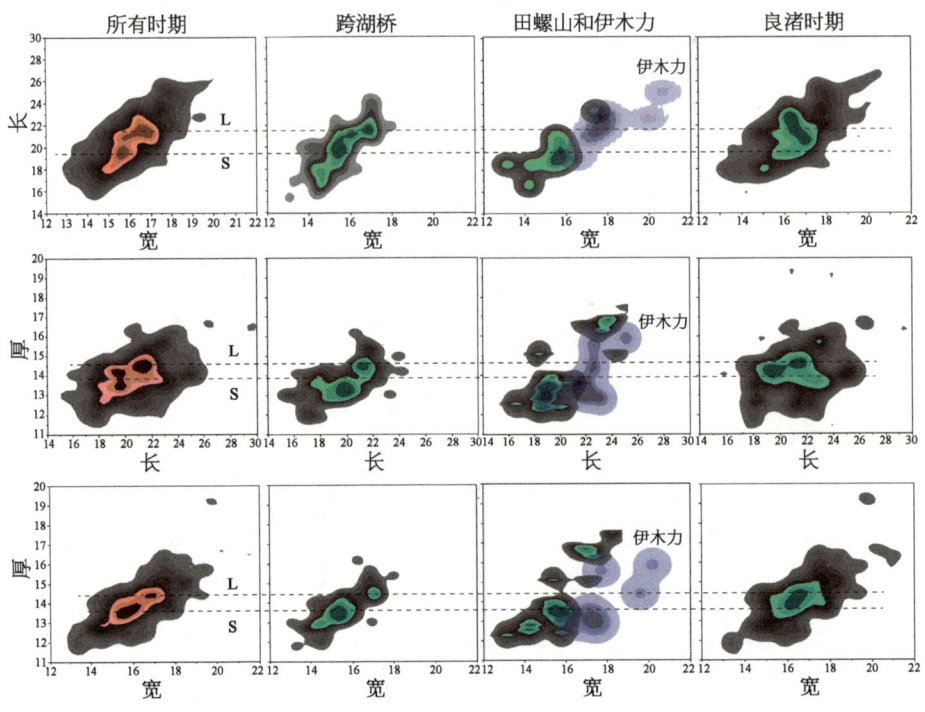

图 1-10　长江下游新石器时代与日本伊木力遗址考古
出土桃核形态测量值聚类分析图示[49]

亚家猪及其野生近亲的共祖可追溯至距今 20 000 年以后,驯化最初发生的年代范围应在距今 12 000 年以后,在整个新石器时代,黄河流域的家猪可能随着频繁的人群迁徙迅速扩散到其他地区,种群分析佐证了距今 7 000 年和 4 000 年的两次显著扩张[56]。除了湄公河流域以外,长江中下游地区也被推测为一个较早发生家猪驯化的区域[54~55,57],广西和福建是其扩散的途经之地。此外,黄河上游和云南可能是产于青藏高原的藏猪的两个驯化中心,但具体遗传分化时间不明[57~58]。新石器时代黄河中游的家猪扩散到整个东亚大陆,甚至可能取代了曾在中国东北驯化过的家猪种群[59]。中国本地驯化的家猪还向南扩散到东南亚大陆,Tanaka 等对现生样本线粒体 DNA 控制区的分析表明,东南亚大陆的家猪均非本地驯化,不丹、缅甸、越南的家猪是随自北而来的汉藏和傣人移民传入的[60]。距今 3 000 年左右的泰国 Pong Takhop 遗址出土家猪骨骼 DNA 分析表明它们来自中国,很可能是通过人群的多次迁徙,被携来的家猪最终在泰国中部形成稳定的种群[61]。东南亚岛屿地区的家猪来源就与东南亚大陆的格局迥然不同,遗传学研究显示,东南亚地区和我国台湾地区的某些离岛也可能独立驯化过家猪[62~63],但由于这些地区目前缺少考古出土实证,Larson等人将此称为"隐蔽驯化"(cryptic domestication)。东南亚岛屿的家猪进化支与太平洋地区的进化支(Pacific clade)更加接近[57],有学者认为古代移民把家猪从亚洲大陆带到了印尼群岛东部[64],但Lum等的研究进一步指出,太平洋家猪进化支应源于较晚近时驯化于东南亚的种群,而后随着拉皮塔文化人群向太平洋深处的迁徙而扩散[65]。Larson等的研究支持这一观点,指出属于太平洋家猪进化支的单倍型不存在于中国本土家猪中,并详细勾勒了家猪从东南亚岛群向太平洋地区扩散的过程,东南亚苏拉威西岛的野猪向南传入佛洛雷斯海和帝汶岛,然后分两条路线继续向大洋洲地区扩散。一条伴随着新石器时代拉皮塔文化和波利尼西亚移民迁徙路线,连接起爪哇、苏门答腊、华莱士线附近区域,直至新几内亚;另一条连接起东亚大陆与密克罗尼西亚、我国台湾地区和菲律宾[66]。

　　遗传学研究目前还无法更明确地指示东亚范围内家猪驯化起源的详细区域,因此考古学发现构成了重建这一过程的另一条证据线索。人类如何迈出家畜驯化的第一步?这是困扰所有研究者的问题,其核心在于人类最初的驯化行为是否具有刻意性。Zeder曾就此提出家畜驯化的三种路径——互惠共生、捕猎、定向选育。互惠共生路径往往起于人类生境吸引动物来取食,从而逐步建立起人与目标动物之间的亲近关系,这个过程不具备刻意性。捕猎路径与狩猎采集者的过度捕获有关,以至于人类需要在自己的生境中管理猎物,驯化关系因此而发展起来,这也不包含明确的刻意性。这三者中,只有定向选育路径带有明确的目的性,而且常发生于已经拥有农作物和家畜的社群中,选育方向也可能带有浓郁的地区色彩[67]。Frantz认为家猪最初驯化的路径应当符合互惠共生和捕猎两种模式,不包括明确的刻意性[68]。与此相应,Vigne指出家猪在出现驯化表型性状变化前,应该有一个相当长的受到管理的阶段,可能始于更新世与全新世之交[69]。这些讨论提示我们,家猪驯化早期的性状特征很可能是模糊的,因而动物考古学家试图寻找多方面的证据来判断出土猪骨的驯野属性,骨骼形态、牙齿几何形态、病理学、年龄结构、食性、动物群比例、特殊埋藏现象等都是有用的信息。

　　目前所知东亚大陆家猪驯化的最早证据来自距今9 000—8 700年的贾湖遗址一期。贾湖出土的猪下颌骨中有3例表现为齿列扭曲,这是指示家养属性的一个重要现象。针对第二臼齿的几何形态测量分析显示,其尺寸变异与现代家猪和西水坡遗址所出家猪并无明显不同[70]，这说明至迟在距今8 600年后，贾湖猪已向着新石器时代家猪的发展轨迹发生表型性状分化。对贾湖猪牙的观察还发现，其线性牙釉质发育不全发病率高于中国近代野猪种群发病率，进一步支持其为家猪。动物骨骼的两项统计比例也提供了有力的佐证，整个遗址未成年猪的比例高达81.4％，而且，猪在出土的哺乳动物中可提供的肉量比例占27％，这两个指标暗示这些猪骨单纯来自狩猎的可能性较小，应与人为干涉有关。在论证了贾湖家猪的同时，研究者罗运兵还严谨地提出，它仅代表中国境内家猪驯化起源的最晚阶段，真正家猪起源的时间还可向前追溯[71]。此后，距今8 000余年至7 000年，家猪驯化记录分布相当广泛（图1-11）。最北的辽河地区有兴隆沟第一地点和查海遗址，渭水地区有大地湾、西山坪、关桃园、白家村、紫荆遗址，中原地区有班村、磁山遗址，海岱地区有西河、月庄、小荆山、张马屯、北辛遗址，淮东地区有顺山集和双墩遗址，长江上游有玉溪和楠木园遗址，长江下游有跨湖桥遗址。罗运兵指出，这些驯化早期的家猪种群具有鲜明的地域差异，比如，贾湖猪群骨骼尺寸偏大、年龄结构偏小、在动物群中相对比例较大，而跨湖桥猪群正相反、骨骼尺寸偏小、年龄结构偏大、在动物群中相对比例很小。北方各遗址的猪群整体上与贾湖接近，南方各遗址猪

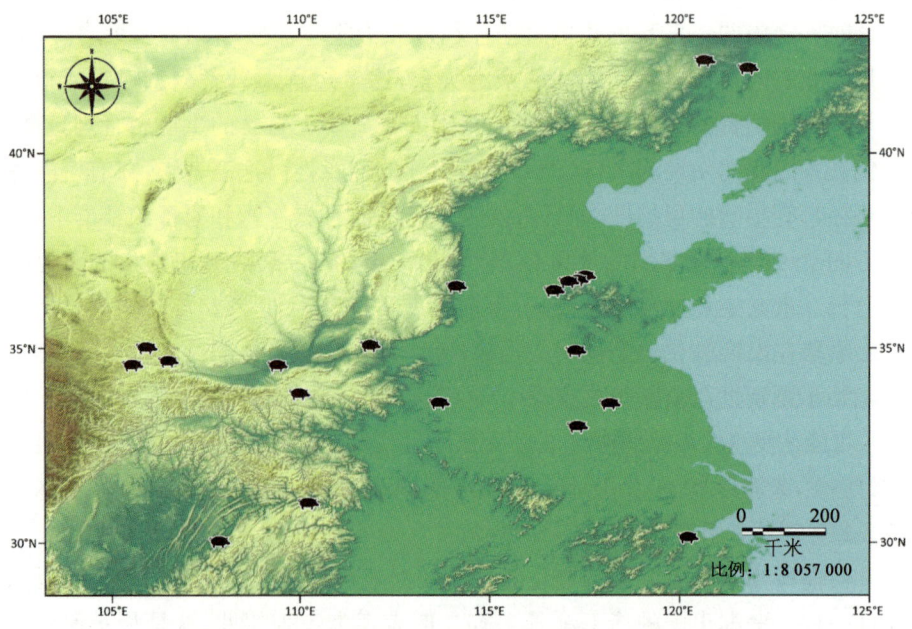

图1-11　东亚大陆距今7 000年以前家猪考古记录分布示意图

群则接近跨湖桥猪群,因此这一时期的考古出土猪群可大体分为南北两个类群,这种地域差异促使我们建设性地思考整个东亚大陆范围内家猪起源路径的多样性[71]。

(六) 家犬

狗是人类历史中驯化的第一种大型食肉动物,基因证据表明家犬的野生祖先是业已灭绝的一个或多个狼的种群,现生动物中与家犬亲缘关系最近的是灰狼[72]。线粒体 DNA 多样性研究[73]、Y 染色体分析[74]、基因组分析[75~76]均显示,长江以南地区(也作东亚南部)是现代家犬的驯化起源中心,甚至可能是唯一的驯化中心。近十年来犬类基因组的研究进展更清晰地勾勒出家犬扩散的历史蓝图,也引发了前所未有的挑战。在中国,本土的狼和家犬早在距今 32 000 年前就分道扬镳[75],随后家犬向各个方向扩散。它们向北进入西伯利亚,再经过白令海峡传入北美洲,北美地区距今 16 000 年的家犬线粒体基因可以上溯到 23 000 年前生活在西伯利亚的犬科祖先,当时人类和这些犬类共同生活在西伯利亚东北部温带适宜的生境中,这些人群可能把狗交换到北美和欧洲,以至于距今 15 000 年前,北美和欧洲都已经出现了狗[77]。毫无疑问,北美的狗都是跟随旧大陆的狩猎者一路迁徙而来,即使在 15 世纪美洲与旧大陆接触后,欧洲狗对北美狗种群的遗传贡献也非常有限,不超过 30%[78]。东亚大陆家犬向东传入朝鲜半岛和日本列岛[79~80],具体路线和过程还需深究。两项线粒体基因研究均得出家犬向南传播的途径是东南亚大陆,而非海路,尤其是对出土家犬和狼骨骼的古 DNA 研究显示,距今 7 000—2 000 年间,家犬广泛分布于东亚大陆、东南亚、新几内亚等地,直到更远的太平洋地区[81~82]。而 Y 染色体基因研究却认为,东亚大陆的家犬向南扩散是通过海路,经台湾岛,随着南岛语族的迁徙进入太平洋地区[83]。东亚家犬向西传播的背景和时间就更微妙了,学者们首先就对欧洲是否独立驯化过家犬的问题举棋不定,Frantz 提出,在定居农业确立以前,欧亚大陆东西两端均独立驯化了狗,在距今 14 000—6 400 年中的某个时段,东亚家犬向西扩散,到达西欧,并部分取代了原先的本地驯化种群[84]。另一项线粒体基因研究发现,距今 8 000—7 500 年,西欧可能已经独立驯化家犬[85],这一观点与 Frantz 的推测不矛盾。Thalmann 和 Wayne 则认为欧洲应该是家犬的独立驯化起源地[86]。尽管最新的研究在不断为一万多年以来家犬与人类共生并随着各大陆人群的迁徙而扩散的同步性提供遗传学佐证[77,87],但是类似于家犬是单地单次驯化还是多地多次驯化的根本问题仍然有待解答。

从考古发现的角度来看，无论是全球还是东亚范围，目前家犬最初驯化的出土材料与遗传学研究所透露的认识大相径庭。在动物考古中，犬类的骨骼形态仍然是判别驯野属性的重要标准，在近年的研究中，古 DNA 所指示的遗传谱系和骨骼稳定同位素所指示的食谱结构也成为重要的参考依据。欧洲大陆和近东地区已经多次出土年代在距今 30 000 至 10 000 年的旧石器时代家犬骨骼[72]（图 1-12）。迄今所知最古老的家犬骨骼来自比利时 Goyet 遗址，为距今 31 700 年，形态已经表现出与狼的不同[88]。捷克的 Gravettian 文化遗址出土了三件距今 27 000—26 000 年的完整家犬颅骨，具有颅骨较短、吻部较短、腭部和脑壳较宽的特征[89]。乌克兰距今约 20 000 年的 Mezhirich 和 Mezin 遗址所出犬类遗存被鉴定为家犬[88]。稍晚，距今 17 000—11 000 年的马格德林文化广泛分布于西欧与中欧，各地遗址迄今已出土了十余例家犬骨骼，它们很可能曾经协助狩猎者完成远距离射杀猎物的任务。这些考古记录包括瑞士 Kesslerloch 洞穴距今 14 000 年的家犬[90]，德国 Bonn-Oberkassel 遗址 14 000 年前的家犬[91]，法国 Le Closeau、Pont d'Ambon、Montespan 三处遗址距今 15 000—11 500 年的小体型家犬[92]，意大利南部 Grotta Paglicci 和 Grotta Romanelli 两处遗址至少 14 000 年前的家犬[93]，俄罗斯 Eliseevich I 遗址距今 13 900 年的家犬[94]等。近东地区最早的家犬以以色列 Ain Mallaha 和 Hayonim 台地出土的三例犬类骨骼为代表，距今 12 000 年左右，下臼齿 M1 的

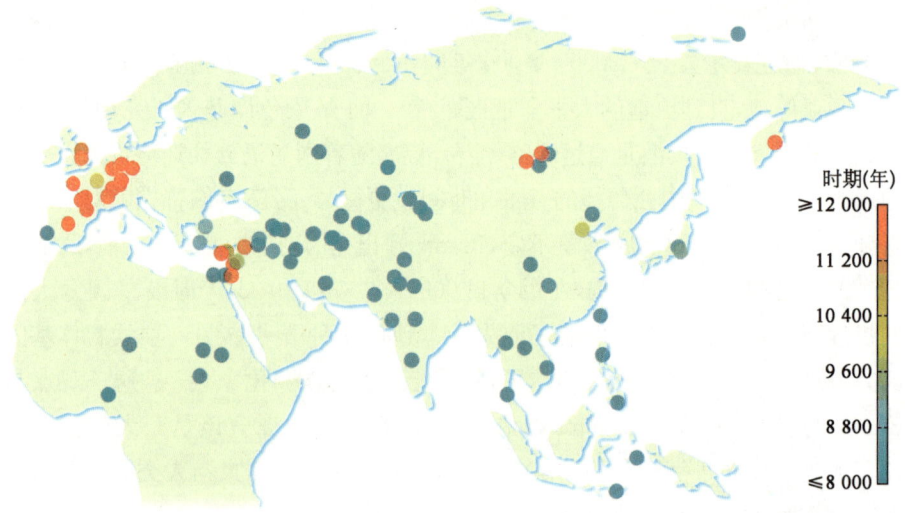

图 1-12　欧亚非大陆出土距今 8 000 年以前的家犬骨骼地理分布[72]

形态测量分析表明它们是狗而非小狼,而且其中一例为伴人随葬的幼犬[95]。除此以外,巴勒斯坦 Wady el-Mughara 洞穴[96]、伊拉克 Palegawra 遗址[97]等地出土的家犬骨骼进一步支持了近东地区在旧石器时代末已有家犬,但它们是本地驯化还是外来输入依然存疑。

以上考古发现的年代均早于东亚地区出土的家犬遗骸。迄今所知东亚大陆最古老的家犬出土于河北徐水南庄头遗址,年代为距今约 10 000 年。该犬科遗存上、下颌骨形态均小于狼,且下颌前白齿排列紧密,符合家养特征[98]。稳定同位素分析显示其食物结构不同于同遗址出土的其他野生动物,两例家犬摄入了更多碳四植物,可能与该遗址先民食用粟、黍有关,摄入动物蛋白比狼少但比其他动物多,也指向它们可能分享了人类的食渣和厨余垃圾,甚至吃了人的粪便[30]。鉴于南庄头遗址的家犬颌骨形态已明显小于狼,家犬在东亚大陆的驯化过程应当能够再向前追溯。距今 9 000—7 000 年,家犬在东亚大陆分布已相当广泛,中国南方和北方多个遗址均出土了骨骼证据,包括桂林甑皮岩五期、舞阳贾湖、萧山跨湖桥、赤峰兴隆沟第一地点、济南月庄、天水西山坪、秦安大地湾、临潼白家村、武安磁山等[98],颌骨形态特征与狼的鲜明差异是判别其家养属性的基本标准(图 1-13)。除此以外,贾湖遗址的墓葬区集中埋

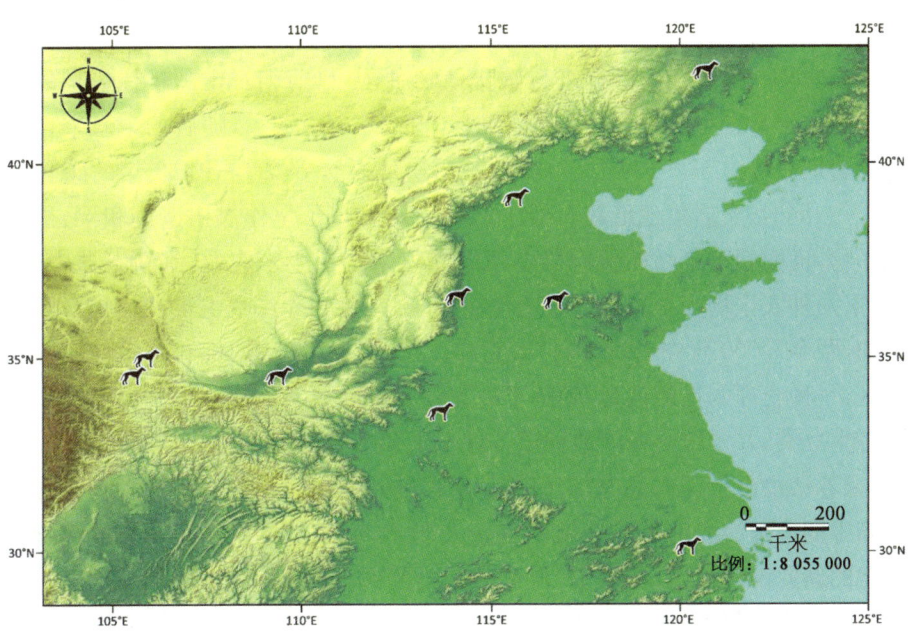

图 1-13　中国出土距今 10 000—7 000 年家犬的考古记录分布图

葬 10 条家犬，磁山遗址的粮食储藏坑底埋藏完整狗骨，这些都标志着家犬的功能不仅限于陪伴和协助狩猎，还在先民的仪式活动中扮演某种角色[99]，它们与人类的互动方式是非常多样的。日本列岛最古老的家犬也出现在这一时期，年代为距今 7 400—7 300 年，骨骼出土于四国岛的上黑岩岩阴遗址[100]，目前我们无法获知它们是自北方的俄罗斯，还是南方的中国长江流域，还是更近的朝鲜半岛传入。

二、朝鲜半岛栉文时代的农业生态

朝鲜半岛的新石器时代以其陶器特征被命名为"栉文文化"，栉文人群没有独立驯化过农作物，而考古证据表明他们拥有的少量驯化动植物很大程度上是从邻近地区传入的。尽管驯化物种在整个栉文时代都不是人类食谱中的主角，但这些发现反映了栉文人群从事着小规模的农业栽培活动。

在韩国考古中，植物遗存一般以两种形态被发现，一是植物实体本身，二是陶片中被烧失的植物残片凹痕经硅胶翻模后所得的模型。年代最早的作物证据来自陶片印痕模型，比如东三洞贝丘发现一粒黍，凡方贝丘、飞凤里遗址、云西洞遗址都发现了少量粟和黍，与这些遗存相伴的年代可早至距今 6 500—5 600 年的朝鲜半岛新石器早期。然而这些年代均非植物证据本身的测年，仍需谨慎对待。最直接的证据来自碳化植物种子，目前朝鲜半岛年代最早的碳化黍出土于文岩里遗址，测年为距今 6 100—5 940 年[101]，随后的记录来自陵谷洞遗址距今 5 570—5 370 年和东三洞遗址距今 5 430—4 430 年的碳化粟粒[102]。同时，文岩里遗址新石器中期地层还发现了旱作农田遗迹和粟、黍两种作物，证明朝鲜半岛在新石器中期以前就采纳了小米农业，到新石器中期，粟、黍两种农作物在半岛得以快速传播[102]。大豆和赤小豆也被认为是人类栽培的，距今 5 000 年左右，这两种植物广泛出现在半岛中西部和中南部的内陆地区，一种合理的推测认为，朝鲜半岛先民在接受粟、黍农业后，开始操纵本土的野生豆类，并开辟小型园地种植各种本土和传入的植物[102]。在整个栉文时期，家养动物出土证据很少，它们的鉴定标准和出土背景都很模糊。新石器早期和中期南部沿海的贝丘遗址中有家犬出土，而家猪的清晰证据则要晚至 7 世纪的新罗统一以后，可以说，贯穿整个史前时期直至历史时期早段，家养动物在朝鲜半岛都不占什么地位[102]。

小规模农业栽培活动在深层次上暗示了栉文人群具备一定的农业生态知

识,也必定体现在他们的生业实践中,这类证据不一定通过驯化物种的性状改变表现出来,而是更加广泛地显现在考古遗存所反映的生态效应上。尤其是动植物中的伴人类型和杂草类型对人类扰动特别敏感,它们的出现对人类主动改造和操纵环境的行为有一定的指示意义,比粟黍栽培和家犬驯养更能印证栉文人群农业生态的原生特征,并代表着他们与环境互动的创造性和自主性。比如,老鼠和松鼠这类家栖动物指示了定居生活的出现和延续。栉文遗址常见的植物中,属于落叶阔叶乔木的有栎、胡桃楸、松、矮栗、山茱萸等,灌木有葎草、山胡椒、野茉莉,草本类型有藜、黍族、小麦族、猕猴桃、葡萄、黑莓等[102],这些种类的植物都是通过斫枝、修剪、间伐、开张冠幅、扦插、火烧等人工干扰就能够促进生长发育的,换言之,人类只要投入少量或适度的劳动,就能够起到令果实和枝叶等增产的效果。因此上述植物所构成的组合清晰地表明,栉文先民有意识地利用特定物种与人类互动的生态效应来增加生业经济的整体回报,这恰恰是具有农业属性的生态系统。

三、日本列岛的绳文文化资源生产者

以绳文文化为主体的日本列岛新石器时代相当漫长,从距今15 000年一直延续到2 900年前。围绕绳文人群生业经济属性的争论从20世纪90年代持续至今,在许多语境中,绳文人群常被冠以"狩猎采集者"的标签,而同时,持赞同和相反观点的两拨学者又都承认绳文人群从事小部分"植物栽培"的活动。那么,应当如何看待这些栽培行为对理解绳文文化生业形态的意义呢?正如对朝鲜半岛栉文文化的观察,农业生态视角也许能帮助我们解开某些困惑和偏见。

首先,考古学证据明示了绳文人群不仅拥有驯化植物,还独立驯化了农作物。一种不甚流行但不可忽视的农作物是由绳文人群驯化的,它就是日本稗(*Echinochloa esculenta*),又称紫穗稗,自野生祖型稗草(*Echinochloa crus-galli*)驯化而来。年代最早的稗属植物遗存发现于函馆机场建设的配套考古项目中,距今9 000—8 700年。在北海道地区,有至少16处绳文遗址出土了稗属种子,本州岛有2处绳文遗址出土,另有40余处年代更晚的擦文文化、弥生文化和历史时期遗址均见出土。研究者发现稗属种子的尺寸历时数千年增大了20%,这证明先民在栽培过程中施与了选择压力,所以稗的种植和驯化从绳文前期(Early Jomon)就已经开始了[103]。来自东亚大陆的旱地农作物也出现在绳文时代的考古记录中,植物考古学家 Crawford 在北海道的绳文中期(Middle Jomon)遗址 Usujiri B 发现了碳化粟粒[104],年代为距今 5 500—4 500 年,在本州北端青森县绳文后期(Late Jomon)遗址 Kazahari 发现了粟和黍的种子[105],不晚于距今 3 000 年,与它们相伴出土的植物种类清晰地指示了人类对微生境的改造。绳文时代明确的家养动物是家犬,从距今 7 000 余年的绳文早期(Initial Jomon)到晚期遗址都有出土[106],而且多例骨骼出土时的状态表明这些狗曾被精心埋葬[107]。此外,虽然绳文遗址出土的猪类骨骼尚未见明确的驯化性状,但有一些特殊的线索暗示人群与猪之间可能发展出比较亲近的关系。比如,静冈县远离海岸的离岛遗址下高洞出土了许多野猪骨骼,考虑到野猪并非该岛的土生物种,它们很可能被带到岛上后,与人类近距离地生活了一段时间。而且绳文人擅远洋,他们还可能携带猪崽渡海远行,以至于猪骨有机会出现在离岛上[107]。绳文中期就出现有些像狗一样被精心选择和埋葬的猪骨,同样说明猪对绳文先民的意义与一般野生猎物不同[108]。

如同朝鲜半岛栉文时代的农业生态一样,日本列岛绳文人群与其环境和周围物种建立的生态关系也不应当仅限于从出土动植物遗存的性状特征去寻找,人类行为会造就丰富多样的农业生态景观。以绳文遗址最常出土的坚果为例,它们是先民的淀粉类主食,具体来讲,包括栎、柯、栗、七叶果、胡桃等多个种类,围绕着这类资源的利用和消费,考古记录提供了大量绳文先民收获、加工、炊煮、储藏坚果的证据[109~111]。研究者指出,在温暖时期人们有较多栗子可以食用,在较为凉爽乃至寒冷的时期更加依赖七叶果,这种规律在温差显著的北部地区更加常见[112~113]。从不同时期出土的植物遗存来看,绳文中期栗子更常见,绳文后期七叶果多了起来。这些坚果常被发现于饱水遗址的储藏坑内,储藏坑还以木构框架、编织物、沙土等精心制备过[114]。另一项对绳文陶器凹痕翻模的广泛研究发现了多种米虫,有些陶胎中的米虫分布密度还格外高,达到每 10×10 平方厘米 23 头。米虫寄生于储藏的粮食中,它的存在指示了这些陶罐鲜明的家居背景以及其用于储藏坚果的功能[115]。最后,当坚果树长到一定的树龄后不再结果,树干被用来建造房屋,比如,三内丸山遗址的 6 个大型柱坑出土了直径达 1.8 米的栗木柱础[116]。仅通过以上的管窥,我们就能感受到坚果树在绳文人群生活中无处不在的重要性。Kitagawa 和 Yasuda 认为,绳文先民能够可持续地长期大量消费坚果并使用坚果树,应当是他们有意栽培和管理这些树林的结果[112~113]。孢粉分析也表明,认为绳文时代的日本列岛遍布坚果树林是一种巨大的误解,因此大量坚果遗存的存在不是一种自然现象,必须紧密联系绳文人群的生业活动才能理解[117]。漆树或许比坚果树更能反映绳文先民的林木管理行为。自绳文前期以降,漆器就不断出现在考古记录中,一直延续到绳文末期。生漆产自漆树(*Toxicodendron vernicifluum*)分泌的白色汁液,除了用于器表刷色、胶合以外,也可用来制模。哪怕在今天,割漆、制漆都是需要相当的知识积累和熟练技术的活计,这一人工制品传统反映了绳文先民长久以来掌握着漆树生长和割漆制漆的生态学知识。当漆树不再产漆,也会像年老的坚果树那样被用作建材,由于其木材耐湿的特性,特别适用于潮湿低地的建筑。东京附近东山村遗址的古河道里曾出土了用漆树和栗树木材修建的成排木桩,数量达一百余件。木材学家能城修一指出,漆树不是日本列岛的土生树种,它自绳文前期就从东亚大陆传入列岛地区,在本州的中部到北部,常被栽种在村落周围的区域,形成次生植被[118~119]。

综上所述,无论是少量的物种驯化,还是广泛的植被管理,都雄辩地说明了绳文人群主动而活跃地操纵着周围的物种,改造其环境,维持并推动文化的长期可持续发展,而且其技术和社会并不像对狩猎采集者的固有印象那样被动和停滞。因此,专注日本史前考古近40年的考古学家Crawford建议国际考古界必须放弃赋予绳文人群的"狩猎采集者""富裕觅食者"这类定义,而应当将他们视为"资源生产者"[104]。

四、结语

早在20世纪30年代,苏联生物学家瓦维洛夫就根据全球物种多样性分布推测东亚应该是全球农业独立起源地之一。现在,近一个世纪的考古学和遗传学探索不仅印证了他的推断,还极大地丰富了我们关于动植物驯化的知识,增进了对东亚农业起源过程的细致了解。本文介绍的每一种业已确认的驯化物种都与一整套独特的人类干预模式紧密相连,水稻代表始于湿地管理的禾本科草籽栽培,粟和黍代表北方旱地农作,大豆体现了不同性状受到选择的多种栽培路径,桃树代表一种广布于亚热带至温带的果树的培植和选育,家猪代表了肉食型动物的家养化,狗则代表了服务型与宠物型动物的家养化。而这些物种之间的相伴共生现象又在时空上错综镶嵌,完全显现出东亚农业起源的多样性与复杂化特点。

在以往许多公众的乃至学术的语境中,朝鲜半岛和日本列岛是被排除在东亚农业起源话题之外的,这就涉及本文最后想强调的第二个特点,即东亚早期农业发生的方式在大陆地区与半岛和列岛地区存在差异,但其实质仅在于人类与被管理物种之间相互依赖程度的强弱,两者的农业属性是殊途同归的。在大陆,人类的管理行为导致目标物种发生性状变化,其生命周期日益依赖人为干预和照看。而在半岛和列岛地区,人类更倾向于利用其他物种本身的生物学规律,以较小的劳动投入和适度的管理策略促进整个环境生产力的增强。无论是前者向集约型劳动靠近的农作生产方式,还是后者长期松散的环境与资源管理策略,最终都产生了干预其他物种生命周期的效应,达到了增进物质生产以支撑人类社会生存与发展的目标。

今天被我们称为"农业"的事物就这样在东亚起步了,对万年前每一个实践它的人群而言,他们些微的行为改变只是纾解食物之困的权宜之计,或是改善口腹之欲的家常技能,但当这些如星火般闪现的变革从时间深处淡入,同时呈现在我们眼前,那也是一幅壮阔的史前图景。

参 考 文 献

[1] 潘艳.人类生态视野中的长江下游农业起源.上海：上海辞书出版社,2017：221-244.

[2] Zheng Y, Sun G, Chen X. Characteristics of the short rachillae of rice from archaeological sites dating to 7000 years ago. Chinese Science Bulletin, 2007, 52(12)：1654-1660.

[3] Zheng Y, Crawford G W, Jiang L, et al. Rice domestication revealed by reduced shattering of archaeological rice from the lower Yangtze valley. Scientific Reports, 2016, 6：28136.

[4] Pearsall D M, Piperno D R, Dinan E H, et al. Distinguishing rice (*Oryza sativa* Poaceae) from wild *Oryza* species through phytolith analysis：results of preliminary research. Economic Botany, 1995, 49(2)：183-196.

[5] Zhao Z, Pearsall D M, Benfer R A, et al. Distinguishing rice (*Oryza sativa* Poaceae) from wild *Oryza* species through phytolith analysis, II：finalized method. Economic Botany, 1998, 52(2)：134-145.

[6] Zhao Z. The Middle Yangtze region in China is one place where rice was domesticated：phytolith evidence from the Diaotonghuan Cave, Northern Jiangxi. Antiquity, 1998, 72：885-897.

[7] Fujiwara H. Research into the history of rice cultivation using plant opal analysis// Pearsall D M, Piperno D R. Current research in phytolith analysis：applications in archaeology and paleoecology. Philadelphia：MASCA University of Pennsylvania, 1993, 147-158.

[8] 郇秀佳,吕厚远,王灿,等.水稻扇型植硅体野生—驯化特征研究进展.古生物学报,2020,59(4):467-478.
[9] Huan X, Lu H, Jiang L, et al. Spatial and temporal pattern of rice domestication during the early Holocene in the Lower Yangtze region, China. The Holocene, 2021, 31(9): 1366-1375.
[10] 郇秀佳,李泉,马志坤,等.浙江浦江上山遗址水稻扇形植硅体所反映的水稻驯化过程.第四纪研究,2014,34(1):106-113.
[11] Ma Y, Yang X, Huan X, et al. Rice bulliform phytoliths reveal the process of rice domestication in the Neolithic Lower Yangtze River region. Quaternary International, 2016, 426: 126-132.
[12] Wu Y, Jiang L, Zheng Y, et al. Morphological trend analysis of rice phytolith during the early Neolithic in the Lower Yangtze. Journal of Archaeological Science, 2014, 49: 326-331.
[13] 湖南省文物考古研究所.彭头山与八十垱.北京:科学出版社,2006:544-562.
[14] 顾海滨,Cohen D J,吴小红,等.杉龙岗遗址植物遗存分析//郭伟民.湖南省文物考古研究所建所三十周年纪念文集.北京:科学出版社,2016:120-127.
[15] 河南省文物考古研究院,中国科学技术大学科技史与科技考古系.舞阳贾湖(二).北京:科学出版社,2015:462-468.
[16] 河南省文物考古研究所.舞阳贾湖.北京:科学出版社,1999.
[17] Deng Z H, Qin L, Gao Y, et al. From early domesticated rice of the Middle Yangtze Basin to millet, rice and wheat agriculture: archaeobotanical macro-remains from Baligang, Nanyang Basin, Central China (6700-500 BC). PLoS One, 2015, 10(10): e0139885.
[18] 罗武宏,杨玉璋,张居中,等.江苏顺山集遗址稻作农业的植硅体证据//南京博物院,泗洪县博物馆.顺山集:泗洪县新石器时代遗址考古发掘报告.北京:科学出版社,2016:363-373.
[19] 邱振威,庄丽娜,林留根.江苏泗洪韩井遗址水稻驯化的植硅体证据及相关问题.东南文化.2018,1:71-80.
[20] 邱振威,庄丽娜,林留根.江苏泗洪雪南遗址植物资源与环境景观初探.中国国家博物馆馆刊,2021,(8):24-41.
[21] 张居中,李为亚,尹承龙,等.江苏泗洪顺山集遗址植物遗存分析的主要收获//山东大学文化遗产研究院.东方考古(第11辑).北京:科学出版社,2014:365-373.
[22] 邱振威,庄丽娜,饶慧芸,等.8000多年前淮河流域的水稻栽培与驯化——来自江苏韩井遗址的证据.中国科学:地理科学,2022,52(6):1054-1064.
[23] Jin G, Wu W, Zhang K, et al. 8000-year old rice remains from the north edge of the Shandong highlands, East China. Journal of Archeological Science, 2014, 51: 34-42.
[24] Crawford G,陈雪香,栾丰实,等.山东济南长清月庄遗址植物遗存的初步分析.江汉考古,2013,2:107-113.
[25] 靳桂云,郭荣臻,魏娜.海岱地区史前稻遗存研究.东南文化.2017,5:60-71.

[26] Hunt H V, Badakshi F, Romanova O, et al. Reticulate evolution in *Panicum* (Poaceae): the origin of tetraploid broomcorn millet, *P. miliaceum*. Journal of Experimental Botany, 2014, 65: 3165-3175.

[27] 刘长江,靳桂云,孔昭宸.植物考古:种子和果实研究.北京:科学出版社,2008.

[28] 张健平,吕厚远,葛勇,等.粟类作物稃片植硅体形态研究回顾与展望.第四纪研究, 2019, 1: 1-11.

[29] 赵志军,赵朝洪,郁金城,等.北京东胡林遗址植物遗存浮选结果及分析.考古,2020, 7: 99-106.

[30] 侯亮亮,李君,邓惠,等.河北徐水南庄头遗址动物骨骼的稳定同位素分析.考古,2021, 5: 107-114.

[31] 赵志军.小米起源的研究——植物考古学新资料和生态学分析//中国社会科学院考古研究所,瑞典国家遗产委员会考古研究所.中国考古学与瑞典考古学:第一届中瑞考古学论坛文集.北京:科学出版社,2006:98-104.

[32] 孙永刚.辽西地区新石器时代植物考古研究.上海:上海古籍出版社,2021:48-56.

[33] Shelach-Lavi G, Teng M, Goldsmith Y, et al. Sedentism and plant cultivation in Northeast China emerged during affluent conditions. PLoS ONE, 2019, 14(7): e0218751.

[34] 中国国家博物馆,河北省文物考古研究院,张家口市文物考古研究所,等.河北康保县兴隆遗址 2018~2019 年发掘简报.考古,2021,1: 3-25.

[35] 内蒙古自治区文物考古研究所,乌兰察布市博物馆,化德县文物管理所.内蒙古化德县裕民遗址发掘简报.考古,2021, 1: 26-50.

[36] 内蒙古自治区文物考古研究所,故宫博物院,乌兰察布市博物馆,等.内蒙古化德县四麻沟遗址发掘简报.考古,2021, 1: 51-74.

[37] 张家口市文物考古研究所.河北尚义县四台新石器时代遗址发掘简报.考古,2018, 4: 3-15.

[38] 刘长江,孔昭宸,朗树德.大地湾遗址农业植物遗存与人类生存的环境探讨.中原文物, 2004, 4: 26-30.

[39] 吴文婉.海岱地区后李文化生业经济的研究与思考.考古,2019, 8: 103-115.

[40] 邓振华.粟黍的起源与早期传播//北京大学考古文博学院,北京大学中国考古学研究中心.考古学研究(十三)上册.北京:科学出版社,2022:172-214.

[41] 佟伟华.磁山遗址的原始农业遗存及其相关的问题.农业考古,1984, 1: 194-207.

[42] Lu H, Zhang J, Liu K B, et al. Earliest domestication of common millet (*Panicum miliaceum*) in East Asia extended to 10,000 years ago. PNAS, 2009, 106(18): 7367-7372.

[43] 张弛.兴隆洼文化的聚落与社会——从白音长汗二期乙类环壕居址谈起.考古,2021, 9: 69-81.

[44] He K, Lu H, Zhang J, et al. Prehistoric evolution of the dualistic structure mixed rice and millet farming in China. The Holocene, 2017, 27(12): 1885-1898.

[45] 吴文婉,靳桂云,王海玉,等.古代中国大豆属植物的利用与驯化.农业考古,2013, 6:

1-10.

[46] Lee G A, Crawford G W, Liu L, et al. Archaeological soybean (*Glycine max*) in East Asia: Does size matter? PloS ONE, 2011, 6(11): e26720.

[47] 赵志军,杨金刚.考古出土炭化大豆的鉴定标准和方法.南方文物,2017,3: 149-159.

[48] Zong Y, Yao S, Crawford G W, et al. Selection for oil content during soybean domestication revealed by X-ray tomography of ancient beans. Scientific Reports, 2017, 7: 43595.

[49] Zheng Y, Crawford G W, Chen X. Archaeological evidence for peach (*Prunus persica*) cultivation and domestication in China. PLoS ONE, 2014, 19(9): e106595.

[50] Larson G, Dobney K, Albarella U, et al. Worldwide phylogeography of wild boar reveals multiple centers of pig domestication. Science, 2005, 307: 1618-1621.

[51] Frantz L A F, Schraiber J G, Madsen O, et al. Evidence of long-term gene flow and selection during domestication from analyses of Eurasian wild and domestic pig genomes. Nature Genetics, 2015, 47(10): 1141-1148.

[52] Bosse M. A genomics perspective on pig domestication//Teletchea F. Animal domestication. London: IntechOpen, 2019, 21-34.

[53] Frantz L A F, Haile J, Lin A T, et al. Ancient pigs reveal a near-complete genomic turnover following their introduction to Europe. PNAS, 2019, 116(35): 17231-17238.

[54] Wang C, Chen Y S, Han J L, et al. Mitochondrial DNA diversity and origin of indigenous pigs in South China and their contribution to western modern pig breeds. Journal of Integrative Agriculture, 2019, 18(10): 2338-2350.

[55] Wu G S, Yao Y G, Qu K X, et al. Population phylogenomic analysis of mitochondrial DNA in wild boars and domestic pigs revealed multiple domestication events in East Asia. Genome Biology, 2007, 8(1): R245.

[56] Zhang M, Liu Y, Li Z, et al. Ancient DNA reveals the maternal genetic history of East Asian domestic pigs. Journal of Genetics and Genomics, 2022, 49(6): 537-546.

[57] Yang S, Zhang H, Mao H, et al. The local origin of the Tibetan pig and additional insights into the origin of Asian pigs. PLoS ONE, 2011, 6(12): e28215.

[58] Ge Q, Gao C, Cai Y, et al. The domestication event of the Tibetan pig revealed to be in the upstream region of the Yellow River based on the mtDNA D-loop. Asian-Australasian Journal of Animal Sciences, 2020, 33(4): 531-538.

[59] Xiang H, Gao J, Cai D, et al. Origin and dispersal of early domestic pigs in northern China. Scientific Reports, 2017, 7: 5602.

[60] Tanaka K, Iwaki Y, Takizawa T, et al. Mitochondrial diversity of native pigs in the mainland South and South-east Asian countries and its relationships between local wild boars. Animal Science Journal, 2008, 79: 417-434.

[61] Wannajuk M, Sangthong P, Natapintu S, et al. Ancient DNA of pigs in Thailand: evidence of multiple origins of Thai pigs in the late Neolithic period. Science Asia,

2013, 39: 456-465.

[62] Larson G, Liu R, Zhao X, et al. Pattern of East Asian pig domestication, migration, and turnover revealed by modern and ancient DNA. PNAS, 2010, 107(17): 7686-7691.

[63] Li K Y, Li K T, Yang C H, et al. Insular East Asia pig dispersal and vicariance inferred from Asian wild boar genetic evidence. Journal of Animal Science, 2017, 95: 1451-1466.

[64] Ishiguro N, Inoshima Y, Sasaki M, et al. MtDNA variation and human-mediated introgression of indigenous *Sus* populations on several Indonesian islands. Mammal Study, 2012, 37: 1-10.

[65] Lum J K, McIntyre J K, Greger D L, et al. Recent Southeast Asian domestication and Lapita dispersal of sacred male pseudohermaphroditic "tuskers" and hairless pigs of Vanuatu. PNAS, 2006, 103(46): 17190-17195.

[66] Larson G, Cucchi T, Fujita M, et al. Phylogeny and ancient DNA of *Sus* provides insights into Neolithic expansion in island Southeast Asia and Oceania. PNAS, 2007, 104(12): 4834-4839.

[67] Zeder M A. The domestication of animals. Journal of Anthropological Research, 2012, 68(2): 161-190.

[68] Frantz L, Meijaard E, Gongora J, et al. The evolution of Suidae. Annual Review of Animal Biosciences, 2016, 4: 61-85.

[69] Vigne J D, Zazzo A, Saliège J F, et al. Pre-Neolithic wild boar management and introduction to Cyprus more than 11,400 years ago. PNAS, 2009, 106(38): 16135-16138.

[70] Cucchi T, Hulme-Beaman A, Yuan J, et al. Early Neolithic pig domestication at Jiahu, Henan Province, China: clues from molar shape analyses using geometric morphometric approaches. Journal of Archaeological Science, 2011, 38: 11-22.

[71] 罗运兵.中国古代猪类驯化、饲养与仪式性使用.北京:科学出版社,2012: 133-152.

[72] Freedman A H, Wayne R K. Deciphering the origin of dogs: from fossils to genomes. Annual Review of Animal Biosciences, 2017, 5: 281-307.

[73] Pang J F, Kluetsch C, Zou X J, et al. MtDNA data indicate a single origin for dogs south of Yangtze River, less than 16,300 years ago, from numerous wolves. Molecular Biology and Evolution, 2009, 26(12): 2849-2964.

[74] Ding Z L, Oskarsson M, Ardalan A, et al. Origins of domestic dog in Southern East Asia is supported by analysis of Y-chromosome DNA. Heredity, 2012, 108: 507-514.

[75] Wang G D, Zhai W, Yang H C, et al. The genomics of selection in dogs and the parallel evolution between dogs and humans. Nature Communications, 2013, 4: 1860.

[76] Wang G D, Zhai W, Yang H C, et al. Out of southern East Asia: the natural history of domestic dogs across the world. Cell Research, 2016, 26: 21-33.

[77] Perri A R, Feuerborn T R, Frantz L A F, et al. Dog domestication and the dual dispersal of people and dogs into the Americas. PNAS, 2021, 118(6): e2010083118.

[78] Asch B V, Zhang A B, Oskarsson M C R, et al. Pre-Columbian origins of native American dog breeds, with only limited replacement by European dogs, confirmed by mtDNA analysis. Proceedings of The Royal Society B, 2013, 280: 20131142.

[79] Choi B H, Wijayananda H I, Lee S H, et al. Genome-wide analysis of the diversity and ancestry of Korean dogs. PLoS ONE, 2017, 12(11): e0188676.

[80] Tanabe Y. Phylogenetic studies of dogs with emphasis on Japanese and Asian breeds. Proceedings of the Japan Academy Series B, 2006, 82: 375–386.

[81] Oskarsson M C R, Klütsch C F C, Boonyaprakob U, et al. Mitochondrial DNA data indicate an introduction through mainland Southeast Asia for Australian dingoes and Polynesian domestic dogs. Proceedings of The Royal Society B, 2012, 279: 967–974.

[82] Zhang M, Sun G, Ren L, et al. Ancient DNA evidence from China reveals the expansion of Pacific dogs. Molecular Biology and Evolution, 2020, 37(5): 1462–1469.

[83] Sacks B N, Brown S K, Stephens D, et al. Y chromosome analysis of dingoes and Southeast Asian village dogs suggests a Neolithic continental expansion from Southeast Asia followed by multiple Austronesian dispersals. Molecular Biology and Evolution, 2013, 30(5): 1103–1118.

[84] Frantz L A, Mullin V E, Pionnier-Capitan M, et al. Genomic and archaeological evidence suggests a dual origin of domestic dogs. Science, 2016, 352(6290): 1228–1231.

[85] Pires A E, Detry C, Chikhi L, et al. The curious case of the Mesolithic Iberian dogs: an archaeogenetic study. Journal of Archaeological Science, 2019, 105: 116–129.

[86] Thalmann O, Shapiro B, Cui P, et al. Complete mitochondrial genomes of ancient canids suggest a European origin of domestic dogs. Science, 2013, 342: 871–874.

[87] Bergström A, Frantz L, Schmidt R, et al. Origins and genetic legacy of prehistoric dogs. Science, 2020, 370: 557–564.

[88] Germonpré M, Sablin M V, Stevens R E, et al. Fossil dogs and wolves from Palaeolithic sites in Belgium, the Ukraine and Russia: osteometry, ancient DNA and stable isotopes. Journal of Archaeological Science, 2009, 36: 473–490.

[89] Germonpré M, Lázničková-Galetová M, Sablin M V. Palaeolithic dog skulls at the Gravettian Předmostí site, the Czech Republic. Journal of Archaeological Science, 2012, 39: 184–202.

[90] Napierala H, Uerpmann H P. A "new" Palaeolithic dog from Central Europe. International Journal of Osteoarchaeology, 2010, 22(2): 127–137.

[91] Janssens L, Giemsch L, Schmitz R, et al. A new look at an old dog: Bonn-Oberkassel reconsidered. Journal of Archaeological Science, 2018, 92: 126–138.

[92] Pionnier-Capitan M, Bemilli C, Bodu P, et al. New evidence for Upper Palaeolithic

small domestic dogs in South-Western Europe. Journal of Archaeological Science, 2011, 38: 2123 - 2140.

[93] Boschin F, Bernardini F, Pilli E, et al. The first evidence for Late Pleistocene dogs in Italy. Scientific Reports, 2020, 10: 13313.

[94] Sablin M V, Khlopachev G A. The earliest Ice Age dogs: evidence from Eliseevichi Ⅰ. Current Anthropology, 2002, 43(5): 795 - 799.

[95] Davis S J M, Valla F R. Evidence for domestication of the dog 12,000 years ago in the Natufian of Israel. Nature, 1978, 276: 608 - 610.

[96] Bate D M A. Palaeontology: the fossil fauna of the Wadi el-Mughara caves//The Stone Age of Mt. Carmel, Excavations at the Wadi el-Mughara. Oxford: Clarendon Press, 1937: 137 - 233.

[97] Turnbull P F, Reed C A. The fauna from the terminal Pleistocene of the Palegawra cave, a Zarzian occupation site in North-eastern Iraq. Fieldiana Anthropology, 1974, 63: 81 - 146.

[98] 武庄,袁靖,赵欣,等.中国新石器时代至先秦时期遗址出土家犬的动物考古学研究.南方文物,2016,3: 155 - 161.

[99] 武庄,李志鹏.先秦时期与礼仪活动相关的家犬遗存识别、分类及相关问题探讨//北京联合大学应用文理学院.文化遗产与公众考古(第三辑).北京: 北京联合大学文化遗产保护协会,2016: 1 - 15.

[100] Sato T, Hashimoto M, Abe Y, et al. Rediscovery of the oldest dog burial remains in Japan. Anthropological Science, 2015, 123(2): 99 - 105.

[101] Lee G A, Cho M S, Obata H. Coastal farmers during the Early and Middle Holocene: Archaeobotanical and grain impression studies on the east coast Korea. Quaternary International, 2019, 529: 57 - 74.

[102] Lee G A. The Chulmun period of Korea: Current findings and discourse on Korean Neolithic Culture//Habu J, Lape P V, Olsen J W. Handbook of East and Southeast Asian Archaeology. New York: Springer Science+Business Media, 2017: 451 - 481.

[103] Crawford G W. Advances in understanding early agriculture in Japan. Current Anthropology, 2011, 52(S4): S331 - S345.

[104] Crawford G W. The Jomon in early agriculture discourse: issues arising from Matsui, Kaehara and Pearson. World Archaeology, 2008, 40(4): 445 - 465.

[105] D'Andrea A C, Crawford G W, Yoshizaki M, et al. Late Jomon cultigens in northeastern Japan. Antiquity, 1995, 69: 146 - 152.

[106] Perri A R. Hunting dogs as environmental adaptations in Jomon Japan. Antiquity, 2016, 90(353): 1166 - 1180.

[107] Kobayashi T. Jomon reflections: forager life and culture in the prehistoric Japanese Archipelago. Barnsley: Oxbow books, 2004: 73 - 97.

[108] Anezaki T. Pig exploitation in the southern Kanto region, Japan. International Journal of Osteoarchaeology, 2007, 17: 299 - 308.

[109] Hosoya L A. Staple or famin food? ethnographic and archaeological approaches to nut processing in East Asian prehistory. Archaeological and Anthropological Sciences, 2011, 3: 7-17.

[110] Sakaguchi T. Storage adaptations among hunter-gatherers: a quantitative approach to the Jomon period. Journal of Anthropological Archaeology, 2009, 28: 290-303.

[111] Takahashi R, Hosoya L A. Nut exploitation in Jomon society//Mason S L R, Hather J G. Hunter-gatherer archaeobotany: perspectives from the Northern Temperate Zone. New York: Routledge, 2002: 146-155.

[112] Kitagawa J, Yasuda Y. The influence of climatic change on chestnut and horse chestnut preservation around Jomon sites in Northeastern Japan with special reference to the Sannai-Maruyama and Kamegaoka sites. Quaternary International, 2004, 123-125: 89-103.

[113] Kitagawa J, Yasuda Y. Development and distribution of Castanea and Aesculus culture during the Jomon Period in Japan. Quaternary International, 2008, 184: 41-55.

[114] Kawashima T. Food processing and consumption in the Jomon. Quaternary International, 2016, 404: 16-24.

[115] Obata H, Morimoto K, Miyanoshita A. Discovery of the Jomon era maize weevils in Hokkaido, Japan and its mean. Journal of Archaeological Science: Reports, 2019, 23: 137-156.

[116] Habu J. Ancient Jomon of Japan. Cambridge: Cambridge University Press, 2004: 111.

[117] Kitagawa J, Nakagawa T, Okuda M, et al. Correcting misperceptions about the history of *Castanea* stands in *Satoyama* in Japan. Economic Botany, 2008, 62(4): 594-603.

[118] Noshiro S, Suzuki M, Sasaki Y. Importance of *Rhus verniciflua* Stokes (lacquer tree) in prehistoric periods in Japan, deduced from identification of its fossil woods. Vegetation History and Archaeobotany, 2007, 16: 405-411.

[119] Noshiro S, Suzuki M, Sasaki Y. Introduction and use of *Toxicodendron vernicifluum* Stokes (lacquer tree) during the prehistoric Jomon period in Japan. Journal of Chinese Lacquer, 2011, 30(4): 25-30.

第二讲
史前时代甘青地区人类活动及其与生存环境变化的关系

李　若

(兰州大学资源环境学院)

人类及其社会的存在和演化离不开所生存的环境。一部人类发展史,不仅是一部人类社会发展的历史,也是人类与生存环境相互作用的历史。中国西北甘青地区史前人类遗存丰富,人类生存环境对全球气候变化响应敏感,该地区还是史前和历史时期欧亚大陆东西交流的主要通道,史前时代人类活动与生存环境变化的关系备受关注。本文通过对甘青地区史前不同阶段人类活动时空过程、生业模式和生存环境特征的梳理,探讨该地区史前人类活动与生存环境的相互关系。

一、前言

21世纪,全球已经进入信息时代,在此之前人类经历了石器时代、金属时代、工业时代以及后工业时代。大量的古环境与考古研究显示,人类及其社会演化与生存环境存在密切的关联,人类的演化发展之路处处可见环境的烙印。史前时代人类与环境并非简单的二元关系,其间存在复杂的互动,也随着时间推移发生改变。在旧石器时代(距今约300万—1万年),人类演化的重大事件以及大范围的迁徙与生存环境变化有同步性。人类起源的关键时段,非洲东部出现森林向草原景观的转变[1~2]。约200万年前,直立人走出非洲与生存环境的剧烈波动有关[3~4]。在过去的12.5万年中,现代人出现4次由非洲向其他地区迁徙的浪潮,与地球轨道变化引起的气候变化有很好的对应,表明轨道尺度的气候变化是推动现代人进行跨大陆迁徙的重要因素[5]。新石器时代

(距今约 10 000—4 000 年)早期,欧亚大陆的东西两侧各出现了独立的农业起源中心,人类获取食物的方式发生根本性转变,加速了全球人口增长和社会演化进程[6~7],气候环境变化被认为是古文化演进的重要影响因素。黄河流域在距今 7 500—5 500 年降水丰沛,为仰韶文化的发展奠定了重要的环境基础[8]。4.2 ka 气候事件则被认为是导致欧亚大陆不同地区文化衰退的重要因素[9~10]。青铜时代至早期铁器时代(距今约 4 000—2 200 年),贯通欧亚大陆的交流网络已经形成,跨大陆交流带来的技术革新显著增强了人类对生存环境的适应能力。在北半球总体呈现降温趋势的背景下[11],人类生存空间反而拓展至环境条件严酷的高纬度和高海拔地区[12~13]。在史前跨大陆交流的核心地带,如"中国弧"地区,青铜时代至早期铁器时代人类与环境相互作用模式变化尤其明显,受到了学术界的广泛关注[14~16]。

　　甘青地区是史前和历史时期东西方交流的关键陆路通道,也是"中国弧"的重要组成部分。该区史前文化遗存类型丰富且分布广泛,自然环境空间差异显著,是研究史前人与环境相互作用的理想区域。甘青地区最早的人类化石来自甘肃南部的白石崖洞,年代约为距今 16 万年前,古蛋白研究显示其为丹尼索瓦人遗存[17]。进一步研究显示人类在该地区活动早至约距今 20 万年前,延续至约距今 4 万年[18]。甘青地区狩猎采集人群活动强度在旧石器时代晚期显著增加,持续至约距今 5 500 年[19~21],狩猎采集人群活动的时空变化受到气候变化的显著影响[22]。该地区最早的新石器时代遗存来自甘肃秦安县大地湾遗址,一期文化约为距今 7 800—7 200 年[23]。此后,仰韶文化(约距今 6 500—5 000 年)、马家窑文化(约距今 5 300—4 000 年)和齐家文化(约距今 4 300—3 600 年)在甘青地区发展并广泛扩张,粟黍农业发展是主要促进因素,暖湿气候促进了文化扩张,冷干事件则引发文化转型[24~25]。青铜时代至早期铁器时代,甘青地区人类活动的空间较此前显著扩张,但文化面貌呈现出显著的空间分异性,跨大陆交流带来的农业技术革新对该地区人与环境相互作用产生了重要影响[12, 26~27]。随着甘青地区考古研究和古环境研究资料的快速积累,史前时代人类活动与生存环境关系的研究也取得了显著的进展。但由于不同学者关注的研究对象和时段不同,从旧石器时代到早期铁器时代人类活动与生存环境关系的变化尚未得到充分的讨论。本文通过对甘青地区史前遗址时空分布信息、动植物遗存鉴定和碳十四年代测定等数据的系统总结,结合古气候研究资料的对比分析,试图讨论这一多学科关注的热点问题。

二、区域概况

甘青地区位于我国西北部,结合考古文化区与自然环境特征,本文讨论的区域主要为甘肃省全境与青海省东部。甘青地区境内地形地貌复杂多样,东部属黄土高原西端,西南和西北分别与青藏高原和内蒙古高原相接,三大高原在此交汇。西秦岭、六盘山、贺兰山、岷山、祁连山、乌鞘岭等山体盘亘其间,地形下沉区形成柴达木盆地、河西走廊、湟水谷地、洮河谷地等盆地与平原河谷。黄河及其支流洮河、湟水、渭河、大夏河、清水河、泾河、马莲河、葫芦河,与黑河、疏勒河等河流在区域内穿流散布。干旱-半干旱气候条件下,区域内巴丹吉林沙漠、腾格里沙漠、库姆塔格沙漠、柴达木沙漠等干旱地貌在地质时期业已形成,至今仍影响着现代人们的生产生活[28]。此外,甘青地区西接新疆,东接中原,南北沟通内蒙古与西藏,东南和东北分别与四川盆地、河套地区相邻,既是东亚文明与西亚文明交汇的前沿地带,也是沟通农耕文明与游牧文明的桥梁。多样的地貌特征为甘青地区远古文化的发展提供了自然地理条件,脆弱的生态环境使得气候环境变迁成为该地区史前人类活动的重要影响因素,受多方文化辐射的区域优势为文化的交汇互融奠定了空间位置基础。甘青地区史前人类活动主要出现在旧石器时代晚期、新石器时代、青铜时代和早期铁器时代,对应地质历史时期中第四纪的更新世晚期至全新世。

三、材料与方法

在没有文字记录的史前时代,遗址的空间分布与密度差异可以有效地展示古人类对居所的选择情况,碳十四年代概率密度曲线则被广泛用作人类活动强度与人口规模的代用指标[29~31]。遗址出土的动植物组合可以表现古人类的生业模式选择,如野生动植物可能指示人类的狩猎采集活动,驯化形态的谷物和家畜反映人类的农业和牧业活动。由于碳十四年代测定的上限为距今50 000年,旧石器时代研究中常用到其他测年方法,如光释光、热释光、铀系测年法等。因此,本文收集了甘青地区史前不同阶段有准确年代的251个遗址位置信息,648个碳十四年代和22个其他年代,年代范围为距今50 000—2 000年。此外,本文对距今8 000—2 000年甘青地区出土动植物种类进行统计,探究新石器时代至早期铁器时代人类生业模式的变化。基于以上资料,本文将从旧石器时代、新石器时代、青铜—早期铁器时代三个时期探讨史前时代甘青地区的人类活动及其与生存环境变迁的关系。本区人类活动自旧石器时代开始,人类生业模式主要为狩猎采集。距今 8 000 年左右,以农业发展为基础的新石器文化开始出现,但青海湖及其周边区域古人类在距今 8 000—5 500 年仍然维持狩猎采集的生业模式,文化面貌依然为旧石器文化。约距今 4 000—2 000 年,甘青地区进入青铜—早期铁器时代。

四、旧石器时代甘青地区人类活动范围与生存环境变迁

甘青地区最早的人类活动可追溯至距今约 20 万年前[18],气候环境变化影响了早期狩猎采集人群的活动范围和强度。甘青地区环境条件差异较大,生态资源分布不均,较早的旧石器遗址主要分布在甘肃地区[32](图 2-1)。甘肃地区东部分布有较大范围的第四纪黄土,泾河及其众多支流密布,温度与降水条件适宜,生态环境较为优越,旧石器时代遗址集中分布在河流阶地上,且贯穿旧石器时代中晚期,最早达中更新世[33],末期则晚至全新世早期[34]。甘肃中西部地区位于 400 毫米等降水线以西,境内水资源匮乏,生态环境较为脆弱,旧石器时代遗址分布较少,目前发现的奖俊埠遗址年代为距今 12 万—9 万年[35]。夏河白石崖洞遗址出土了甘青地区最早的古人类化石,人类在该遗址活动年代为距今 20 万—4 万年[18]。

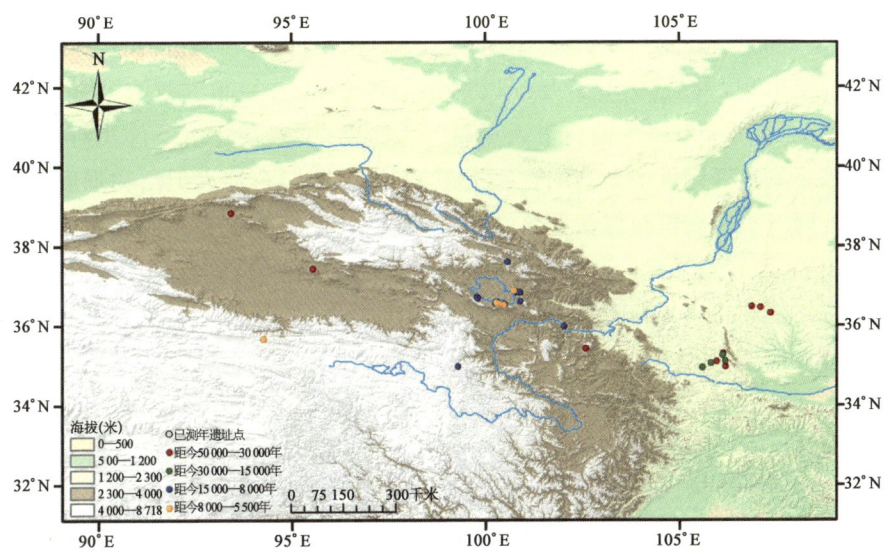

图 2-1　甘青地区旧石器时代晚期已测年遗址分布

青海地区海拔较高,气温低,气候干燥,生态环境不利于古人类的生存。该地区旧石器时代遗址的出现时间较甘肃地区晚,从距今 4 万—3 万年开始,并延续至距今 5 500 年前后,主要围绕湖泊与河流分布。青海湖周边海拔较低,环境资源等条件较为适宜,是青海地区旧石器时代遗址的密集分布区。青海湖周围最早的旧石器时代人类活动出现在距今 1.5 万—1.3 万年,活动强度在距今 9 000 年以后显著增强[36~40]。共和盆地位于青海湖盆地以南,遗址主要位于河漫滩及黄河二级阶地,已测年的拉乙亥遗址碳十四年代测定数据为 6 745±85(校正后日历年为距今 7 600 年前),沟后 001 地点年代同样不早于距今 1 万年[19,41]。柴达木盆地北部目前发现冷湖 1 号与小柴旦湖两个旧石器晚期遗址,年代可能为距今 4 万—3 万年,但仍需要进一步考证与确认[21,42~43]。柴达木盆地南缘海拔较高,旧石器遗址集中分布在昆仑河流域和冬给措纳湖附近,年代最早为距今 8 200 年前,最晚为距今 5 500 年前后[19~20,38]。

甘青地区旧石器遗址主要出现在旧石器时代晚期,距今 6 万年以前的遗址较少。甘肃地区大部分旧石器遗址出现在距今 6 万—2.9 万年气候暖湿的 MIS3 阶段(marine isotope stages,深海氧同位素阶段,反映地球古气候冷暖交替阶段;图 2-1),青海地区最早的旧石器遗址也出现于此阶段[33,44~45]。而在距今 2.9 万—1.5 万年的 MIS2 阶段,气候寒冷干燥,生物资源减少,甘青地区人类活动强度明显下降[45](图 2-2)。距今 1.5 万—1.3 万年进入末次冰消期,气温逐渐回升,青海湖周围植被由荒漠草原发育为疏林草原[46],食物资源相对丰富,适宜的生态环境吸引了狩猎采集人群的进入,青海湖周边旧石器遗址开始大规模出现,并在距今 1 万年以后扩散至南部的共和盆地[45](图 2-1,图 2-2)。距今 8 000 年前后进入全新世大暖期,气温及降水条件相对优渥,为狩猎采集人群提供了丰富的食物资源,青海地区旧石器人类活动强度显著升高。同时黄土高原西部新石器文化开始兴起,在东部农业人群的挤压和排斥作用下,旧石器时代人群生存空间向冬给措纳湖流域与昆仑河流域扩张,年代延续至距今 5 500 年前[20,45,47](图 2-1,图 2-2)。

甘青地区环境条件脆弱,生态资源分布不均,旧石器时代人类活动呈现出较大的区域差异,受气候环境明显制约。暖湿的气候条件提高了生态资源的丰富度,该区狩猎采集人群活动强度和生存空间明显增大与扩张。冷干的气候则不适宜人类生存,人类活动强度明显下降。距今 8 000 年以后,在暖湿气候与邻近地区农业人群竞争性排斥的共同作用下,青海地区狩猎采集人群活动范围进一步向高海拔地区扩张[45]。

第二讲　史前时代甘青地区人类活动及其与生存环境变化的关系 | 39

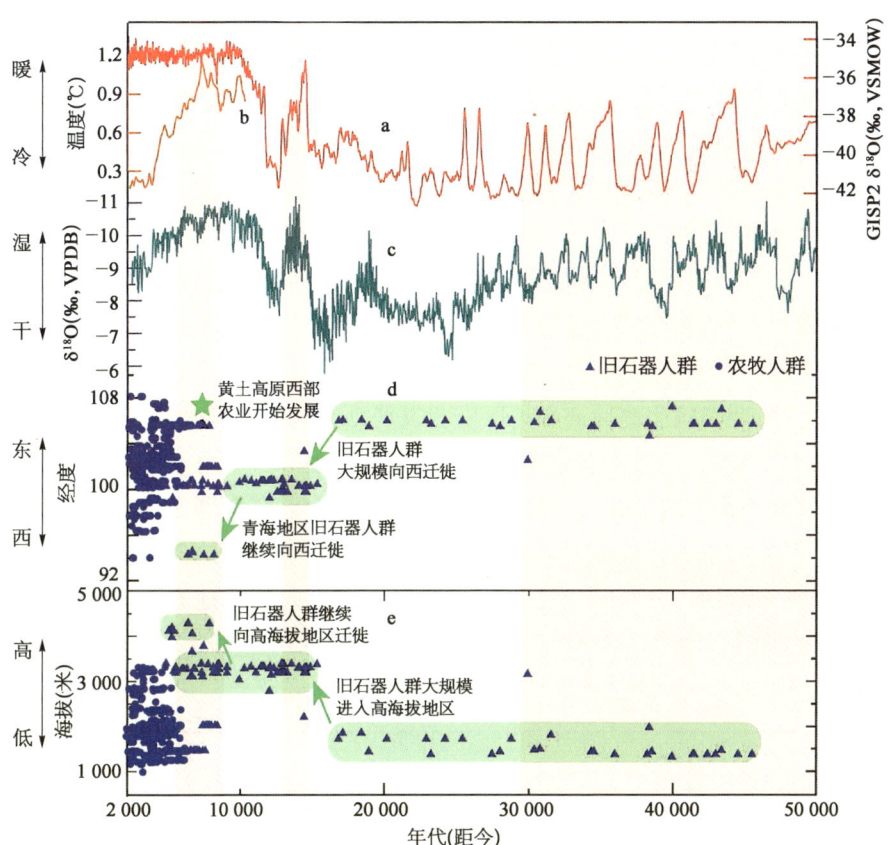

图 2-2　甘青地区旧石器晚期至早期铁器时代测年遗址分布与气候环境变化

注：a. 格陵兰岛冰芯氧同位素记录,指示温度状况[48]；b. 北半球(30°~90°N)的温度记录[11]；c. 董哥洞石笋氧同位素记录,指示东亚季风影响下降水高低[49~50]；d. 甘青地区已测年遗址经度分布；e. 甘青地区已测年遗址海拔分布。

五、新石器时代甘青地区农业发展与人类生存环境变化

　　更新世末期,全球人口较此前显著增加,叠加气候波动引起的环境压力,引发古人类主动拓宽取食资源的"广谱革命",可能对原始农业的起源产生了重要影响[51~55]。距今 1 万年前,"农业革命"在欧亚大陆东西两端发生。在西亚的肥沃新月地带,原本从事季节性狩猎采集的人群开始驯化小麦、大麦、黑麦等农作物,以及绵羊、山羊和黄牛等家畜,从季节性迁徙转换为常年定居,使用工艺更精细的磨制石器[56]。大致同一时期,东亚地区也出现相似场景,在中

国北方的黄河流域,粟和黍,以及家猪开始被驯化,中国南方的长江流域人群则开始驯化水稻[57~59]。这些变革在不同时期对甘青地区新石器—青铜时代人群的生产生活方式产生了重要影响。

基于考古研究工作,甘青地区新石器文化发展序列已基本确定,主要包括大地湾文化一期、仰韶文化、马家窑文化和齐家文化[60]。大地湾文化一期和仰韶文化早中期(距今 7 900—6 000 年)是甘青地区新石器文化发展的最初阶段,开阔平坦、土壤深厚的黄土高原为旱作农业的诞生与发展提供了条件。但在农业发展初期,新石器文化规模较小,此时遗址主要围绕天水地区分布。仰韶文化晚期—马家窑文化早中期(距今 6 000—4 800 年)是新石器文化第一次大规模扩张,此时黄土高原西部地区农业发展已经成熟,人群向西扩张至青海地区的河湟谷地。马家窑文化晚期—齐家文化早期(距今 4 800—4 000 年)是新石器文化的第二次扩张,此时农业人群规模达到鼎盛,空间范围向西部和北部扩展,其影响范围达到青海地区北部及接壤的河西走廊[61~62](图 2-3)。此外,在黄河上游地区分布着一支年代与马家窑文化同期的地方本土文化——宗日文化(距今 5 200—4 000 年)。

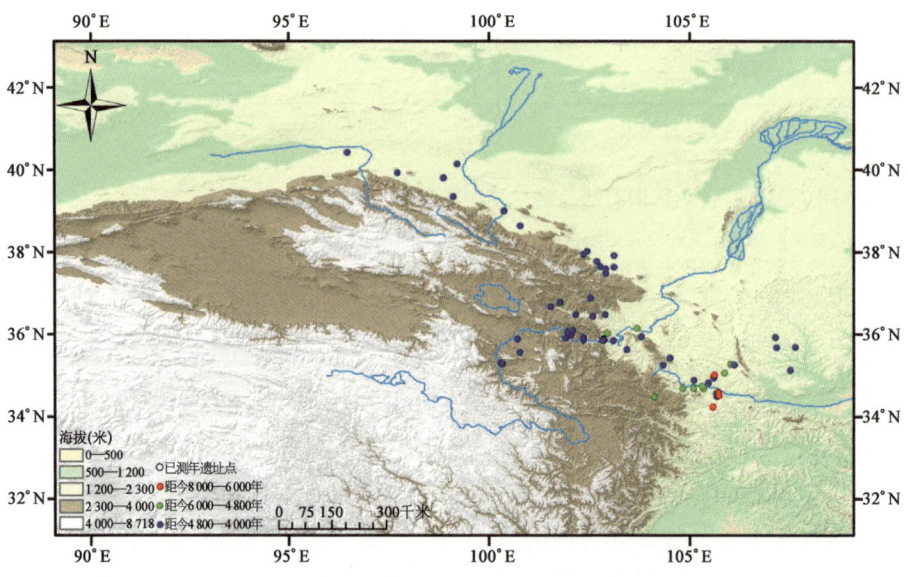

图 2-3 甘青地区新石器时代已测年遗址分布

粟黍农业发展与气候变化被认为是甘青地区新石器文化演化的关键因素。黄土高原西部是粟黍农业发展的重要地区之一。大地湾是甘青地区最早的新石器文化遗址,其一期文化(距今7 900—7 200年)的地层出现了驯化形态的黍,是中国北方前仰韶时代出现驯化黍遗存的遗址之一[63]。在新石器文化初期,甘青地区气候整体温暖湿润,环境较为适宜,人类遗址多分布于更方便进行狩猎采集的山麓地带,遗址出土农作物较少,且未出现驯化形态的家养动物骨骸,说明此时农业种植可能并非人类主要的生产方式,只是一种辅助的生存行为[64~65]。距今7 000—6 000年,气候条件总体适宜,但存在一定波动,甘青地区新石器遗址海拔分布明显下降(图2-4),出土动植物遗存中出现猪、狗、粟、黍等农作物与家畜。整体暖湿的气候条件,波动造成野生资源的不稳定,促使人类生业模式由狩猎采集转向农业生产,活动空间由山麓地带迁徙至低海拔地区[60]。

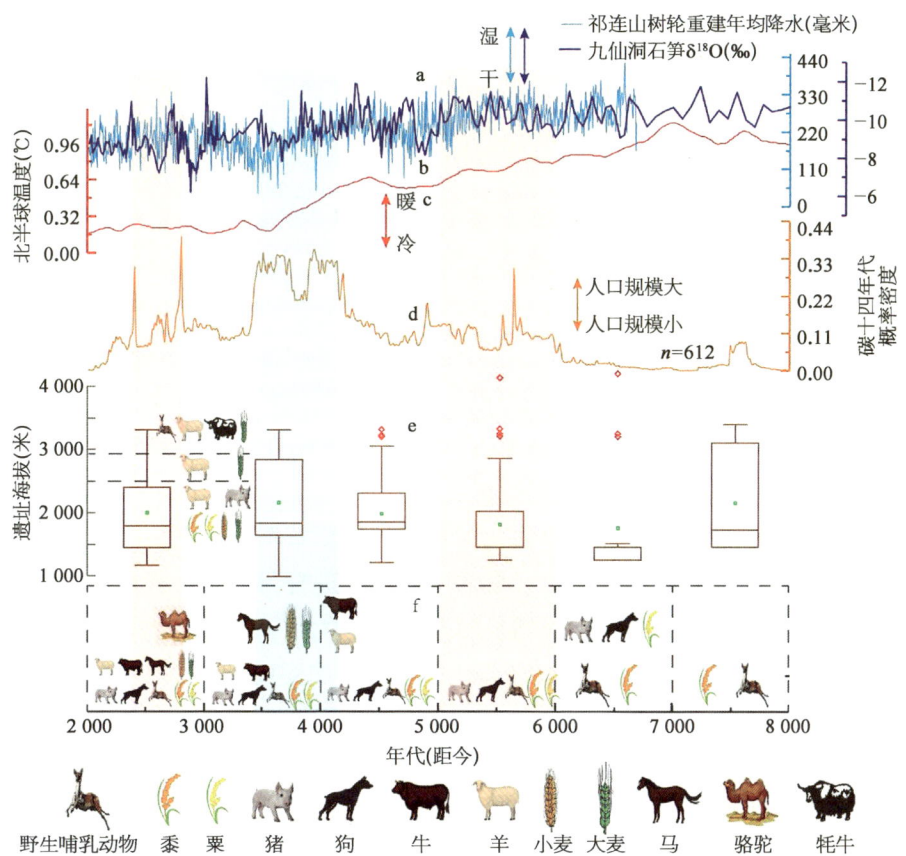

图2-4 甘青地区新石器—早期铁器时代人口规模、遗址海拔分布、动植物组合与气候环境记录

注:a. 祁连山树轮重建年均降水[66];b. 九仙洞石笋氧同位素,指示湿度变化[67];c. 北半球(30°~90°N)的温度记录[11];d. 甘青地区碳十四年代概率密度曲线,指示人口规模变化;e. 甘青地区遗址每千年海拔分布;f. 甘青地区遗址出土动植物组合。

距今 6 000—4 800 年,气候进入相对稳定的时期,甘青地区逐步建立起以粟黍种植为主的旱作农业经济方式,农业人群第一次大规模扩张。距今 5 900 年前后,骨骼同位素证据显示成熟的粟黍农业已在黄土高原西部发展起来[68]。稳定的食物来源与居住场所使人口快速增长,当本地的资源承载力下降,部分农业人群便需要寻找新的生存空间。距今约 5 200 年,仰韶文化晚期与马家窑文化人群大规模定居到青海地区东部的河湟谷地,粟黍农业发展被认为是主要推动因素[12,69~70]。距今 4 800—4 000 年甘青地区温度与降水均出现明显波动,人类通过调整生存空间来适应气候的变化,呈现气候适宜期扩张,气候冷干时期收缩的特征[67,71]。距今 4 800—4 500 年,马家窑文化早中期与晚期之间出现文化低谷,对应气候的冷干阶段(图 2-4)。气候变化被认为是导致该时期人口规模大幅降低,以及促使马家窑文化由马家窑类型向半山类型转变的重要因素[24]。距今 4 400—4 000 年降水状况逐渐好转,齐家早期文化与马家窑晚期文化共存,人口恢复增长,人类生存空间向西扩张至河西走廊地区与青海地区东部。

以上新石器文化主要分布在海拔 2 500 米以下的地区,在黄河上游海拔 2 600 米以上分布的宗日文化(距今 5 200—4 000 年)则在文化面貌上出现差异[72~73],表现为出土的动物骨骼均为野生动物,但遗址发现了粟黍农作物遗存[72,74]。由于粟黍对水热条件反应敏感,生长受积温限制,不适宜在海拔 2 500 米以上的地区种植,宗日文化粟黍本地种植活动的证据并不充分。有研究认为宗日文化人群生活方式依然以狩猎采集为主,农作物可能是先民与海拔较低区域的马家窑人群贸易交换而来的[74~75]。

可以看到,气候变化和农业强化对甘青地区新石器文化演化产生了重要影响。在新石器文化发展初期,气候的不稳定促进狩猎采集人群转向农业生产[60,65]。当农业发展成熟,迅速增长的人口在短时间内达到环境承载力上限,驱使人类向外扩张以获取足够的资源。同时农业的发展强化了对环境资源的利用,使得气候的波动更容易造成人类社会的不稳定,表现为文化转型与生存空间的变动[61,76]。高海拔地区的宗日文化人群则通过"碳水化合物-蛋白质交换"模式与低海拔地区农业人群共存来适应当地的环境[74]。

六、青铜-早期铁器时代技术革新与文化转型

在史前与历史时期,古丝绸之路与欧亚草原是连接东西方文明的重要通

道[77]。甘青地区北部的河西走廊是古丝绸之路的必经路段。河西走廊中部的黑河是我国西北地区第二大内陆河,发源自祁连山,向北通至内蒙古额济纳旗,成为连接甘青地区与欧亚草原的天然通道。甘青地区不仅占据古丝绸之路的咽喉路段,且通过南北向河流廊道与欧亚草原相连,成为连接中原与西域的关键区域,在早期东西方文化交流中起到了重要作用,是最早受到西方文化辐射的地区之一。

青铜时代,随着生产技术的进步及其在欧亚大陆的广泛传播,欧亚大陆文化交流达到一个高峰[74~79]。新石器时代末期开始,外来文化元素陆续传入甘青地区。在齐家文化晚期(距今4 000—3 600年),驯化形态的牛、羊已出现在河西走廊与天水等地区[80~81];距今4 000年前后,大麦、小麦和青铜器及其冶炼技术出现在河西走廊[82~84],随后向黄土高原西部与青海地区传播。马在距今4 000—3 600年传入甘青地区[85],骆驼在距今2 900—2 100年的沙井-骟马时期传入甘青地区[86]。这些文化元素的传入与利用,对甘青地区人群的生业选择与文化演化产生了重要影响。

相比新石器文化时期,青铜时代人群进一步扩张,有向西发展的趋势。河西走廊中西部与柴达木盆地边缘人群定居强度升高,并发展出繁盛的青铜文化(图2-5)。青铜时代早中期(距今4 000—3 400年),甘青地区环境记录显示降水和温度呈持续降低的趋势[87~89]。粟黍生长易受霜冻影响[90~91],持续降低的气温使粟黍生产不稳定,不利于粟黍农业人群的生存。然而,甘青地区碳十四年代概率密度指示的人口规模在距今4 000—3 300年达到最高,同时甘肃地区出现了较多的大型聚落遗址,如西城驿遗址、东灰山遗址、皇娘娘台遗址等[60](图2-4)。青藏高原东北部人群则在此时向高海拔地区大规模扩张[92],并在距今3 600年前后永久定居青藏高原[12]。人类定居强度与生存空间都指示此时期甘青地区人类活动与生存环境的关系出现变化。考古证据显示,此时期甘青地区出现了西亚起源的耐寒作物大麦、小麦以及家畜牛、羊等,在环境变化引起的生存压力背景下,人类生业模式发生改变,由粟黍农业转向混合农牧业经济(图2-4)。在河西走廊地区,青铜时代早中期人群已在粟黍农业的基础上,开始利用牛、羊、大麦、小麦等动植物,选择的居住地接近主要的内流河,更适宜混合农牧经济的发展[27,93]。在青海地区,青铜时代早中期遗址中碳化农作物出土率降低并出现羊骨,也被认为反映了人类农业活动的降低与牧业因素的增强[94]。混合农业和牧业的发展,促使人类对资源利用的效率更高,进而增强了人类适应环境变化的能力,是支撑青铜时代早中期人群在甘青地区高强度定居并向高海拔地区扩张的主要因素[27]。

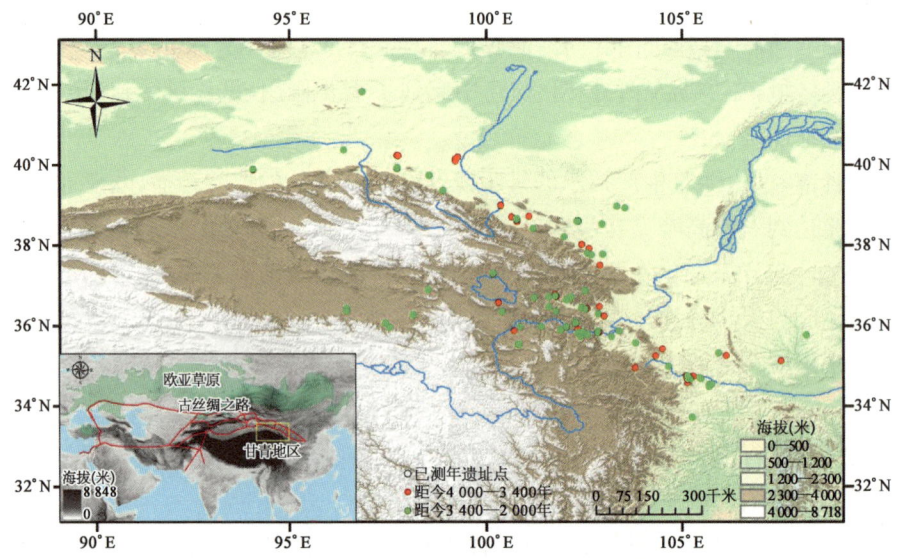

图 2-5 甘青地区青铜—铁器时代早期已测年遗址分布

青铜时代晚期至早期铁器时代(距今 3 400—2 100 年),甘青地区降水出现较大幅度波动,温度较低,甘青地区古文化面貌出现了重大的转型,从齐家文化大一统的文化格局转变为分散发展的多元文化并存的局面[60,95]。在青海地区,青铜时代中晚期主要有 3 支文化,海拔由低到高分别为辛店文化、卡约文化和诺木洪文化[92],且不同海拔地区人类采取的生产方式存在明显差异。在海拔低于 2 500 米的湟水谷地,辛店先民以种植粟、黍和大麦、小麦为主,兼营饲养猪和羊的畜牧活动[96];在海拔 2 500—3 000 米的黄河上游谷地和青海湖地区,卡约先民主要种植耐寒作物大麦并放牧羊[12];在海拔 2 800 米以上的柴达木盆地,诺木洪先民采取放牧羊、牦牛、马和种植大麦为主,狩猎为辅的生产方式,适应高寒和干旱的环境[97](图 2-4)。在河西走廊地区,受气候恶化影响,距今 3 200—2 800 年人类定居强度显著下降,仅在走廊东部发现 4 处遗址,文化呈现明显衰退。沙井-骟马时期(距今 2 900—2 100 年)气候好转,加之游牧文明在欧亚草原兴起,可能对河西走廊人群产生影响,促使沙井-骟马人群较少投入农业生产而主营游牧经济,促进人口规模的扩张[60,98]。

综合来看,气候变化仍然是甘青地区青铜—早期铁器时代文化演化的影响因素之一,但该时期人类活动与生存环境变化的关系更为复杂。一方面,重大冷干事件可能导致区域尺度人类活动强度的显著下降;另一方面,冷干气候也促使人类通过调整生业模式去适应不同的生存环境。跨大陆文化交流带来的生产技术进步在此过程中发挥了关键作用,使得人类在应对生存环境变化时有更多选择,生存空间在青铜时代气候整体呈现冷干趋势的背景下有明显的拓展。

七、结论

在史前文化的不同阶段,甘青地区人类的空间分布、生业模式以及文化演进,都在不同程度上受到气候环境变化的影响,但人类活动与生存环境的关系是不断变化的。随着人类社会的发展和技术的进步,人类应对生存环境变化的方式更多,适应能力更强。甘青地区旧石器人群受自然资源的制约,活动空间主要集中在狩猎采集资源丰富的区域,在气候相对暖湿的时期向高海拔地区扩张。新石器时代,尽管气候变化仍然是影响甘青地区文化演化的重要因素,但粟黍农业的强化和发展成为推动人类生存空间扩张和文化发展的首要动力。青铜时代至早期铁器时代,由于新的农牧业技术的引进,甘青地区人类活动与生存环境关系发生了重要转变。人类适应不同生存环境的策略呈现出多样化的特征,应对生存环境变化的能力显著增强,在气候冷干的大背景下将生存空间拓展至高海拔地区。目前的认识是基于对已有的考古和古环境资料综合分析得出的,有待在未来研究中加以检验。

本文受到国家自然科学基金杰出青年项目(41825001)、第二次青藏高原综合考察项目(XDA20040101)等的资助。

参 考 文 献

[1] Klein R G. The human carrer: human biological and cultural origins. Third edition. Chicago: University of Chicago Press, 2009.

[2] DeConto R M, Pollard D. Rapid Cenozoic glaciation of Antarctica induced by declining

atmospheric CO_2. Nature, 2003, 421(6920): 245-249.
[3] deMenocal P B. Climate and human evolution. Science, 2011, 331(6017): 540-542.
[4] 吴文祥,刘东生.气候转型与早期人类迁徙.海洋地质与第四纪地质,2001,21(4): 103-109.
[5] Timmermann A, Friedrich T. Late Pleistocene climate drivers of early human migration. Nature, 2016, 538(7623): 92-95.
[6] Gignoux C R, Henn B M, Mountain J L. Rapid, global demographic expansions after the origins of agriculture. PNAS, 2011, 108(15): 6044-6049.
[7] Diamond J, Bellwood P. Farmers and their languages: the first expansions. Science, 2003, 300(5619): 597-603.
[8] Chen F H, Xu Q H, Chen J H, et al. East Asian summer monsoon precopitation variability since the last deglaciation. Scientific Reports, 2015, 5(1): 11186.
[9] Weiss H, Bradley R S. What drives societal collapse? Science, 2001, 291: 609-610.
[10] Sun Q L, Liu Y, Wünnemann B, et al. Climate as a factor for Neolithic cultural collapses approximately 4 000 years BP in China. Earth-Science Reviews, 2019, 197: 102915.
[11] Marcott S A, Shakun J D, Clark P U, et al. A reconstruction of regional and global temperature for the past 11 300 years. Science, 2013, 339: 1198-1201.
[12] Chen F H, Dong G H, Zhang D J, et al. Agriculture facilitated permanent human occupation of the Tibetan Plateau after 3600 BP. Science, 2015, 347(6237): 248-250.
[13] Dong G H, Li R, Lu M X, et al. Evolution of human-environmental interactions in China from the Late Paleolithic to the Bronze Age. Progress in Physical Geography: Earth and Environment, 2020, 44(2): 233-250.
[14] Rawson J. China and the steppe: reception and resistance. Antiquity, 2017, 91(356): 375-388.
[15] 张弛.龙山-二里头——中国史前文化格局的改变与青铜时代全球化的形成.文物,2017, (6): 50-59+1.
[16] 童恩正.试论我国从东北至西南的边地半月形文化传播带//文物出版社编辑部.文物与考古论集.北京:文物出版社,1987.
[17] Chen F H, Welker F, Shen C C, et al. A late Middle Pleistocene Denisovan mandible from the Tibetan Plateau. Nature, 2019, 569(7756): 1-4.
[18] Zhang D J, Xia H, Chen F H, et al. Denisovan DNA in Late Pleistocene sediments from Baishiya Karst Cave on the Tibetan Plateau. Science, 2020, 370: 584-587.
[19] 高星,周振宇,关莹.青藏高原边缘地区晚更新世人类遗存与生存模式.第四纪研究, 2008, 6: 769-977.
[20] 陈宥成,侯光良,高靖易,等.青藏高原冬给措纳湖畔新发现的细石器及其同周边地区的技术关系.人类学学报,2021,1: 12.
[21] 孙永娟.青藏高原东北部晚更新世以来史前人类活动年代学研究及其环境意义.青海: 中国科学院研究生院(青海盐湖研究所),2013.

[22] Cao H H, Dong G H. Social development and living environment changes in the Northeast Tibetan Plateau and contiguous regions during the late prehistoric period. Regional Sustainability, 2020, 1(1): 59-67.

[23] 甘肃省文物考古研究所.秦安大地湾——新石器时代遗址发掘报告(下册).北京：文物出版社,2006.

[24] Dong G H, Wang L, Cui Y F, et al. The spatiotemporal pattern of the Majiayao cultural evolution and its relation to climate change and variety of subsistence strategy during late Neolithic period in Gansu and Qinghai Provinces, Northwest China. Quaternary International, 2013, 316: 155-161.

[25] 董广辉,芦永秀,刘培伦,等.6000~2000 a B.P.丝绸之路国内段人类活动的时空格局与影响因素研究.第四纪研究,2022: 1-16.

[26] Ma M M, Dong G H, Jia X, et al. Dietary shift after 3600 cal yr BP and its influencing factors in northwestern China: evidence from stable isotopes. Quaternary Science Reviews, 2016, 145: 57-70.

[27] 董广辉,杨谊时,任乐乐,等.河西走廊地区史前时代生业模式和人与环境相互作用.北京：科学出版社,2020: 72-96.

[28] 张强,胡隐樵,曹晓彦,等.论西北干旱气候的若干问题.中国沙漠,2000,4: 13-18.

[29] Bevan A, Colledge S, Fuller D, et al. Holocene fluctuations in human population demonstrate repeated links to food production and climate. PNAS, 2017, 114(49): E10524-E10531.

[30] Michelle D B, Gajewski K. Human population dynamics in relation to Holocene climate variability in the North American Arctic and Subarctic. Quaternary Science Reviews, 2020, 240(5517): 106370.

[31] Wang C, Lu H Y, Zhang J P, et al. Prehistoric demographic fluctuations in China inferred from radiocarbon data and their linkage with climate change over the past 50 000 years. Quaternary Science Reviews, 2014, 98: 45-59.

[32] 慕占雄,问娜娜.甘青地区旧石器考古的回顾与思考.文物春秋,2021,178(1): 26-38.

[33] 张宏彦.泾水上游旧石器时代遗存的年代与分期研究.西北大学学报(哲学社会科学版),2005,1: 87-94.

[34] 张东菊,陈发虎,Bettinger R L,等.甘肃大地湾遗址距今6万年来的考古记录与旱作农业起源.科学通报,2010,55(10): 883-890.

[35] Cheng T, Zhang D J, Smith Geoff M, et al. Hominin occupation of the Tibetan Plateau during the Last Interglacial Complex. Quaternary Science Reviews, 2021, 265: 107047.

[36] Madsen D B, Ma H Z, Brantingham P J, et al. The Late Upper Paleolithic occupation of the northern Tibetan Plateau margin. Journal of Archaeological Science, 2006, 33(2006): 1433-1444.

[37] 王建,夏欢,姚娟婷,等.青藏高原末次冰消期狩猎采集人群的生存策略研究.中国科

学：地球科学，2020，50(03)：380-390.

[38] Brantingham P J, Gao X. Peopling of the northern Tibetan Plateau. World archaeology, 2006, 38(3)：387-414.

[39] Rhode D, Brantingham P J, Perreault C, et al. Mind the gaps：testing for Hiatuses in regional radiocarbon date sequences. Journal of Archaeological Science, 2014, 52：567-577.

[40] 侯光良,张雪莲,王倩倩.晚更新世以来青藏高原人类活动与环境变化.青海师范大学学报(自然科学版),2015,2：54-63.

[41] 盖培,王国道.黄河上游拉乙亥中石器时代遗址发掘报告.人类学学报,1983,1：49-59+116.

[42] Brantingham P J, Gao X, Olsen J W, et al. A short chronology for the peopling of the Tibetan Plateau//Madsen D B, Chen F H, Gao X. Late quaternary climate change and human adaptation in Arid China. Amsterdam：Elsevier, 2007：129-150.

[43] 黄慰文,陈克造,袁宝印.青海小柴达木湖的旧石器//中国科学院中澳第四纪合作研究组.中国-澳大利亚第四纪学术讨论会论文集.北京：科学出版社,1987：168-175.

[44] 李锋,陈福友,高星,等.甘肃省徐家城旧石器遗址的年代.人类学学报,2013,32(4)：432-440.

[45] Zhang D J, Chen F H, Bettinger R L, et al. Archaeological records of Dadiwan in the past 60 ka and the origin of millet agriculture. Chinese Science Bulletin, 2010, 16：1636-1642.

[46] Liu X Q, Shen J, Wang S M, et al. A 16 000-year pollen record of Qinghai Lake and its paleoclimate and paleoenvironment. Chinese Science Bulletin, 2002, 22：6.

[47] 汤惠生,周春林,李一全,等.青海昆仑山山口发现的细石器考古新材料.科学通报,2013,58(03)：247-253.

[48] GISP2. The Greenland Summit Ice Cores. National Snow and Ice Data Center University of Colorado at Boulder and the World Data Center-A for Paleoclimatology, National Geophysical Data Center, Boulder Colorado (CD-ROM), 1997.

[49] Dykoski C A, Edwards R L, Cheng H, et al. A high-resolution, absolute-dated Holocene and deglacial Asian monsoon record from Dongge Cave, China. Earth and Planetary Science Letters, 2005, 233(1-2)：71-86.

[50] Wang Y J, Cheng H, Edwards R L, et al. A high-resolution absolute-dated late Pleistocene monsoon record from Hulu Cave, China. Science, 2001, 294：2345-2348.

[51] Flannery K V. Origins and ecological effects of early domestication in Iran and the Near East//Ucko P J, Dimbleby G W. The domestication and exploitation of plants and animals. Chicago：Aldine, 1969：73-100.

[52] Stiner M C. Thirty years on the "Broad Spectrum Revolution" and paleolithic demography. PNAS, 2001, 98(13)：6993-6996.

[53] Weiss E, Wetterstrom W, Nadel D, et al. The plant broad spectrum remains revisited：evidence from plant remains. PNAS, 2004, 101(26)：9551-9555.

[54] Guan Y, Gao X, Li F, et al. Modern human behaviors during the late stage of the MIS3 and the Broad Spectrum Revolution: evidence from a Shui-donggou Late Paleolithic site. Chinese Science Bulletin, 2012, 57: 379 - 386.

[55] Flannery K V. The origins of agriculture. Annual Review of Anthropology, 1973.

[56] Zohary D, Hopf M, Weiss E. Domestication of plants in the Old World: the origin and spread of domesticated plants in Southwest Asia, Europe, and the Mediterranean Basin. 4th edition. Oxford: Oxford University Press, 2012.

[57] Lu H Y, Zhang J P, Liu K B, et al. Earliest domestication of common millet (*Panicum miliaceum*) in East Asia extended to 10 000 years ago. PNAS, 2009, 106(18): 7367 - 7372.

[58] 张居中.舞阳贾湖.北京：科学出版社,1999.

[59] Zhao Z J. New archaeobotanic data for the study of the origins of agriculture in China. Curr Anthropol, 2012, 52: 295 - 306.

[60] 王辉.甘青地区新石器——青铜时代考古学文化的谱系与格局.考古学研究,2012,9: 210 - 243.

[61] 董广辉.甘青地区新石器文化演化及其环境动力研究进展与展望.海洋地质与第四纪地质,2013,33(04): 67 - 75.

[62] 李水城.东风西渐：中国西北史前文化之进程.北京：文物出版社,2009.

[63] 甘肃省文物考古研究所.秦安大地湾：新石器时代遗址发掘报告.北京：文物出版社,2006.

[64] Liu X Y, Hunt H V, Jones M K. River valleys and foothills: changing archaeological perceptions of North China's earliest farms. Antiquity, 2009, 83(319): 82 - 95.

[65] 吉笃学.中国北方现代人扩散与农业起源的环境考古学观察.兰州：兰州大学,2007.

[66] Yang B, Qin C, Bräuning A, et al. Long-term decrease in Asian monsoon rainfall and abrupt climate change events over the past 6 700 years. PNAS, 2021, 118(30): e2102007118. https://doi.org/10.1073/pnas.2102007118.

[67] Cai Y J, Tan L C, Cheng H, et al. The variation of summer monsoon precipitation in Central China since the last deglaciation. Earth and Planetary Science Letters, 2010, 291: 21 - 31.

[68] Barton L, Newsome S D, Chen F H, et al. Agricultural origins and the isotopic identity of domestication in Northern China. PNAS, 2009, 106(14): 5523 - 5528.

[69] An C B, Feng Z D, Barton L. Dry or humid? Mid-Holocene humidity changes in arid and semi-arid China. Quaternary Science Reviews, 2006, 25(3 - 4): 351 - 361.

[70] Jia X, Dong G H, Li H M, et al. The development of agriculture and its impact on cultural expansion during the late Neolithic in the Western Loess Plateau, China. Holocene, 2013, 23(1): 83 - 90.

[71] Dong G H, Jia X, An C B, et al. Mid-Holocene climate change and its effect on prehistoric cultural evolution in eastern Qinghai Province, China. Quaternary Research, 2012, 77(1): 23 - 30.

[72] 陈洪海.宗日遗存研究.北京：北京大学考古文博学院,2002：64-67.
[73] 洪玲玉,崔剑锋,陈洪海.移民,贸易,仿制与创新——宗日遗址新石器时代晚期陶器分析.考古学研究,2012：325-345.
[74] Ren L L, Dong G H, Liu F W, et al. Foraging and farming: archaeobotanical and zooarchaeological evidence for Neolithic exchange on the Tibetan Plateau. Antiquity, 2020, 94(375): 1-16.
[75] 刘雨嘉.青海省宗日遗址植物遗存分析.兰州：兰州大学,2018.
[76] 安成邦,冯兆东,陈发虎.甘青地区全新世中期的环境变化与文化演进.西北大学学报（自然科学版）,2003,(06)：729-732+740.
[77] 陈发虎,董广辉,陈建徽,等.亚洲中部干旱区气候变化与丝路文明变迁研究：进展与问题.地球科学进展,2019,34(6)：12.
[78] Kuz'mina E E. The prehistory of the Silk Road. Philadelphia: University of Pennsylvania Press, 2008: 39-108.
[79] Anthony D W. The horse, the wheel, and language: how Bronze Age riders from the Eurasian Steppes shaped the modern world. Princeton: Princeton University Press, 2010: 121-456.
[80] 袁靖.中国动物考古学.北京：文物出版社,2015：88-175.
[81] 张雪莲,张君,李志鹏,等.甘肃张掖市西城驿遗址先民食物状况的初步分析.考古,2015,7：110-120.
[82] Dodson J R, Li X Q, Zhou X Y, et al. Origin and spread of wheat in China. Quaternary Science Reviews, 2013, 72: 108-111.
[83] 张雪莲,仇士华,钟建,等.放射性碳素测定年代报告（四一）.考古,2015,7：107-109.
[84] Liu X Y, Lister D L, Zhao Z J, et al. The virtues of small grain size: potential pathways to a distinguishing feature of Asian wheats. Quaternary International, 2016, 426: 107-109.
[85] 任乐乐,董广辉."六畜"的起源和传播历史.自然杂志,2016,38(04)：257-262.
[86] 甘肃省文物考古研究所,北京大学考古文博学院.河西走廊史前考古调查报告.北京：文物出版社,2011.
[87] Shen J, Liu X Q, Wang S M, et al. Palaeoclimatic changes in the Qinghai Lake area during the last 18 000 years. Quaternary International, 2005, 136(1): 131-140.
[88] Wang H Y, Dong H L, Zhang C L, et al. Deglacial and Holocene archaeal lipid-inferred paleohydrology and paleotemperature history of Lake Qinghai, northeastern Qinghai-Tibetan Plateau. Quaternary Research, 2015, 83(1): 116-126.
[89] 吴永红.河西走廊全新世气候变迁与古文化响应.干旱区研究,2006,23(4)：650-653.
[90] 王星玉.中国黍稷.北京：中国农业出版社,1996.
[91] 柴岩.糜子.北京：中国农业出版社,1999.
[92] 国家文物局.中国文物地图集·青海分册.北京：中国地图出版社,1996.
[93] 杨谊时.河西走廊史前生业模式转变及影响因素研究.兰州：兰州大学,2017.

[94] 贾鑫.青海省东北部地区新石器——青铜时代文化演化过程与植物遗存研究.兰州：兰州大学,2012.
[95] 水涛.中国西北地区青铜时代考古论集.北京：科学出版社,2001.
[96] 张山佳,董广辉.青藏高原东北部青铜时代中晚期人类对不同海拔环境的适应策略探讨.第四纪研究,2017,37(4)：13.
[97] Dong G H, Ren L L, Jia X, et al. Chronology and subsistence strategy of Nuomuhong Culture in the Tibetan Plateau. Quaternary International，2016，426：42-49.
[98] 乌恩.欧亚大陆草原早期游牧文化的几点思考.考古学报,2002,4：437-470.

第三讲
人类父系 Y 染色体 DNA 数据分析方法简介

韦兰海

（内蒙古师范大学民族学人类学学院）

本文对人类父系 Y 染色体 DNA 上的遗传标记进行简要描述。同时，用数个例子讨论 Y-DNA 如何应用于人类群体起源与演化历史的研究，包括达斡尔族、通古斯语人群、壮侗语人群和南岛语人群。

一、父系 Y 染色体与谱系树

人类 Y 染色体上的男性特异区严格遵守父系遗传规律，是研究人群父系遗传结构和演化历史的强有力工具。DNA 序列由 A、C、G、T 这 4 种碱基组成，Y 染色体上单个位点碱基被任意其他一种碱基替换，即构成一个单核苷酸多态性（single nucleotide polymorphism，SNP），简称 Y-SNP 突变。突变（假设为突变 A，A 只是一个代码）会被该男性个体的直系男性后代一直继承下去。于是，所有这些带有突变 A 的子代构成一个"群"，可以将其看作属于"Y 染色体单倍群 A"，也可称为"父系单倍群 A"。也就是说，我们可以将"Y 染色体单倍群"简单理解为"源自同一个父系祖先的一大群男性的统称"。由于与 Y-SNP 关系密切，Y 染色体单倍群又称为 Y-SNP 单倍群。

常染色体 DNA 序列更能反映人群混合的结果和经过，利用它可以对人群起源与演化历史进行精确而全面的评估。不过，在单系遗传（即母系和父系）方面，线粒体和 Y 染色体可以提供更为精确的描述。因为父系社会是人类群体的主要组织形式，父系 Y 染色体沿着男性家系（近似于姓氏）进行传承。此外,由于在目前研究的近 20M bp 的区域中,大约每 70 年产生一个新的突变。人类父系 Y 染色体的突变速率是远远高于常染色体和线粒体的,很容易产生族群特异性和家族特异性的 Y-SNP 支系。Y 染色体 DNA 的这些特性使得它成为研究人群历史的强有力工具之一。

相关研究的基本工作流程大致包括:采集足够多有代表性的样本,进行 DNA 测试分析,构建谱系树,计算分化年代,结合历史学、考古学、民族学等其他学科的研究成果研究人群的起源和演化历史。

Y 染色体谱系树的结构比较复杂。因为不断发现新的突变,谱系树也需要随之发生变化。目前较为权威的父系谱系树网站有 www.isogg.org 和 www.yfull.com,母系线粒体较为权威的谱系树是 www.phylotree.org。图 3-1 为欧亚大陆东部人群常见父系类型的谱系树在 2000—2017 年的变化[1~6]。

男性家系与 Y 染色体突变及支系密切相关。通过大量测试,可以发现家族独有的支系。通过测试家族特有的遗传标记,可以确定某一个男性是否属于这个特定的父系家族。在一个父系 Y 染色体支系的谱系树上,可以看到从古至今不断分化出的下游支系。这些下游支系成为不同古代和现代人群中的父系类型。Y 染色体上的短串联重复序列(Y-STR)也常常被用于父系遗传结构研究。同一个父系家族男性的 Y-STR 数据会很接近,而不同父系家族男性的 Y-STR 数据则有很大的差别,因此,Y-STR 也可以用来区分不同的男性家族。

奠基者父系类型是指父系类型本身在新石器时代以来经历人口扩张,下游有多个支系并在现代族群中成为主要父系类型。识别奠基者父系类型需要非常多的序列,通过构建详细的谱系,才能识别出不同人群的主要父系类型,特别是人群独有的下游支系。根据其定义,奠基者父系类型本身的起源、扩张和分化对现代族群的形成起直接决定作用,因此,可以认为奠基者父系类型的起源和演化进程与人群的起源和演化进程直接相关。

古代人群和现代人群都是混合的。常染色体 DNA 数据可以为人群混合提供精确的评估,数据(如混合比例)能细化达到千分位。Y 染色体父系的分辨率是 70 年,母系线粒体 DNA 的分辨率约为 2 000 年。因此,如果有足够多的 DNA 数据,研究者可以分辨哪种成分是外来混合的,发生混合的时间,每种成分在古代和现代人群中的占比。总之,对于人群的复杂混合历史,DNA 数据是有足够的分辨率的。

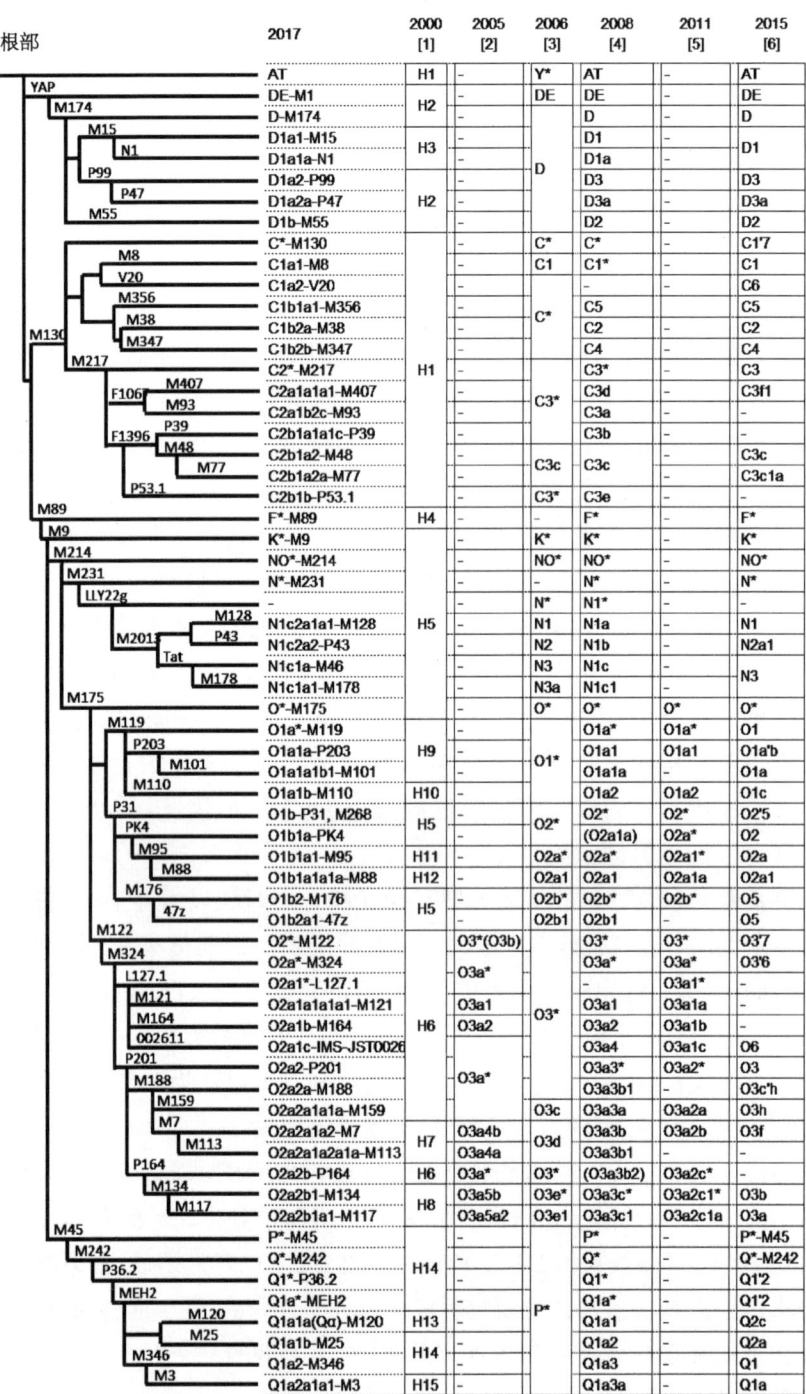

图 3-1 欧亚大陆东部人群常见父系类型的谱系树在 2000—2017 年的变化[1~6]

二、蒙古语人群中达斡尔族和达斡尔语的分化

数项关于达斡尔族父系遗传结构的研究显示达斡尔族的奠基者父系类型(F5483)是全体蒙古语人群奠基者父系(M401[7])的最古老的一个分支，而达斡尔语正好是蒙古语里独特的早期分支之一[8~10]。从人群本身的起源和演化历史看，遗传学数据支持达斡尔语是蒙古语族语言的独特早期分支之一。

首先，可以通过传统学科的研究成果理解人群的早期起源演化历史，如考古学、历史学、民族学。但由于使用材料本身的限制，这3个学科在还原人群早期演化历史时会受到限制。比如，考古遗址可能没有那么多，史料的记载可能没有那么详细，对于没有文字记载的史前时期，历史学和民族学的研究较难开展。对于达斡尔族而言，直到明代晚期才有相关的文字记载。达斡尔族祖先的演化历史可能已经有3 000多年，但到距今500年才有历史记载。在这种情况下，早期的历史如何研究？民族学可能提供一些起源传说、历史记忆和家族记忆等，这些很有用，但不够全面。

人群的演化历史会在群体遗传结构中留下痕迹。如果我们能把DNA数据也加入相关研究中，则有望揭示族群早期起源演化历史的细节。相关研究表明，达斡尔人的祖先在距今3 000年左右和蒙古人的祖先在父系上发生分离。达斡尔人的祖先早期可能生活在黑龙江中游的北岸至外兴安岭之间。到了距今1 000年时，大兴安岭的室韦-蒙古部落往蒙古高原迁徙时，达斡尔族的祖先一直留在森林里，继续过着狩猎采集的生活。扩散到草原上的蒙古人逐渐转向游牧生活方式。在新的生活方式中，原来很多渔猎采集的词汇不再使用，而需要采用很多与游牧生活方式相关的新词汇，语言也就随之发生巨大的变化。达斡尔语则保留了13世纪古代蒙古语中的古老词汇。在现代蒙古语的谱系分类中，达斡尔语单独构成一个语支，并不与其他语言构成彼此最接近的语组。达斡尔族的核心父系正好是全体蒙古人中最古老的一个分支(图3-2)。遗传学数据所揭示的人群演化历史的细节支持达斡尔语作为全体蒙古语中最古老分支的观点。总之，我们认为，人类群体遗传学的研究可以为人类语言谱系的分化历史提供很好的见解。

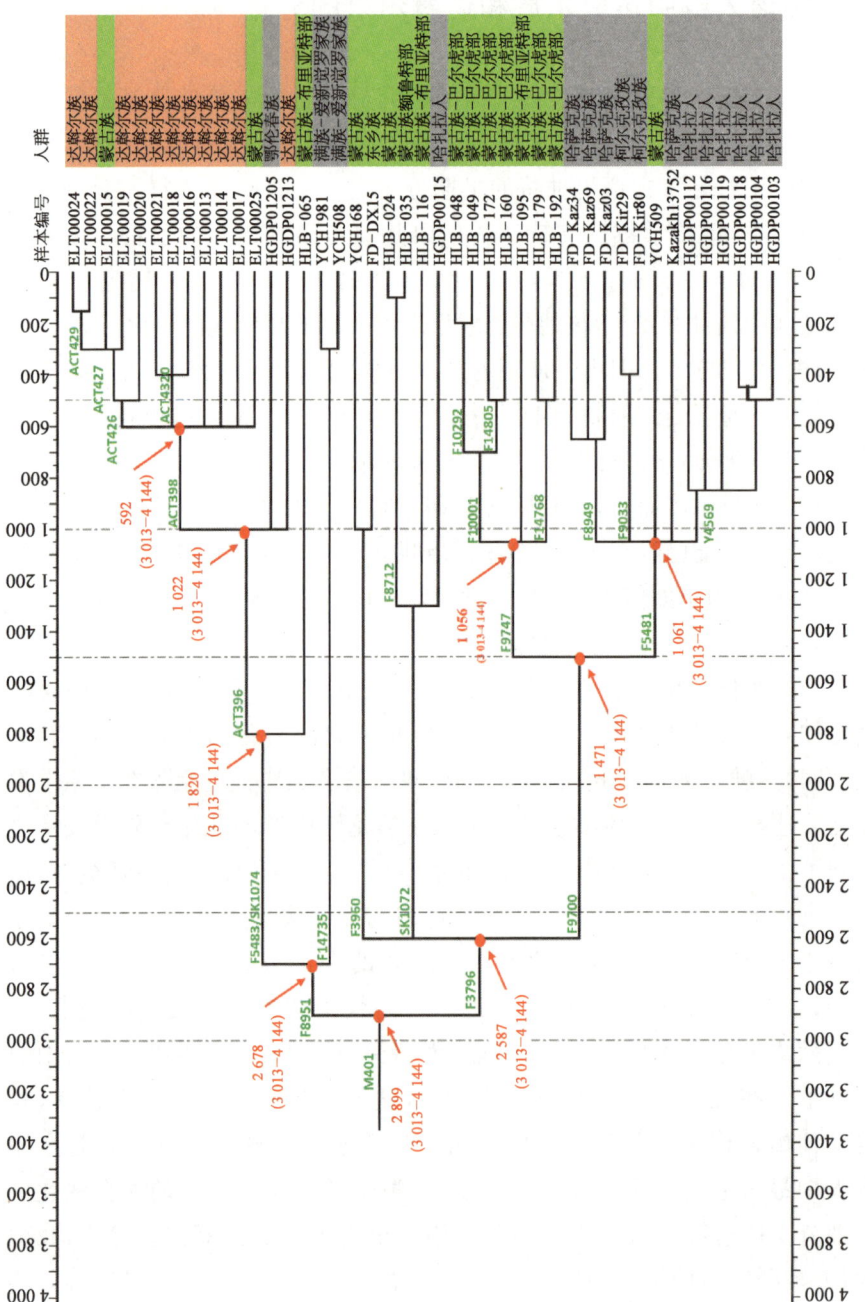

图 3-2 达斡尔族父系 F5483 是蒙古语人群父系 M401 的最古老分支之一[10]

三、通古斯语人群的分化

根据对以往文献数据的总结,通古斯语人群的父系比较纯粹,只有一个核心父系,即 C2 - M48[11]。这一父系比较高频的人群包括东北地区的鄂伦春族、辽宁满族和蒙古族人,是最近 4 000 年扩张的结果。目前所有的 M77/M86 样本的共祖年代为 4 000 多年。这意味着今天所有属于 M77/M86 父系的男性都是距今 4 000 年的一个男性后裔,这一父系的诞生地可能是黑龙江中上游。以这一支系为主要父系的古代人群不断分化和扩散,形成了今天的通古斯人群以及一部分蒙古语人群和突厥语人群[11~12]。

从考古学和历史学的角度看,通古斯语人群的演化历史大概是这样的:分布在黑龙江中上游地区的乌里尔文化可能是全体通古斯语人群的共同祖先群体所创造的考古文化。乌里尔文化的南北分化可能导致了通古斯语人群中南部分支和北部分支的分化。乌里尔文化向南分化出了波尔采-蜿蜒河文化。塔拉坎文化是乌里尔文化在黑龙江中游的后裔。创造这两个考古文化的人群可能演化为历史时期(唐代前后)的靺鞨诸部。乌里尔文化消失之后,其南部后裔分支和北部后裔分支就走向了不同的演化方向。靺鞨诸部演化为后世的女真人和满族。

全体通古斯语人群只有一个奠基者父系类型,而欧亚大陆其他人群都有多个奠基者父系类型,人群混合的历史比较复杂。因此,通古斯语人群的父系遗传结构是欧亚大陆东部所有人群集团中最简单的。如图 3 - 3 所示,C2 - M48 的谱系树显示,支系 B80 主要出现在西伯利亚地区的鄂温克人和埃文人中,而支系 B87 则囊括了其他所有通古斯语人群的样本。因此,我们主张下游两大支系(B80 和 B87)在地理分布上的南北分化,与考古学和历史学研究所揭示的通古斯语人群的南北分化有直接对应关系。我们的研究支持通古斯语族南北分化的当前主流方案(鄂温克语和埃文语为北支系而所有其他语言为南支系),而不是早期的其他方案(以女真语和满语为南支系而所有其他语言为北支系)。在这一方向上,还有很多值得讨论的话题。

四、父系 O1a - M119 与南岛语人群和侗台语人群的早期分化问题

此前,我们曾对父系 O1a - M119 进行了较为详细的研究,识别出分别集

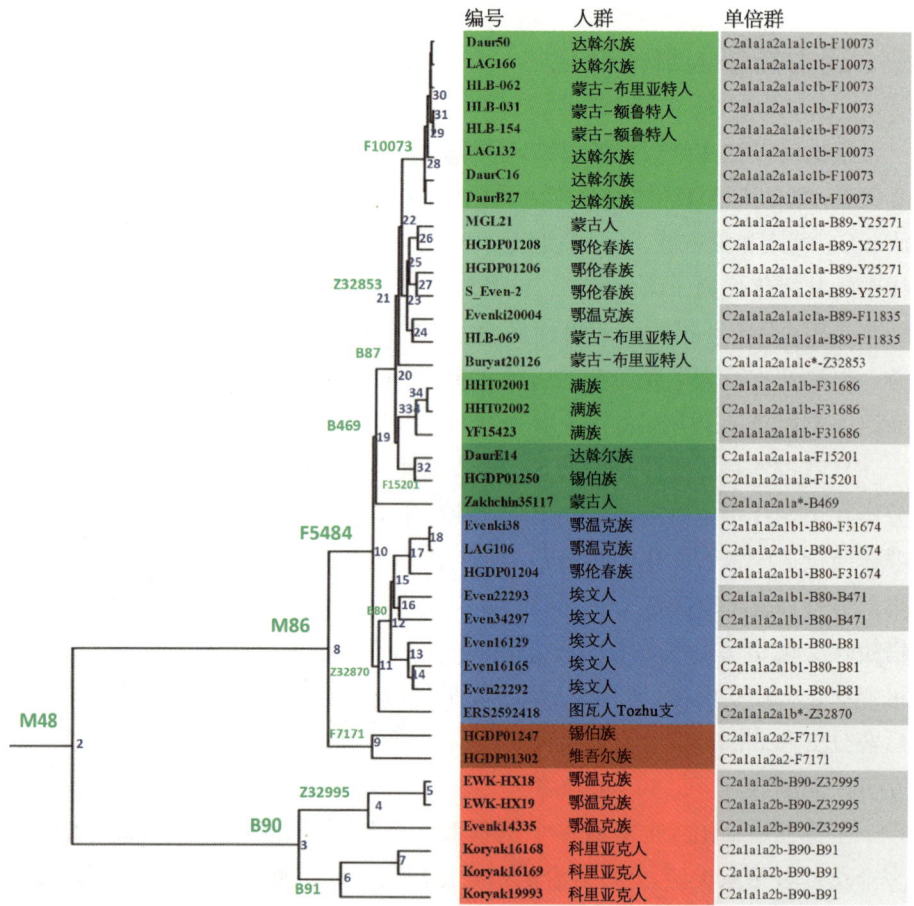

图3-3 通古斯语人群主要父系C2-M48下游支系B80和B87的南北分化[11]

中分布于南岛语人群、壮侗语人群和汉族的不同下游支系[13]。下游支系的分化及其在人群中的分布呈现出非常复杂的拓扑结构,显示相关人群的演化历史是很复杂的。

对于南岛语与壮侗语之间的谱系关系,语言学研究主要有两类观点。其一,侗台语是南岛语的一个下游分支。这是法国L. Sagart和其他一些语言学家所主张的。这种观点认为,南岛语共同始祖语言经过多个层级的分化,侗台语才与马来-波利尼西亚语发生分化。另一个主张是侗台语和南岛语是平行关系,是兄弟分支。

对照父系O1a-M119所揭示的人群演化历史,我们可以进行一些讨论。首先,遗传学研究(常染色体、古DNA研究和父系Y染色体DNA)都显示南岛语人群和侗台语人群不是一个纯粹的、匀质的单元,他们本身是高度混合的。父系 Y 染色体的研究可以提供更为精细的分支关系。如图 3-4 所示,O1a-M119 的不同下游支系展示出了 3 个人群(南岛语人群、侗台语人群和汉族)之间的各有差异的亲缘关系。从 M110 的谱系结构看,壮侗语人群的支系确实包含在南岛语人群的多个支系之中,提示这部分壮侗语的成分(代表一部分祖先来源)是南岛语人群成分的下游支系。从 F140 的多个下游分支的谱系看,壮侗语人群和南岛语人群的分支呈现兄弟分支关系,这显示共同始祖群体分化后,一些呈现平行关系的成分分别参与了壮侗语人群和南岛语人群的形成。这些成分提示两类语言的兄弟关系。而 F4084 和 SK1568 在南岛语人群

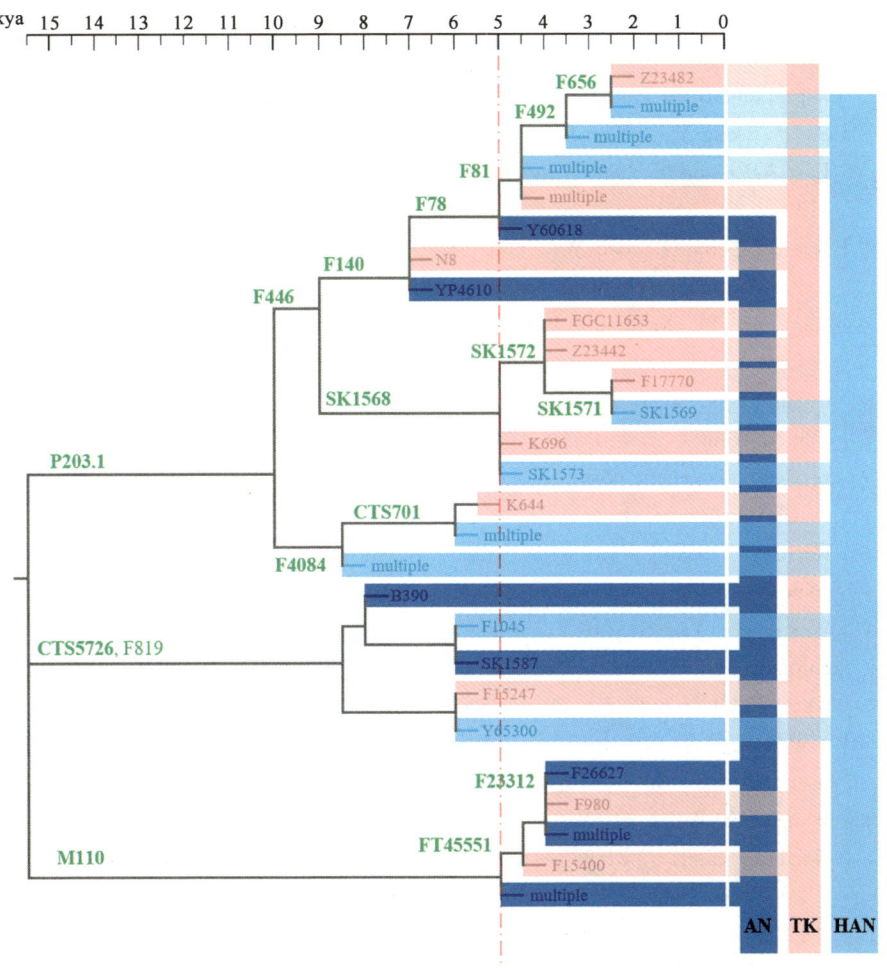

图 3-4 父系 O1a-M119 的分化拓扑结构以及下游支系的分布[13]

中都不存在,这两类父系为壮侗语人群和汉族人群所共享。总之,从细分的父系遗传成分去看现代人群的始祖演化过程,不同的成分会呈现出不同的形成和混合过程。这提示人群和语言的演化过程是很复杂的,并不是以简单的"下位"或"二分"模式就可以完全解释的。

以上给出了3个示例,旨在说明如何用父系Y染色体DNA数据来研究人群及其语言的演化历史。相关的工作还刚刚开始,未来还有更多的工作有待开展。

参 考 文 献

[1] Su B, Xiao C, Deka R, et al. Y chromosome haplotypes reveal prehistorical migrations to the Himalayas. Hum Genet, 2000, 107 (6): 582-590.

[2] Shi H, Dong Y L, Wen B, et al. Y-chromosome evidence of southern origin of the East Asian-specific haplogroup O3-M122. Am J Hum Genet, 2005, 77 (3): 408-419.

[3] Xue Y, Zerjal T, Bao W, et al. Male demography in East Asia: a north-south contrast in human population expansion times. Genetics, 2006, 172 (4): 2431-2439.

[4] Karafet T M, Mendez F L, Meilerman M B, et al. New binary polymorphisms reshape and increase resolution of the human Y chromosomal haplogroup tree. Genome Res, 2008, 18 (5): 830-838.

[5] Yan S, Wang C C, Li H, et al. An updated tree of Y-chromosome haplogroup O and revised phylogenetic positions of mutations P164 and PK4. Eur J Hum Genet, 2011, 19 (9): 1013-1015.

[6] Karmin M, Saag L, Vicente M, et al. A recent bottleneck of Y chromosome diversity coincides with a global change in culture. Genome Res, 2015, 25 (4): 459-466.

[7] Wei L H, Yan S, Lu Y, et al. Whole-sequence analysis indicates that the Y chromosome C2*-Star cluster traces back to ordinary Mongols, rather than Genghis Khan. Eur J Hum Genet, 2018, 26 (2): 230-237.

[8] 王迟早,石美森,李辉.分子人类学视野下的达斡尔族族源研究.北方民族大学学报(哲学社会科学版),2018(05):110-117.

[9] Wang C Z, Wei L H, Wang L X, et al. Relating clans Ao and Aisin Gioro from Northeast China by whole Y-chromosome sequencing. J Hum Genet, 2019, 64 (8): 775-780.

[10] 沙仁高娃,程慧珍,韦兰海.达斡尔语分支在蒙古语族中的地位.人类学学报,2022,41(6):1037-1046.

[11] Liu B L, Ma P C, Wang C Z, et al. Paternal origin of Tungusic-speaking populations:

insights from the updated phylogenetic tree of Y-chromosome haplogroup C2a-M86. Am J Hum Biol, 2020: e23462.

[12] Zhabagin M, Sabitov Z, Tazhigulova I, et al. Medieval super-grandfather founder of Western Kazakh clans from haplogroup C2a1a2-M48. J Hum Genet, 2021, 66 (7): 707-716.

[13] Sun J, Li Y X, Ma P C, et al. Shared paternal ancestry of Han, Tai-Kadai-speaking, and Austronesian-speaking populations as revealed by the high resolution phylogeny of O1a-M119 and distribution of its sub-lineages within China. Am J Phys Anthropol, 2021, 174 (4): 686-700.

第四讲
考古学和古基因组学视野下的藏缅语族迁徙与演化

郭健新　王传超

（厦门大学人类学研究所）

　　藏缅语族是汉藏语系中已知语种最多的一个支系，有200多种语言，主要分布在中国的甘肃、青海、西藏、四川、贵州、云南、广西、湖南和与中国西南接壤的东南亚大陆和南亚等区域。其下的5个语支中，羌语支仅分布在中国；彝语支主要分布在中国及与东南亚大陆交界区域；缅语支、景颇语支和藏语支均为跨境分布，多数语言使用人群分布在中国境内。从分布格局可见藏缅语族是华西地区主要的语言[1]，其使用人群也是区域少数民族的主体，对于探索区域语言、文化、族群历史和演化历程尤为重要。在近一个世纪对藏缅语族相关的早期文化及其人群的研究中，考古学通过陶器、石器等遗物研究为判断区域交流提供了时间和空间的尺度，在中华文明"多元一体"格局下的华西走廊地带的考古学探索论证了甘青和西南地区的文化源流及其在文化上的内在联系；"农业-语言共扩散假说"指导下的考古学和语言学的科际整合研究共同论证粟黍农业相关的藏缅语族先民的北方起源和西向、南向进入河西走廊和藏彝走廊的扩张过程；近期古基因组学关于藏缅语族先民的人群遗传结构和遗传混合历史研究，都为藏缅语族的迁徙和演化研究提供了越来越多的多学科证据。因此，本文拟以考古学和古基因组学相结合的研究方法，更客观地展示藏缅语族的早期语言演化和藏缅语族先民迁徙的相关性，从而为跨学科探索藏缅语族的迁徙和演化提供新思考。

一、中华文明"多元一体"格局下的华西走廊地带考古学探索

从考古学文化区系结构、文化因素比较和生业模式转化等研究角度联系藏缅语族先民相关的考古学文化可以发现，以甘青地区和西南地区为主体的华西早期考古学文化是探索包括藏缅语族在内的汉藏语系起源和演化的重要途径。因此，在对华西地区早期考古学文化流变研究的基础上探索华西新石器时代至早期铁器时代文化与华北、天山北麓地区史前人文间的密切关系，寻找藏缅语族相关考古学文化的传播、融合及先民的迁徙、演化历史是藏缅语族迁徙与演化多学科研究中不可或缺的重要环节。

对藏缅语族先民迁徙和演化的探索，离不开在中华文明"多元一体"格局下梳理新石器时代至早期铁器时代相关考古学文化的形成及其之间的关系。从20世纪80年代起苏秉琦和张光直相继提出的"区系类型"理论[2]和"中国相互作用圈"模式[3]，以及严文明关于史前文化差序格局的"重瓣花朵"模式[4]，到赵辉的以中原为中心的历史趋势理论[5]形成，以包括藏缅语族在内的汉藏语系人群为主体的中华民族形成过程一直是考古学重点研究和关注的问题。21世纪以来的"中华文明探源工程"则是在对中国各地区文明起源和形成的研究基础上，探讨以中原地区为核心的中华文明"多元一体"格局的形成过程。研究表明，在仰韶文化庙底沟期及其后，中原地区史前文化逐渐向周围地区扩散，其影响所及北到河套地区，南达长江流域，东抵黄河下游，西至甘青地区，并继续沿青藏高原东麓南下影响西南地区。这一文化扩散的趋势被认为是"文化上的中国"的雏形，抑或是最早中国的萌芽，也与汉藏语系的早期分化及其人群的迁徙和演化密切相关[6]。而在这一进程中，东亚大陆西部，包括甘青与西南地区在内的华西地区，作为我国考古学文化总谱系中特征非常显著的环节，也是汉藏语系重要支系藏缅语族传播扩散的重要节点和通道。并且，在对以彩陶和粟黍农业文化因素为代表的新石器时代文化及以东西方交流互鉴为特征的青铜时代文化的发现与研究中，考古学者很早就认识到华西地区承接东亚南北和东西文化的重要地理和文化地位，特别是在新石器时代粟黍农业文化沿黄河流域西向扩张的华西地区"新石器化"进程的问题上，国内外的考古学者已经进行了近一个世纪的探索和研究。

20世纪20年代开始，在华西的甘青地区和西南地区，以外国传教士及学者的探险式考古调查和中瑞西北科学考察团为代表的中外学者联合考古调查

就已经初步发现了本区域包括彩陶在内的丰富的新石器时代至青铜时代文化遗存,并首次构建了甘青地区新石器时代至青铜时代考古学文化"六期说"[7]。自20世纪30年代中期后,随着我国科学考古学的兴起和实践,中国学者开始逐步主导了华西地区的考古田野和研究工作。在西南地区,冯汉骥[8],吴金鼎、曾昭燏、王介忱[9],林铭均[10]等学者和中央研究院历史语言研究所与中央博物院联合组成的川康民族调查团[11]对区域内北至岷江上游、南至金沙江南岸洱海的数十处遗址进行了调查或发掘。而在甘青地区,夏鼐、阎文儒[12]、裴文中[13]、黄文弼、卫聚贤、何乐夫、吴良才等学者开展的一系列考古调查,以及中央研究院西北史地考察团和中央研究院历史语言研究所、中央博物院筹备处、中国地理研究所、北京大学文科研究所联合组成的西北科学考察团推进了本区域的考古工作。这一时期我国学者开始关注本区域内的甘青地区和西南地区的文化源流及其在文化上的内在联系,华西地区考古学文化探源的焦点也指向了晋陕豫交界地区的新石器时代文化,即仰韶早中期的半坡类型和庙底沟类型[13]。

中华人民共和国成立后,随着大规模、大范围的考古田野研究工作的开展,华西地区两个重要的地理文化走廊概念"河西走廊(甘肃走廊)"和"藏彝走廊"的考古探索取得了极大的进展,考古学者们在构建区域文化年代序列的基础上也先后关注了"河西走廊"和"藏彝走廊"间的文化演进和互动。20世纪80年代,以童恩正为代表的我国考古学者从考古学文化因素传播与交流的角度将华西地区这一具有相关文化因素的区域作为新石器时代至早期铁器时代族群和文化扩散传播的"边地半月形文化传播带",童恩正[14~15]、李昆声[16]、刘世旭[17]、格勒[18]、马长寿[19]、霍巍[20]、王大道[21]、谢崇安[22]、邱兹惠[23]、石硕[24]、王仁湘[25]、陈苇[26]等考古学者也从黄土高原西部、青藏高原东北部、西南山地的文化性质、生业模式、人地关系、社会形态探索华西地区与周边的华北、天山北麓地区史前人文间的密切关系,以及"边地半月形文化传播带"内部的文化特征及其传播机制。伴随着"青铜时代全球化"理念在欧亚考古研究中的实践,"边地半月形文化传播带"在权杖头、青铜器等西方文化元素和彩陶、玉器等东方文化元素的交互与碰撞中扮演着纽带的角色,也成为东西方文化元素"引进来"和"走出去"的重要中间地带,并将华西地区的南北更紧密地勾连[27],甚至影响了东南亚大陆的中南半岛山地文化[28]。

最近十多年来,许多中青年学者在华西地区文化谱系研究的基础上进一步拓展、深化多学科探索,特别是考古遗存背后的人群动植物资源利用策略、生业模式转换和人地关系等。根据古气候学的研究可知,在距今6 000年左右的仰韶文化"庙底沟化"过程中,华西地区全新世气候适宜期也进入高峰期后段,粟黍和稻作农业都进入快速发展期。虽然粟作和稻作农业早在距今1万年前后就开始萌芽,但农业成为东亚北方主要经济形态是随着磁山文化和仰韶文化沿黄河流域开始扩张而形成的[29],甘青地区新石器时代早期农业相关考古学文化遗址的大量出现也与黄河中上游流域的史家类型和泉护类型扩张带来的农业栽培技术的扩散和传播相关[30]。而到了新石器时代晚期,气候变化带来了黄土高原西部地区的适耕化,也为农业相关人口向青藏高原和河西走廊扩张提供了自然条件基础。植物考古学研究发现黄河上游地区的黄土高原与青藏高原存在密切关系,农业技术革新是促成史前人类大规模永久定居在青藏高原的主要动力。陈发虎团队通过对以甘青地区为主体的青藏高原东北部距今5 200—3 600年的53处遗址的植物遗存分析发现,来自黄土高原西部的粟黍农业及其人群沿黄河及其支流河段逐步扩散至青藏高原东北部并逐步走上青藏高原[31]。根据考古发现的遗址数量以及出土的动植物遗存和人工制品判断,早期阶段人群大规模定居在青藏高原东北部海拔2 500米以下的河谷地带,以粟作农业为主;后来,大麦、小麦等来自西亚的耐寒农作物和家畜羊传入中国西部,在大约距今3 600年成为甘青地区史前人群的重要食物来源,并促进了人群向青藏高原高海拔地区的持续定居。

而在"边地半月形文化传播带"的南段西南地区也可见甘青地区马家窑文化及其相关的粟黍农业经济形态的烙印。西南地区距今5 000年的最早发现农业的川西营盘山、哈休、刘家寨等遗址都是单一的粟作农业[32~33],至距今4 000多年的成都平原桂圆桥二期时受峡江地区稻作农业文化影响出现稻粟兼作的农业模式[34~35]后,再沿"边地半月形文化传播带"向南继续传播,目前可见云贵高原西北最早的农业模式仍是这一稻粟混合农业,且从遗存的类型上看也受到马家窑风格影响,与川西相关史前文化关联性较强[36~37]。此外,这一南传进程继续通过横断山脉进入东南亚大陆,并至少于距今4 000年传播至泰国中部的Khao Wong Prachan地区[38~39]。这也与童恩正先生提倡的把中国西南放入整个东南亚文化研究中去考察,"西南地区与中南半岛及岛屿东南亚自古以来就有着紧密的文化联系"[40]的观点一致;许倬云同样认为"边地半月形文化传播带"至远应延伸到东南亚大陆部分的中南半岛。这其中涉及的西南与东南亚新石器至早期铁器时代的文化性质、人地关系和生业经济也是藏缅语族迁徙与演化研究的重要问题。

二、"农业-语言共扩散假说"指导下的藏缅语族科际整合研究

历史比较语言学认为，语言的早期分化涉及考古学文化和人群的研究。在语言学和考古学科际整合的藏缅语族迁徙演化研究中的一大热点是在"农业-语言共扩散假说"指导下探索东亚新石器时代农业文化相关的包括藏缅语族在内的汉藏语系先民起源与演化。这一研究认为随着汉藏语系（藏缅语族）相关的农业人口密度增加，早期的农业人群向外迁徙以寻找新的农业耕地和定居点，同时传播语言并逐步产生分化。历史比较语言学家普遍认为汉藏语系的分化与早期农业的扩散息息相关，主要有北方起源扩散假说和西南起源扩散假说两个分歧观点。北方起源扩散假说认为汉藏语及其人群的最早扩张发生在距今约 6 000—4 000 年，与新石器时代中期的北方粟黍农业文化仰韶文化或马家窑文化的人群扩张相关，在扩散过程中逐步分化出汉语族和藏缅语族。西南起源扩散假说认为汉藏语的早期扩张发生在距今 9 000 年，起源于四川西南或印度东北地区。

在"农业-语言共扩散假说"代入包括藏缅语在内的汉藏语谱系构建的研究中，金力团队[41]、法国东方语言学研究中心 List 团队[42]和伦敦大学学院 Zhang Hanzhi[43]等运用贝叶斯系统发生学方法（Bayesian phylogenetic method）分别以不同的同源词数据库计算汉藏语系的谱系分类，并构拟了语言谱系树模型。在上述研究中，虽然各研究团队阐释的具体分化地点和时间并不完全一致，但在语言演化的整体趋势上都倾向于认为汉语最早从汉藏语系中分离出来，最初分化时间分别为距今 5 900 年、7 200 年和 8 000 年；随后继续分化形成藏缅语族，时间节点在距今 4 600 年前。在语言演化载体——人群的研究上，三个研究团队都认为早期的黄河流域粟黍农业人群可以看作藏缅语族先民，与汉藏语系北方起源扩散假说一致；其后人群分别向西向东迁徙，给当地带来了农业技术，并传播了包括藏缅语在内的原始汉藏语（图 4-1），在伴随着文化差异化过程的人群分化的同时，语言也在同步进行分化。其中，List 团队还将"粟""猪""羊""水稻""牛""马"等早期农牧业驯化相关的同源词引入分析，发现"粟""黍""水稻""猪"和"羊"等同源词在汉藏语早期扩张中占有重要的地位，而这些同源词大部分都与中国北

方的早期粟黍农业考古学文化相关联,并根据计算出来的分化年代将语系起源与晚期磁山文化和早期仰韶文化人群联系,认为汉藏语第一次分化的地点为华北地区。同时,还识别出"水稻""牛""马""小麦""大麦"等农牧业相关同源词是在汉语分离后的汉藏语系中首次出现。该研究团队认为这一现象反映了汉藏语第一次分化后的藏缅语族先民西向和南向扩张时与周边群体的语言接触。

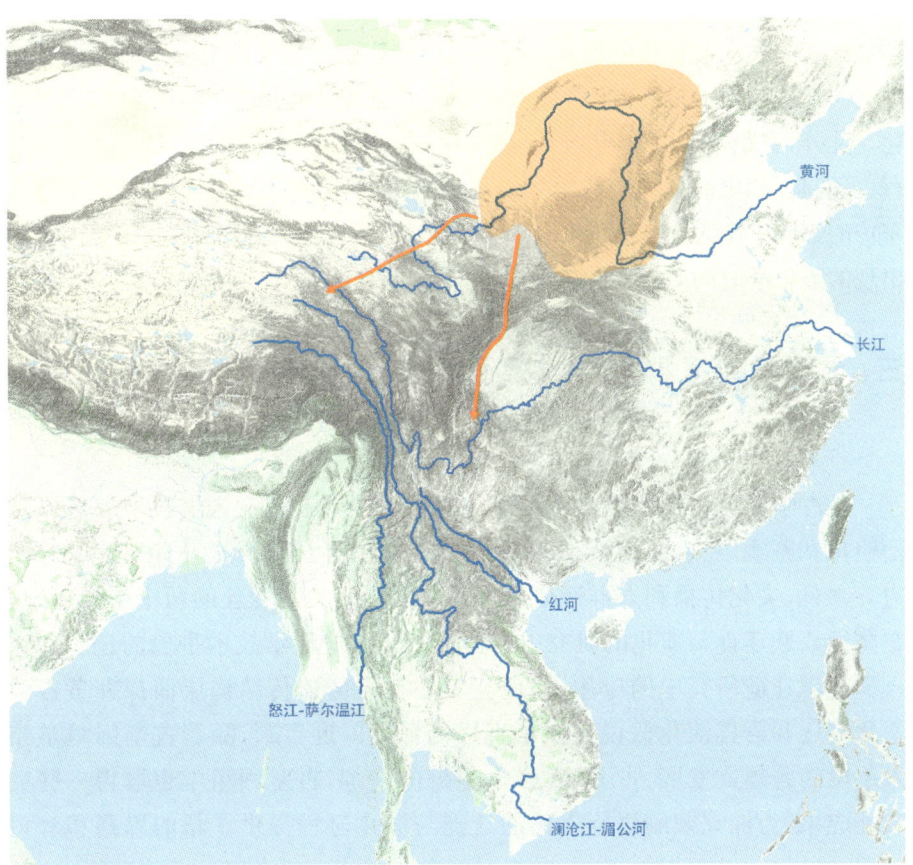

图4-1 "农业-语言共扩散假说"拟测的藏缅语族分化区域与早期迁徙路线

结合考古学证据来看,粟黍农业及其人群的扩散和藏缅语的传播路径大体一致。从甘肃西部到山东东部,包括内蒙古东部、华北、中原、关中和陇西等地区的新石器时代早中期遗址中都有发现原始粟黍农业遗存[44],以及磁山文化时大量栽培黍的发现均可证实粟黍农业在生业经济中的重要地位[45]。随后黄河流域中游地区以裴李岗文化、白家文化和磁山文化为代表的新石器时代中期文化基础上发展而来的仰韶文化诸类型继承了粟黍农业传统,至新石器时代晚期仰韶文化庙底沟类型西向形成马家窑文化时,其工具套和陶器组合最远已到达云南西北部。大理宾川县白羊村遗址[36]、永平县新光遗址[37]和楚雄元谋县大墩子遗址[46]、永仁县菜园子和磨盘地遗址[47]等生业经济均以粟、黍、稻混合农业为主,并且均可见马家窑文化特有的双孔石刀和风格类似的陶器。韩建业认为这一路线代表马家窑文化扩张的"彩陶之路"南道南支线[30],而这一扩张支线涉及的区域也与现代藏缅语人群分布地区较为一致,反映了藏缅语族先民南向扩张的趋势。另一支南向扩张支线南道北支线则反映了人群走向青藏高原的过程,在甘肃东部形成了与马家窑类型关联较强的宗日文化。此外,在距今4 000年的马家窑文化马厂类型时期已经发现驯化的小麦遗存,可能是受"史前食物全球化"(food globalization in prehistory)进程下小麦东传的影响[48],也与前述演化语言学研究中"小麦""大麦"等农业相关同源词出现的语言学时间节点互为佐证。

三、粟黍农业人群主导的藏缅语族迁徙与扩散的古基因组学证据

考古学和语言学科际整合研究支持了北方粟黍农业人群扩散促进汉藏语演化和藏缅语族的分化,但对于语言携带者的人群研究没有很好的分辨力。并且,文化传播和人群迁徙作为考古学解释文化变迁的两个主要概念,在藏缅语族迁徙与演化的研究中也各有阐述。遗传学技术手段的进步和在人群起源迁徙研究中的应用,为研究者们在人群遗传结构层面探究考古学文化变迁和语言演化假说提供了直接的证据。近年来,随着古基因组学技术手段的跨越式发展、古DNA样本数据的增加,古基因组学也取得一些突破性成果,为探究藏缅语族先民的迁徙与演化过程提供了新的思路和有力证据。

在单系遗传标记的研究中,现代藏缅语人群的主要线粒体单倍群A、B、D、F、M也被发现于距今9 500—1 800年的山东地区古人类和黄河流域中游的仰韶文化人群中(青台遗址),其中在山东扁扁洞遗址人群中发现的最为古老的单倍群B5b2支系暗示这一支系很可能从山东地区向外扩张,从而影响黄河流域中上游人群的母系基因库[49]。对距今5 200—300年(主要集中在距今5 000—2 500年)青藏高原及周边古人类线粒体全基因组的研究表明,青藏高

原东北边缘低海拔地区人群和青藏高原高海拔地区人群之间共享 4%~8% 的单倍群和 2%~5% 的单倍型,暗示他们之间有直接的母系遗传联系,并且在青铜时代农业传播背景下,发生了以 D4j1b 单倍群为代表的由低海拔地区向高海拔地区少量的人群流动,以及后期以 M9a1a1c1b1a1a 单倍群为代表的高海拔地区内部人群扩张,且高、低海拔的古代人群对现代西藏人群贡献了部分的母系基因[50]。

在古基因组学研究中,自 2020 年以来发表了一系列与藏缅语族祖先人群相关的古 DNA 数据[51~52]。研究者陆续对黄河流域、西辽河流域和黑龙江流域的新石器时代至早期铁器时代古人类进行采样和 DNA 分析,构拟了距今 7 500 年来中国北方先民的遗传混合历史。我们通过整合目前已发表的欧亚大陆东部古人类数据,构建了全基因组水平下的人群遗传关系聚类分析(图 4-2)。在以现代人群为背景的主成分分析图中,欧亚大陆东部的古人类 DNA 样本可以分为四个较为明显的集群。东南亚古人与分布在东南亚大陆的现代南岛语和南亚语人群聚类;中国东南古人则与现代壮侗语人群和分布在包括我国台湾岛和菲律宾群岛等在内的亚洲东南岛屿的南岛语人群聚类。而与藏缅语族先民最为相关的中国北方古人形成一个渐变群,大致契合这些古人样本相关的中国北方遗址从东向西的分布格局,并与华西北部的现代藏缅语人群聚类;并且,青藏高原东缘的南北向通道藏彝走廊在藏缅语人群演化过程具有重要作用,向南扩张的藏缅语族先民与周边的南方本土群体发生遗传混合,进而形成现代藏缅语人群的南北内部结构差异(南部藏缅人群和北部藏缅人群)。这一模式反映了欧亚大陆东部人群迁徙与演化进程中的语言文化传播和人群迁徙的关联性。

聚焦藏缅语族先民相关的黄河流域新石器时代至铁器时代的遗址(石峁、金禅口、喇家、五庄果墚、晓坞、汪沟、平粮台、瓦店、郝家台、聂村、大槽子等),其中出土的人骨样本古 DNA 遗传结构分析也证实了黄河流域中上游新石器时代中晚期农业人群在遗传上的连续性(图 4-3),而以此为代表的具有连续遗传特征的中国北方粟黍农业人群也与考古学文化上观察到的仰韶文化西向扩散过程具有一致性,反映了人群扩张驱使的文化传播。黄河中上游新石器时代农业人群对现代的汉语和藏缅语人群均有大量的遗传贡献,是汉语和藏缅语人群共同的祖先人群(图 4-3:原始汉藏人群),这也与语言学和考古学上推论的黄河流域粟黍农业人群是早期汉藏或藏缅语人群的观点相吻合。此外,距今 3 000—1 500 年的尼泊尔 Chokhopani、Mebrak 和 Samdzong 文化相

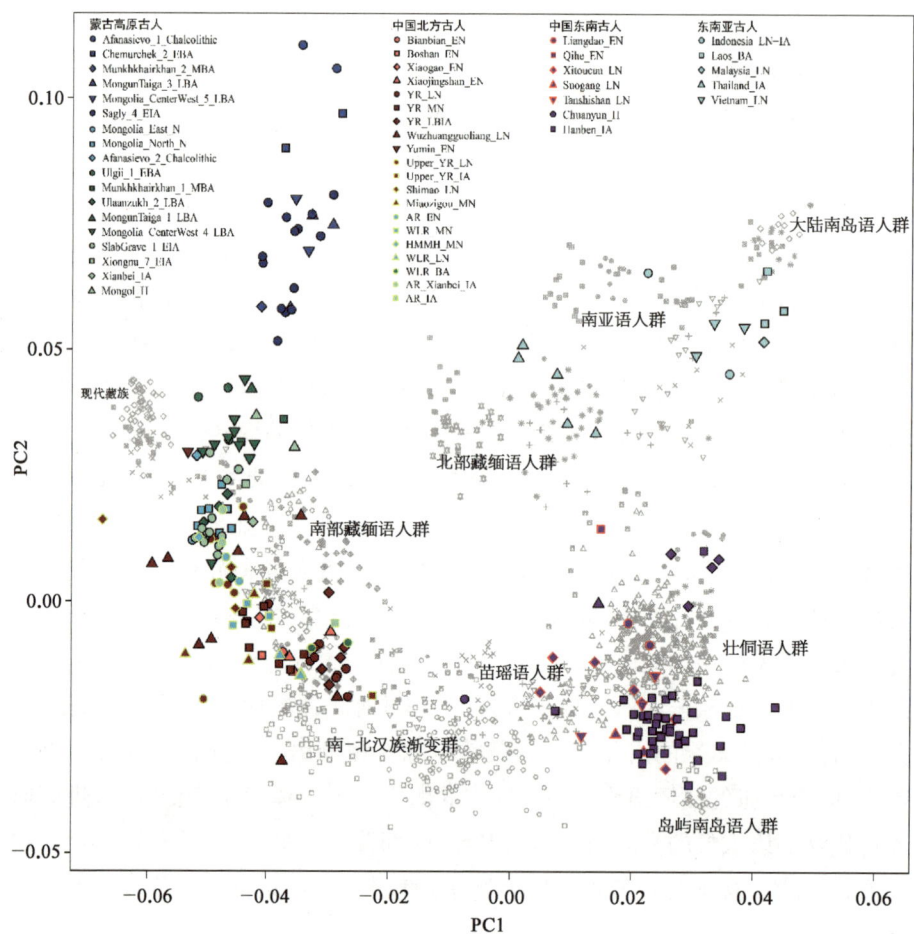

图4-2 欧亚东部地区古人类全基因组所见人群遗传关系聚类图

关遗址的古人全基因组(图4-3:Nepal_Chokhopani_2700BP,Nepal_Mebrak_2125BP,Nepal_Samdzong_1500BP)也揭示了高海拔地区人群距今3000年以来的遗传连续性,及与东亚人群尤其是藏缅语人群更近的遗传关系和高原适应性基因 *EPAS1*、*EGLN1* 的衍生型等位基因的存在;且父系母系单倍群均支持青藏高原东北部受到黄河流域新石器时期农业人群的遗传影响[53]。古基因组学研究支持了定居于高海拔地区人群一定程度的遗传连续性以及青藏高原东缘的南北向通道——藏彝走廊在藏缅语人群的形成与分化过程中的重要作用。

第四讲　考古学和古基因组学视野下的藏缅语族迁徙与演化

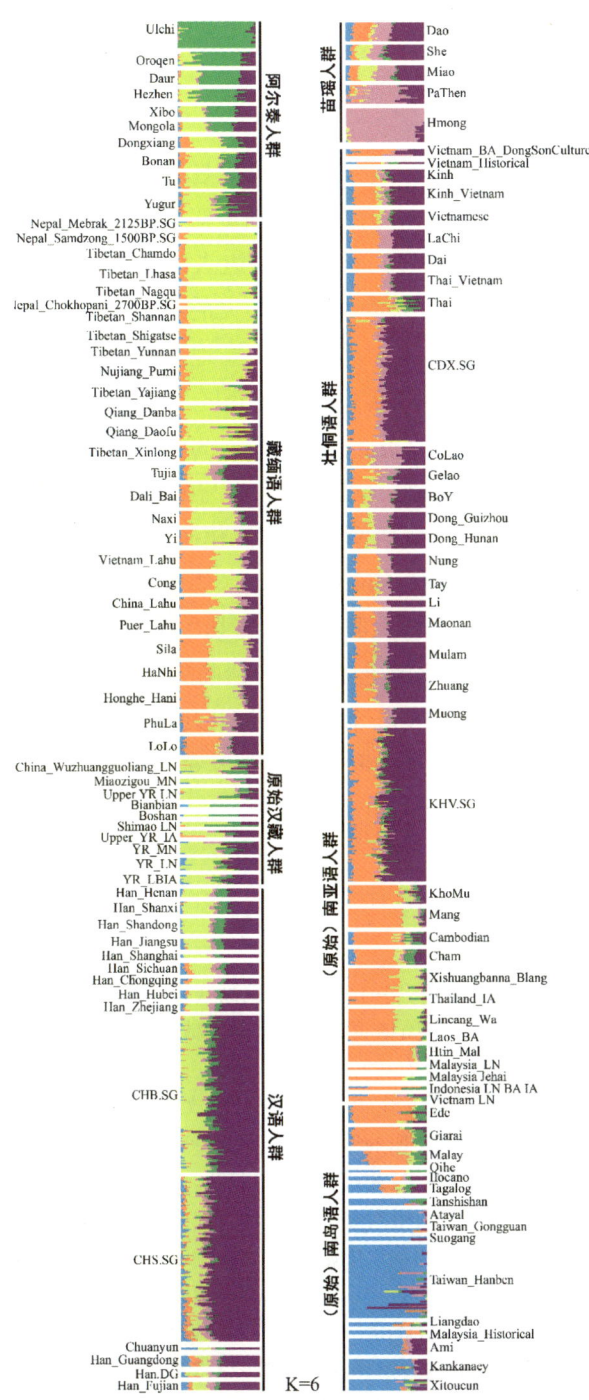

图 4-3　全基因组构拟的欧亚东部古今人群遗传结构模型

四、结语

整合语言学、考古学和遗传学的藏缅语族迁徙与演化交叉学科研究新趋势为研究者们提供了更为全面的视野,特别是探究缺乏历史文献记载的早期语言文化演化和藏缅语族先民迁徙及与周边人群融合的过程。在中华文明"多元一体"格局下,考古学围绕藏缅语族相关的早期考古学文化及其传播扩散研究,相继以华西两个重要的地理文化走廊地带河西走廊、藏彝走廊和"边地半月形文化传播带"等概念与理论为引领开展了一系列调查研究,探索华西新石器时代至早期铁器时代文化的人文联系,为立足本地区的汉藏语系起源与演化的考古研究奠定了基础。同时,语言学与考古学科际整合视野下的"农业-语言共扩散假说"也为汉藏语系起源和演化研究开辟了新的方向与路径。最新引入的古 DNA 和线粒体 DNA 等古基因组学研究也从人群层面验证了农业传播促进的藏缅语分化与人群分离的密切关系,支持藏缅语的传播和扩散由人群主导,为人群的演化历史提供较为精确的时间框架和演化过程,为语言学和考古学的研究提供真实可靠的人群演化历史背景,并结合语言谱系演化模型和考古学文化及其遗存关联性更好地从横向和纵向探究人群起源、迁徙和混合模型。

参 考 文 献

[1] 中国社会科学院语言研究所,中国社会科学院民族学与人类学研究所,香港城市大学语言资讯科学研究中心.中国语言地图集·少数民族语言卷.北京:商务印书馆,2012:145.

[2] 苏秉琦,殷玮璋.关于考古学文化的区系类型问题.文物,1981,5:10-17.

[3] 张光直.中国相互作用圈与文明的形成//《庆祝苏秉琦考古五十五年论文集》编辑组.庆祝苏秉琦考古五十五年文集.北京:文物出版社,1989.

[4] 严文明.中国史前文化的统一性与多样性.文物,1987,3:38-50.

[5] 赵辉.中国的史前基础——再论以中原为中心的历史趋势.文物,2006,8:50-54.

[6] 王巍.中原地区文明起源的考古呈现.中国社会科学报,2020-9-30(4).

[7] 安特生.甘肃考古记.乐森璕,译.北京:农商部地质调查所,1925.

[8] 冯汉骥,童恩正.岷江上游的石棺葬.考古学报,1973,2:41-60.

[9] 吴金鼎,曾昭燏,王介忱.云南苍洱境考古报告.李庄:国立中央博物院筹备处,1942.

[10] 林铭均.四川威州彩陶发现记.说文月刊,1944,4:7-11.

[11] 凌曼立.四川理县佳山寨史前拾遗.考古人类学刊,1963,21、22:80-121.
[12] 阎文儒.河西考古杂记(下).社会科学战线,1986,4:130-148.
[13] 裴文中.裴文中史前考古学论文集.北京:文物出版社,1987.
[14] 童恩正.试论我国从东北至西南的边地半月形文化传播地带//文物出版社编辑部.文物与考古论集.北京:文物出版社,1987.
[15] 童恩正,冷健.西藏昌都卡若新石器时代遗址的发掘及其相关问题.民族研究,1983,1:54-58.
[16] 李昆声.试论云南新石器文化与黄河流域的关系.云南文物,1982,12:36-42.
[17] 刘世旭.试论川西南大石墓的起源与分期.考古,1985,6:559-567.
[18] 格勒.略论西藏的原始文化与中原地区的关系——兼论西藏原始文化的一些地方特点.民族研究,1986,3:21-28.
[19] 马长舟.金沙江流域新石器遗址的文化类型问题.考古,1987,10:926-930.
[20] 霍巍.论卡若遗址经济文化类型的发展演变.中国藏学,1993,3:93-106.
[21] 王大道.再论云南新石器时代文化的类型//云南省文物考古研究所.云南考古文集——庆祝云南省文物考古研究所成立十周年.昆明:云南民族出版社,1998.
[22] 谢崇安.略论西南地区早期平底双耳罐的源流及其族属问题.考古学报,2005,2:127-160.
[23] 邱兹惠.云南青铜文化的骑马纹样//林嘉琳,孙岩.性别研究与中国考古学.北京:科学出版社,2006.
[24] 石硕.藏彝走廊地区新石器文化的区域类型及其与甘青地区的联系.中华文化论坛,2006,2:113-118.
[25] 王仁湘.西南地区史前陶器衬花工艺探讨.四川文物,2008,1:33-40.
[26] 陈苇.先秦时期的青藏高原东麓.北京:科学出版社,2012.
[27] Rawson J. China and the steppe: reception and resistance. Antiquity, 2017, 91(356): 375-388.
[28] 李学勤.三星堆与南方丝绸之路青铜文化研讨会论文集//三星堆研究院,三星堆博物馆.三星堆研究(第二辑).北京:文物出版社,2007.
[29] Lu H, Zhang J, Liu K B, et al. Earliest domestication of common millet (*Panicum miliaceum*) in East Asia extended to 10,000 years ago. PNAS, 2009, 106(18): 7367-7372.
[30] 韩建业.早期中国——中国文化圈的形成与发展.上海:上海古籍出版社,2020.
[31] Chen F H, Dong G H, Zhang D J, et al. Agriculture facilitated permanent human occupation of the Tibetan Plateau after 3600 B.P. Science, 2015, 347(6219): 248-250.
[32] 阿坝藏族羌族自治州文物管理所,成都文物考古研究所,马尔康县文化体育局.四川马尔康县哈休遗址2006年的试掘//四川大学博物馆,四川大学考古学系,成都文物考古研究所.南方民族考古(第六辑).北京:科学出版社,2010.
[33] 赵志军,陈剑.四川茂县营盘山遗址浮选结果及分析.南方文物,2011,3:60-67.
[34] 四川省文物考古研究院,雅安市文物管理所,汉源县文物管理所.四川汉源龙王庙遗

址 2009 年发掘简报//山东大学东方考古研究中心.东方考古(第 8 辑).北京:科学出版社,2011.

[35] 成都文物考古研究所,凉山彝族自治州博物馆,会理县文物管理所,等.2015 年会理、会东县试掘遗址出土植物遗存分析报告//成都文物考古研究所.成都考古发现(2014).北京:科学出版社,2016.

[36] 云南省博物馆.云南宾川白羊村遗址.考古学报,1981,4:349-368.

[37] 云南省文物考古研究所.云南永平新光遗址发掘报告.考古学报,2002,2:203-234.

[38] Dal Martello R, Min R, Stevens C, et al. Early agriculture at the crossroads of China and Southeast Asia: archaeobotanical evidence and radiocarbon dates from Baiyangcun, Yunnan. Journal of Archaeological Science: Reports, 2018, 20: 711-721.

[39] Weber S, Lehman H, Barela T, et al. Rice or millets: early farming strategies in prehistoric central Thailand. Archaeological and Anthropological Sciences, 2010, 2(2): 79-88.

[40] 童恩正.中国西南地区民族研究在东南亚区域民族研究中的重要地位.云南社会科学, 1982,2:41-45.

[41] Zhang M, Yan S, Pan W, et al. Phylogenetic evidence for Sino-Tibetan origin in northern China in the Late Neolithic. Nature, 2019, 569(7754): 112-115.

[42] Sagart L, Jacques G, Lai Y, et al. Dated language phylogenies shed light on the ancestry of Sino-Tibetan. PNAS, 2019, 116(21): 10317-10322.

[43] Zhang H, Ji T, Pagel M, et al. Dated phylogeny suggests early Neolithic origin of Sino-Tibetan languages. Sci Rep, 2020,10(1): 20792.

[44] 赵志军.新石器时代植物考古与农业起源研究.中国农史,2020,3:3-13.

[45] Yang X Y, Wan Z W, Perry L, et al. Early millet use in northern China. PNAS, 2012, 109(10): 3726-3730.

[46] 金和天,刘旭,闵锐,等.云南元谋大墩子遗址浮选结果及分析.江汉考古,2014(3): 109-114.

[47] 云南省文物考古研究所,中国社会学院考古研究所云南工作队,成都市文物考古研究所,等.云南永仁菜园子、磨盘地遗址 2001 年发掘报告.考古学报,2003,2:263-296.

[48] Liu X, Jones P J, Matuzeviciute G M, et al. From ecological opportunism to multi-cropping: mapping food globalisation in prehistory. Quaternary Science Reviews, 2019, 206: 21-28.

[49] Liu J C, Zeng W, Sun B, et al. Maternal genetic structure in ancient Shandong between 9500 and 1800 years ago. Science Bulletin, 2021, 66(11): 1129-1135.

[50] Ding M Y, Wang T Y, Ko A M S, et al. Ancient mitogenomes show plateau populations from last 5200 years partially contributed to present-day Tibetans. Proc Biol Sci, 2020, 287(1923): 20192968.

[51] Ning C, Li T, Wang K, et al. Ancient genomes from northern China suggest links between subsistence changes and human migration. Nat Commun, 2020, 11: 2700.

[52] Wang C C, Yeh H Y, Popov A N, et al. Genomic insights into the formation of

human populations in East Asia. Nature, 2021, 591: 413-419.

[53] Jeong C, Ozga A T, Witonsky D B, et al. Long-term genetic stability and a high-altitude East Asian origin for the peoples of the high valleys of the Himalayan arc. PNAS, 2016, 113: 7485-7490.

第五讲
新石器时代转型影响下的东亚父系遗传结构*

文少卿

（复旦大学文物与博物馆学系/科技考古研究院）

"走出非洲说"的首次提出是在20世纪80年代末期。随着基因组数据分析新方法的出现，现代人在全球扩张的细节越来越清楚。距今约60 000年[1]，现代人走出非洲，到了15 000年前，他们已经占据了所有可以生存的大陆[2]。末次冰川期（距今110 000—10 000年），环境既寒冷又不稳定[3]。长期寒冷的气候，一方面限制了人类的生存空间，另一方面，当时的海平面比现在要低，因此，现在的很多岛屿在当时是连成一片大陆的，它们为人类的迁徙提供了路径[4]。距今约15 000年，覆盖整个亚洲北方和中部、北欧和北美的冰盖开始消退[5]，距今约10 000年，温度开始升高，且变得稳定，这个阶段是人类扩张的繁荣期。值得注意的是，近东的新月沃土农业在这个时期开始发展，并伴随着一些野生植物和动物的驯化。随后，距今9 000—4 000年，农业开始在除了大洋洲以外的不同地区独立发展起来[6]。尽管新石器时代转型导致了选择压力的快速转变，特别是定居方式和人口密度增加催生了传染病的传播，但新石器时代转型（从觅食生存转为定居农耕社会）影响了人类的生活方式，并最终促使了他们定居下来[7~8]。因此，新石器时代转型是人类历史上的一次重要的转折点。

人类史前史可以被不同学科以不同方法所探知。考古学家通过从考古遗存中所提取的数据理解古代人群的文化演化，历史学者通过古代书籍的文字记录探索人类的早期活动，语言学家通过现存语言的各种特征来研究语言分

---

* 原文刊于 *Quaternary International* 2016年第426期。

化。相类似的是,通过研究人群间遗传多样性的模式可以解析人群的人口历史,如迁徙、扩张和定居。相比常染色体,两种单亲遗传标记(线粒体和Y染色体)易受基因漂变的影响,更容易产生人群特异性单倍型分布,这些特点让我们更容易追踪人群历史[9]。此外,由于Y染色体传承的性别特异性模式,社会选择会强化漂变作用,如社会组织结构和技术创新[10]。Y染色体的这些特点导致它能够为历史事件,包括新石器时代转型,提供更多潜在的信息。

东亚出土了跨越几十万年的丰富的古人类化石并作为连接美洲和太平洋岛屿的十字路口,是研究人类起源和迁徙的最重要的地区之一[11]。对于东亚人的起源问题,我们的前期研究提出了"两阶段×两路线"假说[9]:距今约60 000年,第一波现代人到达了东亚,包含10%的现在东亚人和大部分澳大利亚原住民;距今约30 000年,第二波人类到达东亚,构成了现在东亚人的主体。两波人都有着两条进入东亚的迁徙路线,即内陆线和沿海线[12],并演化为9个族群,包括孟高棉、苗瑶、汉藏、侗台和南岛等[9]。本文集中讨论了东亚主要的父系遗传谱系何时并如何扩张,及其带来的影响。本文不重复综述一些有实质性发现的研究,包括关于东亚人群起源[13]、迁徙历史[9,14]、适应东亚环境或生活方式的分子机制[15]以及东亚驯化历史的模型构建[16~17]。

一、新石器时代转型和最初的复杂社会

中国是有着世界上持续时间最长、最稳定的农业系统的所在地之一,有着独特的驯化历史[18]。根据全国范围内系统的植物考古学调查,史前农业发展呈现南北分化格局,产生了两个独立的亚中心,即种植稻(*Oryza sativa*)的长江中下游地区以及种植旱地作物,比如粟(*Setaria italica*)和黍(*Panicum miliaceum*)的中国北方黄河流域[19]。依据十几年基于浮选的植物考古学数据,赵志军提出了一个中国史前农业发展的可靠的时间表,主要分三个阶段:发展期(距今约10 000年)、过渡期(距今9 000—7 000年)和成熟期(距今7 000—6 000年)。在第一个阶段,两个发源亚中心的早期植物栽培均已开始,此时的生业模式主要是狩猎采集,但其他的生活方式可能已经出现。第二阶段,狩猎采集者建立了长期定居的村落并开始新石器时代经济转型,此时总体生存经济为农耕或野生资源采集的混合模式。值得注意的是,距今约8 000年,这个时间对于农业起源很关键,许多考古遗址明显具有早期稻种植的特点[20]。在最后一个阶段,基于稻和(或)旱地作物的农业生存模式最终建立,这意味着人们开始完全依赖农业。

距今约 6 000 年，中国的 5 个依赖定居栽培稻和（或）小米的地区所形成的最初复杂社会空前繁荣起来（图 5-1），即红山文化、仰韶文化中晚期文化、大汶口文化、大溪文化和崧泽文化[21]。虽然这些社会可能是松散的酋邦，有着不同的生存策略、序列变化、领导制度乃至符号象征，但它们是早期中国文化构建的基石[22]。如前文所述，带有典型考古遗址的最初复杂社会的地理分布和东亚特有 Y 染色体单倍群的简化谱系树分别见图 5-1 和图 5-2。

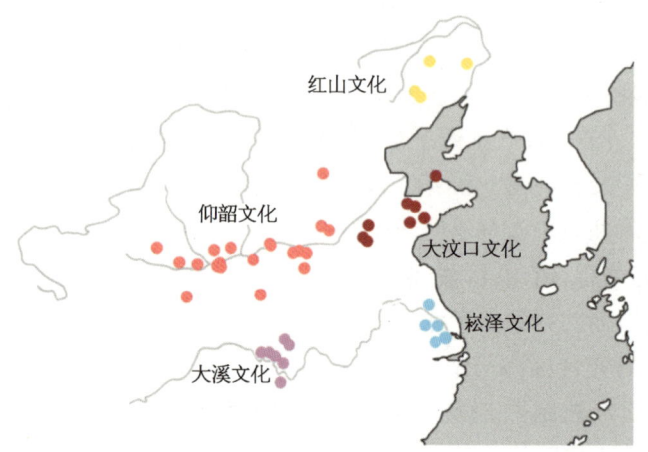

图 5-1 包含典型考古遗址的最初复杂社会的地理分布图

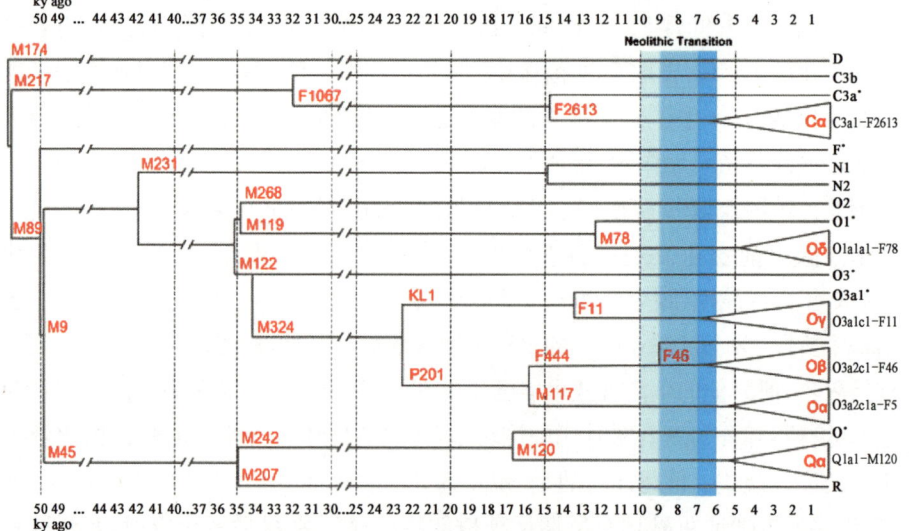

图 5-2 东亚特有 Y 染色体单倍群的简化谱系树

二、文化转变和新石器时代的超级祖父

人口变换会在遗传多态性中留下痕迹。推测人类人口历史的方法主要包括利用继承自父母的常染色体高密度分型或测序数据[23~24]、线粒体全序[25~26]和Y染色体全序[27~28]分析。但关于人口历史,现有的研究还比较有限,并且得到的结果看上去有些矛盾。基于有着不同生活方式的非洲和欧亚人群的常染色体多态性,有人估计为旧石器时代晚期扩张[29],也有人估计为晚近的新石器时代扩张[30]。基于全世界人群的线粒体DNA研究显示主要的母系谱系扩张要早于新石器时代转型期[28,31],然而一系列基于全球分布的Y染色体研究表明主要的父系谱系扩张是在农业出现之后的全新世。这些不一致的结果主要是由一些明确的偏差所致[24,27],比如是否挑选合适的突变速率、使用不同的人口模型,以及最重要的是,不同遗传物质的性质本身。比如,常染色体基因组对于理解早期的扩张有重要的启示作用;而线粒体和Y染色体能够分别提供母系和父系人口历史,揭示性别特异性的演化过程。因此,联合不同遗传数据或许可以得到真实的答案。

利用常染色体[24,29]、线粒体[28]和Y染色体[27~28]检测到距今约50 000年(出非洲瓶颈后)主要由非非洲裔奠基人群所导致的一次旧石器时代扩张,它与欧亚和大洋洲的快速初始殖民模型相一致。在东亚,这次旧石器时代扩张发生在距今约30 000年[27,32~33],它与该大陆的第二次移民潮所预估的时间相吻合。来自人类病原菌和分子适应的证据(这一时期中原地区出现了东亚人特异的结核菌和 EADR 基因型)也支持这次扩张[34~35]。另一次可能的旧石器时代扩张为末次盛冰期后环境改善所引发,它虽然没有被常染色体和Y染色体基因组所检测到,但线粒体基因组明确地反映了出来[26,28,31]。这一发现符合Sauer在1952年提出的人口理论:部分人群的旧石器时代扩张可能有利于他们最终转向农耕[36]。因此,在一定程度上,环境的改善和适度的人口压力可能有利于农业的产生。常染色体[24,30]、线粒体[25,28]和Y染色体[27~28]的证据均支持在全新世农业出现和传播以后全球人口呈现了一次爆炸性扩张。该群体遗传学研究发现似乎与新石器时期欧亚人群墓葬中遗骸所反映的高出生率阶段的考古学证据相吻合[8]。分子流行病学证据也表明,在这一时期,由于人群密度增加导致结核菌快速扩散[37]。相比旧石器时代扩张,新石器时代扩张有其自身特点。首先,由于农业比起狩猎采集提供了更稳定的食物,新石器

时代扩张比起旧石器时代扩张有着明显更强劲的扩张动力,即更高的增长率和有效人群大小[24,28,32]。其次,新石器时代扩张时,男性和女性的人口历史明显不同,此时男性谱系遭受了新石器时代瓶颈,女性有效群体大小是男性的数倍[28,32,38]。性别差异的扩张可能真实地反映了新石器时代社会选择和男性特有行为的影响[38],这意味着有着社会地位的史前男性有着更多的生育机会,而史前女性更青睐那些有着更强武力或更高社会地位(农耕/锻造)的男性。因此,只有少数父系谱系而非所有的谱系在人口规模上有 10~100 倍的增长[28,32~33],这会潜在影响现代人的 Y 染色体基因池。

二代测序技术应用于 Y 染色体全序列能够构建极具信息量的谱系树,它的枝长与时间成比例,因此可以直接评估每个节点的最近共祖时间(TMRCAs)。此外,根据基于高通量测序的谱系树,我们可以系统地分析不同的因素如何影响人口大小和结构。比如,这些有着较长枝长的支系暗示了较低的人口增长和频繁的瓶颈,而那些被视为星状结构的有着较短枝长的支系被解释为人口快速扩张的强烈信号。除了星状结构,有时在谱系树中存在一种分叉结构,它也与人口扩张有关。但是,这两种不同的结构所反映的人口历史是完全不同的。比如,Sikora 等通过溯祖模拟发现 R1b 星状结构和 E1b1a 的分叉结构分别与西欧亚和撒哈拉以南非洲的新石器时代扩张有关[39]。具体而言,R1b 的星状结构表明当它一进入这块大陆就在很短的时间发生了成功的扩张,而 E1b1a 有着非常有规律的分叉结构,显示 E1b1a 扩张始于较大的人口数量,并持续了数千年。

关于东亚的父系人口历史,我们最近的研究[32~33]观察到新石器时代的一次强烈的瓶颈和人口扩张。这些父系的人口增长通过高通量测序的谱系树可以很容易检测到。东亚特有的父系谱系中,有 5 个呈星状结构——O3a2c1a - F5(Oα)、O3a2c1 - F46(Oβ)、O3a1c1 - F11(Oγ)、C3a1 - F2613(Cα)和 Q1a1 - M120(Qα),以及一个呈分叉结构——O1a1a1 - F78(Oσ)。值得注意的是,我们发现 65% 的现代中国人都是这 6 个超级祖父的后代。他们的扩张时间分别为 5 400 年前(Oα)、6 500 年前(Oβ)、6 800 年前(Oγ)、6 400 年前(Cα)、5 200 年前(Qα)和 5 000 年前(Oσ)[33]。正如前文所述,我们揭示了汉族主体来自新石器时代的少数几个父系祖先,他们是谁?每个超级祖父和最初复杂社会的传奇领袖是否有关?是否像有名的成吉思汗簇和觉昌安满祖簇的案例一样[40]?不久的将来,联合古 DNA 和现代人 DNA 的研究将有助于解决这些问题,它对于理解中国人群的起源非常关键。

三、"农业-语言共扩假说"及其影响

语言,与基因类似,也是追踪人类过往的一种重要的线索[41]。大部分语言学家都认识到一个语系中各种语言的共祖时间在距今 10 000 年以内,这个观点与不同地区农业出现的考古学证据非常契合[1,6]。因此,Bellwood 提出了"农业-语言共扩假说":农民及其文化替代了周边的狩猎采集者及其文化,导致了性别特异性的语言替换。这一现象能够被遗传学调查所观察,这意味着相比线粒体,语系与 Y 染色体有着更强的关联性[9,42~44]。在东亚,这种"农业-语言共扩假说"也已被用来解释南亚语、侗台语、汉藏语和南岛语系[6]。东亚就像其他地方一样,语系与 Y 染色体多样性有关[9]。其大部分语系有着占优势的父系遗传类型,比如,汉藏语人群中的单倍群 O3 - M134[45],苗瑶语和南亚语人群中的单倍群 O3 - M7[46~47],侗台语和南亚语人群的单倍群 O1 - M119[48],以及乌拉尔人群中的单倍群 N - TAT[49]。因此,Y 染色体谱系常常被视为语言的标示物[44]。此外,根据 Y 染色体类别的相似性,存在四对同源语系,即南岛和侗台[48]、孟高棉和苗瑶[47,50]、汉藏和乌拉尔[51~52]、叶尼塞和古北亚人群[53~55],这一现象暗示了这些古代人群间可能存在大量的早期语言接触和基因流。值得注意的是,距今 4 000—2 000 年[56],侗台、苗瑶、汉藏和叶尼塞语转变为声调语,逐渐与剩下的 4 个语系区别开来。因此,当时必然存在社会或者生物因素诱导这次转变,其原因值得语言学家和遗传学家深入研究。

四、古 DNA 证据及其暗示

除了间接分析现代人群的基因组数据,还有一种直接的方法来研究人类历史,它就是古 DNA 研究,其特点是可提供最真实的信息。然而,关于新石器时代转型时期东亚考古遗址中遗骸的古 DNA 研究非常有限。基于三篇相关文献的研究发现[57~59],我们可以得到新石器时代转型期 Y 染色体谱系分布的大致情况。

单倍群 O3 - M7,高频出现在长江中游的大溪遗址(大溪文化)[57],它被视为孟高棉和苗瑶人群的特有谱系[47],因此,将大溪文化与现代苗族人群联系了起来。单倍群 O1 - M119,在长江三角洲的新地里遗址和马桥遗址(良渚文化,继承自崧泽文化)中占人口的 60%[57],它普遍存在于侗台语和台湾少数民

族中[60],因此,良渚和(或)崧泽文化人群可能与南岛和侗台语人群的祖先有关。单倍群 O3-M122,主要有 3 个支系(O3a1c-002611、O3a2c1-M134 和 O3a2c1a-M117),是汉族人群最为常见的遗传类型[61],它在黄河中游和下游的陶寺遗址(龙山文化,继承自仰韶文化晚期)以及傅家遗址(大汶口文化)中高频出现[57,59]。此外,单倍群 N-M231(O-M175 的姐妹支系),在西辽河流域的牛河梁遗址(红山文化)中极端高频[58],它起源于中国,并在北亚、藏缅和汉语人群中有着特别且广泛的分布[52]。这些发现将仰韶文化晚期和(或)龙山文化、大汶口文化和红山文化与现代汉藏人群联系了起来。不同史前文化间所观察到的清晰的遗传模式,暗示着中国文明遗传基底的多重起源。

古 DNA 的高精度分型和群体水平测序数据,结合历史学、考古学、语言学和古气候学跨学科解读,将有助于深刻理解新石器时代转型期父系遗传模式的细节。

五、展望

在我们的前期研究中,Y 染色体分析揭示东亚人群主要由 4 种旧石器时代起源于东南亚的单倍群(C、D、N 和 O)组成,它们占有超过 90%的现代东亚人 Y 染色体。本文中,我们发现现存的遗传模式深受新石器时代转型期文化改变的影响,导致了部分男性支系的急剧扩张,如 O3a2c1a-F5(Oα)、O3a2c1-F46(Oβ)、O3a1c1-F11(Oγ)、C3a1-F2613(Cα)、Q1a1-M120(Qα)和 O1a1a1-F78(Oσ)。但是这些支系的原初扩张地仍属未知。

从考古学的角度看,另外一个位于珠江流域与古代热带农业有关的中心也很值得深入研究[62]。从遗传学角度看,这个中心很可能与一些南方古老族群的起源有关。因此,这个区域的古 DNA 研究也非常有价值。此外,正如前面所提到的,新石器时代转型在东亚遗传和文化模式的形成中扮演着重要的角色,但由于缺乏古 DNA 研究,仍然存在着大量的未解之谜。

参 考 文 献

[1] Henn B M, Cavalli-Sforza L L, Feldman M W. The great human expansion. PNAS, 2012, 109(44): 17758.

[2] Jobling M, Hollox E, Hurles M, et al. Human evolutionary genetics. Second edition.

Abingdon: Garland Science, 2013.

[3] Shi Y F, Cui Z J, Li J J. Quaternary glacier in Eastern China and the climate fluctuation. Beijing: Science Press, 1989.

[4] Jobling M A, Hurles M, Tyler-Smith C. Human evolutionary genetics: origins, peoples and disease. New York: Garland Science, 2003.

[5] Clark P U, Mccabe A M. The last glacial maximum. Science, 2009, 325(5941): 710 - 714.

[6] Diamond J, Bellwood P. Farmers and their languages: the first expansions. Science, 2003, 300(5619): 597 - 603.

[7] Bocquet-Appel J P, Bar-Yosef O. The Neolithic demographic transition and its consequences. Netherlands: Springer, 2008.

[8] Bocquet-Appel J P. When the world's population took off: the springboard of the Neolithic Demographic Transition. Science, 2011, 333(6042): 560 - 561.

[9] Wang C C, Li H. Inferring human history in East Asia from Y chromosomes. Investigative Genetics, 2013, 4(1): 11.

[10] Jobling M A. The impact of recent events on human genetic diversity. Philosophical Transactions of the Royal Society of London, 2012, 367(1590): 793.

[11] Cavalli-Sforza L L. The Chinese human genome diversity project. PNAS, 1998, 95(20): 11501.

[12] Li Y C, Wang H W, Tian J Y, et al. Ancient inland human dispersals from Myanmar into interior East Asia since the Late Pleistocene. Scientific Reports, 2015, 5: 9473.

[13] Jin L, Su B. Natives or immigrants: modern human origin in East Asia. Nature Reviews Genetics, 2000, 1(2): 126 - 133.

[14] Stoneking M, Delfin F. The human genetic history of East Asia: weaving a complex tapestry. Current Biology Cb, 2010, 20(4): R188 - 193.

[15] Shi H, Su B. Molecular adaptation of modern human populations. International Journal of Evolutionary Biology, 2011, 2011(4846): 484769.

[16] Larson G. Genetics and domestication: important questions for new answers. Current Anthropology, 2011, 52: 485 - 495.

[17] Gerbault P, Allaby R G, Boivin N, et al. Storytelling and story testing in domestication. PNAS, 2014, 111(17): 6159.

[18] Larson G, Piperno D R, Allaby R G, et al. Current perspectives and the future of domestication studies. PNAS, 2014, 111(17): 6139 - 6146.

[19] Fuller D Q, Denham T, Arroyo-Kalin M, et al. Convergent evolution and parallelism in plant domestication revealed by an expanding archaeological record. PNAS, 2014, 111(17): 6147.

[20] Gross B L, Zhao Z. Archaeological and genetic insights into the origins of domesticated rice. PNAS, 2014, 111(17): 6190 - 6197.

[21] Peterson C E, Lu X, Drennan R D, et al. Hongshan chiefly communities in Neolithic

northeastern China. PNAS, 2010, 107(13): 5756 – 5761.

[22] Fang H, Feinman G M, Nicholas L M. Imperial expansion, public investment, and the long path of history: China's initial political unification and its aftermath. PNAS, 2015, 112(30): 9224 – 9229.

[23] Schaffner S F, Foo C, Gabriel S, et al. Calibrating a coalescent simulation of human genome sequence variation. Genome Research, 2005, 15(11): 1576 – 1583.

[24] Liu X, Fu Y X. Exploring population size changes using SNP frequency spectra. Nature Genetics, 2015, 47(5): 555 – 559.

[25] Gignoux C R, Henn B M, Mountain J L. Rapid, global demographic expansions after the origins of agriculture. PNAS, 2011, 108(15): 6044.

[26] Zheng H X, Yan S, Qin Z D, et al. Major population expansion of East Asians began before Neolithic Time: evidence of mtDNA genomes. PLoS One, 2011, 6 (10): e25835.

[27] Hallast P, Batini C, Zadik D, et al. The Y-Chromosome tree bursts into leaf: 13 000 high-confidence SNPs covering the majority of known clades. Molecular Biology & Evolution, 2014, 32(3): 661 – 673.

[28] Karmin M, Saag L, Vicente M, et al. A recent bottleneck of Y chromosome diversity coincides with a global change in culture. Genome Research, 2015, 25(4): 459.

[29] Aimé C, Laval G, Patin E, et al. Human genetic data reveal contrasting demographic patterns between Sedentary and Nomadic Populations that predate the emergence of farming. Molecular Biology & Evolution, 2013, 30(12): 2629.

[30] Aimé C, Verdu P, Ségurel L, et al. Microsatellite data show recent demographic expansions in sedentary but not in nomadic human populations in Africa and Eurasia. European Journal of Human Genetics, 2014, 22(10): 1201 – 1207.

[31] Zheng H X, Yan S, Qin Z D, et al. MtDNA analysis of global populations support that major population expansions began before Neolithic Time. Scientific Reports, 2012, 2(7420): 745.

[32] Wang C C, Huang Y, Yu X, et al. Agriculture driving male expansion in Neolithic Time. Sci China Life Sci, 2016, 59(6): 1 – 4.

[33] Yan S, Wang C C, Zheng H X, et al. Y Chromosomes of 40% Chinese descend from three Neolithic super-grandfathers. PLoS One, 2014, 9(8): e105691.

[34] Kamberov Y G, Wang S, Tan J, et al. Modeling recent human evolution in mice by expression of a selected EDAR variant. Cell, 2013, 152(4): 691 – 702.

[35] Luo T, Comas I, Luo D, et al. Southern East Asian origin and coexpansion of mycobacterium tuberculosis Beijing family with Han Chinese. PNAS, 2015, 112(26): 8136 – 8141.

[36] Sauer C O. Agricultural origins and dispersals. American Geographical Society, Cambridge (MA), 1952.

[37] Comas I, Coscolla M, Luo T, et al. Out-of-Africa migration and Neolithic

coexpansion of mycobacterium tuberculosis with modern humans. Nature Genetics, 2013, 45(10): 1176-1182.

[38] Rasteiro R, Chikhi L. Female and male perspectives on the Neolithic Transition in Europe: clues from ancient and modern genetic data. PLoS One, 2013, 8(4): e60944.

[39] Sikora M J, Colonna V, Xue Y, et al. Modeling the contrasting Neolithic male lineage expansions in Europe and Africa. Investigative Genetics, 2013, 4(1): 25.

[40] Balaresque P, Poulet N, Cussat-Blanc S, et al. Y-chromosome descent clusters and male differential reproductive success: young lineage expansions dominate Asian pastoral nomadic populations. European Journal of Human Genetics, 2015, 23(10): 1413.

[41] Pagel M. Human language as a culturally transmitted replicator. Nature Reviews Genetics, 2009, 10(6): 405-415.

[42] Poloni E S, Semino O, Passarino G, et al. Human genetic affinities for Y-chromosome P49a, f/TaqI haplotypes show strong correspondence with linguistics. American Journal of Human Genetics, 1997, 61(5): 1015-1035.

[43] Kemp B M, González-Oliver A, Malhi R S, et al. Evaluating the Farming/Language Dispersal Hypothesis with genetic variation exhibited by populations in the Southwest and Mesoamerica. PNAS, 2010, 107(15): 6759-6764.

[44] Forster P, Renfrew C. Evolution, mother tongue and Y chromosomes. Science, 2011, 333(6048): 1390.

[45] Wen B, Al E. Genetic evidence supports demic diffusion of Han culture. Nature, 2004, 431(7006): 302-305.

[46] Kumar V, Reddy A N, Babu J P, et al. Y-chromosome evidence suggests a common paternal heritage of Austro-Asiatic populations. BMC Evolutionary Biology, 2007, 7(1): 47.

[47] Cai X, Qin Z, Wen B, et al. Human migration through bottlenecks from Southeast Asia into East Asia during Last Glacial Maximum revealed by Y Chromosomes. PLoS One, 2011, 6(8): e24282.

[48] Li H, Wen B, Chen S J, et al. Paternal genetic affinity between western Austronesians and Daic populations. BMC Evolutionary Biology, 2008, 8(1): 146.

[49] Lappalainen T, Koivumäki S, Salmela E, et al. Regional differences among the Finns: a Y-chromosomal perspective. Gene, 2006, 376(2): 207-215.

[50] Lu Y, Cai X, Li H. Genetic affinity between the Hmong-Mien and Mon-Khmer populations. COM. on C. A., 2011, 5: 36.

[51] Shi H, Qi X, Zhong H, et al. Genetic evidence of an East Asian origin and paleolithic northward migration of Y-chromosome haplogroup N. PLoS One, 2013, 8(6): e66102.

[52] Hu K, Yan S, Liu K, et al. The dichotomy structure of Y chromosome haplogroup N arXiv: 1504.06463, 2015.

[53] Lell J T, Sukernik R I, Starikovskaya Y B, et al. The dual origin and Siberian affinities of Native American Y Chromosomes. American Journal of Human Genetics, 2002, 70(1): 192.

[54] Dulik M C, Zhadanov S I, Osipova L P, et al. Mitochondrial DNA and Y chromosome variation provides evidence for a recent common ancestry between native Americans and indigenous Altaians. American Journal of Human Genetics, 2012, 90(2): 229–246.

[55] Flegontov P, Changmai P, Zidkova A, et al. Genomic study of the Ket: a Paleo-Eskimo-related ethnic group with significant ancient North Eurasian ancestry. Scientific Reports, 2015, 6(7): 20768.

[56] Zhu X. Phonation as the phonetic cause of tonogenesis. Annali Di Ostetricia Ginecologia Medicina Perinatale, 2012, 93(10): 29112–29122.

[57] Li H, Huang Y, Mustavich L F, et al. Y chromosomes of prehistoric people along the Yangtze River. Human Genetics, 2007, 122(3): 383–388.

[58] Cui Y, Li H, Ning C, et al. Y chromosome analysis of prehistoric human populations in the West Liao River Valley, Northeast China. BMC Evolutionary Biology, 2013, 13(1): 216.

[59] Yu D, Chunxiang L, Fengshi L, et al. Low mitochondrial DNA diversity in an ancient population from China: insight into social organization at the Fujia Site. Human Biology, 2008, 87(1): 71.

[60] Kayser M, Choi Y, Van O M, et al. The impact of the Austronesian expansion: evidence from mtDNA and Y chromosome diversity in the Admiralty Islands of Melanesia. Molecular Biology & Evolution, 2008, 25(7): 1362.

[61] Shi H, Al E. Y-chromosome evidence of southern origin of the East Asian-specific haplogroup O3-M122. American Journal of Human Genetics, 2005, 77(3): 408–419.

[62] Zhao Z. New archaeobotanic data for the study of the origins of agriculture in China. Current Anthropology, 2011, 52: S295–S306.

第六讲
语言、考古和遗传学多学科视角下的印欧语系起源与扩散*

杨文姣 孙　瑾 郭健新 王传超
（厦门大学人类学研究所）

引　言

印欧语系（Indo-European languages）是世界上最大的语系，主要分布在欧亚大陆西部和南部，涵盖了欧洲的大部分、印度次大陆北半部以及伊朗高原的语言，共包括445①种语言和方言，其中较为常用的英语、法语、葡萄牙语和西班牙语在殖民主义扩张中逐步发展壮大，现已遍及世界各大洲。世界人口的46%（32亿）②以印欧语系为第一语言，是所有语系中使用人数最多的。印欧语系又被分为若干语族，包括日耳曼语族（Germanic）、意大利语族（Italic）、凯尔特语族（Celtic）、波罗的-斯拉夫语族（Balto-Slavic）、印度-伊朗语族（Indo-Iranian）、希腊语族（Greek）、阿尔巴尼亚语族（Albanian）、亚美尼亚语族（Armenian）、安纳托利亚语族（已消亡）、吐火罗语族（已消亡）等。

印欧语起源是一个古老而又历久弥新的经典话题，对其研究首先来自语言学的猜想与实践，之后逐步转向多学科的实证研究。荷兰学者van Boxhorn首先注意到欧洲各种语言、梵语和波斯语之间的相似之处。一个多世纪后，Jones爵士在印度学习梵文后，发现梵语、希腊语、拉丁语之间存在相似对应关系，于1786年孟加拉亚洲协会的年度演讲中发表了他的结论，即梵文与希腊

---

* 原文刊于《学术月刊》2021年第5期，本文略有改动。
① 数据来源：Ethnologue, https://www.ethnologue.com/subgroups/indo-european.
② 数据来源：Ethnologue list of language families 22th. Ethnologue.com. 25 May 2019. https://www.webcitation.org/61AIADZgn? url=http://www.ethnologue.com/ethno_docs/distribution.asp?by=family.

文、拉丁文来自同一源头。德国语言学家、梵语专家 Bopp 对此进行了系统论证,并于 1816 年出版《论梵语动词变位系统——与希腊语、拉丁语、波斯语和日耳曼语相比较》。Jones 的重要发现开启了历史比较语言学的研究,语言学家开始尝试重建原始印欧语并确认各语言之间的亲属关系,在对欧洲语言和古代的梵语、拉丁语、希腊语等进行大量深入比较后,不仅发现了许多同源词(cognate words),语法构词和语音上也存在相似之处,故此推断这些相关语言属于同一个完整的语系,即印欧语系。

对印欧语起源的研究最早来自语言学的探索,旨在为印欧语系确定系属地位。随着研究不断深入,印欧语起源的谜团受到了神话、语言学、人类学、遗传学和考古学等领域的关注,也成为各个学科较有争议的一个重大而复杂的课题。对印欧语起源地的推测众说纷纭,有"波罗的海—黑海起源说""安纳托利亚起源说""中欧—巴尔干起源说""东欧大草原起源说"[1]。此外还出现了"印度起源说"[2]、"旧石器连续范式(the paleolithic continuity paradigm)"[3] 等。目前学术界主要集中于库尔干(Kurgans①)假说(东欧大草原起源说)和安纳托利亚假说(农业起源说),对于印欧语的起源及扩散路径,国内外研究丰富且说法庞杂,目前并未达成共识。为此,本文将对关于印欧语起源与扩散的两种主要假说从语言学、考古学、遗传学角度进行梳理,试图总结目前最新的跨学科协同研究如何为印欧语源流解读提供新参考。

一、印欧语系起源和扩散假说

长期以来,印欧语的起源和扩散问题一直是多学科争论的焦点。考古学家、语言学家、遗传学家从物质文化考古材料、历史语言学的语系重构、古 DNA 全基因组数据分析切入,对印欧语的起源地和迁徙路线进行了深入阐释。根据学界对印欧语起源地的猜想和假设,目前以库尔干假说和安纳托利亚假说为最具争议性的热点。

(一) 库尔干假说

1. 考古学

库尔干假说是最被广泛接受并长期占统治地位的关于印欧语起源的模

---

① 库尔干(Kurgans):东欧大草原人建造的土坑墓。

型。该假说认为印欧人起源于"坟冢文化",即东欧大草原上的颜那亚文化(Yamnaya culture)。19—20世纪,考古学受到了语言学对印欧语系和各语支亲属关系如火如荼研究的影响,也开始探究印欧语和印欧人的起源问题,主要采用纯考古学的方法。考古学的研究基于文化传播理论而展开,该理论认为某种考古文化可能与某个特定人群的活动相对应,该文化发展与传播则与此人群的迁徙活动密切相关;如果能够找到并确定属于印欧人的最早的考古文化及其发展轨迹,那么其起源和迁徙问题便迎刃而解[4]。

英国考古学家Childe提出印欧语系起源于乌克兰黑海以北、俄罗斯西部的东欧大草原地带,他用印欧语中的动植物名称来描绘印欧人的居住环境,又以"马匹""车轮"等词汇确定其所处年代[5]。Childe的观点在立陶宛裔考古学家Gimbutas的著作《史前的东欧》(The Prehistory of Eastern Europe)[6]中得到进一步引申和论证,并提出了"库尔干假说":根据考古墓穴中发现的冶金术、青铜兵器、战士和马匹遗骸,作者推断早期操印欧语的游牧民族在前4 500—前2 500年之间从东欧大草原迁徙而来,他们向西扩张进入东欧、中欧和北欧地带,向南到达了北高加索、小亚细亚一带,向东抵达乌拉尔山东部。

考古学家Anthony结合考古学和语言学材料,试图寻找欧亚大草原早期马车和马匹驯化的证据,以期探索印欧人的起源与迁徙,他的著作《马匹、车轮与语言——青铜时代来自欧亚草原的骑士如何构建现代世界》(The Horse, the Wheel and Language: How Bronze-Age Riders from the Eurasian Steppes Shaped the Modern World)被认为是对库尔干假说的进一步修订。所有重大的扩张都是由于某种技术上的创新所造成的[7]。因此,考古学家以马拉战车作为参照标准来研究操印欧语民族的物质文化传播。Anthony对近东地区的马匹驯养过程、骑马的历史、制作马车工具等历史的研究进一步论证了印欧语言的起源地在欧亚草原,操印欧语的游牧民族是马拉战车的创造者和使用者,有了交通工具的助力,操印欧语的人经过长途跋涉,实现了印欧语横扫欧亚大陆的扩散。其中,最早的安纳托利亚分支由草原人群穿过巴尔干半岛带到了小亚细亚。此外,草原社会政治经济的一个特点是牛、马或羊的祭祀被阐释为盛宴,可能存在于葬礼或其他宗教仪式中,这些盛宴可能是古印欧语发展的一个重要载体,它是考古学和语言学证据之间的联系。更具体来说,大草原的动物祭祀和社会等级与古印欧语有关,如古印欧语中含有表达"给予、赠予、分配、奖赏、合法接受"等完整循环的词语,且这些词在安纳托利亚语、托查利亚语、吠陀语和亚美尼亚语中能找到同源词。考古学家将古印欧语中表达政治经济的语言学证据和草原考古相结合，发现二者相当吻合。对于印度-伊朗语为何系属印欧语大家族，还要看印度-雅利安民族的主要成分是否来自游牧民族。印度史诗中也记载了那些骑着高头大马的民族就是草原上的游牧人群。此外，一些学者认为印度-伊朗语也起源于黑海以北的大草原，向东迁徙至里海，在公元前2000年左右向伊朗和印度迁徙。要理清印欧语的扩散路线，还需要回答吐火罗语和吐火罗人的来源问题。考古学家认为，吐火罗人起源的关键是阿尔泰山与天山之间的克尔木齐文化，该文化源于东欧大草原的颜那亚文化，其中的一支向东迁徙至阿尔泰山南麓并带来了小麦和吐火罗语[8]。与颜那亚文化一脉相承的阿凡纳谢沃文化、中亚青铜时代的安德罗诺沃文化对印欧语扩散至伊朗高原和印度北部也产生了重要影响。语言不仅能通过人群的流动和迁徙而传播，还伴随着动物的驯化和交通工具的发明而加速传播。在欧亚大草原的考古墓穴中发现的马匹、马车等重要遗骸，为我们提供了那个时代的物质文化细节，包括生活习惯、墓葬方式、图腾崇拜等，这些都是操印欧语的草原人群所共有的、明显的深层次文化特征。正是这些考古文化展现了不同地区共享一种文化的连续性，将操印欧语的游牧人群联系在一起，为我们展示出印欧语扩散的路线。语言区域、考古文化、人群之间的关系是相互对应又互相影响的。

2. 语言学

受到达尔文进化论的启发，Schleicher认为可以用类似生物学的方法来分析语言的亲属关系，将语言比作可以生长和衰亡的生物体，并将其应用到印欧语的谱系研究中，因此为语言学引入了谱系树模型。他的学生Schmidt认为谱系树只能表现语言的纵向发展，肯定存在语言间互相接触而带来的横向扩展，所以，Schmidt提出了波浪理论，这些都是早期对印欧语系探索的语言学研究成果。此外，Schlegel、Grimm、Delbrick、Whitney等欧美学者也都致力于印欧语研究，寻找印欧语的共同祖先。语言学家通过建立以发音和句法变化为基础的模式，来确定不同支系语言之间的关系，以此重构原始印欧语系。单纯对语言进行重构来理解语言扩散过程是片面的，因此，语言学家和考古学家聚焦能够反映各个族群物质文化生活的词汇，一个有力旁证就是将马匹、马拉战车与原始印欧人联系在一起。早期印欧语系民族尽管相距遥远，但是他们使用的与马匹、马具、马拉战车有关的词汇基本相同，如与"轴（axis）"同源的词也出现在日耳曼语族、意大利语族、凯尔特语族、波罗的—斯拉夫语族、印度—伊朗语族、希腊语族的部分语言中,且"轴"不能离开轮式车辆而单独存在[9],因此有力地证明了马车在早期印欧民族中广泛存在。库尔干假说的支持者采用"语言古生物学"的研究方法,通过分析总结各分支语族中关于气候、动物和植物分布的共同词根来推断印欧语系的起源地,如印欧语中都有"雪"和"冬"的同源词,由此推断那里的气候比较寒冷。"狼""熊""鲑鱼"等属于北温带动物的词汇也广泛存在于印欧语系各族的语言中。此外,古印欧语中有"柳树(willow)"和"橡树(oak)"等词,但没有"橄榄树(olive)"和"棕榈树(palm)",因此可以界定,印欧人的生活范围大致是在欧洲大陆到俄国南部地区[10]。如果是草原游牧民族发明了马具、缰绳、车轮和车厢,说明马拉战车极有可能产生于草原与农业社会接壤的地区,这个地区应该出产树木和青铜[11],这与考古学家Anthony的设想一致。印欧语起源于东欧大草原的另一重要证据是在重建印欧语时发现了许多与游牧民族有关的词汇,如"羊毛""牲畜""马""乳制品"等。Mallory也曾是东欧大草原假说的坚定支持者之一,他将词汇地理分析法、词汇考古法应用在印欧语地理位置的研究上,通过重建的家畜词汇"绵羊""山羊""牛""猪""狗"和"谷物",以及"镰刀""磨石""陶器"等农业工具词汇,来证明在公元前7000年前,农业或新石器时代的经济不可能存在[1]。换言之,通过对词汇的构拟和重建,语言学的例证更倾向于将印欧语系的起源地定为畜牧业发达的东欧大草原。

　　Childe在语言学成果的基础上建立了一个"核心"词汇库,并推测这种核心语言是从本土使用的原始印欧语中保留下来的,核心词汇中有动植物的词描绘当时的生活环境,没有铁和青铜的词,但有马和车轮的词。因此,印欧人最初的散布似乎在青铜时代开始之前就有了地位。随后,Childe把这些语言学观点与考古学证据联系起来,他认为绳纹陶器等文物是游牧民族的遗物,这些装备齐全的游牧民族驾着马车在青铜时代初期从他们的草原家园迁移到黑海北部[12]。也就是说,他们是东欧大草原上的印欧人。语言学家受到进化论影响,借用生物学的方法来构建进化树,他们分析了所有语言后发现印欧语的起源可以追溯到大约公元前4000年前[13],与东欧大草原假说中考古学根据墓穴挖掘器物所推断的时间一致。

　　3. 遗传学

　　21世纪以来,随着遗传学的发展和古基因组学新领域的崛起,古人类和动植物的DNA分析成为目前研究人类史前历史的变革性技术,古基因组学通过重建和分析古基因信息,为探索人口迁徙、人群间相互关系、人类起源和进化等开辟了新思路。来自古 DNA 的信息与考古学和语言学证据一样举足轻重，尤其在解决一些像语言的起源、人类迁徙等难以衡量的问题上能够提供更加科学的证据。生物学家和遗传学家可以利用线粒体 DNA 和 Y 染色体追寻母系或父系任何一方的祖先，族群的迁徙势必会带动语言的流动，这必定为寻找印欧语起源地打开了另一扇大门。

  越来越多的遗传学家、分子人类学家开始关注语言和考古，随着古基因分析技术的突飞猛进、古 DNA 样本数据的增加，古基因组学也取得了一批突破性的成果。哈佛医学院的进化和人口遗传学家 Reich 团队发布了生活在距今 8 000—3 000 年欧洲的 94 个古人的 DNA 数据，证实了中东农民在距今 8 000—7 000 年来到欧洲。早期安纳托利亚假说中支持新石器时代早期农业人群在欧洲立足，数量如此之大以至于后面几波迁徙无法替代。但是 Haak 等学者通过对颜那亚绳纹器文化有关的草原游牧人群古基因组进行分析，判断这些人曾居住在距今约 5 000 年的俄罗斯和乌克兰地带，他们在遗传学上与德国 4 500 年前（属绳纹器文化）的人群极为相似，由此推断大量移民从欧洲东部进入欧洲中心地带，替换掉 75％的中欧祖先，同时可能携带了一种早期印欧语言[14]，这一研究结果为草原假说及印欧语系扩散到欧洲提供了强有力的证据。Allentoft 等学者也发布了来自欧亚大陆的 101 个古人的低覆盖率基因组数据，数据分析表明，在青铜时代早期，颜那亚人从东欧大草原迁徙到北欧和中亚，其基因证据与假设的印欧语扩散路线一致[15]。颜那亚人早期分开后，一支向东迁徙至阿尔泰山，一支向西迁徙至欧洲西部，旁证了新疆塔里木盆地发现的吐火罗语为何与原始印欧语的西部分支（如日耳曼语）等具有较大相似性，而与东部语支几乎没有共同点。青铜时代是一个高度动态的时期，大规模的人口在这阶段迁徙和更替，形成了今天欧洲和亚洲人口结构的主要部分。

  古 DNA 证据考释了欧洲经历了两次人群大融合。第一次是 9 000 年前安纳托利亚地区的农民随着农业扩张进行的大规模移民，第一次移民并没有伴随大规模的语言扩散。第二次是 5 000 年前来自欧洲大草原的游牧民族大迁徙，将语言传播至欧洲大陆以及南亚。在此推断基础上，赖克团队又提出一个较为折中的假设，即印欧语系可能起源于高加索地区以南，即今天的伊朗或亚美尼亚，那里是颜那亚人和古安纳托利亚人的共同源头，其中一支迁去了欧亚大草原，在那里以 1∶1 的比例与狩猎采集者融合，另一支则去了安纳托利亚[16]。此外，王传超等学者发布了北高加索地区距今 6 500—3 200 年跨越 3 000 多年的 45 个古代遗骸的高质量全基因组水平的数据，发现与该地区

6 300 年前铜石并用时代的古人群相比,颜那亚文化人群和所有后来的草原游牧人群都带有先前未被发现的与周边的东欧农业人群相关的祖源成分,该农业人群的遗传成分最可能是欧洲早期的农业人群经由西侧路线带入欧亚草原上的,同时也可能把原始的印欧语带到草原上[17],这一研究为高加索山南部是印欧语的起源地提供了可能性,并为印欧语系的早期分支是安纳托利亚语作出解释。对于印欧语东北方向扩散路径的研究,宁超、王传超等学者发布了新疆东北部距今约 2 200 年的天山北麓石人子沟遗址 10 个古人个体的全基因组数据,发现该遗址的古人是典型的混合人群,其一部分祖源成分主要来自东北亚地区,而另一部分主要是来自阿凡纳谢沃、颜那亚等青铜时代早中期欧亚草原游牧人群,这表明至少一部分铁器时代的新疆人群来自欧亚大陆西部的草原,为印欧语系的起源和扩散路径提供了关键线索[18]。古 DNA 的研究为印欧语在欧洲的源流探索提供了更加科学的证据,宁超和王传超等中国学者则为印欧语向欧洲东部至亚洲的扩散打开了新的通道,来自古人类基因的信息与考古学文物、语言学材料相契合,属于印欧语的吐火罗语被发现于新疆塔里木盆地也直接证明了印欧语系人群向东迁徙的路径。2021 年王传超团队又在《自然》(Nature)上发文继续证实了在 5 000 年前青铜时代早中期,颜那亚草原游牧人群从欧洲向东扩张进入蒙古,揭示了颜那亚人群向东扩散的范围非常广,直达蒙古高原,这一发现为颜那亚人来过阿尔泰山,并向中国新疆传播印欧语(吐火罗语)提供了强有力的支持[19]。另外,Narasimhan 等学者对来自中亚和南亚最北部的 523 个 8 000 年前的古代 DNA 全基因组水平的数据进行分析后,推断出公元前 3300 年开始横跨欧亚大草原的颜那亚人分两路迁徙,一路向西到达欧洲西部和南部,另一路向东直抵阿尔泰山,其后裔在 1 000 年后开始出现在大草原以南的中亚地区,随后在公元前 2000 年前半期又向南亚传播[20]。东西方学者从古基因的角度全方位演示了颜那亚草原人群涌入欧洲、阿尔泰山和南亚的路线,同时为我们勾画了印欧语扩散的图景。

语言学和考古学推论在顺序和年代方面的吻合度非常高,语言与基因的演变是类似的,从遗传学角度测算的印欧语人群扩散时间与语言学和考古学时间基本匹配。在最初探索印欧语起源的进程中,缺少文献材料是语言学家面临的一大挑战。语言学材料的缺乏,必然需要借用考古学资料来旁证,古DNA 的研究也提供了更为科学的依据。同时,基因数据的分析也离不开语言学和考古学的参照。在多学科群策群力的贡献下,印欧语的起源似乎有了更充实的论证。

（二）安纳托利亚假说

1.考古学

安纳托利亚假说（农业扩散假说）由英国考古学家 Renfrew 在其著作《考古和语言》(Archaeology and Language)中首次提出,他认为印欧语的家乡在新石器时代的安纳托利亚,并且通过和平而不是马拉战车征服的方式扩散至欧洲[12]。Renfrew 从考古学角度推断印欧语系的扩散与公元前 6500 年开始的农业经济扩张有关,随着语言传播者的人口增长和经济发展而扩散出去,替换了沿途的狩猎采集者语言。这一想法从理论人类学的角度来看非常勇敢。Renfrew 将印欧语的扩散具化为两个阶段：① 公元前 6500 年左右,位于安纳托利亚的前原始印欧语分裂为"安纳托利亚语"和"古原始印欧语（Archaic Proto-Indo-European）"两个分支。说前原始印欧语的农耕者携其农业技术进入欧洲；说古原始印欧语的居民出现在巴尔干、多瑙河流域,也可能进入布格—德涅斯特地区。② 公元前 5000 年左右,古原始印欧语又分裂为"西北印欧语"（意大利语、凯尔特语）、"巴尔干原始印欧语"（相当于金布塔斯所说的古欧洲文化）和"早期草原原始印欧语"（吐火罗语的祖先）[21]。农业起源说的成熟离不开澳大利亚考古学家 Bellwood 的研究,他结合考古学和语言学材料来考察新石器时代农业人群的扩散,认为语系的起源地应该在地理上与农业起源地重合或交叉,确信早期农业人群确实传播了其语系的原始语言[22]。8 500 年前印欧语从安纳托利亚来到欧洲,支持这一说法最好的证据认为,主体语言的替换条件需要大规模的人口迁徙,在新石器时代早期农民定居欧洲后,人口基数可能非常大,以至于后来的迁徙不会产生太大的影响[23~24],但此说法受到支持草原假说的学者的挑战。此外,巴尔干半岛新石器时代早期文化与安纳托利亚文化有着十分密切的联系,新石器时期人群开始沿着地中海海岸线向西迁徙,早期安纳托利亚的农业发展和人口增长推动了农民向欧洲大陆的迁徙（图 6-1）。一旦农业人群向外迁徙,必然会带动语言的传播,印欧语伴随着农民的迁徙向外扩散。人口的大量增长将农民和他们的语言推向了更广阔的领域。

2. 语言学

根据历史语言学家对原始印欧语构拟的谱系树观察,安纳托利亚语族最早与原始印欧语分化,为讲安纳托利亚语的人群首先迁徙提供了直接证据。安纳托利亚语族作为原始印欧语的一个单独分支,与日耳曼语族等同列第二

图 6-1　前安纳托利亚早期农民进入欧洲的路线(改自参考文献[14])

层级。因此，Bellwood 推断安纳托利亚语必定与印欧语系的起源地有关。此外，印欧语系的安纳托利亚语族中最古老的赫梯语(已消亡)保留着原始印欧语的喉音、颚音、(准)施动格等非常古老的特点，辅证了安纳托利亚是古印欧语的起源地这一假说[25]。

俄罗斯语言学家根据原始印欧语系、原始闪米特语(可能位于黎凡特北部)和原始卡特为利语(高加索地区三个语族之一)间的借词所发生的地理位置推测安纳托利亚的东部为原始印欧语系的起源地，其分支语言在先向东后向西的迁徙过程中分化[22]。Gamkrelidze 和 Ivanov 从语音、语法构词、语义等层面对原始印欧语进行全面重构，将印欧语的传播路线归纳为从安纳托利亚向西进入希腊和巴尔干半岛，向东经高加索再向西进入黑海以北的欧洲地区[26]。

与传统的历史比较语言学对原始语系的构拟不同，语言学家和生物学家借用生物学谱系发生学原理与方法，使用计算机算法程序，结合同源词和词法距离矩阵等对印欧语的谱系树构建及其分化进行研究。

新西兰学者 Gray 和 Atkinson 用贝叶斯分析法对 87 种语言中的 2 449 个词汇的矩阵进行分析，估算出最初印欧语系分化的时间大约在 7 800—9 800 年之间[27]，与安纳托利亚假说所表述的印欧语系在 8 000—9 500 年前随着农业的发展从安纳托利亚开始扩散的说法相吻合。此外,根据所构建的进化树和分化时间来看(图 6-2),赫梯语(安纳托利亚语最古老的分支)早在距今 8 700 年左右与原始印欧语最先脱离,其次是吐火罗语,因分化时间太早,所以吐火罗语和其他印欧语东支几乎没有同源词。Gray 等学者将类似遗传学家计算 DNA 序列的方法应用到语言计算中,他们对印欧语系的研究是继对南岛语族起源与扩散研究[28]后的又一次新探索,进一步验证了遗传学和生物学方法对测算语言分化年代的适用性。

Blanchard 基于 Swadesh 在 20 世纪 50 年代提出的同源核心词,分析了印欧语中的词法距离矩阵,测出原始印欧语的最初分化时间可以追溯到公元前 7400 年[29]。Bouckaert 团队使用两种来自进化生物学随机模型的定量系统地理推断工具,结合 103 种古代和现代印欧语言的基本词汇数据来确定印欧语系的扩散模型,所得印欧语言谱系树的分化时间和分化位置都与距今 8 000—9 500 年安纳托利亚的农业扩张相吻合[30]。

在支持草原假说的语言学家看来,语言学构拟和考古学资料似乎并不支持安纳托利亚是印欧语的起源地,因为根据对原始印欧语系的构拟和重建,发现原始印欧人已经懂得驯养马匹和制造马车。但 Renfrew 提出,安纳托利亚分支先从原始印欧语共同体中分离出去,所以并不必须具备"轮""车"这一类词汇。农业起源假说与草原假说并非完全对立与矛盾,也存在一定的交叉与重叠。安纳托利亚假说的优势在于把印欧语系的传播与考古学上重要事件即农业的传播联系起来。在研究方法上,支持"农业-语言共扩散假说"的学者在语言学研究方面采用了更科学、更大数据化的方法,如利用贝叶斯系统发生学方法分析出更精确的证据[31],当传统语言学的研究方法不足以提供充分信息来直接证明语言演化与扩散,来自生物学和遗传学的方法则创造了新的可能性。

3. 遗传学

谈到用基因解密语言起源,遗传学家卡 Cavalli-Sforza 是最早利用遗传学来追溯人类进化和迁徙模式的学者之一,他也赞同印欧语的传播与农业扩张息息相关,认为来自近东的农耕者与沿途的狩猎采集者之间发生了接触与融合,换言之,操原始印欧语的中东农耕者在新石器时代把印欧语的前身带进了欧洲(包括库尔干地区),这种语言随后才演变为原始印欧语。但斯福尔扎也肯定了库尔干假说和安纳托利亚假说并不必然互相冲突,甚至可以互相增援[7]。古 DNA 研究显示大多数现代欧洲人的祖先来自三个高度分化的群体,即中石器时代的欧洲狩猎采集者、新石器时代安纳托利亚西北部的农民、新石

第六讲 语言、考古和遗传学多学科视角下的印欧语系起源与扩散

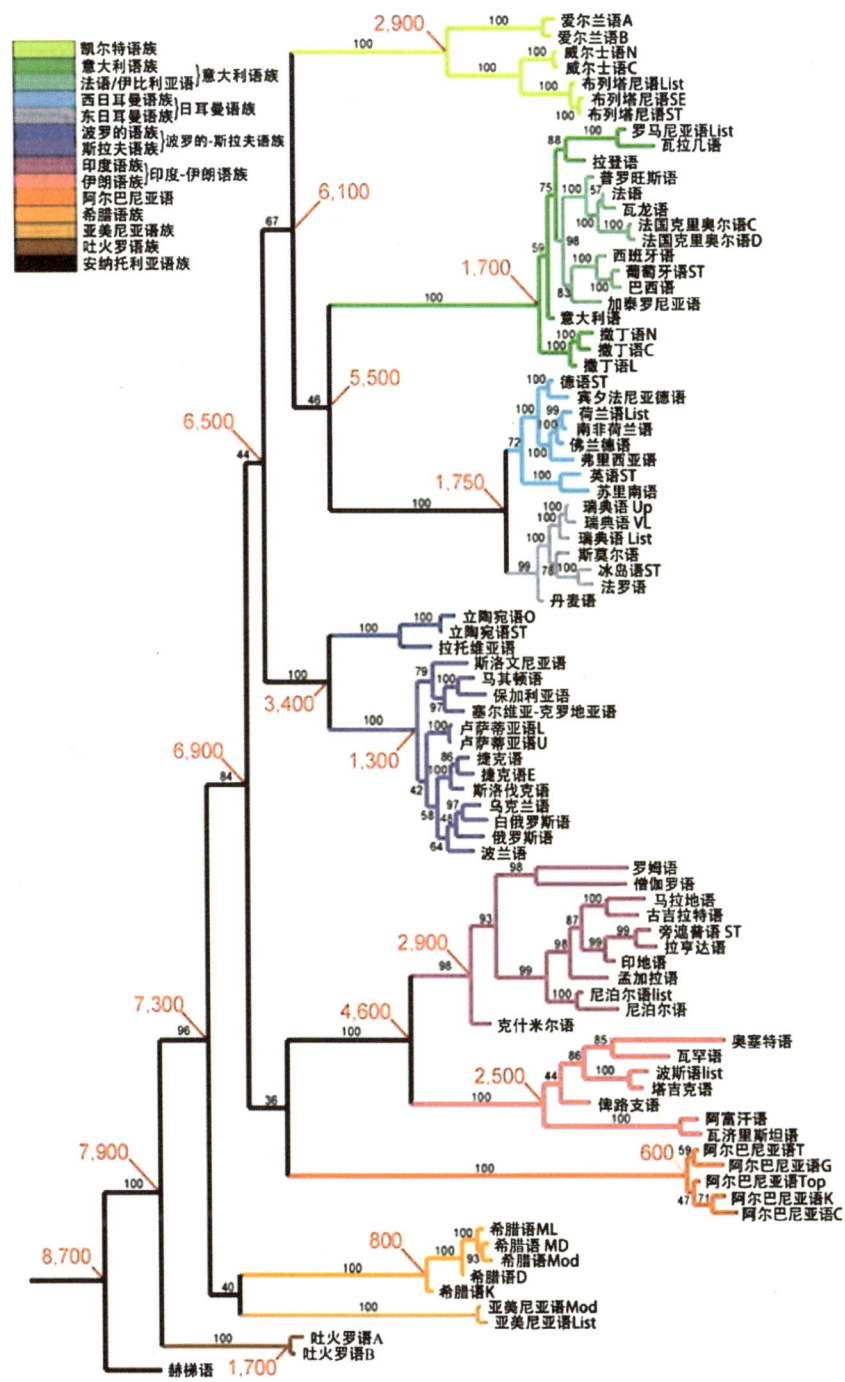

图6-2 进化树和分化时间预测[27]

器时代晚期到青铜时代过渡时期的草原游牧人群[32]。有学者进一步从古DNA角度对安纳托利亚起源及其农业扩散进行了论证，证实了与新石器时代安纳托利亚农业人群相关的人口迁徙推动了农业在欧洲的扩张。其中，Mathieson等利用迄今为止最大的古DNA数据库，对230个生活在公元前6500—前300年欧亚大陆西部人群的样本（包括新石器时代的安纳托利亚农民的首个全基因组DNA样本）进行全基因组分析，证明了他们是欧洲最早的农民来源[33]。Mathieson随后又提出，要验证草原假说支持的印欧语传播路径，首先要关注巴尔干半岛与草原祖先相关的基因，其次是安纳托利亚[34]。因此，该课题组又对225个来自巴尔干半岛、喀尔巴阡盆地、北庞蒂克草原和邻近地区的古人进行古基因组测序分析，结果并没有发现青铜时代晚期的这些样本里存在大量与草原人群有关的血统，目前关于青铜时代安纳托利亚人的基因数据非常少，并且没有显示与操印欧语的人群有关，间接否定了印欧语起源于东欧大草原并经由巴尔干半岛扩散至安纳托利亚的说法。Damgaard等认为青铜时代早期颜那亚文化的游牧人群对安纳托利亚，甚至中亚和南亚的遗传影响很有限，安纳托利亚样本中缺乏草原血统表明，印欧语系最早分支在该地区的传播与来自草原的主要人群迁徙并没有关系[35]。语言随着人群的迁徙和移动而传播，通过古基因可以检测遗传漂变、人群迁徙以及演化历史，因此对数千年前的古人类DNA进行分析，不仅能发现其源流及扩散历史，还能窥见这群人所操语言的情况，虽然埋在土下的骨骼不能讲话，其反映的基因信息却能与语言的谱系、考古文化相吻合。

虽然早期的语言学和考古学资料使得库尔干假说似乎更受欢迎，但是支持安纳托利亚假说的学者另辟蹊径，从农业扩散入手证明自己的观点，因为农业人口的迁徙必定会带动语言的流动。Renfrew提出的安纳托利亚农业扩散假说中所推测的起源时间要比库尔干假说早得多，虽论证过程严谨，但在考古和基因方面稍显薄弱，比如根据Renfrew的农业扩散假说所推算的时间，同源词所指的"羊毛""轮车""马""轴"等印欧文化特征在公元前6 000年之前尚未出现。对于计算语言学家来说，测定原始语言的年代仍存在很大难度和很多疑点，比如缺乏更为详实的语言史前信息，如语言变化速度、词汇替换率等。因此，整合多学科相关研究成果，才能勾画出一个更准确、更科学的印欧语起源与扩散概貌，最终实现语言学、考古学和遗传学的多学科联手，共同攻关历史难题。

二、结语

对语言演化的探索在一定程度上也是追寻人类演化的问题。语言的起源地和语族间的亲缘关系不仅能从考古学和语言学材料中寻迹，还可以从古DNA分析中得到线索。语言是文化的载体，考古文物可以为语言的源流与扩散提供可靠的史料，以反映每个历史时期的物质文化状况。虽然出土骨骸和器物不能说话，但通过对其重建和分析，能够重现历史上操该语言人群的真实生活面貌，捕捉到人群之间的交际方式及交际范围[36]。而遗传学则提供了一种强大的新工具，用古基因中的遗传特征来追溯人类迁徙。古DNA数据的优势在于打破时间和空间的限制，能够更加科学地分析当时的人群之间的关系，从而为人类及其语言的起源和扩散提供强有力的证据。

综合语言、考古和遗传学多学科的证据，我们推断印欧语起源于高加索山南部地区到安纳托利亚一带，因为安纳托利亚语是印欧语系的最早期分支；之后，随着农业的扩张，安纳托利亚农业人群开始向西扩散进入欧洲东部，形成欧洲早期的农业人群；欧洲东部早期的农业人群带着原始印欧语随即向东进入东欧大草原，与那里的早期游牧人群融合而形成了青铜时代早中期以颜那亚文化为代表的草原游牧人群；以颜那亚文化为代表的草原游牧人群向西涌入欧洲，向东直达阿尔泰山区，并深入塔里木盆地遗留下了吐火罗语，向东南进入南亚，不断地传播印欧语。

对印欧语源流与扩散这一热点话题的研究具有重要的学术意义和现实意义。将遗传学、分子人类学的新进展和新方法应用在印欧语系的语言年代测算和谱系分类上，对我国的汉藏语系、阿尔泰语系等语言的研究有重要参考价值。近年来古基因组学在印欧、东亚人群源流、人群形成历史、迁徙路线等科学问题上取得的进展也对吐火罗语及其人群起源和迁徙的研究具有启示意义，目前哪个新疆的考古文化与其相对应还缺乏充足证据，并且吐火罗人的古DNA研究还只是起步阶段，必定需要相关领域的成果给予借鉴。在语言起源的问题上，单一学科的贡献显然势单力薄，虽然各个学科在研究理论、方法、材料上存在差异，但所得出的研究结果存在交叉和吻合之处，也论证了跨学科合作的必然性和有效性。我们根据对前人研究的梳理，发现目前对印欧语起源的研究是考古学文化、语言学理论及材料和遗传学方法与证据的成功有机结合，进一步印证了各学科的假设，推进了对人类史前史的认识。

本文受到厦门大学南强青年拔尖人才支持计划(X2123302)、中央高校基本科研业务费(ZK1144)、国家自然科学基金青年项目"中国东南各族群的遗传混合"(31801040)、福建省社科基金一般项目"台湾南岛语族的起源与形成"(FJ2020B131)的资助。

参考文献

[1] Mallory J P, Adams D Q. Encyclopedia of Indo-European culture. London: Fitzroy Dearborn Publishers, 1997.

[2] Elst K. Update on the Aryan invasion debate. New Delhi: Aditya Prakashan, 1999.

[3] Alinei M. Interdisciplinary and linguistic evidence for Palaeolithic continuity of European, Uralic and Altaic populations in Eurasia. Quaderni di Semantica, 2003, 24: 1000-1030.

[4] 王欣.印欧人的起源与吐火罗人的迁徙:学术史的回顾与方法论的思考.暨南史学, 2013, 1: 27-41.

[5] Childe V G. The Aryans: a study of Indo-European origins. London: K. Paul, Trench, Trubner & Co., 1926.

[6] Gimbutas M. Part I: Mesolithic, Neolithic and Copper Age cultures in Russia and the Baltic Area//The Prehistory of Eastern Europe, American School of Prehistoric Research, Harvard University Bulletin, No. 20. Cambridge, MA: Peabody Museum, 1956.

[7] 卡瓦利·斯福尔扎.追踪亚当与夏娃——从演化历史看基因、民族和语言的关系.吴一丰,郑谷苑,杨晓珮,等译.台北:远流出版事业股份有限公司,2003.

[8] 林梅村.吐火罗人的起源与迁徙.西域研究,2003,3: 9-23.

[9] Mallory J P, Adams D Q. The Oxford introduction to Proto-Indo-European and the Proto-Indo-European world. Oxford: Oxford University Press, 2006.

[10] 刘先宽.印欧语系的起源及特点.锦州医科大学学报(社会科学版),2008,6(1): 81-83.

[11] 刘欣如.从雅利安人到欧亚游牧民族:探索印欧语系的起源.历史研究,2011,6: 156-167.

[12] Renfrew C. The origins of Indo-European languages. Scientific American, 1989, 261: 106-115.

[13] Chang W, Cathcart C, Hall D, et al. Ancestry-constrained phylogenetic analysis supports the Indo-European Steppe Hypothesis. Language, 2015, 1: 194-244.

[14] Haak W, Lazaridis I, Patterson N, et al. Massive migration from the steppe was a source for Indo-European languages in Europe. Nature, 2015, 522(7555): 207-211.

[15] Allentoft M, Sikora M, Sjögren K G, et al. Population genomics of Bronze Age

Eurasia. Nature, 2015, 522: 167-172.

[16] 大卫·赖克.人类起源的故事.叶凯雄,胡正飞,译.浙江:浙江人民出版社,2019.

[17] Wang C C, Reinhold S, Kalmykov A, et al. Ancient human genome-wide data from a 3000-year interval in the caucasus corresponds with eco-geographic regions. Nature Communication, 2019, 10(1): 590.

[18] Ning C, Wang C C. Ancient genomes reveal Yamnaya-related ancestry and a potential source of Indo-European speakers in Iron Age Tianshan. Current Biology, 2019, 29(15): 2526-2532.

[19] Wang C C, Yeh H Y, Popov A N, et al. Genomic insights into the formation of human populations in East Asia. Nature, 2021, 591(7850): 413-419.

[20] Narasimhan V M, Patterson N J, et al. The formation of human populations in South and Central Asia. Science, 2019, 365(6457): 7487.

[21] 徐文堪.欧亚大陆语言及其研究说略.兰州:兰州大学出版社,2013:114.

[22] 彼得·贝尔伍德.最早的农人:农业社会的起源.陈洪波,等译.上海:上海古籍出版社,2020.

[23] Renfrew C. Archaeology and language: the puzzle of Indo-European origins. New York: Cambridge University Press, 1987.

[24] Bellwood P. First farmers: the origins of agricultural societies. Malden, MA: Blackwell Pub, 2005.

[25] 周流溪.印欧语言起源新说.外语教学与研究,1991,2:73-76.

[26] Gamkrelidze T V, Vjaceslav V I. Indo-European and the Indo-Europeans: a reconstruction and historical analysis of a proto-language and proto-culture. Boston: De Gruyter Mouton, 1995.

[27] Gray R D, Atkinson Q D. Language-tree divergence times support the Anatolian theory of Indo-European origin. Nature, 2003, 426: 435-439.

[28] Gray R D, et al. Language trees support the express-train sequence of Austronesian expansion. Nature, 2000, 405: 1052-1055.

[29] Blanchard P, Petroni F, Serva M, et al. Networking phylogeny for Indo-European and Austronesian languages. Nature Precedings, 2009, 1: 1-20.

[30] Bouckaert R, Lemey P, Dunn M, et al. Mapping the origins and expansion of the Indo-European language family. Science, 2012, 337: 957-960.

[31] Ryder R J, Geoff K. Nicholls. Missing data in a Stochastic Dollo Model for binary trait data, and its application to the dating of Proto-Indo-European. Journal of the Royal Statistical Society Series C: Applied Statistics, 2011, 60(1): 71-92.

[32] Lazaridis I, Patterson N, Mittnik A, et al. Ancient human genomes suggest three ancestral populations for present-day Europeans. Nature, 2014, 513(7518): 409-413.

[33] Mathieson I, Lazaridis I, Rohland N, et al. Genome-wide patterns of selection in 230 ancient Eurasians. Nature, 2015, 528: 499-503.

[34] Mathieson I, Alpaslan-Roodenberg S, Posth C, et al. The genomic history of Southeastern Europe. Nature, 2018, 555: 197-203.
[35] Peter de Barros Damgaard, et al. The first horse herders and the impact of early Bronze Age Steppe expansions into Asia. Science, 2018, 360(6396): eaar7711.
[36] 孙娜,王传超.从三维视域看语言的扩散.中国社会科学报,2020-12-15(003).

第七讲
基因家谱学在中国的发展历程*

文少卿[1]　韩　昇[2]　李　辉[1]

（1. 复旦大学现代人类学教育部重点实验室；2. 复旦大学历史系）

　　谱牒又称家谱、家乘、宗谱、族谱和世谱，是家族的历史书，是记录家族或者宗族世系的表册书籍。谱牒和方志、正史共同构成了中国的史学大厦，俗有"家乘犹国史"之说。谱牒是中国宗法血缘文化的产物，在我国有着悠久的历史。殷墟出土的甲骨文中，就有记氏族的骨片，史学家称其为"甲骨家谱"[1]。商代设有掌管谱牒的官员，并建有谱牒档案。战国时期史官编的《世本》一书，可称得上是我国的第一部谱牒专著。历经秦汉而至魏晋，门阀制度渐盛，谱牒学发展较快。宋以来，科举盛行，讲究门第出身，家谱渐渐秘藏不示外姓，自此谱牒之学渐衰。至明清，修谱又达鼎盛期，遍及城乡。据统计，我国现存家谱有6 000多种[2]，这些谱牒是中华民族传统文化的有机组成部分，有着宝贵的文献价值，对历史学、社会学、人口学、民族学等的研究具有重要的参考作用，是一笔不小的文化遗产[3]。梁启超曾说："族姓之谱六朝唐极盛，宋后寝微。然此实重要史料之一：例如欲考族制组织法、欲考各时代各地方婚姻平均年龄、平均寿命、欲考据父母两系遗传、欲考男女产生比例、欲考出生率与死亡率比较……无数问题，恐除族谱家谱外，更无它途可以得资料。我国乡乡家家皆有谱，实可谓史界瑰宝。将来我国立大图书馆，能尽集天下之家谱俾学者分科研究，实不朽之盛业也[4]。"

　　谱牒学是历史科学中一项专门研究谱牒的学问。从两汉鼎盛时期的谱学到清代章学诚的谱学，曾积累了一大批丰厚的文献，供后人研究。谱牒学研究

---

* 原文刊于《北方民族大学学报（哲学社会科学版）》2018年第1期。

一直面临着三大困难：一是谱牒整部造假。唐以前为了出仕和地位，多以郡望相标榜。二是谱牒真真假假。主要是为了抬高家族的身份，"如周姓则祖后稷，吴姓则祖太伯，姜姓则祖太公望，袁姓则祖袁绍"[5]。三是材料损失严重[6]。如唐末农民大起义时期、抗日战争时期、土地改革时期。虽然，谱牒学研究时可以运用版本学、校勘学等方面的知识鉴别真伪，考订谬误[6]，但很多时候，传统谱牒学研究受限于材料本身，很难有突破性进展。

遗传学究其本质是一门历史科学。遗传突变世代相传，并因为随机或者选择作用在群体和物种间(内)积累下来[7]。人体内有23对染色体，22对常染色体中，每对染色体都有一条来自父亲，一条来自母亲，两条染色体在传代过程中会发生部分重组。另有一对性染色体，包括X染色体和Y染色体。在女性体内，X染色体成对出现，也会发生重组现象。但是在男性体内，X染色体来自母亲，Y染色体只能来自父亲。因此，Y染色体遵从严格的父系遗传方式，父子相传，不会受任何社会文化和自然因素的影响(图7-1)。

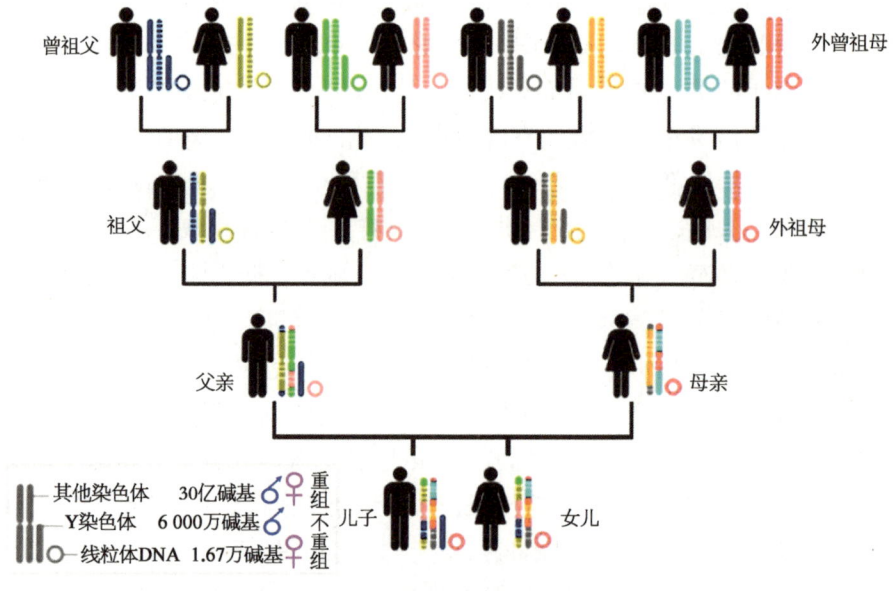

图7-1 遗传物质的传递规律

基因家谱研究是遗传学在传统谱牒学上的应用，它试图通过DNA检测，特别是Y染色体标记体系，弄清家族内部个体间的遗传关系[8]。基因家谱研究极大地弥补了传统谱牒学上的不足。在我国，家族、宗族都是指父系制度的同姓亲族，是以婚姻和血缘关系结合成的社会单位，因此相比其他遗传标记体系,Y 染色体是研究基因家谱的绝佳材料。Y 染色体上有着充足的、拓扑学关系明晰的遗传标记,可以满足父系遗传谱系的构建。另外,Y 染色体上有着稳定的"分子钟",可以估算不同 Y 染色体间的分化时间[9]。因此,当佚失的或者不忠实记载的谱牒已经无法作为追寻祖先的可靠依据时,以现代分子生物学为基础的基因家谱研究是直接追溯宗族成员之间亲缘关系的最佳方法,是验证祖先与后代的父系关联、补全和重构家族谱牒的唯一手段。

一、世界范围内基因家谱研究的动态

对于人类根源的探索源自人类的本能——好奇心。在 20 世纪末期,来自数个国家的数百万人开始热衷于寻找自己的祖先来源。这一狂热的爱好催生了应用科学一个新的分支——基因家谱学,在该学科中,DNA 分子起到了承载家族历史的作用[10]。

1. 源头

基因家谱研究的出现离不开 DNA 分型技术的成熟。该技术的突破源于英国莱斯特大学的 Alan Jeffreys 发现了名为微卫星的高变遗传标记[11]。20 世纪 80 年代中期,Jeffreys 等基于这些序列开发了多位点探针,这一检测技术是鉴定生物亲缘关系最为有效的工具[12]。该方法主要基于限制性片段的长度多态性,被称为 DNA 指纹技术(DNA fingerprinting)。到 20 世纪 80 年代末,DNA 指纹技术被法医界广泛接受和应用。

法医遗传学不仅为基因家谱学提供了技术支持,也提供了方法上的参考。法医遗传学主要涉及两个核心问题:个体鉴定和亲缘关系评估[13]。后者的目标和基因家谱学的目标一致。因此,首个基因家谱研究实际上是一次法医学调查。这些 20 世纪 90 年代早期的案例中,最有名的是罗曼诺夫沙皇家族[14]和纳粹罪犯 Josef Mengele[15]的遗骸鉴定。通过各种亲缘关系比较,前者确定出土于叶卡捷琳堡的一座墓葬中的九块遗骨来自俄罗斯末代沙皇——尼古拉斯二世及其家族成员;后者证明 1985 年出土于巴西的遗骸属于 Josef Mengele 本人。

2. 萌芽

1996 年 6 月,旅居美国的斯洛伐克籍谱牒学、民俗学者 Helen Cincebeaux,在明尼阿波利斯举行的东欧家族历史学会联盟会议上首次提出了基因家谱学(genetic genealogy)的概念。1998 年 11 月,一个名为 Alan Savin 的业余谱牒学者在其网站上再次谈到了这个名称,他也是《基因家谱学导论》(*An Introduction* to Genetic Genealogy)的作者。

基因家谱学真正的萌芽是在 20 世纪 90 年代末,主要标志为一系列高质量文献的发表[16~19]。从发表先后和学术意义上而言,排第一的是 1997 年 Scorecki 等关于犹太祭司 Y 染色体的研究[16]。《圣经》中记载,犹太人中的祭司从犹太教的第一祭司长 Aaron 开始按血缘代代相传,作者发现德系和西班牙系犹太祭司与非祭司的犹太人相比有较近的亲缘关系,也就是说祭司们可跨越 3 300 年追溯到一个共同的父系祖先。Y 染色体的分析与《圣经》故事的完美契合着实让人吃惊。这项研究开创了通过 Y 染色体标记进行基因家谱研究的先河。

1998 年,两篇文章的问世为基因家谱学的建立添砖加瓦。这两篇文章都与历史名人有关,因此引发了极大的关注。第一项研究与美国第三任总统杰斐逊和他的黑人女仆 Sally Hemings 有无私生子的鉴定有关[18],Foster 比较了杰斐逊的叔叔、Sally 的大儿子和最小儿子的男性后代 Y 染色体,认为杰斐逊是 Sally 的最小儿子的生父。这项研究理清了 Sally Hemings 后代错综复杂的亲缘关系,为随后通过 Y 染色体标记重塑父系谱系关系提供了范例。同年,发表了一项疑似法国国王路易十六和 Marie-Antoinette 的儿子的线粒体 DNA 鉴定[19]。作者对 Carl Wilhelm Naundorf(声称是这对皇室夫妇的后代)、Marie-Antoinette 和她的两个姐妹,以及现存的母系亲属的线粒体 DNA 进行了分型。结果表明虽然 Naundorf 被冠以路易十七的名号,但他的线粒体 DNA 遗传类型与其他母系亲属测试者的完全不同,因此他是个伪冒者。这项研究是最早通过线粒体 DNA 进行基因家谱学研究的工作,为通过母系遗传研究基因家谱学提供了参考。

3. 发展

近 20 年,受公众对名人家族历史浓厚的兴趣的驱动,基因家谱学中探索历史名人的父系类型一直是最为活跃的研究方向,例如前面提到的美国总统杰斐逊[18],法国的皇帝拿破仑[20]和波旁家族[21],俄罗斯的罗曼诺夫家族[22],以及中国的爱新觉罗家族[23]、成吉思汗[24]和曹操[25]。其中,成吉思汗和爱新觉罗·觉昌安的父系类型最早通过特殊的 Y 染色体单倍型,即所谓的星簇(star cluster)和满族簇(Manchu cluster)推测而来,它们分别高频出现于蒙古语和满通古斯语人群[24~26]。这种通过分析 Y 染色体单倍型数据寻找晚近人群扩张信号的方法还运用在其他课题中。例如,2015 年,Balaresque 分析了欧亚大陆上 127 个人群的 5 321 个 Y 染色体数据,发现了 11 个星簇状的扩张信号,其扩张年代为公元前 2100—1100 年[27]。排除所用位点过少,可能存在的遗传类型错判等问题，这项研究还有些有趣的结论，比如揭示了晚近扩张人群与生活方式的关系（阿尔泰语游牧人群Y染色体的大范围传播可能与马的使用有关）。

基因家谱研究受DNA检测技术发展的推动。如今，基于现代DNA和古代DNA高通量测序的手段也进入基因家谱学之中。最好的例子是2014年Olalde Ⅰ等测试了一个疑似含法国国王路易十六血液的手帕上的全基因组，他们发现，根据所获得的数据来推断的祖先和表型与历史记载不符[21]，否定了血样属于路易十六，该研究为破解历史悬案提供了有力的证据。

1999—2000年，第一家提供基因家谱分析的基因测试公司成立。随后，基因家谱研究被这些商业公司陆续推出的项目所主导[28]。其中，第一家也是最成功的公司是Family Tree DNA。该公司由美国的业余谱牒专家Beenett Greenspan于1999年创立。迄今，有大约40家[29]甚至更多的实验室和公司可以提供祖源检测和重构家族谱牒的服务。截至2009年，接受这类服务的用户已经超过100万人。

2005年，首份关于基因家谱学的专业刊物在线出版。同年，国际基因家谱学会（ISOGG）成立。这个非商业机构的目标是通过研讨会、网站、演讲、论坛和会议，教育大众如何在谱牒研究中正确使用遗传学知识。2008年，俄罗斯DNA家谱学院出版了杂志 *Herald of the Russian Academy of DNA Genealogy*，同年，另一份基因家谱学的杂志 *Russian Journal of Genetic Genealogy* 创刊。此外，也有一些专业的博客介绍基因家谱学研究的动态，甚至有电视频道专门播放基因家谱相关内容的节目。

二、国内基因家谱研究的动态

国内基因家谱的研究要从曹操家族说起。这项研究通过对曹操后代家系的遗传学梳理，确定了曹操的遗传类型和身世，证实曹操父亲是家族内过继，而不是异姓（夏侯家）收养，解决了历史学遗留了2 000年的问题[25,30~31]。这一研究开创了国内用分子生物学手段研究历史疑难问题的历史人类学领域，通过媒体传播在全国引起了较大反响，并引发了基因家谱研究的新潮流。这项研究催生了后续一系列基于家族水平的探索性课题，包括历史谜案探索、突变速率估算、东亚遗传结构、考古学和法医学的应用，以及国内首份分子人类学专业刊物——《现代人类学通讯》的问世。

1. 历史谜案

众所周知,曹操的祖父曹腾是东汉大宦官,曹操之父曹嵩是其养子,因此曹操的确切身世始终是个史学谜题。曹操在作《家传》时自称周朝曹叔振铎之后,后来再度改为出自帝舜。其政敌所作的《曹瞒传》记载曹操之父曹嵩出自夏侯氏,宋代以后,曹操出自夏侯氏的说法流传甚广。而后世制作的家谱几乎都追溯到西汉开国功臣曹参。传统谱牒学方法仅从文献资料无法确定曹操的真实身世,使用最新的科学技术成为解决这个问题的新思路。

复旦大学现代人类学教育部重点实验室从2009年开始对曹操的遗传类型归属展开系统调查,分别从曹操可能存在的后人家系[25]和曹氏宗族墓群中曹操的叔祖父——曹鼎遗骸[30]两方面入手,论证曹操的父系Y染色体类型极有可能为O2*-M268。根据曹操后人家系的测试结果,反推单倍群O2*-M268为曹操所属类型的可能性是92.71%;根据古代样本Y染色体12个短串联重复序列(STR)位点的测试结果,利用基于贝叶斯等位基因频率法的数据库,推测曹鼎属于O2*-M268+,PK4-,M176-的概率为60.18%,属于单倍群C3*-M217的概率为13.97%,属于其他单倍群的概率均低于11%。2016年,该课题组又对该样本进行了Y染色体单核苷酸多态位点(SNP)分型测试,明确其遗传类型属于O2-M268+,F1462+,PK4-,弥补了之前通过现代人家系推测曹操遗传类型和Y-STR推测Y-SNP的缺陷[31]。至此,曹操及其后人的遗传类型为F1462+,PK4-得以盖棺定论。

如前文所述,一些研究者根据蒙古语和满通古斯语人群中特有的高频单倍型(星簇和满族簇)以及对应的共祖时间,推测其父系祖先分别为成吉思汗和爱新觉罗·觉昌安[24~26]。但是,由于缺乏明确的家系样本和古代遗骸的支持,这两个推测结果的真实性一直饱受争议[32]。2015年,我们对7个自称属于爱新觉罗的现代家族(其中3家保留有完整家谱)男性的Y染色体进行STR分析,发现其中3家(其中2家有完整家谱,其最近共祖为清太祖努尔哈赤)的Y染色体单倍型非常接近,且极为罕见,对这3个样本的Y-SNP测试结果表明此类型属于C3b2b1*-M401单倍群,即爱新觉罗家族的父系遗传型[23]。2016年,我们又对爱新觉罗家族的男性个体进行了Y染色体测序,发现这些个体属于更为精细的遗传类型C3b1a3a2-F8951,与星簇为兄弟支系,与之前推测的C3b2a-M48满族簇毫无关系[33]。因此,之前推断的成吉思汗与星簇之间的关系可能也不牢靠。

事实上,寻找成吉思汗的父系类型更为困难。一方面,由于蒙古人保持祖先神秘感的葬俗,导致只有极少的蒙古贵族(特别是皇室)的墓地被发现[34]。尽管如此,基于有限个墓葬的古 DNA 研究给出了极为矛盾的结论。根据蒙古国东部塔班陶勒盖的疑似黄金家族墓地的遗骸的 DNA 鉴定结果,Lkhagvasuren 等认为成吉思汗和他的家族属于遗传类型 R1b-M343[35],然而另一项来自中国河北的高等级贵族墓的遗传调查表明成吉思汗的遗传类型为单倍群 Q 也不能完全排除[36]。另一方面,疑似成吉思汗后代的现代人 DNA 分型结果表明,不同家族分支的父系类型也不一致[37]。比如,3 个现存的成吉思汗家族分支属于遗传类型 C3 下的 3 个早期分化的不同亚型,此外,成吉思汗亲兄弟 Khasar 的后人属于遗传类型 O3,成吉思汗父亲的同父异母兄弟 Belgutei 的后人属于遗传类型 R1a1a。

近年来,本课题组对西北地区永登县的鲁土司家族进行了父系遗传调查,根据鲁氏家谱的记载,他们的祖先为脱欢(成吉思汗的第六子阔列坚的后代)。在元末明初,脱欢和他的部众归降于明廷。后因作战勇猛,自第三代起赐汉姓鲁。从此,鲁土司家族驻守西北永登县地区长达 19 代,历时 561 年。Y 染色体分型结果表明,鲁土司家族的遗传类型为 C3b1a1a-F1756(又称 C3b3a2a-448del),常见于蒙古语和突厥语人群[38]。进一步的遗传网络分析发现,鲁土司家族后人与哈萨克斯坦 DNA 计划(The Kazakhstan DNA project)中的 Tore 支系共享单倍型[39]。Tore 支系为成吉思汗大儿子术赤的后代。至此,成吉思汗的遗传类型又有了一个新的可能——C3b1a1a-F1756。

2. 突变速率

Y 染色体 STR 常常用于估算 SNP 支系和历史名人的年代。但是由于采用不同的速率和估年方法所产生的结果会产生数倍的偏差,选择何种突变速率和估年方法仍有争议。王传超等使用两个有着完整、可靠谱牒记录的深度家系来直接评估 Y 染色体的突变速率和估年方法。结果表明"BATWING 法加上家系突变率"能准确地对历史人物进行年代估算[40]。这项研究的两个家族的祖先分别为史诏(南宋名士,翼国公史简之子,885—957)和操妙荣(任职饶湖镇总,603—673)。

司马光家族延续了上千年,家谱记载较为完整,也为突变速率的估计提供了较好的材料。本研究对 11 个声称为司马光后代的家族进行了 Y-STR 分型,结果表明有 5 个家族的 STR 单倍型彼此之间十分接近,同属下游单倍群 O1a1a1a1a-F492、F656-。同时,我们使用"BATWING 法加上家系突变率"逐层计算所有支系的最近共祖时间,其结果与根据谱牒资料构建的家族谱系图非常吻合。

这两项研究表明深度家系对于计算父系遗传的男性 Y 染色体在家族中的变化速度非常有价值。

3. 遗传结构

正如前文所提到的,Balaresque 通过 5 000 多个 Y-STR 数据筛选出了欧亚大陆上包括星簇和满族簇的 11 个晚近扩张信号[27]。相比之下,二代测序技术应用于 Y 染色体全序列能够构建更多信息量的谱系树,它的枝长与时间成比例,因此可以直接评估每个节点的最近共祖时间(TMRCAs)。此外,基于高通量测序的谱系树,我们可以系统地分析不同的因素如何影响人口大小和结构。比如,这些有着较长枝长的支系暗示了较低的人口增长和频繁的瓶颈,而那些被视为星状结构的有着较短枝长的支系被解释为人口快速扩张的强烈信号。除了星状结构,有时在谱系树中存在一种有规律的分叉结构,它也与人口扩张有关。但是,这两种不同的结构所反映的人口历史是完全不同的。比如,Sikora 等通过溯祖模拟发现 R1b 星状结构和 E1b1a 的分叉结构分别与西欧亚和撒哈拉以南非洲的新石器时代扩张有关[41]。具体而言,R1b 的星状结构表明它一进入这块大陆就在很短的时间发生了成功的扩张,而 E1b1a 有着非常有规律的分叉结构,显示 E1b1a 扩张始于较大的人口数量,并持续了数千年。

关于东亚的父系人口历史,2014 年,严实等应用二代测序技术发现了 Y 染色体上约 4 000 个新的遗传标记,并定义了大量新的分支,发现东亚三个父系星状扩张发生在距今 5 000—6 000 年的新石器时代,现代约 40% 的中国人来自当时这 3 个子嗣繁多的祖先[42]。我们最近的研究进一步观察到这次新石器时代强烈的瓶颈效应和人口扩张[43]。东亚特有的父系谱系中,有 5 个呈星状结构——O3a2c1a-F5(Oα)、O3a2c1-F46(Oβ)、O3a1c1-F11(Oγ)、C3a1-F2613(Cα)和 Q1a1-M120(Qα),以及 1 个呈复杂分叉结构——O1a1a1-F78(Oσ)。值得注意的是,我们发现 65% 的现代中国人都是这 6 个超级祖父的后代。他们的扩张时间分别为 5 400 年前(Oα)、6 500 年前(Oβ)、6 800 年前(Oγ)、6 400 年前(Cα)、5 200 年前(Qα)和 5 000 年前(Oσ)[44]。正如前文所述,我们揭示了汉族主体来自新石器时代的少数几个父系祖先,但他们是谁?每个超级祖父和历史传说中的传奇领袖是否有关?不久的将来,联合古 DNA 和现代人 DNA 的研究将有助于解决这些问题,它对于理解中国人群的起源非常关键。

4. 考古学应用

考古发掘往往面临着一个问题,汉之前的遗址极少有墓砖、墓志等表明身份信息的出土物,再加上墓地被盗严重(墓志等有经济价值),绝大部分遗骨缺少身份信息。但是对于墓地发掘来说,确定墓主人的身份是考古学的一个核心问题。

山东临沂洗砚池晋墓位于临沂市市区洗砚池街北侧、王羲之故居公园东北部。其中 M1 为双室墓葬,保存完整,同一墓葬埋葬 3 个未成年人,为考古发掘中极为罕见的现象;M2 为夫妻合葬墓,墓室结构完整,在一号墓之西,与一号墓相距不远。该遗址一经发现便引起了社会和学术界的广泛关注,被评为 2003 年度十大考古发现之一。但是,对于墓主人身份一直存在两种猜测,一种认为是琅琊王氏的后代,另一种认为是西晋司马氏的后代。2016 年,杜盼新等人对该遗址进行了基因家谱调查[45]:一是排除了 M1 西室 6 岁女童与 M2 夫妇间的亲缘关系;二是鉴定了 M2 墓葬中男性遗骨的父系遗传类型为 C3 南支- F948+,F3880+,该遗传类型在北方汉族中最为常见。该研究为后续琅琊王氏和司马家族的父系遗传类型研究奠定了基础。

还有一个案例是复旦大学和吉林大学古 DNA 课题组的一次合作。两个课题组对内蒙古阿鲁科尔沁旗辽代耶律羽之墓地的两个男性人骨进行了古 DNA 鉴定。一个遗骸为 M6:3(耶律道清,耶律羽之的三代子孙),一个为 M10(无墓志)。实验结果表明两个个体的遗传类型分属 N 南支和 N 北支,这两个支系的分化时间已有上万年。通过父系亲缘关系鉴定,排除了 M10 是耶律羽之家族男性后代的可能,其具体身份有待进一步比较验证。

基于上述两个案例,我们可以看到对于大量已经发掘的墓主身份未定的墓地而言,通过 DNA 鉴定并将其结果纳入一个可以相互比对的古 DNA 数据库的重要性。基于这个数据库,我们可以基于亲缘关系推测未知遗骸的可能身份。另外,再进一步结合碳十四年代测定技术和文献材料,通过多重证据锁定未知墓主的身份,真正发挥科技考古的威力。

5. 法医学应用

一方面,法医学的 DNA 指纹法为基因家谱学奠定了基础;另一方面,族群、氏族、家族水平的谱系研究也反过来促进了法医遗传学的发展。

白银连环杀人案的破获是法医学运用基因家谱学原理获得成功的案例[46]。白银连环杀人案是中华人民共和国成立以来重大恶性案件之一。1988—2002 年,11 位女性包括一名 8 岁的女童遭到强奸和杀害。犯罪嫌疑人逍遥法外长达 30 年,警方做出了各种努力,如指纹比对、DNA 比对、按口述画像、重金悬赏等,均无功而返。但是前期的积累是有意义的,尤其是 Y 染色体数据库的建立成为后续破案的关键。当嫌疑人的远房堂叔犯案,警方发现其 Y 染色体单倍型与当年犯罪嫌疑人的 DNA 类型一致时,整个高氏家族的男性都被纳入了排查范围,最终白银连环杀人案得以破获。该案件的破获意味着法医数据库不仅能做同一认定,每个男性数据背后都代表着一个大的同姓家族。Y 染色体 DNA 分型和基因家谱学原理正在成为法医遗传学运用的常规手段。

近年来,本课题组开发了一个专门用于群体遗传学和法医学应用的 Y 染色体数据库[47~48],通过该数据库,我们推测了入缅远征军[48]、淮海战役士兵[49],以及一些刑事案件中的犯罪嫌疑人和失踪人口的可能地理来源和父系亲属。

2007 年,我国首份历史人类学专业刊物——《现代人类学通讯》问世了。该杂志旨在从社会、语言、民俗、历史、考古、体质等方面回答人类起源和演化的问题。基因家谱学属于其中一个重要板块,有两项相关研究在该刊物上发表。操姓主要有鄱阳郡操姓和重庆长寿操姓两大分支。据传,鄱阳郡操姓源自逃难的曹操后人。2012 年,王传超等的 Y 染色体调查显示鄱阳郡操姓与曹操家族,乃至其他曹姓均无关系[50]。2014 年,王传超等又依据谱牒材料对赛典赤和郑和的后裔——云南的纳姓和马姓进行父系 Y 染色体分型,发现他们属于南亚西部常见的单倍群 L1a - M76,揭示了赛典赤和郑和的波斯祖源[51]。

三、展望

姓氏最早出现于中国,其历史可追溯到 5 000 年前。其他国家中,西欧人姓氏最早的记录不足千年(爱尔兰约 900 年),日本人的姓氏历史也才 150 余年[52]。我国现有姓氏 4 100 个,大多数姓氏的起源并不单一。周朝的姓氏大多以封国为氏,后改为姓。封国内的百姓来源本来就是多种多样的,所以中国的姓氏总体上与内部父系血缘并不完全一致。根据我们对超过 1 万例带有姓氏信息的 Y - SNP/STR 数据的分析,在同一个姓氏中几乎可以观察到中国人中常见的所有父系类型,同时,在同一个父系类型中,也几乎可以看到中国人群中所有常见的姓氏。这意味着姓氏和 Y 染色体不是简单的一一对应关系,基于较小样本量推测 Y 染色体类型与姓氏之间的关联没有意义。但是,修著家谱一直是中国人的传统,一些家谱甚至跨越 3 000 年,这些谱牒材料和深度家系都是我国的人文和遗传资源。通过研究族群/姓氏内部深度家系的遗传动态,可能是厘清族群/姓氏来源和演化的一个事半功倍的方案。

如今,国外的基因家谱学研究正被商业公司所引领,主要原因是:① 该学科的原理、测试和分析手段日渐成熟,商业公司可以标准化流程提供更好的服务;② 在不考虑科研目的的情况下,商业公司更能满足普通大众寻根问祖的个性化需求;③ 嫁接互联网技术,消费者可以在线下单,通过唾液采集器收集口腔上皮细胞,邮递至公司,最后报告也会通过移动端反馈,方便快捷;④ 有专业的人员进行项目计划、组织和结果的个性化解读,客户体验感好。因此,基因家谱学正成为娱乐性遗传检测的一部分,这些检测包括通过全基因组标记去评估个人祖源、亲缘关系和疾病易感性等。可以预见的是,我国的基因家谱学研究也会朝着这个方向发展。

国外的业余爱好者们展示着令人惊讶的关于分子进化、群体遗传学和统计学的知识[53]。比如,他们时常在 *Journal of Genetic Genealogy* 杂志上发表文章。该杂志虽然缺少标准的同行评议审稿,但是有一些遗传学工作者也乐在其中。这可能也是公众参与科学研究的一个有趣的例子。我们相信随着基因家谱学的进一步推广,国内业余爱好者的水平也会显著提高。《现代人类学通讯》更关注东亚本身的族群/家族历史,反对任何形式对权威的盲从,同时面向专业和业余作者,促进人类学的各个领域"百花齐放,百家争鸣"。

不过,基因家谱学的推广也暗含风险,需要格外警惕。首先,可能面临的风险是意外地发现了一次非父事件或者一段珍贵的口述历史被证明是不可靠的。在声称是美国第三任总统杰斐逊后代的家系的鉴定案例中,上述两种情况同时发生,这些家属长期不能接受检测结果,造成了不良影响[54]。其次,尽管 Y 染色体被认为和疾病没有太大关系,但是一些 Y 染色体的缺失被发现与男性不育有关[55],意味着一些特殊的 Y-STR 和 SNP 的缺失[56],这些结果涉及检测者的个人隐私。最后,Y 染色体谱系常常被误导性地对应地理起源和族群分布[57],引起不必要的纠纷。但是,如果前期知情同意工作做得细致,后期解释和沟通工作做到位,这些风险完全可以避免。

再次回想先贤梁启超的"大图书馆"梦,或许借助互联网的力量(收集、整理谱牒)、DNA 的力量(鉴别谱牒)以及从业者和爱好者的共同力量,"能尽集天下之家谱俾学者分科研究,实不朽之盛业也"。

本文受到国家自然科学基金委(31671297)、上海市曙光计划(14SG05)、国家科技攻关计划(MOST2016YFC0900300)、国家体育总局专项(2015B086)的资助。

参 考 文 献

[1] 陈梦家. 殷虚卜辞综述. 北京: 科学出版社, 1956.
[2] 常建华. 家族谱研究概况. 中国史研究动态, 1985, 2: 8 - 14.
[3] 汪俊. 略论谱牒学在文史研究中的意义. 扬州大学学报(人文社会科学版), 1997, 3: 62 - 64.
[4] 梁启超. 中国近三百年学术史·谱牒学. 上海: 东方出版中心, 2004.
[5] 刘黎明, 樊雄, 李鉴踪, 等. 祠堂·灵牌·家谱: 中国传统血缘亲族习俗. 成都: 四川人民出版社, 1993.
[6] 王云度. 谱牒学概述. 江苏师范大学学报(哲学社会科学版), 1991, 2: 29 - 32.
[7] Krause J, Paabo S. Genetic time travel. Genetics, 2016, 203(1): 9 - 12.
[8] Calafell F, Mhd L. The Y chromosome as the most popular marker in genetic genealogy benefits interdisciplinary research. Human Genetics, 2017, 136(5): 1 - 15.
[9] 李辉. Y染色体与基因家谱. 世界科学, 2013, 2: 24 - 27.
[10] Tětushkin E Y. Genetic genealogy: history and methodology. Russian Journal of Genetics, 2011, 47(5): 507 - 520.
[11] Jeffreys A J, Wilson V, Thein S L. Hypervariable "minisatellite" regions in human DNA. Nature, 1985, 314(6006): 67.
[12] Jeffreys A J, Wilson V, Thein S L. Individual-specific "fingerprints" of human DNA. Nature, 1985, 316(6023): 76.
[13] Ivanov P L. Human individualization and personal identification: molecular biology in forensic medicine. Herald of the Russian Academy of Sciences, 2003, 73(12): 1085 - 1098.
[14] Gill P, Ivanov P L, Kimpton C, et al. Identification of the remains of the Romanov family by DNA analysis. Nature Genetics, 1994, 6(2): 130 - 135.
[15] Jeffreys A J, Allen M J, Hagelberg E, et al. Identification of the skeletal remains of Josef Mengele by DNA analysis. Forensic Science International, 1992, 56(1): 65 - 76.
[16] Skorecki K, Selig S, Blazer S, et al. Y chromosomes of Jewish priests. Nature, 1997, 385(6611): 32 - 32.
[17] Thomas M G, Skorecki K, Ben-Ami H, et al. Origins of Old Testament priests. Nature, 1998, 394(6689): 138 - 140.
[18] Foster E A, Jobling M A, Taylor P G, et al. Jefferson fathered slave's last child. Nature, 1998, 396(6706): 27 - 28.
[19] Decorte R. Mitochondrial DNA analysis on remains of a putative son of Louis XVI, King of France and Marie-Antoinette. European Journal of Human Genetics Ejhg,

1998, 6(4): 383.

[20] Lucotte G, Thomasset T, Hrechdakian P. Haplogroup of the Y chromosome of Napoléon the first. Journal of Molecular Biology Research, 2011, 1(1): 12 – 19.

[21] Larmuseau M H D, Delorme P, Germain P, et al. Genetic genealogy reveals true Y haplogroup of House of Bourbon contradicting recent identification of the presumed remains of two French Kings. European Journal of Human Genetics, 2014, 22(5): 681 – 687.

[22] Coble M D, Loreille O M, Wadhams M J, et al. Mystery solved: the identification of the two missing Romanov children using DNA analysis. PLoS One, 2009, 4(3): e4838.

[23] Yan S, Tachibana H, Wei L H, et al. Y chromosome of Aisin Gioro, the imperial house of the Qing Dynasty. Journal of Human Genetics, 2014, 60(6): 295 – 298.

[24] Zerjal T, Xue Y, Bertorelle G, et al. The genetic legacy of the Mongols. American Journal of Human Genetics, 2003, 72(3): 717.

[25] Wang C, Yan S, Hou Z, et al. Present Y chromosomes reveal the ancestry of Emperor CAO Cao of 1 800 years ago. Journal of Human Genetics, 2012, 57(3): 216.

[26] Xue Y, Zerjal T, Bao W, et al. Recent spread of a Y-chromosomal lineage in Northern China and Mongolia. American Journal of Human Genetics, 2005, 77(6): 1112 – 1116.

[27] Balaresque P, Poulet N, Cussatblanc S, et al. Y-chromosome descent clusters and male differential reproductive success: young lineage expansions dominate Asian pastoral nomadic populations. European Journal of Human Genetics, 2015, 23(10): 1413.

[28] Tëtushkin E Y. Genetic genealogy: history and methodology. Russian Journal of Genetics, 2011, 47(5): 507 – 520.

[29] Royal C D, Novembre J, Fullerton S M, et al. Inferring genetic ancestry: opportunities, challenges, and implications. American Journal of Human Genetics, 2010, 86(5): 661 – 673.

[30] Wang C C, Yan S, Yao C, et al. Ancient DNA of Emperor CAO Cao's granduncle matches those of his present descendants: a commentary on present Y chromosomes reveal the ancestry of Emperor CAO Cao of 1 800 years ago. Journal of Human Genetics, 2013, 58(4): 238 – 239.

[31] 文少卿,王传超,敖雪,等.古DNA证据支持曹操的父系遗传类型属于单倍群O2.人类学学报,2016,4: 617 – 625.

[32] Abilev S, Malyarchuk B, Derenko M, et al. The Y-chromosome C3*star-cluster attributed to Genghis Khan's descendants is present at high frequency in the Kerey clan from Kazakhstan. Human Biology, 2012, 84(1): 79 – 89.

[33] Wei L H, Yan S, Yu G, et al. Genetic trail for the early migrations of Aisin Gioro, the imperial house of the Qing Dynasty. Journal of Human Genetics, 2016, 62:

407-411.
[34] 张晓东.蒙元时期的蒙古人墓葬.长春：吉林大学,2006.
[35] Lkhagvasuren G, Shin H, Si E L, et al. Molecular genealogy of a Mongol Queen's family and her possible kinship with Genghis Khan. PLoS One, 2016, 11 (9): e0161622.
[36] Cui Y, Song L, Wei D, et al. Identification of kinship and occupant status in Mongolian noble burials of the Yuan Dynasty through a multidisciplinary approach. Philosophical Transactions of the Royal Society of London, 2015, 370 (1660): 20130378.
[37] Batbayar K, Sabitov Z M. The genetic origin of the Turko-Mongols and review of the genetic legacy of the Mongols. Biology, 2012,1: 18-37.
[38] Wei L H, Huang Y Z, Yan S, et al. Phylogeny of Y-chromosome haplogroup C3b-F1756, an important paternal lineage in Altaic-speaking populations. Journal of Human Genetics, 2017, 62: 915-918.
[39] Zh S, Turuspekov Y, Daulet B, et al. The Kazakhstan DNA Project hits first hundred Y-profiles for ethnic Kazakhs. Russian Journal of Genetic Genealogy, 2012, 2(1): 1920-2989.
[40] Wang C C, Li H. Evaluating the Y chromosomal STR dating in deep-rooting pedigrees. Investigative Genetics, 2015, 6(1): 1-3.
[41] Sikora M J, Colonna V, Xue Y, et al. Modeling the contrasting Neolithic male lineage expansions in Europe and Africa. Investigative Genetics, 2013, 4(1): 25.
[42] Yan S, Wang C C, Zheng H X, et al. Y chromosomes of 40% Chinese descend from three Neolithic super-grandfathers. PLoS One, 2014, 9(8): e105691.
[43] Wang C C, Huang Y, Yu X, et al. Agriculture driving male expansion in Neolithic Time.中国科学：生命科学,2016, 59(6): 1-4.
[44] Wen S Q, Tong X Z, Li H. Y-chromosome-based genetic pattern in East Asia affected by Neolithic transition. Quaternary International, 2016, 426: 50-55.
[45] 杜盼新,骆潇沁,文少卿,等.临沂洗砚池晋墓遗骸DNA研究报告//山东省文物考古研究所,临沂市文化广电新闻出版局.临沂洗砚池晋墓.北京：文物出版社,2016.
[46] Yao H, Wen S, Tong X, et al. Y chromosomal clue successfully facilitated the arrest of Baiyin serial killer. Science Bulletin, 2016, 61(22): 1-3.
[47] Chang W, Alldredge L M B, Kirchoefer S W, et al. Convergence of Y chromosome STR haplotypes from different SNP haplogroups compromises accuracy of haplogroup prediction. Journal of genetics and genomics, 2015, 42(7): 403.
[48] Wen S Q, Tong X Z, Wang C Z, et al. Y-chromosomes from skeletal remains of Chinese expeditionary force offer a clue to their paternal relatives. Science Bulletin, 2016, 61(6): 425-427.
[49] 王迟早,文少卿,石美森,等.淮海战役士兵遗骸的Y染色体分子鉴定.法医学杂志,2017,33(4): 357-362.

[50] 王传超,严实,韩昇,等.鄱阳操姓血缘上并非出自曹操.现代人类学通讯,2012(6):e2/14-16.

[51] 王传超,王凌翔,张曼菲,等.Y染色体揭示赛典赤·赡思丁和郑和的波斯祖源.现代人类学通讯,2014,8:8-10.

[52] King T E, Jobling M A. What's in a name? Y chromosomes, surnames and the genetic genealogy revolution. Trends in Genetics, 2009, 25(8):351.

[53] Balanovsky O, Gurianov V, Zaporozhchenko V, et al. Phylogeography of human Y-chromosome haplogroup Q3-L275 from an academic/citizen science collaboration. BMC Evolutionary Biology, 2017, 17(Suppl 1):18.

[54] Williams S R. Genetic genealogy: the Woodson family's experience. Culture Medicine & Psychiatry, 2005, 29(2):225.

[55] Vogt P H. AZF deletions and Y chromosomal haplogroups: history and update based on sequence. Human Reproduction Update, 2005, 11(4):319-336.

[56] King T E, Bosch E, Adams S M, et al. Inadvertent diagnosis of male infertility through genealogical DNA testing. Journal of Medical Genetics, 2005, 42(4):366.

[57] King T E, Bowden G R, Balaresque P L, et al. Thomas Jefferson's Y chromosome belongs to a rare European lineage. American Journal of Physical Anthropology, 2010, 132(4):584-589.

第八讲
中国境内的混合语及语言混合的机制[*]

徐　丹

（德国美因茨大学语言学系）

随着语言接触研究的深入开展，我们看到，语言接触无所不在，是世界范围内常见的现象。有不同人群的地方就有语言接触，有语言接触就会发生借贷。这种借贷往往是双向的，强势或弱势语言都可以是借者或贷者。长期的语言接触和民族之间的交往，如贸易、战争、通婚、共同宗教信仰等因素，使语言不可避免地会发生"混合"[1]。本文将结合中国境内的倒话、五屯话和唐汪话讨论这一问题，并试图通过量化标准探讨如何识别和定义混合语。

一、混合语

到目前为止，关于混合语的研究虽然不是热门话题，但学者们一直对这个议题感兴趣。比如人们公认的几个混合语是美国与加拿大边界地区的Michif，该混合语形成于19世纪左右，其动词范畴来自Cree（当地印第安原住民妇女），名词范畴来自法语（当时法国的皮货商）。再如白令海峡Copper Island岛屿的Mednyj Aleut语言，这个语言也形成于19世纪，是当时俄国商人和当地原住民妇女结合而形成的语言。世界上还有一些混合语，详见Thomason和Kaufman[2]、Matras和Bakker[3]等学者的著作①。但是到目前为止，学术界暂无一个约定俗成或放之四海而皆准的标准，更不要说量化的标准。

---

[*] 原文刊于《语言战略研究》2018年第2期。

① Thomason对"混合语"做出了如下定义："一个混合语的句法和词法的子系统不能完全追溯到单一的源语言"。

量化一直是语言学研究的软肋。从 20 世纪 60 年代以来[4]，计量语言学开始发展。尤其是近十几年来，分子人类学、计算机语言学的学者运用量化的方法探讨语言的演变后，语言研究的量化问题开始得到重视和挖掘。Wang S. Y. William[5]、王士元和沈钟伟[6]、郑锦全[7]、Cheng Chin-Chuan[8] 等学者很早就开始了这一领域的开拓性研究。本文尝试用最普通的统计标准①判定混合语。我们将从两个方面进行量化的测试。一个是从词汇方面，另一个是从句法方面。在词汇方面，语言学家们一直是通过 20 世纪 50 年代 Swadesh 建立的 100 词表或 200 词表进行同源词研究、语言之间距离的研究或语族、语系相似度的研究。Swadesh[9] 也是受到了 20 世纪 40 年代化学和考古学碳十四衰变规律的启发而建立的基本词词表。自从他的词表问世以来，各种批评从未间断过。人们已达成共识，用词表时需要根据不同语言作不同判断，各语言演化速度不同，词汇衰变率也不一致。但时至今日，还没有任何一个量化的标准能够将其取而代之。现在我们看到的任何有大数据基础的统计方法（如 Starostin[10]，Wichmann 和 Holman[11]，Pagel et al.[12]，Wichmann、Holman 和 Brown[13]，Greenhill[14] 等）都采用了 Swadesh 的词表。陈保亚[15]通过这一词表对中国壮侗语和汉语词汇进行过量化统计，孟和达来和黄行[16]对北方非汉语言进行过同源词差异的统计。这些研究的目的都是一个，即从语言借词的比例上确认某一语言受到另一个语言的影响程度。我们的研究也不例外，也将利用 100 词表和 200 词表。前人的经验表明，这两个词表是语言学研究不可缺少的量化工具。

Bakker 和 Mous[17]对混合语的混合度有过探讨。他们认为，词汇借贷达到 90% 时，语言就发生混合了。我们将讨论这一量化标准，并将论证这一标准不能反映实际的语言情况，因为词汇借贷只是一个方面。句法借贷的标准也应该量化才能做出相对可靠的结论。Greenhill[14]指出，词法和句法的衰变速率是不同的，句法比词汇变化的速度快。他的词汇标准来自语言学家通用的 Swadesh 词表，句法标准除了句法特征，还包括语音标准。我们在讨论混合语标准时，把词汇和句法都看成是量化的对象，尽量采用可以量化的标准。词汇方面利用了 Swadesh 词表，句法方面暂无统一的现成标准②，我们尝试建立一些探索性质的句法测试标准，得到了一些初步的认识和结果[19]。

---

① 本文的量化方法不是计量语言学或计算机语言的方法，而是所有语言学工作者都能进行的最初级的统计方法。

② Thomason 和 Kaufman[2]建立了一个借贷分为 5 个等级的标准，后来 Thomason[18]又改为 4 个等级。

二、中国境内的混合语

在孙宏开、黄行、胡增益主编的《中国的语言》[20]这部著作里，倒话、五屯话、唐汪话被放在"混合语"一章里。通过笔者初步的研究，即通过词汇借贷和句法借贷两个标准观察这3个语言，发现它们的混合度是不同的，在词汇层面上，五屯话的借贷水平远远高于倒话和唐汪话；在句法层面上，倒话的混合度最高，五屯话的混合度次之，唐汪话的混合度最低，后者暂时还未成为混合语。我们先简介这些语言的情况，然后用量化的标准论证我们的观点。

倒话的研究可以参见意西微萨·阿错的《倒话研究》[21]。根据意西微萨·阿错的研究，倒话在四川省甘孜藏族自治州雅江县河口镇一带使用。倒话深受当地藏语方言影响。作者指出，倒话的基本词汇及音系来自汉语，句法表达方式则来自藏语。讲倒话的人都"保存着汉族姓氏，只是汉族'姓'之后的'名'大多采用了藏语名"①。倒话的语序和其他藏语方言一样，都是宾动语序，有格标记。格标记的核心标记采取作格/通格类型的标记，而不同于甘青一带主格/宾格标记类型的语言。这种截然不同的标记类型与这些语言所处的地理位置是分不开的。换句话说，一个语言的类型与其地理上毗邻的语言类型往往是相近的，甚至是趋同的。

五屯话在青海黄南藏族自治州同仁县隆务镇一带使用。五屯话的研究可以参见陈乃雄[22~24]、Li[25]、Janhunen等[26]、Sandman[27]等人的研究。如上所述，五屯话在地理上既受到青海藏语深刻的影响，又被青海的保安语包围（保安语属于蒙古语族）。这意味着，五屯话同时受到藏语和保安语的影响。五屯话也是宾动语序，有格标记。但有意思的是，五屯话格标记类型属于主格/宾格类型，即与紧邻蒙古语族诸语同类型，而非属于藏语的作格/通格类型。

唐汪话在甘肃临夏回族自治州东乡族自治县的唐汪镇使用。关于唐汪话研究的第一位作者是陈元龙[28]。30年后其他学者也进行了研究（徐丹[29~30]、Peyraube[31]、Djiamouri[32]、陈元龙[33]、Xu Dan[34]等）。唐汪话的语序以宾动为主，动宾语序仍然存在。唐汪话几百年来和东乡语共存，毫无悬念，格标记系统采用主格/宾格类型，即蒙古语族诸语的格标记类型。唐汪话的基本词汇和普通词汇是汉语的，句法受到了东乡语的影响。

我们把词汇借贷和句法借贷分成两个部分。进行比较的原则是：先比较

---

① 请注意，他们是"保留汉姓"，而不是新用汉姓。

某一语言和地理上邻近的语言在词汇和句法上的借贷比例;然后利用现有的程序对语音状况再次进行对比测试;最后用我们自己的材料通过 96 个语言特征(包括语音、词汇、句法三个方面)与中国境内 22 种不同的语言和方言(包括混合语)再次进行对比,即把倒话、五屯话和唐汪话和邻近语言对比的结果放到更大范围里进行对比。这样既可以观察局部结果,又可以对比宏观结果,以避免太大的误差和人为的因素。

三、词汇借贷

首先观察词汇借贷在这 3 种语言中的比例(表 8-1、表 8-2、表 8-3)。由于篇幅关系,例子略去。

表 8-1　倒话词汇借贷比例

总数	汉语来源	其他来源	补充信息	参考文献
200	100%	0%		[21]
920	98.91%	藏语 0.11%	倒话自创的特有词汇 0.98%	[21]
2 240	88.57%	5.13%	6.3%	[21]

表 8-2　五屯话词汇借贷比例

总数	汉语来源	其他来源	补充信息	参考文献
100	98%(包括 16 个与藏语词汇并存的词汇)	藏语 16%	保安语 2%	[21]
225	91.55%	藏语 8.41%		[26]
2 100	43%	藏语 37%	20%来源未知	[35]
3 000	65%	藏语 20%	汉藏合璧词 5%	[22]

表 8-3　唐汪话词汇借贷比例

总数	汉语来源	其他来源	补充信息	参考文献
200	100%	0%		[34]
2 964	98.86%	东乡语 0.37%、阿拉伯语、波斯语及突厥语 0.77%	外来词总数约为 1.14%	[30]

如果只从词汇借贷来看，在 200 基本词范围内，倒话和唐汪话的基本词汇 100%是汉语词，五屯话在 100 词内达到了 98%，略低于其他两个语言。但当测试的词汇量增大后，3 个语言产生明显的分化。五屯话在词汇基数是 3 000 时，65%仍是汉语来源，若加上 5%的汉藏合璧词，那么大概是 70%的汉语来源；倒话在词汇基数是 2 240 时，汉语来源的词汇达到 88.57%；唐汪话在词汇基数是 2 964 时，达到 98.86%。可以说，3 个语言的基本词汇是汉语的，在基数增大时，五屯话的非汉语词达到 30%或 35%，倒话达到约 13%，而唐汪话才达到约 1.2%的水平。所以，词汇借贷的水平可以概括如下：

词汇借贷水平（">"表示大于）：五屯话＞倒话＞唐汪话

如果单纯从词汇层面看一个语言是否产生混合，那么上面 3 个语言都不符合标准，离 Bakker 和 Mous[17]建立的标准就差得更远。这两位作者认为，如果某个语言中词汇借贷达到 45%，那么该语言已经发生了"极度借贷"（extreme borrowing）；当借贷的词汇达到 90%时，那么语言已经混合了。他们还认为在 45%~90%之间没有连续体。这点已经被 Stolz[36]用语言事实证明是错误的，那么到达什么样的量才能认为语言产生混合了呢？我们认为上述标准都仅限于词汇，这种研究方法不能全面反映一个语言的混合度，必须结合研究句法方面的借贷状况，才能看清一个语言的混合度。陈乃雄[24]指出，"把'基本词汇'与语法结构相提并论，拿来当作衡量一个语言是否发生了质变的主要依据，看来是不符合实际情况的"。陈乃雄[37]介绍了保安语在不同地域的词汇借贷状况。在甘肃干河滩的保安语，汉语借词已经达到词汇总量的 58.11%；在青海年都乎的保安语，藏语借词也已经达到 53.62%。虽然词汇借贷都已经超过了 50%，但保安语没有被认作是混合语。陈乃雄[24]认为，由于保安语的语法体系未被动摇，所以保安语未发生质变，而"五屯话虽然是从汉语发展演变而来的"，也保留了为数不少的汉语词，却"发生了质的变化"。我们认同这一观点，即语法体系比词汇在语言混合过程中扮演更重要的角色。

词汇借贷虽然量很大，但语法体系未被动摇的语言，除了保安语，还有东乡语、西部裕固语、撒拉语等。我们先观察这几个语言的词汇借贷情况。

表 8-4、表 8-5 和表 8-6 的统计数字告诉我们，在这些非汉语语言中，汉语来源的词比例很高，但到目前为止，没有相关研究认为这些语言的语法体系有了根本的改变。从几部专门研究东乡语的专著中可见，尽管汉语借词数量很大，但是东乡语的句法根基尚未动摇，详见 Field[40]、包萨仁[41]、Lefort[42]。这些作

者的结论一致,即东乡语保留了自己语言的语法体系和特征。通过上述例子可以看到,即便某个语言外来词的比例已经非常高,但该语言仍然可以保持自己语言的根基,即句法部分。我们认为,混合语仅以词汇借贷比例为标准是不够恰当的。倒话、五屯话和唐汪话外来词比例都不算高,甚至偏低,但语法体系受到了冲击,句法,即一个语言的核心成分,发生了深刻的变化,这势必会撼动一个语言的核心基础。

表 8-4 保安语(干河滩)词汇借贷比例

总数	汉语来源	蒙古语来源	补充信息	参考文献
3 624	58.11%	28.12%	藏语词3.04%,突厥语词1.43%,其他来源9.30%	[38]

表 8-5 东乡语词汇借贷比例

总数	汉语来源	蒙古语来源	补充信息	参考文献
100	5%	94%	阿拉伯语、波斯语、突厥语1%	[30]
200	10.5%	87.5%	阿拉伯语、波斯语、突厥语2%	[30]
10 994	35%	59.35%	阿拉伯语、波斯语、突厥语5.65%	[30]

表 8-6 西部裕固语词汇借贷比例

总数	汉语来源	西部裕固语来源	补充信息	参考文献
3 404	38.16%	43.59%	突厥语11.72%,蒙古语2.90%,其他来源3.63%	[39]

四、句法借贷

我们的前期研究(徐丹[30],Xu Dan[34])没有找到约定俗成的句法标准①,

---

① Greenhill 2017 年发表在美国 PNAS (Proceedings of the National Academy of Sciences)的一篇文章,利用81个南岛语言,比较了基本词汇和句法(含语音)特征。

所以试着建立一个句法借贷的标准(Xu Dan[34])①。我们把倒话、五屯话和藏语、汉语进行对比(表8-7),把唐汪话和东乡语、汉语进行对比(表8-8),每个语言的对比项都是53个(不含语音部分)。两个表的对比项内容不尽相同,这是因为藏语和蒙古语族下属的语言属于不同的语言类型,许多句法形式可比性不高。"+"表示"存在这种语法现象",按"1"计算;"—"表示"不存在",按"0"计算;"±"表示两可或两种情况都有,这时每个可能性按0.5计算。当然从1到0,这里面还有一些问题不易表示,我们暂且用二元量化法计算。由于笔者的水平和掌握的材料有限,很可能有某种更具比较意义的句法现象存在,但笔者疏漏了或未找到;或者笔者解释的与这些材料的作者不完全一致(我们会随文标出)。藏语拉萨话的材料主要来自 Tournadre 和 Sangda[43],安多藏语的材料来自 Robin(将出),倒话的材料来自意西微萨·阿错[21]的研究,五屯话的材料来自 Janhunen 等人[26]的著作,东乡语的材料主要来自刘照雄[44],唐汪话的材料来自笔者的调查。

表8-7 五屯话、倒话中的句法借贷[34]

语言	藏语	五屯话	倒话	汉语
1. OV 语序(句法层面)	+	+	+	−
2. OV 词序(词组)	+	−	+	−
3. VO 词序(词组)	−	−	+	+
4. 动词+助动词语序	+	+	+	−
5. 句法主要靠词缀标记	+	+	+	−
6. 主格/宾格标记类型	−	+	−	−
7. 作格/通格标记类型	+	−	+	−
8. 有格标记系统	+	+	+	−
9. 与格和位格同形	+	−	+	−
10. 作格和工具格同形	+	−	+	−
11. 从格和比较格同形	+	−	+	−
12. X+与格+有(表达占有义用与格)	+	+	+	−
13. 比较格来自动词"看"	+	+	−	−

---

① 审稿人询问为什么选择53个标准,假如换成其他句法特征,"计算结果很可能会发生逆转"。我们完全同意他/她的意见。这就是为何我们又用96个语言特征进行进一步的测试,在96个语言特征里,句法特征有58个,其中有13个标准与表8-7和表8-8重合,即大部分句法特征的标准是不同的,这是因为需要考虑到这22个语言的不同特点。最后,我们又把倒话、五屯话、唐汪话放到更大的范围内(中国北部22个语言)进行测试,后面我们会看到,结果基本是一致的。

(续表)

语言	藏语	五屯话	倒话	汉语
14. 工具格来自数量词"两个"	−	+	−	−
15. 有界限式副动词 tala(thala)	−	+	−	−
16. 有主观/客观情态范畴	+	+	+	−
17. 有自主/非自主范畴	+	+	+	−
18. 有示证/传信范畴(evidentiality)	+	+	+	−
19. 有时体词缀着、过、了(liǎo)	−	+	+	+
20. "有"作情态助词	+	+	+	−
21. "有"表达"在"	+	+	+	−
22. "是"作情态助词	+	+	+	−
23. 有标记事实义的情态助词(factual)	+	+	+	−
24. 有特定的被动标记	−	−	−	+
25. 使动用"V 给"语序	−	−	−	+
26. 使动用"叫 V"语序	−	−	+	+
27. 用"把字句"	−	−	−	+
28. 指示代词和第三人称同形	−	+	−	−
29. 有特指疑问词"谁"	+	−	−	+
30. 用"哪个"表达"谁"	−	+	+	+
31. 复数标记不是必需的	+	−	−	+
32. "些"+名词语序	−	−	−	+
33. 名词+"些"语序	+	+	+	−
34. 第一人称复数有包括式和排除式	+	+	−	−
35. 有"二、两"的区分	−	+	+	+
36. "万+一"词序表达"一万"	+	+	−	−
37. 名词+(数词)+量词	−	+	+	−
38. 数词+量词+名词	−	+	+	+
39. 量词多限于"个"	−	+	+	−
40. 用 de/di 表达所属关系	−	+	+	+
41. 用 de/di 作名物化标记	−	+	+	+
42. 有一套丰富的名物化标记	+	−	+	−
43. 有动作主体名物化标记(倒话用 zẽ"人")	+	−	+	−
44. 有处所名物化标记(倒话用 tʂhu"处")	+	+	+	−
45. 有方式名物化标记(倒话用 fa"法")	+	−	+	−
46. 用后置词"里"	−	+	+	+
47. 用后置词"上"(五屯 she,倒话 ʂo)	−	+	+	+
48. 有动补结构	−	+	+	+

（续表）

语言	藏语	五屯话	倒话	汉语
49. 名词+指代词	＋	＋	－	－
50. 指代词+名词	－	＋	＋	＋
51. 形容词+名词	－	＋	＋	＋
52. 句子+说	＋	＋	＋	－
53. 说+句子	－	－	＋	＋

表 8-7 的一些内容需要讨论。首先，表中的比较项是参考性质的，主要的特征已列在其中。当然比较项可以扩展到 70、80、100，甚至更多。如果只限于句法层面，50 多个特征应该能够比较客观地反映出一个语言的大概面貌。把宾动(OV)语序分为句法和构词两个层面，是考虑到构词法能反映历时的句法[45]，比如倒话在词组里仍能见到 VO 词序，如意西微萨•阿错记录的故事里有"给操心不要""说话会"[21]等，但总体来讲，倒话构词法已基本变为 OV 词序了，如"命算人"('算命的')、"卦打"等。五屯话似乎还未发生这种变化，即词组里也是 OV 词序①。语序和格标记系统能反映一个语言的类型。从格标记的系统上看，倒话和五屯话是截然不同的。倒话的格标记系统完全采用了作格/通格类型，即藏语的类型；五屯话则采用了主格/宾格类型，是蒙古语族语言的类型。这意味着，倒话的语言格标记类型趋向于藏语类型，而五屯话的语言格标记类型趋向于蒙古语族语言的类型。

"X＋与格＋有(表达'占有'义用与格)"是指藏语、五屯话和倒话都要用"与格"②表达占有义。用与格表达占有义在甘青一带的语言里是比较普遍的现象。我们将看到，蒙古语族的东乡语和受之影响的唐汪话也是这种用法。请比较下面的例子：

(1) a 藏语：k'o^{51}-la　　tɐ^{51}　　mõ^{31} tɕɛ̃^{55}　　jo^{31}-lə re^{31}（意西微萨•阿错[21]）
　　　　　　他-与格　马　多多　　　有(接助)是(客观情态)
　　　　　　'他有许多马'
　　 b 倒话：他 ʂɐ 马　多多　有 se。
　　　　　　他-与格　多　有-客观情态
　　　　　　'他有许多马'

---

① 由于看到的材料太少，暂时如是推测。
② 意西微萨•阿错把这类句子里的格标记 ʂɐ 称为"领格"。

(2) 五屯话：aba-ha　　　nek　do　yek-li (Janhunen[26])
　　　　　阿爸-与格　　牛　　多　有-客观情态
　　　'父亲有许多牛'

　　五屯话的比较格标记来自藏语的 bltas(བལྟས)"看"，五屯话用汉语的 kanla（看啦）翻译了这一标记，即五屯话通过模式借用①，把藏语来源的标记译成汉语，语音和源语没有关联，即非实体借用。同样，五屯话通过模式借用，把属于蒙古语族保安语里的工具格译为"两个"。源语言（保安）里的工具格就是"二＋复数"而形成的[48]。这样五屯话里的比较格是安多藏语比较格的模式借用，五屯话里的工具格是保安语里的模式借用。五屯话不但吸收藏语句法形式，也吸收了蒙古语族语言的句法形式。再如五屯话实体借用了蒙古语族语言里的后缀 tala/thala，从中古蒙古语到今天的蒙古语族诸语（布里亚特语、达斡尔语、东部裕固语、土族语、东乡语、保安语等）都用这一词缀表达"直到"。五屯话里的 tala/thala，从音到义均来自蒙古语族语言。再如蒙古语族语言里，第三人称代词和指示代词同形，五屯话也借了进来。可以说，五屯话不但受到了藏语深刻的影响，也受到了蒙古语族语言的影响。在词汇层面，藏语比保安语进入五屯话的数量大（表 8-2），在句法方面也是如此。但值得注意的是，两个语言都对某一语言有如此深刻的影响似乎还不多见。

　　当然，大量的句法借入，且是藏语的表达形式，这在倒话里反映得更充分。从表 8-7 中很容易看到，藏语对倒话和五屯话影响很深的是动词的情态范畴，虽然倒话和五屯话都是用汉语的体标记后缀"了、着、过"（发音略有不同），但总体讲，藏语的情态范畴彻底植入了这两个语言，如"主观/客观、自主/非自主"，"有/是"作助词等。如此细微的情态范畴几乎全部搬入倒话，这反映了语言接触的深度。（由于篇幅关系，例子略去。）倒话还把藏语里的几个名物化标记彻底照搬过来。这几个名物化标记是模式借用，不是实体借用。倒话将藏语里的这些标记词的本义进行了翻译，比如主体名物化标记、处所名物化标记和方式名物化标记。倒话直接把这些句法词的原意译成"人、处、法"，并赋予了汉语的语音形式（见表 8-7 中第 43～45 项）。"说"动词置于引语后面是藏语、蒙古等语言的共享特征：藏语、蒙古语族诸语、甘青汉语都用这样的语序。当然表 8-7 里只能反映笔者所见材料里的情况，并不能代表所有的语言现象。

　　汉语在倒话和五屯话里的句法特征也很明显，如汉语北方话许多方言用

---

① 关于模式借用和实体借用，请参见文献[46]和[47]。

"谁",南方和西南方言多用"哪个"[49]。我们发现,除了四川话(西南官话),西北方言也用"哪个"系统,如临夏话、兰州话、五屯话、唐汪话。四川成都话用[lakə],兰州话用[lakɣ]。倒话和成都话相近,用[le³gə]①。临夏话用[akə],五屯话用[age],唐汪话用[ake],和临夏话相近。这些不同形式都是特指疑问代词"哪个"系统的变体。所以倒话、五屯话、唐汪话里用"哪个"表达"谁"反映了其受周围汉语方言的影响。现在观察一下五屯话、倒话里藏语句法借贷的比例,我们可以得到如图8-1所示的比例图。

图8-1中某一语言"特有"的含义是,某一句法现象(指音义实体)在表8-7中其他语言里未见,比如五屯话里的"两个"作工具格的用法,既不见于藏语,也不见于汉语。这种某语言特有的现象,有时可能是蒙古语族语言的来源,有时可能是一种创新。"共享"指某一语言的句法现象同时在藏语和汉语里出现或不出现,比如"复数标记不是必需的",大多数情况下,是指某一句法现象在比较语言和藏语、汉语里均不存在。从两个比例图来看,倒话受藏语的影响更深,已经向50%逼近。但如果考虑蒙古语对五屯话的句法影响,那么五屯话句法借贷的比例已超过了50%。当然图中提供的比例数字仅是参考性质的。如果仅从我们得到的统计数字来看,倒话和五屯话的句法借贷水平不相上下。如果只比较藏语和汉语,那么可以看到,汉语在句法上占劣势,远远不像词汇上那样占优势;而藏语在句法上比所有比较的语言(包括蒙古语族语言)都强势。原因是讲倒话和五屯话的群体都信仰藏传佛教,而宗教传输的工具是语言。因此,藏语的句法大量贷入这两个语言是很容易理解的。

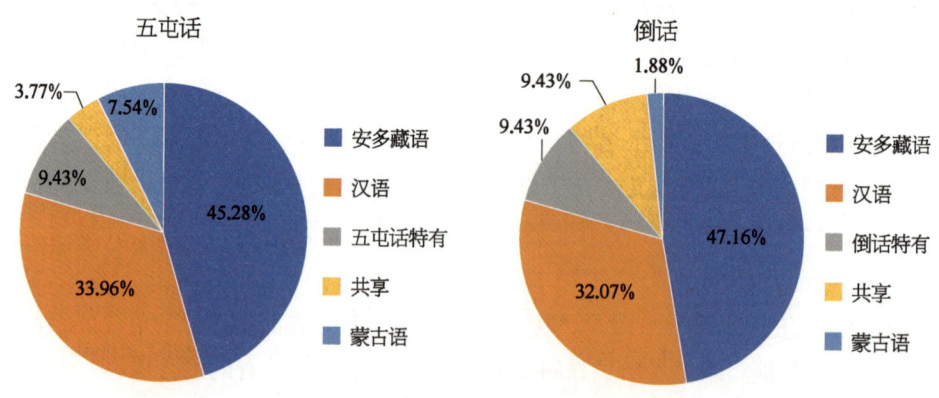

图8-1 五屯话和倒话句法借贷分布

---

① 材料来自意西微萨·阿错和笔者个人的交流,在此表示感谢。

观察唐汪话里东乡语句法借贷的比例,如表8-8所示,比较项和表8-7不尽相同,更多考虑了蒙古语族语言的特点。比如,蒙古语里的派生后缀丰富、黏着性强。蒙古语族语言里有各种不同于藏语的表达手段,也不像藏语里的情态已形成了特有的范畴(如自主/非自主、主观/客观、自称/他称等)。

表8-8 唐汪话中的句法借贷[34]

语言	东乡语	唐汪话	汉语
1. OV 语序(句法层面)	+	+	−
2. OV 词序(词组)	+	−	−
3. VO 词序(词组)	−	+	+
4. 动词+助动词语序	+	±	−
5. 副词+O+V 语序(除否定词)	+	+	−
6. 名量词+名词	−	+	+
7. 动词+动量词	−	+	+
8. 句法主要靠词缀标记	+	−	−
9. 有丰富的派生后缀	+	−	−
10. 有格标记	+	+	−
11. 主格/宾格标记类型	+	+	−
12. 宾格被标记	+	+	−
13. 宾格和与格标记同形	−	+	−
14. 宾格和属格同形	+	−	−
15. 工具格和伴随格同形	+	+	−
16. 与格和位格同形	+	+	−
17. 从格和比较格同形	+	+	−
18. 有趋向格标记	+	−	−
19. X+与格+有(表达占有义用与格)	+	+	−
20. "有"表达"在"	+	+	−
21. 有界限式副动词 tala (thala)	+	+	−
22. 第三人称代词有领属标记 ni	+	+	−
23. 三个人称具有不同形式的领属标记	+	−	−
24. 第三人称代词+结构助词+名词	−	+	+
25. 有反身领属后缀	+	+	−
26. 指示代词和第三人称同形	+	+	−
27. 第一人称复数有包括式和排除式	+	−	+
28. 有特指疑问词"谁"	+	−	+
29. 用"哪个"表达"谁"	−	+	+

(续表)

语言	东乡语	唐汪话	汉语
30. 动词＋致使动词/使动态标记语序	＋	＋	－
31. 致使动词来自"给"	－	＋	＋
32. 用"把字句"	－	－	＋
33. 有时体词缀"着、过、了(liǎo)"	－	＋	＋
34. "是"作情态助词	＋	－	－
35. 动词有"共动态"	＋	－	－
36. 有连接动词的连接词	＋	＋	－
37. 连接动词的连接词丰富	＋	－	－
38. 数词＋量词＋名词	－	＋	＋
39. 有"二、两"的区分	－	＋	＋
40. 复数标记不是必需的(除了不可数名词)	－	＋	＋
41. 复数标记可以标记[无生命]名词	＋	＋	－
42. 体标记有形态变化	＋	－	－
43. 用 de/di 表达所属关系	－	＋	＋
44. 有前置词	－	－	＋
45. 用后置词"里"	－	＋	＋
46. 用后置词"上"	－	＋	＋
47. 有动补结构	－	＋	＋
48. 名词可以重叠	－	＋	＋
49. 疑问代词重叠(表达复数)	＋	－	－
50. 句子＋说	＋	＋	－
51. 说＋句子	＋	＋	＋
52. 系动词居句末	＋	＋	－
53. 系动词居句中	－	＋①	＋

前面已经说过，一个语言的语序和格标记系统常是一个语言类型的重要参项。唐汪话不但在词组层面有 VO 词序，在句法上仍有 VO 语序，这点与倒话和五屯话很不相同。从这点看，倒话和五屯话的类型更统一，都是 OV 类型。请看唐汪话的例子：

（3）唐汪话：我刀子拉切肉咧。（我要用刀子切肉。）

（4）我盆子里洗手寨。（我在盆里洗手。）

"动词＋助动词"的语序，唐汪话二者兼有。如：

（5）我要走哩。（我要走了。）

---

① 这种语序在受过教育的人中比较普遍。

(6) 呢(他)见[tɕiɛ̃](所有,每)各处地话说会哩。(他什么语言都会说)

我们在语言调查时发现,同一个发音人,有时用语序"V 会",有时用"会 V"。陈元龙告诉笔者,"会 V"的语序不是地道的唐汪话。这样,我们用"±"表示,算比例时每个可能性等于0.5。唐汪话里"名量词+名词""动词+动量词"两个词序呈镜像,这点和汉语一致,也是中国境内 VO 语序语言的特点[50~51]。如前所述,主格/宾格标记类型是蒙古语族语言通用的格标记类型。唐汪话受到东乡语影响,也不例外。唐汪话还实体(格标记的发音是源语言的变体形式)借贷了工具格和从格,并且承袭了工具格和伴随格同格、从格和比较格同格的形式特征。值得注意的是,唐汪话里的宾格和与格同格,这点与东乡语完全不同。东乡语是宾格和属格同形,与格和位格同形。唐汪话里宾格和与格同形,用"哈"这一来自汉语的形式表达与格/宾格,这是唐汪话和甘青一带汉语方言的一个共同创新。我们已有专文论述,此处不赘。如前所述,"X+与格+有"这一句型表达"占有"义时,东乡语和唐汪话用与格。可参考例(1)和例(2),藏语、倒话和五屯话也是同样的句法限制。其实,这些语言(藏语、东乡语、倒话、五屯话、唐汪话)不但表达拥有时用与格,表达感受时也用与格。甘青其他地方话也是这种情况,请参见杨永龙[52]对甘沟话的描述、周晨磊[53]对甘青一带格标记的讨论。由于篇幅关系,此处只举几个"占有"义的例子,其他例子略去。

(7) 东乡语:mini　kəwon-də　adʑiu　u-wo；madə　niandʑia　u-wo

　　(刘照雄[44])①

　　　　我　儿子-与格 舅舅　没有　我(与格)娘家　　没有
　　　　'我的儿子没有舅舅,我没有娘家。'

(8) 唐汪话:呢　　哈　　　三　个　娃娃。
　　　　　　他　与格　数　量　儿子
　　　　　'他有三个儿子。'

用"有"表达"在"是藏语、东乡语、倒话②、五屯话和唐汪话共有的句法现象。请看东乡语和唐汪话的例子:

(9) 东乡语:mini　giə　ali　miədə　uai-nə (刘照雄[44])
　　　　　　我　家　哪里　边　　有-疑问
　　　　　'我的家在哪儿?'

---

① 例(7)里的 wo 在东乡语里是"是、有"。例(8)里的 uai 在东乡语里是"有、在"。
② 来自意西微萨·阿错和笔者的个人交流。

(10) 唐汪话：呢家里有哩(他在家。)

还有一个共有的现象很有意思：藏语、东乡语、汉语的第一人称复数都有包括式和排除式的分别，而受其影响的倒话、五屯话和唐汪话却都也没有这个句法现象，至少在笔者看到的材料和调查的材料里未见到。Nichols[54]根据对世界范围内语言的观察，认为包括式和排除式更具有同源语言的特征，而区域性特征不强。用她的术语说，越向东（新大陆）走，包括式和排除式就越多见。Bickel和Nichols[55]在他们统计的293个语言里，40%有包括式和排除式的区分。他们统计的包括式和排除式形式和表述方式多种多样。从《世界语言特征地图集》(The World Atlas of Languages Structures, WALS)在线版的网站提供的世界语言的信息来看，统计的200个语言里，31.5%的语言第一人称代词复数有包括式和排除式。Wichmann和Holman[11]通过WALS提供的数据计算了语言特征的稳定性，指出包括式和排除式在语言里的稳定性极高。王聪[56]在她的博士论文里，提出中国境内以徽语为界分为南北两个部分，北方用包括式和排除式，而南方表现出复杂的局面，不统一。从目前掌握的材料看，还很难断定这一现象是各语言平行独立发展起来的，还是语言接触频繁造成的借贷。这里的关系错综复杂，需要另文专门讨论。我们涉及的几个语言，倒话、五屯话和唐汪话都没有包括式和排除式的对立。而影响这些语言的藏语、东乡语、汉语均有这种句法现象。关于东乡语和唐汪话的代词系统，请参见徐丹[30][34]，此处就不再做详细说明。东乡语在唐汪话里句法借贷分布大致如图8-2所示。

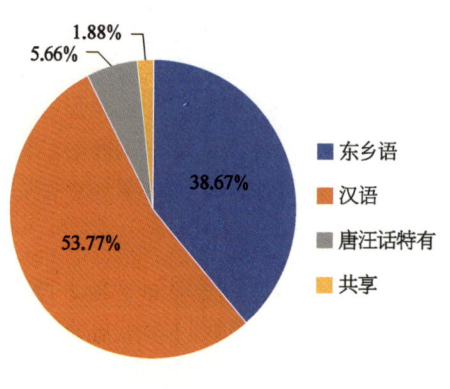

图8-2 唐汪话句法借贷分布

东乡语在唐汪话里的句法借贷比例是38.67%，比起前两个语言句法借贷（如只看藏语句法借贷的情况）少10%左右，汉语句法的根基近54%。唐汪话自己特有的句法现象，如宾格和与格同形，属于一种模式借贷。唐汪话把东乡语的格系统借贷了进来，但是形式"哈"是从汉语来的。甘青一带的语言如临夏话、青海话、甘沟话、五屯话、唐汪话都采用了"哈"同时做宾格和与格。这点形成了这一语言区域内的共享特征。

我们都知道"说有易，说无难"。这里的几个统计表只能是参考性质的，不可能是说一不二的,因为语言不具有说一不二的特征。比如"说字句","标准"的语序是动词"说"在句子后面,但是现在也能听到前置的例子。再如"把字句",唐汪人认为不是唐汪话,但是唐汪受过教育的人开始使用这个句型,"把字句"和宾格标记并用、前置词"从"和从格并用等现象都存在。所以"+/-"无法涵盖许多细微的分别。建立的50多个标准也不一定都准确合适,还需要更多的学者检验、补充。所以,这只是一个初步的尝试,还有待于进一步的完善。

五、关于混合语标准的讨论

前面我们比较了词汇借贷和句法借贷,现把它们统计合并在一起进行比较,材料来源同上。

表 8-9　词汇借贷和句法借贷综合表

	总数	汉语来源	藏语来源	东乡语来源	其他
倒话词汇	200 词	100%	0%		
	2 240 词	88.57%	5.13%		6.3%
倒话句法	53 句法特征	32.07%	47.16%		20.77%
五屯话词汇	225 词	91.55%	8.41%		
	3 000 词	65%(未算汉藏合璧5%)	20%		10%
五屯句法	53 句法特征	33.96%	45.28%		20.76%
唐汪话词汇	200 词	100%		0%	
	2 964 词	98.86%		0.37%	0.77%
唐汪话句法	53 句法特征	53.77%		38.67%	7.56%

从表 8-9 中很容易看出词汇借贷和句法借贷孰轻孰重。倒话、五屯话和唐汪话这 3 个语言的汉语来源在词汇层面数量很大,在 200 词范围内,倒话和唐汪话 100% 是汉语词,五屯话也在 91.55% 的水平,非汉语的影响很小,但句法上非汉语的借贷比例相当高,这点已经足以动摇一个语言的根基。换句话说,句法借贷比词汇借贷对一个语言的冲击更大,影响更深远。Greenhill 等人[14]关于 81 个南岛语言的研究表明,词汇演变速度慢,按他统计、计算的标准,基数为 1 195 个

同源词(含210个最基本词表)时,演变慢的词汇是82.18%;基数是157个句法特征(含语音标准)时,演变速度快的句法特征达到45%,而演变速度中等的句法特征是40.40%。这意味着,句法特征演变速度和词汇几乎呈反比状态。近期一些西方研究者(Nichols[54]、Starostin[10]、Wichmann 和 Holman[11]、Pagel 等[12]、Greenhill[14]等)认为印欧语言基本词汇里的最核心词,能够追踪到六七千年以前,而语法特征很难如此溯源。本文谈到的这3个语言形成时期都不相同。语言混合速度不一定和时间成正比,有的语言接触七八百年,但未混合(如唐汪话);有的语言接触时间才两百多年,但语言已经混合了(如倒话);五屯话混合的速度居中。从这几个语言的演变看,证实了Greenhill等人[14]的推算,即词汇演变远远滞后于句法特征。一个语言的基本词汇在七八百年(比如唐汪话)可以保持基本不变,但是句法演变惊人。一个语言的句法在两百年内(比如倒话)可以产生巨大的颠覆性的变化,但基本词汇可以完好地存留。这些事实告诉我们,句法借贷比起词汇借贷在语言混合的过程中扮演着更重要的角色,我们不能单纯以词汇借贷判定一个语言是否已经混合。

那么达到什么样的程度,我们就可以制定一个语言开始混合了呢?按Bakker和Mous[17]建立的标准,如果45%的词汇借贷是极度借贷,90%才达到混合语的程度,那么按照Greenhill计算的演化速度,词汇借贷达到90%需要的就远远不止几百年了。这种定义显然是违背常理的。如果一个语言90%的常用词汇都是"借贷"的,那么我们可以说该语言已经彻底被另一个语言替代了而不是混合了,如东乡语[34]。不同的语言事实已经证明,Bakker和Mous[17]建立的标准在词汇层面是不成功的。笔者认为,在句法借贷上可以参考采用他们的标准,即45%确实是一个关键的阶段,句法借贷超过45%,一个语言就开始向混合语迈进了。如果这一标准能成立,那么倒话和五屯话可以说已经是混合语了,而唐汪话还没到混合语的程度。换句话说,是句法借贷比例而不是词汇的借贷程度决定一个语言是否开始混合。比较著名的例子是中古英语大量借贷法语的例子[2]。在1200—1400年,英语大量借贷了法语词汇,至今英语仍保留了大量法语词汇,但英语并未成为混合语。

我们把倒话、五屯话和唐汪话这3个语言放到更大的语言范围内考察,看看上述结果是否可靠。我们分两步走:先利用Wichmann等人[13]的相似性自动判断程序(Automated Similarity Judgment Program,ASJP)计算软件及数据库检测,然后利用笔者[34]自己建立的标准再进行检测。由于目前世界语言数据库里没有倒话、唐汪话和当地汉语的任何资料,只有五屯话的材料,所以我们不得已而求其次,只能用五屯话做实验。ASJP 数据库以基本词汇里的 40 个词汇为基数,计算语言之间的距离。他们设计的程序新颖之处在于,不是人为地计算语言的同源词,而是设立统一的语音标准,让计算机自动计算不同语言语音的距离。虽然他们语言距离的计算只限于语音,但我们也可以借此了解五屯话基本词的语音和周围哪些语言的音更接近。我们先选择了五屯话近邻和远邻的几个语言:拉萨藏语、安多藏语、保安语、土族语、康家话、东乡语、东部裕固语、撒拉语和五屯话。

如图 8-3 所示,在没有汉语材料的情况下,五屯话和拉萨藏语和安多藏语方言尽管有一定的距离,但仍首先和这两个地方的代表点连接在一起,而不是和蒙古语族诸语言连接在一起。换句话说,五屯话的语音特征更接近藏语而不是蒙古语族诸语。加上 4 个汉语材料:北方官话(两个材料)、西南官话(昆明话)和吴语(苏州话),ASJP 自动算出的结果如图 8-4 所示。我们可以对比一下,看五屯话的音系和藏语、蒙古语族语言、汉语哪个更接近。

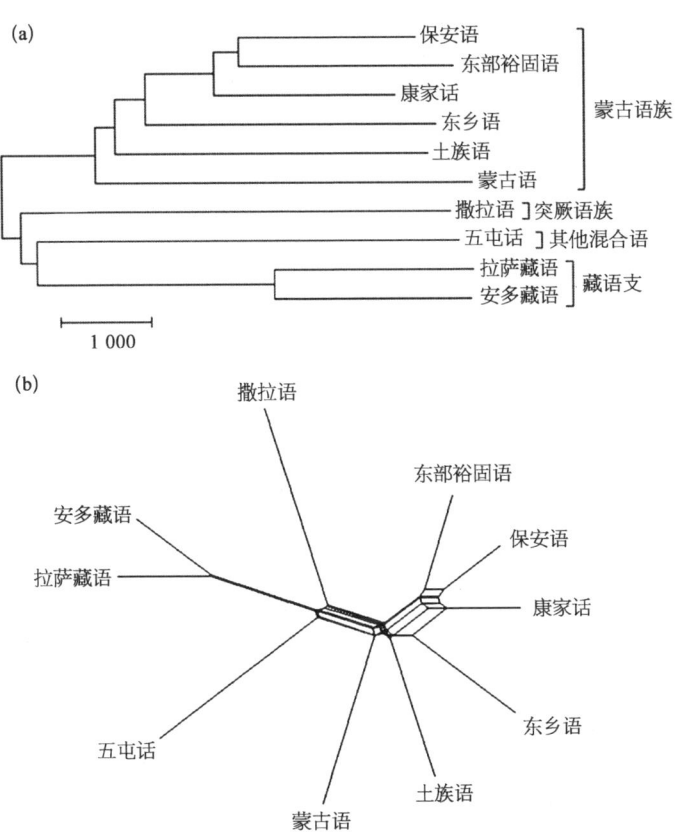

图 8-3 五屯话的语音地位(不含汉语方言)树状图(a)和网状图(b)

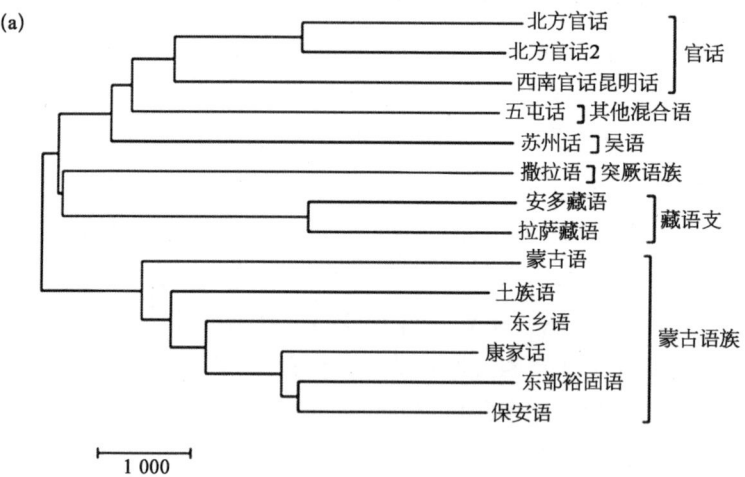

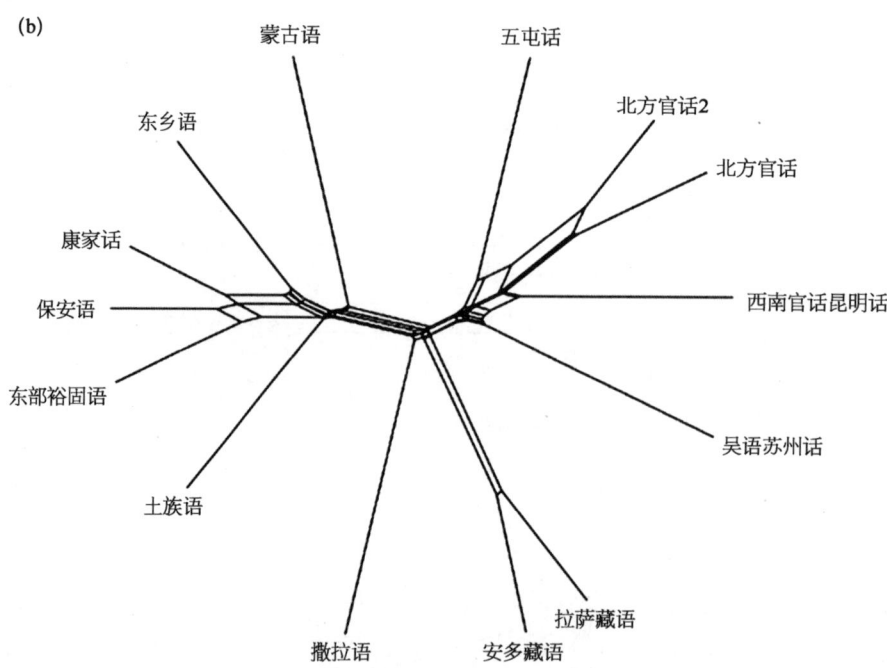

图 8-4　五屯话的语音地位(含汉语方言)树状图(a)和网状图(b)

在加入了汉语方言后,五屯话和汉语连接到了一起,而与藏语距离拉大。比较图 8-3、图 8-4,可以看出,没有汉语方言材料时,五屯话虽然连接在藏语枝上,但仍有一段距离。加入汉语方言材料后,五屯话和汉语各方言更近。从语音上看,五屯话的音系应源自汉语。

我们利用自己的材料和数据①再进行测试，选择了22个中国境内语言。汉藏语系的语言是：普通话、保定话、兰州话、西宁话、青海话、临夏话、甘沟话②、唐汪话、五屯话、倒话、安多藏语、拉萨藏语。突厥语族的语言是哈萨克语、维吾尔语、西部裕固语和撒拉语；蒙古语族的语言是蒙古语、东乡语、东部裕固语、保安语、土族语，以及通古斯语族的语言——满语。选这些语言的用意很明显，这些语言基本覆盖了中国北方的主要语言。语言类型不同，历史也不同。笔者设计了96个语言特征：语音特征27个，构词特征11个，句法特征58个。语音特征如"是否具有声调？是否有复辅音？有两套/三套/四套塞擦音？"等；构词特征如"有无形态后缀？复数标记是否必需？"等；句法特征如语序、格标记、系动词的位置等。我们把这些问题量化为"1"或"0"的方式，即二元量化法，以便通过邻接树（neighbor-joining tree）和邻接网（neighbor-net）的计算自动生成图像，更直观地观察这些语言如何聚类。用综合标准（语音、构词、句法）比较不同的语言时，倒话、五屯话和唐汪话处于什么样的地位？

图8-5(a)显示各语言基本按照语系聚类，北方话里，青海话和西宁话与其他北方汉语有一定距离，与临夏话、甘沟话、唐汪话的语言接近。突厥语族自成一体，蒙古语和通古斯语族的语言紧密相连。拉萨藏语和安多藏语自然聚在一起。这一切都是语言学家们早已预期的。新输入的几个语言材料，结果完全是无法预期的。唐汪话和甘沟话、临夏话共享的特征较多，倒话与两个藏语分支联系紧密。五屯话独树一帜，介于唐汪话、临夏话和甘沟话的分支及藏语和倒话之间。换句话说，倒话的综合性特征和藏语接近，五屯话居于藏语和甘青一带的汉语之间。应该注意的是唐汪话并没有附在蒙古语族任何一个语言的枝权上，而是和北方的汉语更近。综合因素做出的比较图和单纯从句法借贷比较的结果趋于一致。这表明句法借贷是比词汇借贷更适合、更可靠的标准。

语言学家都知道，早在19世纪，Schleicher建立的谱系树理论和Schmidt建立的波浪理论就试图对印欧语系语言的演变做出纵向和横向的客观描述。由于30多年来分子人类学研究的突飞猛进，生物学家们开始重视研究既能描述纵向传递（遗传传递），又能兼容横向传递（水平基因转移、杂交等演化模式）的研究模

---

① Saiyinjiya Caidengduoerji 负责了蒙古语和通古斯诸语言的输入工作，Barbara Kozhevina 负责了突厥语族语言的输入工作，李庭负责了拉萨藏语和安多藏语的输入工作，刘可有和王聪负责了汉语诸方言的输入工作，笔者负责了临夏话、甘沟话、唐汪话、五屯话和倒话的输入工作。在此，对上述参加过 ANR-12-BSH2-0004-01(2012—2016)项目的研究者、博士、博士生表示诚挚的谢意。在该项目中，宋又来帮助笔者建立生成了树状图和网状图，也一并在此表示感谢。

② 甘沟话的材料来自 Zhu Yongzhong 等[57]。

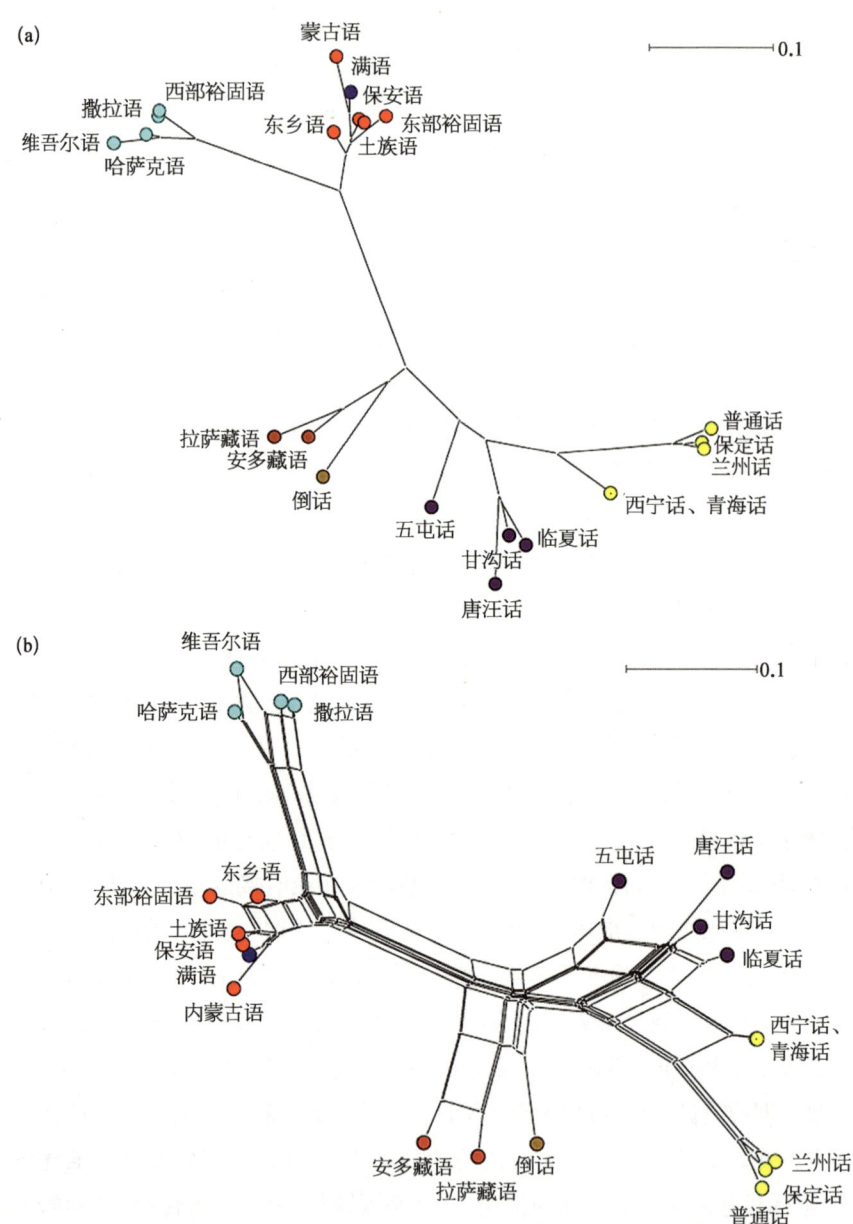

图 8-5 综合因素比较 22 种语言代表点的邻接树状图(a)和邻接网状图(b)[34]

型[58]。从事语言学研究的学者也从中受到了启示,运用生物学家的研究模式探讨语言的传递和交流。树状图确实只是一种理想化的状态,实际的语言里情况更为复杂,即语言接触必然会产生更多的瓜葛,不可能干净整齐地表现为不同的树枝。用邻接网的方式再看一下这些语言材料会是什么状况？

从图 8-5(b)可以看到，语言间出现了许多盒状结构，盒状结构越大，表明语言特征蕴含的冲突信息越大，语言之间的横向交流越多。西宁、青海的语言和临夏、甘沟、唐汪、五屯的语言有横向传递，而拉萨藏语、安多藏语和倒话有横向交流。网状图更好地反映了语言事实。我们看到，基本聚类没有改变，语言聚类的方式和树状图基本一致，但是横向的语言接触能更好地被反映出来。西北方言、突厥语族、蒙古语族及满语、北方汉语、藏语和倒话各代表点组成不同的板块，一致性很高，本文关注的代表点（倒话、五屯话、唐汪话及甘青一带的语言）之间的横向交流频繁，关系也复杂。网状图比树状图更能反映语言之间的关系。因为它既体现了语言的纵向传递，又反映了语言之间的横向接触和交流。当然，我们对待所有量化的数据应当谨慎，不能盲目全盘接受。但这些量化的方法为语言学打开了一个窗口，我们可以借鉴使用，至少可以作为一个可以观察的量的依据。

通过几个不同的实验，我们可以说，句法借贷在形成混合语的过程中起至关重要的作用。从实例可以看到，45%这个量化标准更适合句法借贷，而不适合词汇借贷的标准。倒话可以被看作混合语，五屯话虽然从和藏语混合的角度看不如倒话，但已经达到 45%的关键限度，如果加上借贷蒙古语句法手段的成分，五屯话也达到了混合语的标准。唐汪话则不然，句法借贷虽然很多，已到达 38.67%，但终究离 45%还有一段距离。

六、语言混合的机制

我们初步认为，语言混合最重要的机制，不是来自语言内部，而是由语言接触这一外部因素引起的。这里的语言接触特指在不寻常压力下的语言接触。政治上的变更、统治阶层急需的军事手段或经济手段、社会环境的动荡、宗教信仰的接受或改变是语言混合的催发剂，也是"混合语言"产生的基础。这里我们谈的混合语产生的 3 个机制（当然不应限于这 3 个机制）是从宏观角度出发的，更适合中国境内混合语产生的实际状况。Thomason[1]曾讨论过语言混合的 7 个机制，请读者参看她的文章及个案研究①。本节试图说明混合语

---

① Thomason 讨论了语言混合的 7 个机制，她认为自己的材料限于间接的证据，故理论上的 7 个机制是参考性的。她谈到的 7 个机制是：语码切换、语码替换、被动熟悉某一语言、协商机制、二语习得策略、双语者第一语言的习得、说话者有意改变语言。

的产生彻底来自语言的外部机制。

(一) 移民群体的居住方式

语言混合当然首先要有讲不同语言的人群。这些人群需要有一定数量规模的男性移民,因为人类的移民史主要是以男性为主导的。这些移民的居住方式,如混居还是单独居住,有自己的地盘还是间杂住在当地群体中,这些因素都和语言混合过程直接相关。历史上许多混合语都是男性移民与当地妇女结合而形成的,如第一节提到的 Michif 和 Mednyj Aleut 等语言。再如中国南方一些方言也是男性移民南下后和当地妇女结合,继而产生了不同的方言[59]。根据意西微萨·阿错[21]的研究,讲倒话人口在 1995 年统计时约为 2 685 人。其先民是由清政府 1719 年前后派去的汉人驻兵、内地农民和船夫与当地藏族妇女结合而成的。汉人最早进入雅江地区的时间约在 200 年以前。根据陈乃雄[37]的研究,五屯人在五屯定居的时间"最迟不晚于明朝万历年间(1573—1620)"。五屯(五屯上庄、五屯下庄、江查麻)人口约为 3 900 人[26]。据芈一之和席元麟[60]的研究,五屯的汉族祖先 1406 年(永乐四年)"来自江南和河州"。魏明章[61]曾经撰文指出,"保安四屯(即吴屯、李屯、季屯、脱屯,均在今黄南州同仁县境内)人民,都说其祖先是随军留居当地的,其中吴屯人异口同声地说他们的祖先是江南人。"这里的"吴屯"即现在说的"五屯"。唐汪人人口为 15 000 多人[30]。唐汪人的群体大概是在 14—16 世纪形成的(唐家先去,汪家晚一些,请参见唐智[62]、徐丹[30])。这些人群的移民原因多种多样。

五屯人的基因构成无材料可考,但是讲倒话和唐汪话人的基因构成有材料可供参考。Wang Chuanchao 等人[63]在研究羌人的文章里提到,他们测试了雅江县河口镇 192 人,其中男性 47 人、女性 145 人。意西微萨·阿错[21]曾指出,河口镇是倒话使用区:"雅江县政府所在地的河口镇,倒话主要使用区"。所以河口镇的基因测试恰恰是我们所关注的。请看 Wang Chuanchao 等人在分析了当地男性和女性的单倍群后建立的图形(图 8-6)①。

如图 8-6 所示,雅江县 Y 染色体单倍群的主要来源是在东亚高频的 O 单倍群,O3 在汉人里高频,占 60% 左右,O1 和 O2 在中国南方人群里高频。单倍群 D 在藏人里高频。从 Wang Chuanchao 等作者的文章看出,汉族高频分布的 Y 染色体类型在雅江藏族里的频率也很高,雅江被测试的母系来源比其

---

① 感谢王传超同意笔者使用他们文章里的图及材料并且指正了笔者的相关评述。

他3个地方(道孚县、新龙县及丹巴县)都复杂,但不与南方原住民类似,而是接近于北方人群。由于Y染色体和母系线粒体单倍群形成的时间远早于民族形成的时间,所以基因测试反映的是人口祖先来源的构成。但这为我们提供了一个线索,雅江在南方壮侗族群高频的Y染色体单倍群O1a1高达21.28%,暗示雅江的部分人群异口同声称自己的祖先来自江南或有根据。

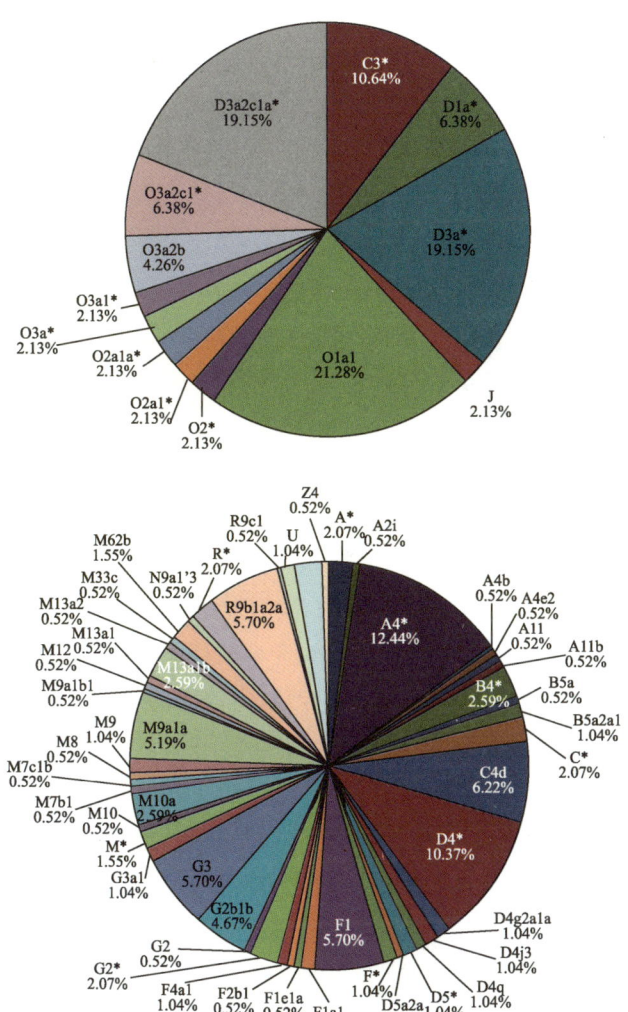

图8-6 四川甘孜藏族自治州雅江县Y染色体单倍群分布图(上)及母系线粒体分布图(下)

唐汪人来源的大致情况,笔者曾多次撰文介绍过,此处就不做详细介绍。简单来说,唐汪人群以汉人为主体。早先的居民如杨家和赵家,其祖先群体有相当比例是在藏族群体高频的 Y 染色体单倍群 D,但大部分人都离开了唐汪。蒙古族中高频的 Y 染色体单倍群 C 在唐家占 50% 以上,这与民间的口头传说十分吻合。而在汉人群体里高频出现的单倍群 O 在汪家占 80%。唐汪人集中在 12 个自然村,周边被东乡人包围。唐汪人在 15 世纪后皈依了伊斯兰教,唐汪两家皈依伊斯兰教的群体内部通婚,他们和有共同宗教信仰的东乡人也通婚,但绝对不和未皈依伊斯兰教的人通婚,通婚与否,他们都和睦相处。这种部分通婚的状况促进了语言之间的交流、借贷。唐汪两家的 Y 染色体单倍群分布图①如图 8-7 所示。

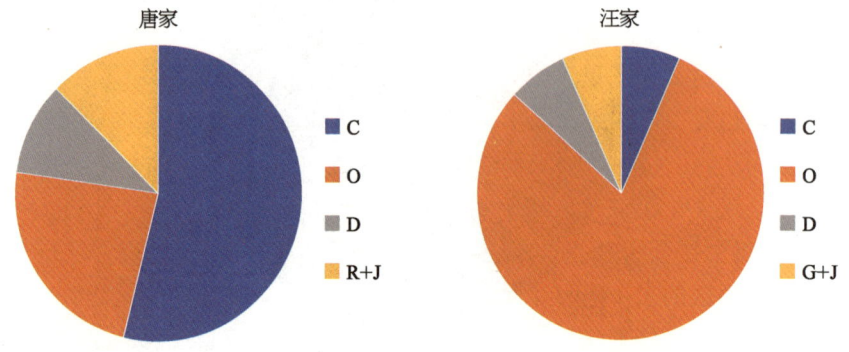

图 8-7 Y 染色体单倍群在唐家和汪家的分布图

这样我们对倒话群体(间接材料)和唐汪群体(直接材料)②的来源有了一个大概的认识。从前期研究者的材料中,我们看到,讲倒话和五屯话的地方在不同时期来了一批内地驻军,有的是从内地迁来的移民。这些移民和当地群体结合,通婚、混居,改变了自己的习俗,在学习对方语言的过程中,逐渐吸收了当地语言而形成了混合语言。而唐汪人与他们有所不同,首先唐家然后是汪家来到今天的唐汪一带,至今已有七八百年了。但是唐汪人群并没有散居到东乡人群里去,即不像前两个群体和当地居民混居,而是独立居住在唐汪一片 46 平方千米的地方。58% 的唐汪人在不同的历史时期皈依了伊斯兰教[30],他们和未皈依的兄弟群体和睦相处。皈依伊斯兰教、改身份为回族或"东乡"的群体,其语言受到了东乡语的影响。唐汪这种不完整的伊斯兰化使唐汪人居住区分为两个

---

① 根据文少卿 2015 年提供的数据而作。
② 在前期研究中,兰州大学谢小冬领导的团队、复旦大学李辉领导的团队都大力帮助我们做过调查。去唐汪进行基因采样的工作由复旦大学的文少卿、兰州政法大学的姚宏兵完成。唐汪人汪华老师大力协助了基因抽样调查工作,使得这项研究能够顺利完成。笔者在此再次向他们表示诚挚的谢意。详细情况请见 Xu Dan and Li Hui[34]、Xu Dan[19]。

地段,上川集中了皈依伊斯兰教的群体①,也是乡政府所在地;下川居住着未皈依伊斯兰教的汉族人。上川仍是唐汪人的居住区,并未因为宗教信仰和东乡人混居,这部分解释了为何唐汪话至今还未变成混合语。

(二) 宗教优势导向

我们在词汇借贷一节已经谈到了陈乃雄[37]的研究,保安语在不同地域的词汇借贷结果不同,在青海省的保安下庄(五屯北),藏语借词的比例是42.6%,青海年都乎(五屯南)的保安语,藏语借词已经达到53.62%。而在甘肃大墩的保安语,藏语借词只有17.3%,在甘肃甘河滩的保安语,藏语借词才达到3.04%。这么大的反差说明了什么?应当看到,地理和语言有关联,语言和宗教信仰也有一定的关联:在青海信仰藏传佛教的群体更容易接受藏语里的词汇和句法,在甘肃接受伊斯兰教的群体更容易接受信伊斯兰教民族的词汇和句法。汉文化在宗教信仰上不一定占优势,但在历史、文化、经济上占优势,所以非汉语接受了相当数量的汉语词汇,但接受汉语句法借贷还是有限的。如甘青地区的东乡语、东部裕固语、西部裕固语、撒拉语、保安语等。这些语言不同程度地借贷了汉语词汇,但是语法体系暂时还未被动摇。这使我们看到,宗教信仰引起的语言演变更深刻,因为句法借贷更易发生。通过事实,我们已经看到,词汇借贷和语法借贷有本质的区别,句法借贷是促发混合语产生的重要条件,而非词汇借贷。

本文关注的3个语言,其形成和发展趋势也和宗教信仰密切相关。讲倒话、五屯话的群体信仰藏传佛教,所以他们的语言里从词汇到句法,都渗透了藏语语言,尤其是藏语的句法表达。唐汪居民大部分(58%)都皈依了伊斯兰教,这是一个过程,不是一下子就完成的,东乡语的影响是从宗教活动及通婚开始的。唐汪话里东乡语的词汇,生活用语并不算多。唐汪话借贷了东乡语不少底层词汇(突厥语)和宗教文化词(阿拉伯语、波斯语)。但是东乡语的句法很深地影响了唐汪话。藏语对唐汪话几乎没有太多的影响,除了一些地点名词能透露出藏人曾在唐汪一带活动过的信息外,藏语借词比例极低[64]。所以在有一定规模移民群体的条件下,改信另一个语言社团的宗教信仰也是语言出现混合的机制之一。

(三) 说话者的有意识选择

一个语言社团的语言更具有优势,另一个语言社团希望学习这个社团的

---

① 张家村也处在上川,根据张家村人自己编撰的村志(2004),大部分居民未皈依伊斯兰教。

语言，这在语言接触的案例里不乏其数。这和说话者的语言态度有关，这点许多语言学家早已认识到。Thomason 早已指出，说话者对一个语言有意采取的选择会对语言产生巨大影响。她认为，某一个人有意采取或有意拒绝某一语言形式（包括语音、词汇、句法），都会对语言演变有深刻影响，对语言混合有重要作用[1]。这一观念是对传统观点的挑战，因为传统观点一直以为个人的语言行为不能影响一个语言社团，无法改变一个语言。我们认同 Thomason 的观点，但是个人的选择到什么程度会影响一个语言社团，个人数量达到多少才进入关键阶段，还需要进行社会语言学的调查，并开展量化研究。说话者的有意选择对一个语言起的作用不可低估，这在隐语的使用和保持上显得尤为明显。甘肃永登县薛家湾的密语使用团体就表现出一种具有强烈意识的选择[65]。

我们在田野调查时看到，唐汪百姓无论什么姓氏，都异口同声地告诉我们他们的祖先是汉人，有一部分人皈依了伊斯兰教，甚至东乡人。在唐汪未皈依伊斯兰教的汉民非常尊重皈依了伊斯兰教的兄弟群体，他们总是说，自己的唐汪话不标准，应以唐汪上川（乡政府所在地，也是皈依伊斯兰教的唐汪人集中居住的地方）为标准。这种语言认同就很有意思：一方面他们一致承认自己的祖先是汉人，另一方面，他们又一致推崇受到东乡语影响的唐汪话为"正宗"的唐汪话，言外之意，以前遗留下来的汉语不再代表他们"正宗"的语言。不同宗教信仰的人在一起说话的时候，汉人尽量采用回族人（皈依伊斯兰教的人）的用语和说法。在现实中，唐汪话中有些来自东乡语的词缀，至今还未完全被汉人吸收[30]。在这种语言认同环境下，我们可以预计，东乡语句法上的一些用法迟早会被汉人接受，因为说话者的有意选择对一个语言的形成或保持至关重要。

七、初步结论

本文通过词汇借贷和句法借贷的统计对比，提出句法借贷对一个语言的根基有本质的影响，而词汇借贷在语言混合的标准上不起决定性作用。由于词汇变化具有比句法演变缓慢的特点，词汇借贷很难作为判断混合语的标准，将句法借贷作判定标准更可靠。通过各种实验统计，我们提出句法借贷如果达到 45%，那么语言就开始混合了。本文还分析了语言混合的几个机制。我们认为语言混合完全是语言外部的机制在起作用。我们的量化实验只是一个初步的、尝试性的探索,其中许多问题还有待于日后的研究。

参 考 文 献

[1] Thomason S G. Social factors and linguistic processes in the emergence of stable mixed languages//Matras Y, Bakker P. The mixed language debate. Berlin: Mouton de Gruyter, 2003: 21-39.

[2] Thomason S G, Kaufman T. Language contact, creolization, and genetic linguistics. Berkeley: University of California Press, 1988.

[3] Matras Y, Peter B. The mixed language debate. Berlin: Mouton de Gruyter, 2003.

[4] Herdan G. Quantitive linguistics. Berlin/Heidelberg/London: Butterworth, 1964.

[5] Wang W S Y. Glottochronology, lexicostatistics, and other numerical methods//Asher R E, Simpson J M Y. The Encyclopedia of language and linguistics. New York: Pergaman Press, 1994: 1445-1450.

[6] 王士元,沈钟伟.方言关系的计量表述.中国语文,1992,2: 81-92.

[7] 郑锦全.汉语方言沟通度的计算.中国语文,1994,1: 35-43.

[8] Cheng C C. Quantifying dialect mutual intelligibility//Huang J, Li A. New horizons in Chinese linguistics. Dordrecht/Boston/London: Kluwer Academic Publishers, 1996: 269-292.

[9] Swadesh M. Towards greater accuracy in lexicostatistic dating. International Journal of American Linguistics, 1955, 21(2): 121-137.

[10] Starostin S. Comparative-historical linguistics and lexicostatistics//Renfrew A M, Trask L. Time depth in historical linguistics. Cambridge: McDonald Institute for Archaeological Research, 2000: 223-259.

[11] Wichmann Søren, Holman E W. Temporal stability of linguistic typological features. Munich: Lincom Europa, 2009.

[12] Pagel M, Atkinson Q D, Calude A, et al. Ultraconserved words point to deep language ancestry across Eurasia. PNAS, 2013: 1-6.

[13] Wichmann Søren, Holman E W, Brown C H. The ASJP database (version 17), 2016.

[14] Greenhill S J, Wu C H, Hua X, et al. Evolutionary dynamics of language systems. PNAS, 2017: 1-8.

[15] 陈保亚.论语言接触与语言联盟.北京: 语文出版社,1996.

[16] 孟和达来,黄行.蒙古语族和突厥语族关系词的词阶分布分析.民族语文,1997,1: 45-51.

[17] Bakker P, Mous M. Mixed languages: 15 case studies in language intertwining (studies in language and language use 13). Amsterdam: IFOTT, 1994: 244.

[18] Thomason S G. Language contact—an introduction. Washington: Georgetown University Press, 2001.

[19] Xu D. The Tangwang language—an interdisciplinary case study in Northwest China.

Cham: Springer, 2017.

[20] 孙宏开,胡增益,黄行.中国的语言.北京:商务印书馆,2007.

[21] 意西微萨·阿错.倒话研究.北京:民族出版社,2004.

[22] 陈乃雄.五屯话初探.民族语文,1982,1:10-18.

[23] 陈乃雄.五屯话音系.民族语文,1988,3:1-10.

[24] 陈乃雄.五屯话的动词形态.民族语文,1989,6:26-37.

[25] Li C N. Contact-induced semantic change and innovation//Jacek F. Historical semantics, historical word-formation. Berlin/New York/Amsterdam: Mouton, 1985: 325-337.

[26] Janhunen J, Peltomaa M, Sandman E, et al. Wutun. Muenchen: Lincom Europa, 2008.

[27] Sandman E. Bonan grammatical features in Wutun Mandarin//Jalara L, Saarikivi J, Sandman E, et al. Per Urales as Orientem. Iter polyphonicum multilingue. Helsinki: Suomalais-Ugrilainen Seura, 2012: 375-387.

[28] 陈元龙[阿·伊布拉黑麦].甘肃境内唐汪话记略.民族语文,1985,6:33-47.

[29] 徐丹.唐汪话的格标记.中国语文,2011,2:145-154.

[30] 徐丹.唐汪话研究.北京:民族出版社,2014.

[31] Peyraube A. A comparative analysis of the case system in some northwestern Sinitic languages//Cao G S, Djamouri R, Peyraube A. Language in contact in North China—historical and synchronic studies. Paris: Ecole des hautes études en sciences sociales, 2015: 191-215.

[32] Djamouri R. Object positioning in Tangwang//Cao G S, Djamouri R, Peyraube A. Language in contact in North China—historical and synchronic studies. Paris: Ecole des hautes études en sciences sociales, 2015: 251-275.

[33] 陈元龙[阿·伊布拉黑麦].关于唐汪话的几个问题.西北民族研究,2017,3:99-118.

[34] Xu D, Li H. Languages and genes in Northwestern China and adjacent regions. Singapore: Springer Nature, 2017.

[35] 席元麟,等.同仁土族调查报告(油印稿),1983.

[36] Stolz T. Not quite the right mixture: Chamorro and Malti as candidates for the status of mixed language//Matras Y, Peter B. The mixed language debate. Berlin: Mouton de Gruyter, 2003: 217-315.

[37] 陈乃雄.保安语的演变轨迹.民族语文,1990,3:16-25.

[38] 陈乃雄.保安语的语音和词汇.西北民族研究,1990,1:33-48.

[39] 陈宗振,努尔别克,赵相如,等.中国突厥语族语言词汇集.北京:民族出版社,1990.

[40] Field K L. A grammatical overview of Santa Mongolian(Ph. D dissertation). Santa Barbara: University of California, 1997.

[41] 包萨仁.蒙古语族东乡语与汉语的接触研究(博士论文).北京:北京大学,2007.

[42] Lefort J. Contact de langues dans le Nord-Ouest de la Chine: le cas du Dongxiang(Ph. D dissertation). Paris: EHESS, 2012.

[43] Tournadre N, Sangda D. Manuel de tibétain standard. Paris: L'Asiathèque, 2003.

[44] 刘照雄.东乡语简志.北京：民族出版社,1981.

[45] Givón T. Historical syntax and synchronic morphology: an archaeologist's field trip. Chicago Linguistic Society, 1971, 7: 394 - 415.

[46] Matras Y, Sakel J. Investigating the mechanisms of pattern replication in language convergence. Studies in Language, 2007, 31 (4): 829- 865.

[47] Sakel J, Matras Y. Modelling contact-induced change in grammar//Stolz T, Bakker D (eds.). Aspects of language contact: new theoretical, methodological and empirical findings with special focus on Romancisation processes. Berlin: Mouton de Gruyter, 2008: 63 - 87.

[48] 陈乃雄.保安语和蒙古语.呼和浩特：内蒙古人民出版社,1986.

[49] 岩田礼.汉语方言解释地图(续集).东京：好文出版社,2012.

[50] 石毓智.语法化的动因与机制.北京：北京大学出版社,2006.

[51] 徐丹,傅京起.量词及其类型学考察.语言科学,2011,6：1 - 15.

[52] 杨永龙.青海民和甘沟话的多功能格标记"哈".方言,2014,3：230 - 241.

[53] Zhou C L. A special case marking system in the Sinitic languages of Northwest China. The Journal of Chinese Linguistics, 2019, 47(2): 425 - 452.

[54] Nichols J. Linguistic diversity in space and time. Chicago: The University of Chicago Press, 1992.

[55] Bickel B, Nichols J. Inclusive-exclusive as person vs. number categories worldwide// Filimonova E. Clusivity: Typology and case studies of the inclusive-exclusive distinction. Amsterdam: John Benjamins, 2005: 49 - 72.

[56] 王聪.汉语人称代词研究(博士论文).上海：上海师范大学,巴黎：法国东方语言文化学院,2016.

[57] Zhù Y Z, Üjiyediin C, Keith S, et al. Gangou Chinese dialect—a comparative study of a strongly altaicized Chinese dialect and its Mongolic neighbor. Anthropos, 1997, 92: 433 - 450.

[58] 邓晓华,杨晓霞,高天俊.试论语言演化网络——以藏缅语为例.语言研究,2015,3: 12 - 19.

[59] 陈保亚.语言接触导致汉语方言分化的两种模式.北京大学学报(哲学社会科学版), 2005,2：43 - 50.

[60] 芈一之,席元麟.同仁四寨子(五屯)土族历史考察//中国少数民族社会历史调查资料丛刊青海省编辑组.青海土族社会历史调查.西宁：青海人民出版社,1985.

[61] 魏明章.汉族迁入今青海东部农业区的历史情况琐谈.青海社会学报,1983,6：88 - 89 (78).

[62] 唐智.唐汪社会史专题研究(硕士论文).西安：陕西师范大学,2011.

[63] Wang C C, Wang L X, Shrestha R, et al. Genetic structure of Qiangic populations residing in the Western Sichuan corridor. PLoS One, 2014, 9 (8): 1 - 14.

[64] 徐丹,谢小冬,文少卿.东乡语和东乡人.民族语文,2012,3：59 - 65.

[65] 徐丹.甘肃永登薛家湾邵句调查.民族语文,2016,2：23 - 38.

第九讲
多学科视角下突厥语人群的起源和演化

沈 曲 王传超

(厦门大学人类学研究所)

一、历史背景与考古学特征

突厥语使用人口约有1.83亿,内部包括至少35种语言,多样性突出且分布广泛,主要分布在欧亚大陆,东至中国东北,西至东欧,北至西伯利亚,南至伊朗,是现在土耳其、阿塞拜疆、乌兹别克斯坦等国的官方语言。

6世纪中叶,突厥阿史那氏族日益强大,并于552年打败柔然建立突厥汗国。583年,突厥汗国分裂为东、西突厥汗国,前者统治蒙古草原,后者统治天山草原和哈萨克草原。7世纪早中期,东西突厥汗国相继被唐朝所灭。682年,阿史那氏族旁系骨咄禄复兴突厥汗国,史称后突厥汗国,至745年灭亡。6—8世纪,强势的突厥留下了丰富且独具特色的考古遗存,主要有祭祀性遗址和石圈、石堆墓等[1]。墓葬大体呈东西走向,出口在东面,这与游牧民族对日出东方的崇尚习俗有关。在大型祭祀性遗址中,出土了著名的突厥碑刻:暾欲谷碑、毗伽可汗碑和阙特勤碑,分别记载了几位可汗的功勋和事迹。墓中建筑设施有献殿、石碑、祭祀石台、石人像、杀人石、围墙、壕沟等。其中,杀人石独具特色,石桩的数量可能代表了墓主人生前杀敌的数量,用以彰显其战功赫赫。另外,一些墓葬中的随葬马也是中世纪早期突厥人葬俗的显著标志之一,在蒙古中世纪早期突厥人的多数墓葬中,马的埋葬姿势为腿蜷缩于腹部,这一葬俗体现动物在墓主人过渡到另一世界过程中的运输作用[2]。突厥这些独具特色的考古学文化继承自匈奴,受到同时期的粟特、唐文化影响,之后对回鹘、契丹和蒙古等文化都产生较大影响[1]。

二、语言学谱系之争

突厥语在各个历史时期作为不同国家和地区的官方语言与国际交流用语,具有悠久的书面语历史,大约有 40 种不同的文献可供历史对比分析使用,其中有文字记载的最早可追溯至 6 世纪突厥汗国时期的古突厥语碑铭。喀喇汗王朝语言学家麻赫穆德·喀什噶里是历史上最早研究突厥语的学者之一,也是最早进行突厥语比较研究和对突厥语及其相关语言进行分类的学者。麻赫穆德·喀什噶里于 1072—1077 年在巴格达写成的《突厥语大词典》是一部以阿拉伯语注释突厥语词汇的词典,全书共三卷,收录突厥语词汇约 7 500 条[3],不仅对研究突厥语言学有重要价值,而且为研究古代中亚地区诸突厥部落的历史、地理、文化、民俗等提供大量珍贵材料。

突厥语分布广泛且内部具有高度多样性,这是由于大多数讲突厥语的人口从原突厥时期一直到近代都实行游牧生活方式,这种生活方式又促成突厥语不同分支之间因持续不断的相互联系而产生趋同现象[4]。由于突厥语内部这种高度多样性及趋同现象等特点,其内部分类是一项具有挑战性的任务,传统上认为其内部的主要分裂发生在约公元前 5 世纪[5~6]。2020 年,Alexander Savelyev 等基于 32 种突厥语言的词汇,通过贝叶斯方法构建了突厥语谱系树[7]。从根部看,突厥语一分为二,首先分出来的是保加尔分支(Bulgharic)的楚瓦什语和常见突厥语分支(Common Turkic),然后是古突厥语与雅库特语、多尔干语分开,再后是撒拉语、哈拉吉语、卡拉伊姆语、库梅克语等广泛分布在欧亚大陆的语言。经过推算得出这棵谱系树的根部——保加尔分支的年代约为公元前 66 年(前 775—483)。这与传统认为的约在公元前 5 世纪分裂相一致,也即突厥语分化是相当晚近发生的,并可以看到保加尔分支与常见突厥语之间的早期分化将突厥语塑造成一个清晰的二元结构,印证了之前基于历史比较或词汇统计方法对突厥语系的大多数分类。

传统上认为突厥语属于阿尔泰语系(Altaic languages)。阿尔泰语系主要包括突厥、蒙古和通古斯语族,有时朝鲜语、琉球语、日语与阿伊努语也会被归类在其中,但该语系是否成立一直存在争议。Kotwicz、Clauson、Doerfer、Rona-tas 等语言学家表示反对,认为"阿尔泰诸语言之间所有相同和相似成分都是由接触和借贷关系导致,而不是同源关系的表现"[8]。一个语系成立的前提是各语族具有发生学关系,如印欧语系、南岛语系等,但现在并不明确所谓的"阿尔泰语系"是否存在共同起源。例如根据陈保亚提出的词阶理论[9]，以及孟和达来、黄行等对蒙古、突厥语族之间关系词词阶分布的分析发现它们呈无阶分布，无法确定它们之间的关系[10]。仍有少数学者支持这个假说，但目前主张"接触论"的观点占据上风。

进一步，Lars Johanson 和 Martine Robbeets 提出了泛欧亚语（Transeurasian）概念[11]，并通过贝叶斯方法构建其谱系树[12]。它包括东起太平洋，西至波罗的海、黑海和地中海的地理上相邻的语言，如传统阿尔泰语系的突厥、通古斯、蒙古语族，还包括系属不明的日语和朝鲜语。随后，Martine Robbeets 构拟了与人类生存密切相关的动物和农作物词汇，如"马"、"谷子"、"大麦"、"小麦"、"稻子"等，通过校对语言学的相对年代与考古学的绝对年代，辅以遗传学证据将泛欧亚语的扩散与西辽河流域农业人群迁徙联系起来，从而得出结论：西辽河农业人群的扩张促成原始泛欧亚语的传播[13]。具体来说，她认为兴隆洼文化和赵宝沟文化作为中国东北地区最早的新石器时代文化的代表，是讲原始泛欧亚语的人群，原始农业以种植小米为主，该文化也是红山文化的前身，伴随这些种植小米的农业人群的扩散，西辽河流域和辽东半岛沿海的这两个红山文化集团的分离导致了原始泛欧亚语中阿尔泰语系与日韩语的分离。西辽河流域的红山文化人群向西迁徙至草原地区并逐渐发展成游牧生活方式，从而导致突厥语和蒙古语、通古斯语的早期分离，东部的红山文化人群讲蒙古语、通古斯语，并逐渐发展成夏家店文化。辽东半岛沿海农业人群不仅给朝鲜半岛带来小米农业，也带去原始泛欧亚语。约公元前1000年，随着稻作农业的传播，大量农业人群从辽东、山东半岛移居朝鲜半岛，再从那里作为弥生时代移民来到日本列岛，从而导致日语和朝鲜语的分离。

事实上，虽然现代日语的形成或与西辽河农业人群带动泛欧亚语的扩散有关，比如弥生时代经朝鲜半岛及海路抵日本列岛的农业人群为现代日本人作出遗传贡献，也促进了日语的形成[14]，但该理论在语言谱系、遗传学谱系等中不乏矛盾之处，引起广泛争议。从语言谱系上看，为证明同源关系，识别规律的语音对应关系时应排除外来词和具有偶然相似性的词汇，但是在 Martine Robbeets 等列出的 3 166 个同源词中，只有 17 个词源符合要求即支持这一假设，这表明核心证据不够充分，另外在 43 个农牧业词汇比较中，无一个完全符合其制定的标准[15]。因此，语言学证据不足以支持"泛欧亚语的共同起源及与农业共扩散"这一假说。

三、遗传学起源与融合

突厥语人群分布广泛,跨越东北亚、蒙古高原、中国西北、欧亚大陆西部等地,在漫长时间中与蒙古、通古斯等中国北方民族及欧亚大陆西部草原人群均发生交流融合。但突厥多实行火葬,其遗骸较少见,缺少利用古代突厥语人群 DNA 对其遗传历史进行探索的直接材料。遗传学结合其主要分布地区的人群混合历史及部分现代突厥语人群成分特点、少量古代样本,利用 DNA 技术为再现突厥语人群起源和演化过程提供重要参考。

Veronika Siska、王传超、毛晓伟等发表多篇古 DNA 论文,发现东北亚地区从黑龙江流域到蒙古高原从约 1.4 万年前至今广泛存在着人群的遗传连续性[16~18]。黑龙江流域距今 8 000—7 000 年的 Boisman 遗址古人的 Y 染色体单倍群 C2b-F1396 和线粒体单倍群 D4、C5 仍然在现代通古斯语、蒙古语和一些突厥语人群中高频出现[17]。黑水靺鞨时期(距今约 1 500—1 000 年)汉族相关遗传成分才进入东北亚,这印证在农业人群大规模扩张之前,黑龙江流域古东北亚遗传成分(ANA)就已广布贝加尔湖-黑龙江流域,且未观察到来自西辽河农业人群的遗传影响,可推测突厥语人群约于 1.4 万年前起源于此,与蒙古、通古斯语人群遗传同源[16~19]。

6—8 世纪,突厥逐渐发展壮大,在蒙古高原建立汗国并迅速扩张。不同于黑龙江流域遗传成分的稳定存在,蒙古高原有着复杂的人群混合历史。新石器时代早期,黑龙江流域古东北亚遗传成分就广布于蒙古高原,至青铜时代又有来自欧亚草原的阿凡纳谢沃文化(Afanasievo)、辛塔什塔文化(Sintashta)、安德罗诺沃文化(Andronovo)人群,以及伊朗相关人群、汉族人群先后进入并发生遗传混合。Choongwon Jeong 等通过对蒙古高原古代突厥墓葬中 8 个个体进行遗传成分分析发现,两个个体显示出最高比例的黑龙江流域古东北亚遗传成分,其余个体均有欧亚西部成分的混合[20]。文少卿和王传超团队合作提取、测序和分析了突厥阿史那皇后的基因组,研究发现阿史那皇后的线粒体 DNA 属于 F1d* 单倍型,该类型较早在新石器时代早期东北亚地区的古代样本中发现,在现代主要在中国东北的赫哲族、新疆柯尔克孜族、藏族、汉族以及东南亚人群有发现。从全基因组上看,阿史那皇后主要带有黑龙江流域古东北亚血统,由此推断突厥阿史那部可能起源于东北亚地区,即今天的黑龙江流域到贝加尔湖和蒙古高原东部一带[21]。古代突厥人群的 DNA 为其东北亚起源且经历复杂人群混合提供了直接证据。

东部突厥语人群主要分布在中国西北，这一地区同样经历复杂的人群混合。青铜时代早期，欧亚大陆北部遗传成分（ANE）广泛分布于塔里木盆地。青铜时代早中期开始欧亚草原游牧人群如阿凡纳谢沃文化人群、黑龙江流域古东北亚遗传成分进入中国西北，随后在青铜时代中晚期有辛塔什塔文化、安德罗诺沃文化等游牧人群，距今 3 000—2 000 年的铁器时代则有伊朗相关人群、汉藏语人群等先后进入并与当地人群发生混合[22]。冯启迪等对新疆维吾尔族的研究中发现，中国西北的现代突厥语人群以东亚和西伯利亚遗传成分为主，也存在部分欧亚大陆西部成分和南亚成分[23]。

从西部现代突厥语人群的遗传成分也可看到其东部起源并在扩散过程中与西方成分相互混合的现象。Bayazit Yunusbayev 等通过对跨欧亚大陆的 22 个现代突厥语人群共 373 个个体进行全基因组芯片分型解析及 IBD 分析，发现欧亚大陆西部突厥语人群遗传成分与其周围非突厥语人群非常接近，但大多数情况下，突厥语人群的"东方遗传成分"存在率高于邻近的非突厥语人群[24]，与之前 Y 染色体、线粒体 DNA 研究中呈现的特征一致。另外，遗传学研究并没有为突厥语人群确定一个明确统一的遗传标志，这个现象也支持突厥语西传过程中的精英主导模式（the elite-dominance model），即主要为"语言替代"而非"人群替换"模式，一个群体中少数个体（制定政治、宗教、社会规则的人组成的群体）强行输入一门新的语言，经历一段时间后，这个族群的语言替代就会相应发生，而且往往不伴随遗传成分的替代。此外，推算遗传混合时间为 9—17 世纪，这与传统上认为突厥 5—16 世纪游牧迁徙扩张相符。

遗传学上所见突厥语人群的起源与融合历史逐渐清晰，但 Martine Robbeets 等提出的"泛欧亚语与农业共扩散"假说与此相矛盾。该假说在遗传学部分主要是基于从韩国和日本的古代样本中发现了西辽河流域和黄河流域农业人群遗传成分的混合。由东北亚黑龙江流域到蒙古高原从约 1.4 万年前至今广泛存在着遗传连续性及未见西辽河流域和黄河流域农业人群遗传成分，可知这一假说的不合理性。并且，该假说用新石器时代早期的农业人群如兴隆洼文化（距今 8 200—7 400 年）人群来代表东北亚广泛分布的黑龙江流域遗传成分，但这一模拟与其理论基石相矛盾，即日语、朝鲜语的传播是西辽河流域和黄河流域农业人群遗传成分混合的结果[15]。另外，Martine Robbeets 等在研究中将农业向朝鲜的传播与不同时期黑龙江流域和黄河流域遗传成分的进入联系起来，其中以红山文化人群作为新石器时代引入小米农业的代表，以夏家店上层文化人群作为引入水稻农业的代表,而这与其附件中呈现的"目前的数据解析度无法对东亚大陆几种不同遗传成分进行准确区分"相矛盾,且将其提供的数据重新分析后发现,其对朝鲜、日本的古代样本的模拟中红山文化和夏家店上层文化的遗传成分可以互换,模型不具有不可替代性,可知该假设是不够合理的[15]。又因多数突厥语人群从原始突厥时期直到近代都实行游牧生活方式,进一步说明并非是农业人群介导突厥语的传播。因此,遗传学证据也难以支持"泛欧亚语与农业共扩散"理论。

四、结语

"突厥语人群的起源和早期扩散"是欧亚人口历史上最具争议的问题之一,该问题的关键在于语言传播、农业扩张和人口流动之间的关系究竟如何。综上,可大致勾勒突厥语人群起源和演化的图景:遗传学上起源于末次冰期后(距今约1.5万年)的东北亚地区黑龙江流域一带,与蒙古、通古斯语人群遗传同源,其扩散和传播并非受农业驱动,且发展过程受到青铜时代欧亚草原游牧人群如颜那亚文化(Yamnaya)、阿凡纳谢沃文化、辛塔什塔文化、安德罗诺沃文化、伊朗相关人群等的影响,带有大量欧亚西部遗传混合成分。另外,西部突厥语人群在遗传关系与语言分类上的不匹配现象,可用精英主导模型来解释突厥语西传过程。

另外,"泛欧亚语与农业共扩散"假说认为西辽河农业人群的扩张促成原始泛欧亚语的传播,但该假说在语言学、遗传学等角度都不乏矛盾之处。该假说的语言学研究部分不足以支持泛欧亚语的同源关系,从遗传学角度来看,黑龙江流域古东北亚这一类遗传成分可能与泛欧亚语的扩散有关,但这很可能不是由农业人群介导,因为在农业人群大规模扩张前,黑龙江流域古东北亚遗传成分就已广布于贝加尔湖—黑龙江流域这一区域,且蒙古高原上也未观察到来自西辽河的农业人群影响,并且突厥语人群从原突厥时期一直到近代都实行游牧生活方式。总的来说,"泛欧亚语与农业共扩散"假说存在诸多问题。

未来研究中期待通过田野发掘,找到与古代突厥语人群相关的更多材料,通过跨学科视野,运用考古学、语言学和遗传学等多学科方法,为勾勒突厥语人群起源与演化的更精确图景提供更多证据。

本文受到国家自然科学基金面上项目(32270667);国家社科基金重大项

目"多学科视角下的汉藏语系的起源和演化研究"(21&ZD285);国家社科基金重大项目"多学科视角下的南岛语族的起源和形成研究"(20&ZD248);教育部哲学社会科学研究重大专项项目"中国上古基因谱系、族群谱系和文化谱系的对证研究"(2022JZDZ023);马克思主义理论研究和建设工程重大项目"亚洲文明特质以及人类文明多样性研究"(2021MZD014);欧盟 ERC 项目"甘肃-青海地区人群和语言融合研究"(ERC-2019-ADG-883700-TRAM)等的资助。

参 考 文 献

[1] 张文平.突厥考古学文化初探.内蒙古社会科学(汉文版),2007,163(03):51-54.

[2] 尼古拉斯·斯热金.蒙古中世纪早期突厥人的葬俗.权乾坤,译//中国人民大学北方民族考古研究所,中国人民大学历史学院考古文博系.北方民族考古(第6辑).北京:科学出版社,2018:17.

[3] 马赫穆德·喀什噶里.突厥语大词典(汉译本).北京:民族出版社,2002.

[4] Golden P. The Turkic peoples: a historical sketch//Johanson L, Csató É Á. The Turkic Languages, London: Routledge, 1998: 16-29.

[5] Róna-Tas A. The Reconstruction of Proto-Turkic and the Genetic Question//Johanson L, Csató É Á. The Turkic Languages, London: Routledge, 1998: 67-80.

[6] Mudrak O A. A glottochronological classification of the Turkic languages and dialects based on a questionnaire on morphology and historical phonology. Moskva: RGGU, 2009.

[7] Savelyev A, Robbeets M. Bayesian phylolinguistics infers the internal structure and the time-depth of the Turkic language family. J Lang Evol, 2020, 5(1): 39-53.

[8] 孟和达来.北方民族的历史接触与阿尔泰诸语言共同性的形成.北京:中国社会科学出版社,2001.

[9] 陈保亚.汉台关系词双向相对有阶分析.语言研究,1998,2:171-188.

[10] 孟和达来,黄行.蒙古语族和突厥语族关系词的词阶分布分析.民族语文,1997,1:45-51.

[11] Johanson L, Robbeets M. Introduction//Johanson L, Robbeets M. Transeurasian verbal morphology in a comparative perspective: genealogy, contact, chance. Wiesbaden: Harrasswitz Verlag, 2010, 61: 285-288.

[12] Robbeets M, Bouckaert R. Bayesian phylolinguistics reveals the internal structure of the Transeurasian family. J Lang Evol, 2018, 3(2): 145-162.

[13] Robbeets M, Bouckaert R, Conte M, et al. Triangulation supports agricultural spread of the Transeurasian languages. Nature, 2021, 599(7886): 616-621.

[14] 孙娜,王传超.语言学和分子人类学视野下日语的起源与日本人群的混合历史.复旦学报(社会科学版),2020,62(1):75-86.

[15] Tian Z, Tao Y, Zhu K, et al. Triangulation fails when neither linguistic, genetic, nor archaeological data support the Transeurasian narrative. BioRxiv, 2022-06-09.

[16] Siska V, Jones E R, Jeon S, et al. Genome-wide data from two early Neolithic East Asian individuals dating to 7700 years ago. Sci Adv, 2017, 3(2): e1601877.

[17] Wang C C, Yeh H Y, Popov A N, et al. Genomic insights into the formation of human populations in East Asia. Nature, 2021, 591(7850): 413-419.

[18] Mao X, Zhang H, Qiao S, et al. The deep population history of northern East Asia from the Late Pleistocene to the Holocene. Cell, 2021, 184(12): 3256-3266.

[19] Jeong C, Wang K, Wilkin S, et al. A dynamic 6,000-year genetic history of Eurasia's Eastern Steppe. Cell, 2020, 183(4): 890-904, e29.

[20] Jeong C, Balanovsky O, Lukianova E, et al. The genetic history of admixture across inner Eurasia. Nat Ecol Evol, 2019, 3(6): 966-976.

[21] Yang X, Meng H, Zhang J, et al. Ancient genome of empress Ashina reveals the Northeast Asian origin of Göktürk Khanate. J Syst Evol, 2023.

[22] Kumar V, Wang W, Zhang J, et al. Bronze and Iron Age population movements underlie Xinjiang population history. Science, 2022, 376(6588): 62-69.

[23] Feng Q, Lu Y, Ni X, et al. Genetic history of Xinjiang's Uyghurs suggests Bronze Age multiple-way contacts in Eurasia. Mol Biol Evol, 2017, 34(10): 2572-2582.

[24] Yunusbayev B, Metspalu M, Metspalu E, et al. The genetic legacy of the expansion of Turkic-speaking nomads across Eurasia. PLoS Genet, 2015, 11(4): e1005068.

第二部分

甘青地区跨学科研究案例

第十讲
甘青地区语言和人群混合与替代的演化模式
——跨学科方法研究的尝试

徐 丹

（德国美因茨大学语言学系）

结合多学科的成果研究语言学，会看到单纯从语言学研究的角度看不到的层面和维度。我们关注的地区是甘肃、青海的边界地区，这个地区是中亚和东亚之间最重要的移民走廊，是青铜之路的后段，也是丝绸之路的前段。中亚和东亚（主要是指讲汉语的东亚人群）的各种群体通过贸易、战争、宗教、婚姻等交流/交换语言。我们需要双管齐下：一个是研究纵向的语言演变的内部机制，一个是研究横向的由语言接触引发的语言演变的外部机制。我们试图改进历史语言学的研究方法，利用分子人类学的最新研究成果及考古学提供的背景，把人文科学与自然科学结合起来，克服历时语言学传统方法上的某些局限性。

在甘青地区，人群经常受到多种语言的压力。这个地区有属于蒙古语族的东乡语、保安语、土族语、东部裕固语等，有属于突厥语族的撒拉语、西部裕固语等，还有属于汉藏语系的安多藏语方言和汉语方言。我们将通过实例讨论甘青一带的语言接触、混合和替代模式。我们认为，研究语言需要跨学科的研究方法，不同学科的研究者相遇会碰撞出创新的火花，社会科学的研究者和自然科学的研究者研究的方法虽有不同，却是殊途同归。本文尝试用跨学科的方法，研究甘青地区的语言混合和语言替代模式。

一、语言学需要和其他学科联手进行研究

中国境内的语言是宝藏，是世界文化的宝贵遗产。我们既需要微观的研

究,也需要宏观的研究。比如研究语言学,我们既需要谱系研究、语言类型研究,也需要语言接触的研究,这些方法不是相斥的,而是互补的。我们从欧盟申请到的项目"追寻甘肃-青海一带语言和人群混合的状况"(ERC - 2019 - ADG 883700 - TRAM, Tracing language and population mixing in the Gansu-Qinghai area)格外关注语言接触的研究方法。这一方法是近几十年才走进语言学界主流研究视野的。在这之前,语言谱系研究、语言类型研究一直占语言学研究方法的主导地位。语言接触研究最早源于 20 世纪 50 年代一位学者 Weinreich[1]的博士论文,到七八十年代,研究语言接触的学者明显多了起来,比如有 Muysken[2]、Thomason 和 Kaufman[3]、Comrie[4]、Thomason[5]、Heine 和 Kuteva[6]、Mufwene[7]、Nicolaï 和 Comrie[8]、Hickey[9]等。中国甘青一带语言接触的研究也是 20 世纪 80 年代以后兴起的,如程祥徽[10]、王培基和吴新华[11]、席元麟[12]、汪忠强[13]、尹龙[14]、陈元龙[15]、马树钧[16]、李克郁[17]、敏生智[18]等,90 年代以后就更多了,此处不再列举。

　　以前语言学家都非常重视语言演变的内部机制,但对语言演变的外部机制研究还不够充分。语言接触是对语言内部规律研究的一种补充,是不可忽视的一种研究方法。语言即使没有外界的任何影响也会发生演变,而语言接触会加速语言的演变。

　　达尔文在 1859 年发表了《物种起源》(On the Origin of Species)。他在书中指出,如果我们对人类谱系有一个很好的认识,那么对语言的分类也一定会有所帮助。但限于时代的条件,人类谱系的研究一直没有在语言学研究中得以发挥其作用。真正把分子人类学和语言学结合起来的研究起始于 Cavalli-Sforza[19]。从那时起到现在,这种跨语言学和分子人类学的研究就越来越多,此处仅举几个语言学者的例子,如 Hombert[20]、Sagart et al.[21]、Dediu 和 Ladd[22]、D'Erico 和 Hombert[23]、Xu Dan et al[24]、Zhang et al.[25]、Wang et al.[26]等。

　　我们不但要以文证史,更要以物证史。比如研究古汉语就必须重视出土文献,包括碑铭、墓志铭等,因为传世文献被后人更改的地方较多,只有比较了出土文献和传世文献对同一个文献的传抄和记载,才能看到语言在不同时代真正的变化。再比如进行跨学科研究时,考古学研究成果也非常重要,考古学和遗传学结合起来的研究对语言学研究尤其具有启发性。这两个学科时间检验的尺度比语言学长得多,能经受时间的考验。考古学通过碳十四测量遗物、遗骨的年代;分子人类学通过 Y 染色体研究父系遗传,通过线粒体研究母系遗传,通过常染色体研究个体祖先的全部信息及群体的整体历史。重见天日的出土文献以及被发现的碑文、石刻，以及挖掘出来的遗骨、墓葬物品等都是重要的物证。以物证史也是我们项目研究的一个宗旨。2009 年 Mark Pagel 在《自然遗传学评论》(*Nature Reviews Genetics*)上发表文章，很好地阐述了生物学和语言学两个不同领域的相似性[27]。语言和基因都是一种信息结构，都需要人作载体，由人去传播并扩散。但是语言演变极快，消失也快。历时语言学研究的上限虽然被语言学家一推再推，但毕竟有限，上万年语言的面貌无法证实，而分子人类学和考古学都能推算出来几百万年的演变，这两个学科帮助语言学建立了一个可靠的研究框架，语言学也能为这两个学科提供线索和佐证。

二、甘青一带的语言混合和语言替代

（一）甘青一带语言的现状

甘青地区语言区域内的状况比较复杂，除了汉语的中原官话（秦陇片、陇中片、河州片），还有非汉民族的语言。如前所述，这些非汉民族的语言有安多藏语（属于汉藏语系的语言），东乡语、保安语、土族语、东部裕固语（属于蒙古语族语言），撒拉语、西部裕固语（属于突厥语族语言）。

语言区域的概念早就被一些学者提出来了（参见 Campbell 的详细介绍[28]，以及 Dwyer[29]，Slater[30]，Janhunen[31,32]，钟进文[33]，徐丹、贝罗贝[34]等人的文章）。语言区域内的特征，主要指句法上的特征，而不是词汇上的特征，因为语言间的词汇借贷是很常见的。句法上的特征是指属于不同语系、语族的语言，在句法上的特征趋同。甘青一带共享的主要句法特征有：① 语序是宾动(OV)，非汉语言均为 OV，虽然汉语部分方言开始以 OV 语序为主，但 VO 语序犹存，如在甘肃临夏和青海西宁；② 非汉语言都有格标记系统，这一区域内的汉语转变为 OV 语序的语言，格标记系统业已成熟；③ 格标记类型除安多藏语是作格/通格类型外，其他非汉语言和汉语方言都是主格/宾格类型；④ 不论是非汉语言还是汉语，这一带的复数标记可以用于语义特征为无生命的名词；⑤ 这个地区汉语方言的声调大大减少甚至消失，与非汉语趋同；⑥ 非汉语的一些形态词缀被当地的汉语方言吸收了。由于许多文章都有丰富的例句，此处不再重复。

中国境内各处都有程度不同的语言混合的现象，但是，没有哪个地区像甘青一带那样,汉语的句法普遍地、大面积地向非汉语靠拢,以致改变了原有的面貌。上述语言特征都不是汉语自身具有的,汉语历时句法里虽然有过记录,比如北方汉语的蒙古语直译体里出现过一些"汉儿言语",但终究没有被汉语所接受。而甘青一带的汉语句法,很好地吸收和植入了非汉语的某些句法手段。

(二) 甘青一带语言混合和替换的模式

中国的历史是汉人群体和非汉群体共同创造的,以往的史书较多地强调了汉人的历史,其实非汉民族也有自己的贡献,长期的相互交融,使相当一部分原本是非汉群体的人群,与汉人群体形成了你中有我、我中有你的同一群体。从中国各地方的父系遗传类型统计看到,除了在汉人里高频的单倍群 O 外,都有不同祖先群体的融入[35,36]。汉人群体是典型的农耕群体,是汉文化及语言的主要传播者,而北方非汉人群多为游牧群体(包括渔牧或半耕半牧的群体)组成,他们是游牧民族语言和文化的传播者。中亚和东亚最重要的移民走廊——河西走廊就处于这一地带,并且横跨甘肃、毗邻青海,甘肃青海的交界地带在地理上构成了游牧区域和农耕区域之间的过渡地带。这一地区的语言混合和替代也与农耕和游牧这两种类型的生存方式、两种类型的文化传播有着密切的关系。

1. 非汉语言的混合和替代模式Ⅰ——精英主导模式

Renfrew 在 1987 年就提出了"精英主导"(the elite dominance model)的语言替换模式[37]。这一模式指的是新的移民人群到了一个地方,通过其有组织的社会、更先进的军事手段(如马的驯养、车轮制造等)统治新的地方的原住民。由于后到的人群成了统治阶层,这些统治者逼迫当地原住民习得统治者的语言,使得原住民原有的语言被代替。通过几年的田野调查,我们感到这一模式还需要细化和本土化,因为在实际的语言接触过程中,许多情况不能概括在这一个模式里[24]。即便是"精英主导"的语言替换模式,我们可以看到至少有两种情况:一种是统治集团的精英主导模式,另一种是领袖集团的精英主导模式。统治集团的精英主导模式是指统治阶层压迫当地群体,强迫其接受自己的语言;而领袖集团的精英主导模式是不同群体(包括新驻地的不同群体)崇拜某些集团的领袖人物或部落首领,主动接受强势人群的语言,以便生存或更快地融入领袖集团领导的群体。这两种情况有本质不同。在甘青一带,这两种形式的语言替换都存在。

1) 统治集团的精英主导模式

在甘青一带的语言中,东乡语和保安语显然更接近 Renfrew 提出的模式[37]。其实,东乡语、保安语和 Renfrew 提出的模式(统治者到了一片新的领地逼迫原住民改学统治者的语言)仍不完全相同,东乡人和保安人是被统治者掠夺来的境外移民,这与北美洲和南美洲的历史事件不同,欧洲人成为当地统治者后,那里的印第安人几乎被灭绝了,统治者的语言成了官方语言,北美是英语,南美是西班牙语和葡萄牙语,原住民语言彻底濒危,有的已经灭亡了。所以人类学的发展很难用几个框架解释、概括,实际发生的事件往往更复杂,包括我们细化的模式也不一定适于其他的语言区域,要具体情况具体分析。

根据历史记载[38~40]和跨学科的研究[24,36,41~42],我们已经知道,从父系遗传角度看,东乡人和保安人主体人群的祖先来自中亚和西亚。13 世纪时,成吉思汗从中亚和西亚带回大量工匠和签军,东乡人和保安人的祖先就在其中,他们在东迁的途中,在中国境内不断和蒙古、汉、藏以及被几次同化而留在中国境内的群体混合后形成了新的群体。他们被迫放弃了原来讲的突厥语、阿拉伯语和波斯语,只能习得统治者的语言——蒙古语。撒拉族不属于被强行带到中国境内的移民,他们的形成和我们这里谈的东乡、保安不同(见下一节)。东乡语、保安语、土族语等都和今天"标准"的蒙古语(蒙古国的喀尔喀蒙古语、中国境内的察哈尔蒙古语)在句法上有一定距离。学者们发现,东乡语与 13 世纪的中古蒙古语更接近[43~46]。由于特殊的形成历史和迁徙经历,东乡人和保安人原有的语言被彻底替换了,他们的语言替换可以用统治集团的精英主导模式概括。

"东乡"是汉语的叫法,东乡人都自称"撒尔塔",西文都叫东乡人 Sarta 或 Santa。撒尔塔是一个历史悠久的群体。根据前人[44,45,47]的研究,"撒尔塔"的含义在各个时期有所不同。这点是符合历史文献记载的,历史上的"撒尔塔"应该泛指从中亚来中国、信仰伊斯兰教的群体,而不是今天对东乡人的专门指称。马志勇[47]指出,学术界一致认为 Sarta 一词来自梵文,义为"商人"。Rachewiltz[48]综述前人的说法,也指出 Sarta 来自梵语"商人",传到波斯语后又传到中亚,在土耳其语里是"穆斯林"的意思。后一个词义在《蒙古秘史》里被充分反映了出来:如《蒙古秘史》多次谈到成吉思汗远征讨伐撒尔塔人(在《蒙古秘史》里,撒尔塔写作"撒儿塔",对译为"回回")。征伐的原因,《蒙古秘史》写明是因为西域的撒尔塔人把成吉思汗的使臣兀忽纳杀了(参见续集卷一)。

撒尔塔人在蒙古文记载的最早史料里,还有一条镌刻在了成吉思汗碑

(stone of Genghis-khan)。由于此碑无标题,故第一行就成了此碑的标题。此碑一共五行,被认为是首篇用回鹘文字记录的蒙古语[48]。碑文开篇第一行是"成吉思汗",第二行是"征服了撒尔塔人"。由于此碑是成吉思汗战胜花剌子模(1218—1224)后立的碑,所以学者们估计碑文刻于 1224 年或 1225 年间[48]。撒尔塔人被上述作者转写为"Sartaɣul"。"Sarta-"是词根,即"撒尔塔";"-ɣul"是名词后缀,构成族属名称。这些作者把"Sartaɣul"译为"Muslim"(伊斯兰信徒)。

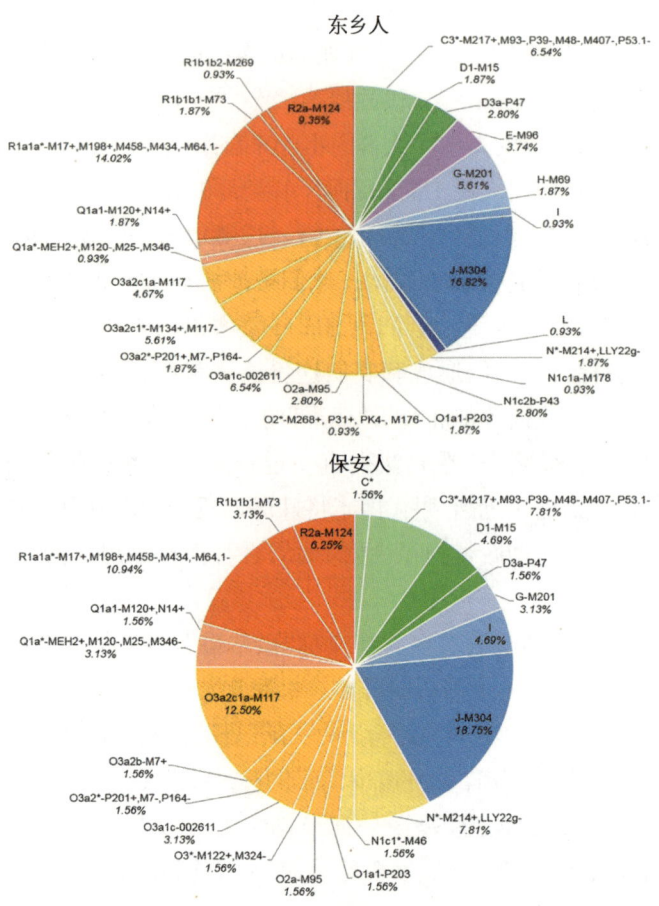

图 10-1　东乡人群和保安人群 Y 染色体分布[24]

从今天的分子人类学研究成果看,我们知道东乡人的祖先群体确实来自中亚,和历史记载相符。从图 10-1 可见,他们的语言和基因不匹配。这两个群体的语言都被划分到蒙古族语言,但他们 Y 染色体谱系的组成告诉我们,Y

染色体单倍群 J-M304、R1a1a-M17、R2a-M124 和 G-M201 在西欧亚和中亚的频率相对较高,在东乡族群的 107 个个体里居然占了 48.60%,在甘肃积石山 64 个保安人个体里占了 42.60%。这一研究结果显示东乡人和保安人的祖先群体更接近中亚族群。而其他的东亚单倍群 C、D、N 和 O 是在这两个族群东迁及定居的过程中混合而成的。通过结合不同的学科观察同一个族群,我们能够更准确地重构他们的语言变迁和群体迁徙的历史。我们看到,东乡人和保安人祖先人群的语言是被强迫替换掉了。

2) 领袖集团的精英主导模式

裕固族的语言应该属于领袖集团的精英主导模式,即裕固族语言的形成和东乡语、保安语的形成过程和模式完全不同。我们知道东部裕固语属于蒙古语族语言,而西部裕固语属于突厥语族语言。两个语言之间不能沟通,东、西部裕固族长期共处了几百年,他们的语言也未相互混淆。

这两个裕固族语言在句法上不同也不通,在词汇层面有多少共享的比例? 我们统计了两部词典的共有词汇:东部裕固语的词汇基于孙竹等[49]的词典,西部裕固语的词汇基于陈宗振等[50]的词典。本文选了 845 个可资比较的词汇,即在两个词典里共有的词汇,这些词汇基本属于常用词汇。在 845 个词汇里,两个裕固族语言共享词汇有 108 个,占比 12.78%,其中藏语词有 14 个(有的藏语词很可能没有被笔者识别出来),占总数的 1.66%。如果排除共享的藏语借词,那么两个裕固语的词汇共享率是 11.12%。由于是日常的词汇,藏语词的使用不广泛,但只要涉及宗教词,藏语词就会增多(请参见 Nugteren 和 Roos[51]找到的东西裕固语中的藏语词汇)。本文使用的两部词典都是 30 年前编纂的,今天这个数字肯定会有所变化,但是倾向性的特点还是很明显的,即东、西裕固族几百年来共享的词汇不多。两个语言在词汇上互借的较少,是两个完全独立的语言。

相比之下,汉语对西部裕固语在词汇上产生了很深的影响。在西部裕固族的 845 个常用词汇里,汉语词汇占了 19.52%;而汉语对东部裕固语在词汇上没有那么大的影响,东部裕固词汇里只有 8.87% 的汉语词汇,如图 10-2 所示。

如果加大统计数字的基数,情况略有变化。比如在保朝鲁等[52]编纂的《东部裕固语词汇》里,词汇总量为 3 674 个。作者们明确标出西部裕固和东部裕固共享的词汇有 121 个,占总数的 3.29%。这个比例明显比在常用的 845 个词汇里要少。东部裕固语里的汉语词汇在保朝鲁等[52]的词汇里仅有 6.85%,比

845 词常用词里减少了一些(在 845 个词汇里,占比是 8.87%)。在陈宗振等[50]编纂的《中国突厥语族语言词汇集》里,西部裕固语在基数为 3 404 个词时,汉语借词的比例达到了 38.16%(在 845 个词汇里,比例是 19.52%)。有一点是很清楚的,西部裕固语比东部裕固语借贷的汉语词汇要多得多。这一点也是我们项目需要研究的一个问题,是什么因素使得西部裕固语借入如此数量的汉语词汇?为什么东部裕固语在词汇上能基本保持得比较完好?

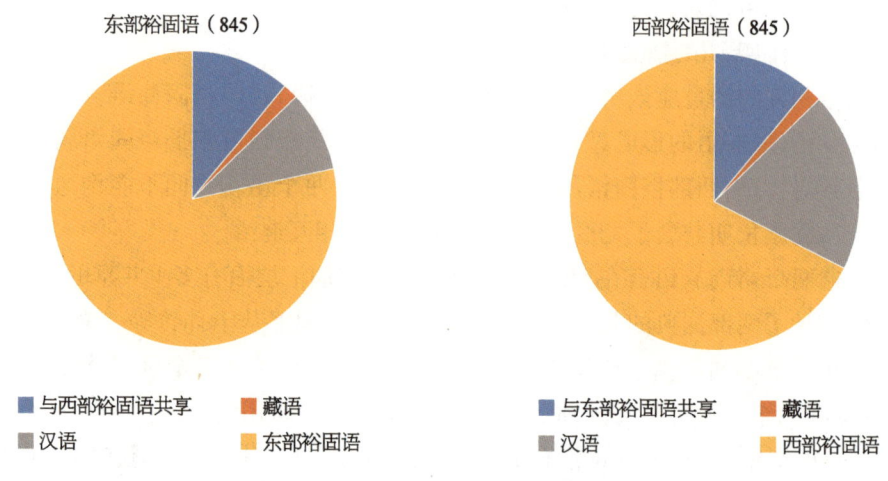

图 10-2　东部裕固语和西部裕固语的词汇

对比他们的语言和基因的构成,我们看到情况比较复杂。根据文少卿对裕固族分子人类学方面的前期研究[24],东西裕固族的父系来源不同。Y 染单倍群 C3*-M217 在蒙古人群中高频[53],在东部裕固族群被测试的 45 个个体里只占约 14.3%。单倍群 D1-M15 和 D3-P47 在藏人里高频,但在东部裕固族里却占 24.5%。西欧亚单倍群 J-M304 在东部裕固族测试的人当中占 10.2%(在保安人里占 18.75%,在东乡人里占 16.82%)。东部裕固人群里有这么高的比例来自西欧亚,很有可能这些祖先群体是 13 世纪后迁入中国境内的,和东乡、保安的祖先父系有共同的来源。

西部裕固族的父系单倍群的组合也很耐人寻味,在 54 个被测试的个体中,在蒙古人群中高频的 C3*-M217 比例达到了 29.63%,在藏人中常见的 D1a*-N1+,N2-只有 5.56%。单倍群 Q 主体主要分布在北亚和美洲[24],但在西部裕固族被测试的人中高达 14.8%,在东部裕固族被测试的人中也有 6.1% 左右的比例。这些都是我们要在本项目中继续研究的题目。

分子人类学的研究成果为目前看到的裕固族语言分布状况提供了很多重要信息。上述数据告诉我们,今天讲裕固语言的人群很可能也发生过语言替换现象,只是过程和东乡语、保安语完全不同。我们可以看到讲西部裕固语(属于突厥语族语言)的人群有相当一部分来自过去应该讲蒙古语的人群,这些人群占到了29.63%,而讲东部裕固语(属于蒙古语族语言)的人群却只有14.3%的数量来自过去讲蒙古语的人群。虽然这些比例不能绝对化,但是这一个与预期不同的现象很值得研究。按理说,讲东部裕固语的人应该更多来自蒙古语人群,而事实恰恰相反,讲属于突厥语族的西部裕固语人群,却有不少父系祖先是讲蒙古语人群的印迹。

从父系祖先成分看,东部裕固族里不少藏人习得了东部裕固语,他们放弃了藏语——这一在甘青地区8—9世纪一直占优势的语言[54~55]。在两个语言的常用词汇里,藏语词如此之少也可以说明这一点。根据陈宗振等[50]编纂的《中国突厥语族语言词汇集》,在基数为3 404个词时,藏语借词也只有近1%。在保朝鲁等[52]编辑的《东部裕固语词汇》里,在基数为3 674个词时,藏语词汇有64个,约占总数1.74%。这个比例和845个基数时的比例没有太大的变化(845个词里,藏语词占1.65%)。这表明,除了宗教活动,藏语词汇在西部裕固语、东部裕固语人群日常生活方面基本没有活力了。不过,藏语词汇在东部裕固语里占的比例很重要,因为我们已经注意到,藏人中高频的父系单倍群在东部裕固族里也高频,很可能这些原本讲藏语的祖先群体彻底融入东部裕固族中,他们的语言也转为东部裕固语。单倍群和语言虽不能等同,但是我们通过语言和基因的统计对比,还是能够看到语言和人群演变的痕迹,尤其是当这些群体和语言的形成只有几百年的情况下。

西部裕固族里,本来讲蒙古语的群体有很大比例融入了讲属于突厥语的群体,另一些来自中亚、西亚的移民也融入了西部裕固族的人群里,加上西伯利亚来的Q父系群体(约14.8%)和汉人群体(约28%),西部裕固族是一个父系来源异常丰富的群体,如图10-3所示。

每个群体的父系都是多元的,但都有一个或几个为主的父系成分,那么怎么解释裕固族这种父系群体的复杂分布?裕固族父系分布的特殊性在于,东部裕固语属于蒙古语族,蒙古族中高频的父系单倍群在东部裕固族中占比并不高,而在藏人高频的单倍群却大量出现在东部裕固族里。西部裕固语属于突厥语族,但是在中亚、西亚高频的单倍群在西部裕固族中却占很小的比例(比东部裕固族少),在蒙古人中高频的单倍群数量却很大。我们认为可以用

"领袖集团的精英主导模式"解释这一现象。前面已经说过,这种模式是由于不同群体崇拜某些领袖人物、自愿加入他们领导的群体而自然形成的。对裕固族的群体来说,就是不同的部落习得强势部落的语言并加入了他们的部落。东部裕固族的领袖部落是安姓部落,西部裕固族的领袖部落是亚拉格部落。

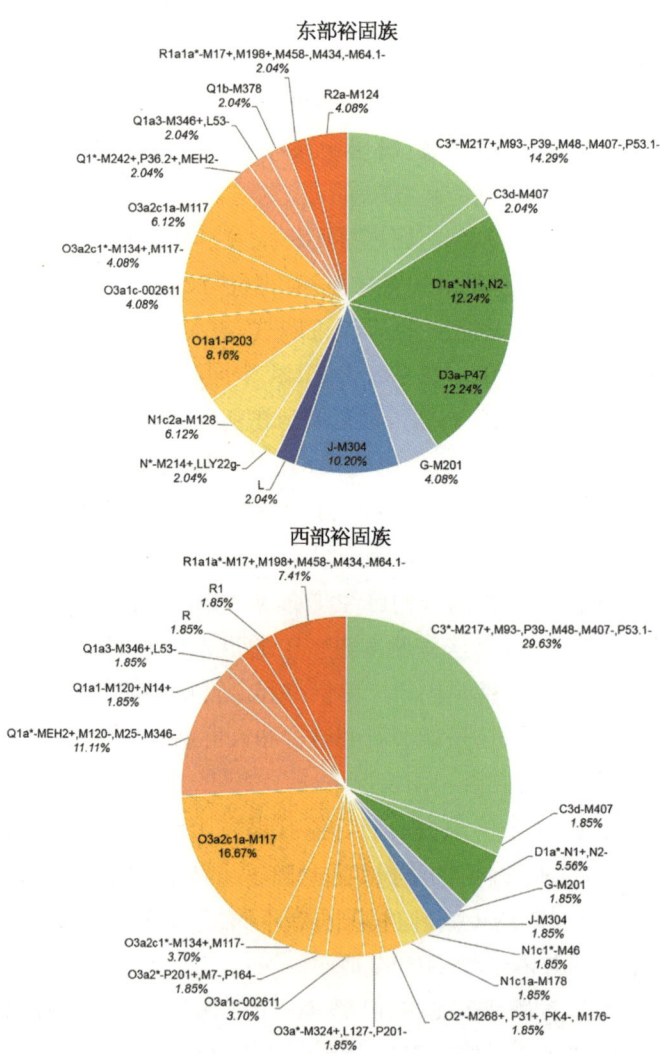

图 10-3　裕固族群体 Y 染色体分布[24]

（1）东部裕固族的安姓部落

裕固族有一个有名的说法,"天下头目都姓安"[56]。安姓是根据裕固语 Anjang 的汉语音译的,也被称为"安江"氏族。裕固族不同部落的汉姓都是用一个音近的汉姓或汉字替代了裕固语的姓氏。据记载,"清朝沿袭历史惯例,起用了西拉尧乎尔的统治者'阿勒坦·乌日古'氏族后裔为大头目,即安江氏族"[57]。据高启安[56]的研究,"裕固族的安姓,实为'安账'","奄章[即安账]为中华人民共和国成立前裕固族大头目的直系祖先,原为蒙古贵族。"其他小的氏族都依附于较大的氏族,安江部落自然成了领袖部落,安江氏族讲蒙古语。有些本来讲其他语言的氏族也依附于安江氏族,改用蒙古语。根据高自厚[56]的研究,"安帐"(即 Anjang,笔者注)来源于"安定王",此称是王号。洪武八年(1375),卜烟贴木儿被封为安定王。那么如何解释安定王的后裔既有讲蒙古语族的东部裕固语,又有讲突厥语族的西部裕固语的现象? 高自厚[56]认为:讲东部裕固语的是"安定王的亲属;另一部分是后来的曼台部落,其语言既讲属蒙古语族的东部裕固语,又讲属突厥语族的西部裕固语,显然由安定王的侍从繁衍而成"。对高自厚的这一假设,我们还要进一步研究验证。从今天看到的事实来看,这种现象完全符合领袖集团的精英主导模式。

(2) 西部裕固族的亚拉格部落

亚拉格(Yaklagar)部落是一个历史悠久的部落。在今天的裕固族人里改为汉姓"杨"。许多学者已经指出,其先人是古代回鹘创始部落的首领。如高自厚[56]指出,这个部落的名字不但在《辽史》《明史》中有记载,在《旧唐书》也早有记载。高自厚[56]指出 Jaγlagar 部落"汉译为'亚拉格'。这同唐代的回纥的著名部落'药罗葛'、宋代河西回鹘中的'夜落纥'之称完全一致。说明'亚拉格'之称源于'药罗葛'。"

应该注意到,这个部落的名字在 8 世纪古突厥文的碑文里已有记载。一个出现在铁尔痕碑(Terkhin inscriptions),另一个出现在苏吉碑(Suji inscriptions)。铁尔痕碑镌刻的字体和鄂尔浑的碑文一致,镌刻时间在 8 世纪左右[58],苏吉碑的镌刻时间约在 840 年以后[59],即为回鹘被黠嘎斯击败以后的记录。铁尔痕碑西面第七行提到了立下战功的首领,其中就有 Išbara Sengün Yaglakar 的名字(转写来自 Tekin[58]),汉语译为"夜落葛"[60]。Sengün 一词是古突厥语借自汉语的词,义为"将军",曾在 8 世纪的鄂尔浑碑文里多次出现[61]。据铁尔痕碑的碑文记载,夜落葛将军即亚拉格的先人,曾是领导 5 000 人的战功赫赫的将军。请看碑文上亚拉格的名字:Išb(a)ra s(ä)ŋün y(a)γl(a)q(a)r(转写来自 Tekin[61])。他把鲁尼文不需要刻写的元音补了出来。很明显,Yaγlaqar [y(a)γl(a)q(a)r]就是亚拉格的名字,Išbara säŋün [Išb(a)ra s(ä)ŋün]被 Tekin[61]译为"五千人的首领"(head of five thousand soldiers)。Tekin[61]认为这段文字记录的是753年的事件,并且怀疑亚拉格应该和苏吉碑里提到的亚拉格是同一个人。

"苏吉碑"应是840年回鹘人被黠嘎斯击败以后的记录。碑文第一行的译文从发现至今,在突厥碑文的学者里一直有争论,甚至译文完全相左。比如林幹[60]按照早年芬兰和苏联学者的译文给出了两个意义相反的译文:①"我药罗葛汗阿塔来自回鹘之地"。②"我来到回鹘之地药罗葛汗处。"许多学者发现了①类译文第一行和第二行的内容相矛盾,第二行明确表示"'我'是黠嘎斯之子"。黠嘎斯正是840年把回鹘各部彻底击败的部落,也可以说是回鹘的敌人。所以第二种译文"我为追赶药罗葛汗来到回纥之地"(参见Bazin[59]、洪勇明[62]等)被认为更合情理。

上面的史料都是要说明亚拉格氏族在西部裕固族是当之无愧的领袖部落。其他姓氏部落不断加入其中,习得西部裕固族语言,彻底融入了这一大部落。佐口透[63]根据前人研究,综述的裕固族部落姓氏有40多个。从这40多个部落的名称,我们看到了裕固族原有各部落的历史遗存,这些大大小小的部落在不同时期融入了裕固族东、西两大群体。他们原始部落的语言目前还没有被调查研究,但是从其父系群体的分布及今天两个裕固族语言的匹配状况,我们看到了典型的领袖集团的精英主导模式的作用。

2. 非汉语言的混合和替代模式Ⅱ——文化主导模式

我们[24]认为,精英主导模式只是语言混合和替换的一种模式,应该看到,还有文化主导模式,当然还应该有其他模式(容后续研究)。文化主导模式是指,某些群体尊崇另一些群体的文化、语言、宗教信仰,有时还包括生产技术或政治、经济地位,这些被尊崇的文化、语言或宗教可以是统治集团的文化、语言或宗教,也可以不是统治集团的文化、语言或宗教,最后发展的自然结果是尊崇别族文化的群体的语言不知不觉被彻底替换掉了。

在甘青地区,这一模式适于甘肃酒泉黄泥堡的裕固族群体。根据裕固族学者萨莉延羽[64]的文章,黄泥堡因"古代边道城堡而得名"。他还指出,酒泉境内的裕固族"明至清代一度为夜落隔部辖区",1955年建立了黄泥堡裕固族自治乡,在黄泥堡有900多裕固族人[65]。萨莉延羽在文章中提到的"夜落隔"是我们前面提到的亚拉格的异写形式。笔者在2015年田野调查时拜访了这位学者,他告诉我,在晚清时期,他祖父辈的人已经开始用汉语了。这一情况与《裕固族社会历史调查资料》[66]编辑组研究者们谈到过的材料相吻合:"据传说,在前四辈人的时候,就越来越普遍地接受了汉族文化,使用了汉语语文"。整个黄泥堡的裕固人由于长期和周边汉人生活,向其学习农耕技术,已经有至少三四代人都改讲汉语了。裕固族在历史上是游牧民族,在黄泥堡定居下来的裕固人向汉人学习农耕技术,结果形成半耕半牧的生活方式,甚至"逐渐开始务农"了[66]。这样看来,黄泥堡的裕固族语言被汉语彻底替换了。

文化主导模式可以解释中国境内和境外曾经发生过的语言替代现象。统治集团的语言也有被彻底替换掉的例子。

例如成吉思汗次子的封地在中亚地区,察哈台汗国虽然是统治者,但他们的经济、文化不如中亚的维吾尔族人[60],由于察哈台的后裔崇尚突厥文化,他们在文化上反而被当地的群体"伊斯兰化"或"突厥化"了。这一地区文化主导的模式意味着,统治集团受到被统治者文化的吸引,渐渐由尊崇到彻底吸收,随着时间的流逝,语言也随之被替换了。还有一个例子就是清王朝统治者语言濒危、几乎消亡的例子。根据季永海[67]的研究,满语逐渐衰落分成三个阶段,最初是清朝用满语上朝,中期是汉语和满语并用,到最后满语被彻底废弃了。同样,清王朝的统治者从小习得汉语,作画赋诗,堪比汉人子弟,由欣赏、羡慕汉文化到被彻底征服,这样满人的语言也发生了替换。虽然今天中国境内满语还存在,但已经濒危、没有任何活力了。大部分满族人彻底融入汉人群体,他们已经几代不讲满语,他们祖先讲的满语已经彻底被汉语替换掉了。

上述是统治集团的语言被替换掉的两个例子。历史上类似情况也发生过,比如契丹人和女真人的精英阶层都熟悉甚至精通汉语、崇拜汉文化。结果金朝的统治者哀叹,"汝辈自幼惟习汉人风俗,不知女真纯实之风,至于文字语言,或不通晓,是忘本也"(金史·本纪第七,世宗中)[49]。世宗还责备海陵王:"亡辽不忘旧俗,朕以为是。海陵习学汉人风俗,是忘本也"(金史·列传第二十七)。《金史》中,女真统治者至少有五次用"忘本"这个词警示臣民不要放弃女真语,要以辽朝和西夏为榜样,因为后两者尽力保持了自己的语言和风俗。

简言之,精英主导模式里的两个类型——统治集团的精英主导和领袖集团的精英主导是不能同日而语的。因为第一个类型往往伴随腥风血雨的暴力过程,而第二个类型与"文化主导"有某些相近之处,即跟随领袖集团和崇拜别族的文化会导致一种潜移默化的、和平演变的结果。上述的历史事实充分说明了这一点。

3. 非汉语言和汉语的接触和结果

汉人群体是典型的农耕群体,而北方非汉人群多为游牧、渔牧或半耕半牧群体。中国几乎近一半的历史都是农耕群体和北方游牧群体、渔牧或半耕半牧群体的竞争。在中国北方尤其是西北地区,汉语受到非汉语冲击的语言历史引人注目。汉代以前直至近代,北方非汉群体就曾建立政权、称霸一方甚至整个北部地区,如匈奴、鲜卑、柔然、突厥、回鹘、党项、契丹、女真,更不要说蒙古人后来建立的元朝,以及满人建立的清朝统治了整个中国的疆土(比现有的还广阔)。从今天的语言现状看,北方汉语在词汇层面存留了不少满语词汇[68~71],但在句法层面非汉语言的痕迹就很少(不是没有)。在中国西北甘肃青海一带,情况却大相径庭,非汉语的部分句法成分已深深植入了当地汉语方言。

我们[72]曾经谈到语言混合的三个机制,即移民群体的居住方式、宗教优势导向和说话者的有意识选择。第三个指的是一种"协商"机制[73],这一条件对语言的混合非常重要。只有说话人尽量理解、模仿对方的语言表达,才能促进语言的混合。甘青一带流行的"花儿",是典型的各种群体之间长期"协商"的艺术结晶。这种艺术形式既有汉文化又有非汉文化,为当地各民族所接受就是一个很好的例证。在甘青一带,如果有"混合语",都是汉语和非汉语的混合,比如五屯话已经成为"混合语"[12, 34, 74],唐汪话正向这一步迈进[24]。这里我们看到只有汉语和非汉语混合成了一个"混合语",暂时没有见到非汉语和非汉语由于长期接触而成了"混合语"。当然学者们用的标准不同,比如Dwyer[75]认为撒拉语是突厥语和藏语、汉语的"混合语",但是这一观点没有被学者们接受,撒拉语仍然是突厥语族的一员。再比如前面谈到的裕固族两个语言的实例,这两个语言长期共存,没有形成"混合语"。其实任何一个语言都不是纯质的,但到什么程度才能算是混合语还需要有一个客观的、可以量化的标准[72]。

非汉语受到汉语词汇层面的影响,借贷程度不一,但都未能动摇非汉语言的根基。汉语受到非汉语言句法层面的影响,结果导致汉语整个句法发生了变更(语序改变、格标记产生等)。第二种影响方式导致一个语言本质性的改变。有意思的是,汉语受到了非汉语的深刻影响,但是不管是词汇层面还是句法层面,不管是表层还是深层,都没有发生语言替换,即没有发现农耕语言被游牧语言替换的现象。但是反之,游牧语言有被农耕语言替换的例子(比如前面黄泥堡的例子)。两个语言深度混合可以产生第三种语言(比如五屯话),但这个结果不是语言替换,即不是A语言被替换成了B语言,混合的结果是产生了C语言。

4. 在同一个语言区域为何有的语言被替换而有的语言未被替换

前面举过的例子里有东乡语和保安语,这两个语言和父系来源不匹配,我们[24, 43]因此推测,他们的祖语已被替换。东部裕固语、西部裕固语和两个群体父系的来源呈现复杂的局面,笔者认为,这里面有不少群体或小部落改变了原有的语言,即语言发生了局部的替换,有的小部落的语言甚至可能已发生过多次替换。

在甘青一带,属于突厥语族的撒拉语没有发生像东乡语、保安语这样的替换。撒拉语的祖先群体也来自中亚,根据他们的口头传说[76]及历史记载[77],撒拉人的先民是撒鲁尔人,是从中亚的撒马尔罕移民来的。传说当时两个兄弟不满当地统治者的迫害,在元朝初期[78]带领家族东迁到甘青一带落了户。撒拉语属于突厥语族语言,尽管今天的撒拉语有比例为32%的汉语借词,但是突厥语句法的核心部分没有改变,即没有发生语言替换。

对比撒拉人的语言和基因信息,如图10-4所示,两种信息基本是匹配的。中亚人群特有的R1a1a*-M17单倍群在被测试的134个撒拉人个体里比例格外高,达到了35.07%。这一单倍群在被测试的东乡人里占14.02%,在保安人里占10.94%。这一结果和撒拉人的传说一致,即他们的祖先群体来自中亚。撒拉人的移民时间约为13世纪[73,78],和东乡语、保安语群体移民来中国的时间相差不多。从父系成分看出,东乡和保安人群除了典型的中亚单倍群R1a1a*-M17外,还有丰富的西欧亚单倍群。他们当时讲的语言很可能至少有突厥语、阿拉伯语和波斯语及其方言。这些痕迹都留在了这些语言的底层词汇里。比如在今天东乡人的词汇里,在基数是10 994[79]时,底层词汇的比例约为5.65%[40]。根据米娜瓦尔·艾比布拉[80]的研究,撒拉语"保留了较多

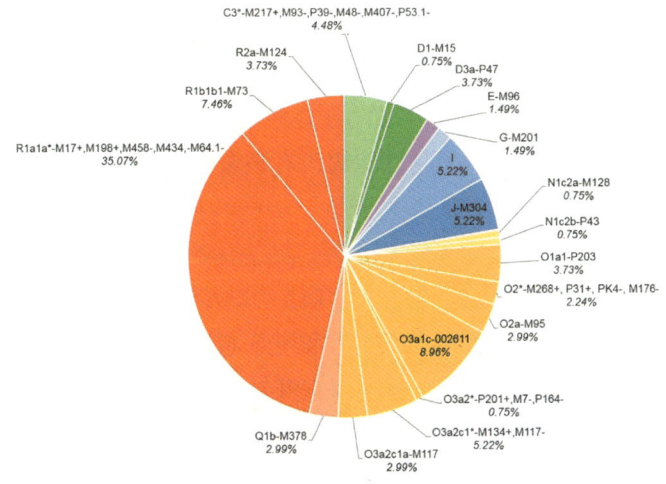

图10-4 撒拉群体Y染色体分布[24]

的古代突厥语词和大量的与乌古斯语组土库曼语相同的词"。同一作者指出撒拉语里的阿拉伯语-波斯语的借词不多。由此看出,当时撒拉人的主体大概是讲突厥语的群体,撒拉人讲的语言至今仍属于突厥语族的语言。在这点上,学者们似乎达成了共识,但是把撒拉语放到突厥语族的哪一支,大家意见并不统一。有一点是肯定的,撒拉人的语言没有被当时统治者的语言——蒙古语替换,而从中亚来的撒尔塔(东乡、保安)人的语言被彻底替换了。

同是来自中亚的群体,为什么东乡人和保安人的语言被替换了,而撒拉人的语言没有发生这种替换?从历史记载看,东乡、保安、撒拉这三个群体的祖先核心成分都是由中亚移民过来的。前面已经说过,《蒙古秘史》多次提到撒尔塔人被蒙古人征战和讨伐,很有可能撒尔塔人中有一部分是保安人的祖先。这一推测与《青海省志·宗教志》[81]作者们的观点"撒尔塔人吸收融合了蒙古族"相同,也与迈尔苏目·马世仁[40]研究保安人后得出的结论相吻合,他说"孕撒尔的保安族先民,就是从中亚来的'撒尔塔'穆斯林"。从保安人东迁的地名也可以看出保安和撒尔塔有关联,如迈尔苏目·马世仁[40]指出,西域来的"探马赤军"曾在青海同仁县一带驻防,其中就包括保安镇的撒尔塔(大庄)。

东乡、保安、撒拉这三个群体的移民原因和移民方式完全不同。东乡和保安两个群体属于被迫移民,他们的祖先是成吉思汗西征时因战败被掠夺到中国境内的"签军"、"探马赤军"、工匠等,他们迫不得已放弃了自己的母语而习得蒙古语。撒拉族先人的移民则是一种自主的选择,他们东迁是为了摆脱中亚当地统治者的压迫。Saguchi曾认为撒拉人地位在元朝时期比较高(转引自Dwyer[75])。禹规娥等[82]也提到撒拉人"跟随蒙古人南征北战,为统一中国立下赫赫战功",因而受到蒙古统治者的优待。这样看来,撒拉语没有被蒙古语替换就不难理解了。撒拉族群体移民甘青后,撒拉语受到了汉语和藏语的深刻影响,这点是毋庸置疑的,但是撒拉语没有被蒙古语替代也是不争的事实。

三、余论

甘青一带的语言和人群为我们提供了一个理想的研究空间。甘青一带的非汉语言按照群体的聚集,几百年以来,以某一核心群体的语言为母语。我们看到,这些族群可以一次甚至多次改变自己的语言以适应生存和发展。他们的底层语言成分和周边语言混杂在一起,有的底层成分自行消失,有的逐渐扩散开来,以另一种方式存留在其他的语言中。没有一个群体和语言是单一的。

群体的语言可以随时变化。这一地带的移民历史使我们看到，一个语言改变和替换的速度是惊人的。而基因是世代相传的，尤其是父系 DNA 和母系 DNA 是永久可追踪的信息。这为语言学研究提供了可靠的物质基础。

甘青一带的语言形成了一个语言区域，而越往东，汉人群体和语言的优势也就越明显，历史上如此多的非汉群体曾入主中原，但没有一个群体的语言在中原保留下来，汉人历史上的首都基本都在北方。这些因素使得中原一带不可能有形成一个语言区域的土壤。因为这些非汉群体全部无例外地被汉化了。地理位置和环境因素对语言有巨大的影响。我们也看到，主动移民（撒拉人）和被动移民（东乡人和保安人也会）对语言产生不同的影响和结果。本文尝试通过跨学科的研究方法，用精英主导模式和文化主导模式分析甘青一带语言和人群的混合和替代。

我们的项目刚刚开始，我们希望将来有更多更好的跨学科的研究成果与读者见面。

参考文献

[1] Weinreich U. Languages in contact-findings and problems. The Hague: Mouton de Gruyter, 1968.

[2] Muysken P. Halfway between Quechua and Spanish: the case of relexification//Highfield A R, Valdman A. Historicity and variation in Creole studies. Ann Arbor (MI): Karoma, 1981: 52-78.

[3] Thomason S G, Kaufman T. Language contact, creolization, and genetic linguistics. Berkeley and Los Angeles: University of California Press, 1988.

[4] Comrie B. Language contact, lexical borrowing, and semantic fields//Dicky G, John N, Jos S. Languages in Contact (Studies in Slavic and General Linguistics). Amsterdam: Rodopi, 2000: 73-86.

[5] Thomason S G. Language contact—an introduction. Washington: Georgetown University Press, 2001.

[6] Heine B, Kuteva T. Language contact and grammatical change. Cambridge: Cambridge University Press, 2005.

[7] Mufwene S S. Language evolution: contact, competition, and change. London/New York: Continuum Press, 2008.

[8] Nicolaï R, Comrie B. Language contact and the dynamics of language: theory and implications. THEMA series, Number 2 (electronic journal), 2008.

[9] Hickey R. The handbook of language contact. New Jersey: Willey-Blackwell, 2010.

[10] 程祥徽.青海口语语法散论.中国语文,1980,2:143-149.

[11] 王培基,吴新华.关于青海口语语法的几个问题.中国语文,1981,1:50-53.

[12] 席元麟.同仁土族考察报告.青海民族学院民族研究所同仁土族考察组(油印本),1983.

[13] 汪忠强.谈谈青海方言的特殊语序.青海社会科学,1984,3:16-21.

[14] 尹龙.循化话中人称代词的变格范畴.青海民族学院学报,1985,4:106-111.

[15] 陈元龙[阿·伊布拉黑麦].甘肃境内唐汪话记略.民族语文,1985,6:33-47.

[16] 马树钧.谈循化话中名词语与其后附语素的组合——准格位范畴.青海民族学院报,1985,2:96-100.

[17] 李克郁.青海汉语中的某些阿尔泰语言成分.民族语文,1987,3:27-31.

[18] 敏生智.汉语青海方言与藏语安多方言.青海民族学院学报(社会科学版),1989,3:78-87.

[19] Cavalli-Sforza L L. Gene, peoples, and languages. PNAS, 1997, 94: 7719-7724.

[20] Hombert J-M, Bergounioux G, Bocquet-Appel J-P, et al. Aux origines des langues et du langage. Paris: Fayard, 2005.

[21] Sagart L, Blench R, Sanchez-Mazas A. The peopling of East Asia: putting together archaeology, linguistics and genetics. London: Routledge-Curzon, 2005.

[22] Dediu D, Ladd D R. Linguistic tone is related to the population frequency of the adaptive haplogroups of two brain size genes, ASPM and Microcephalin. PNAS, 2007, 104: 10944-10949.

[23] D'Errico F, Hombert J-M. Becoming eloquent: advances in the emergence of language, human cognition, and modern cultures. Amsterdam and Philadelphia: John Benjamins Publishing Company, 2009.

[24] Xu D, Li H, Wen S Q, et al. Language and gene in Northwestern China. Singapore: Springer Nature, 2017: 55-78.

[25] Zhang M H, Shi Y, Pan W Y, et al. Phylogenetic evidence for Sino-Tibetan origin in northern China in the Late Neolithic. Nature, 2019, 569 (7754): 112-115.

[26] Wang C C, Ye H Y, Alexander N P, et al. Genomic insights into the formation of human populations in East Asia. Nature, 2021, 591: 413-419.

[27] Pagel M. Human language as a culturally transmitted replicator. Nature Reviews Genetics, 2009, 10: 405-415.

[28] Campbell L. Areal linguistics: a closer scrutiny. New York: Palgrave Macmillan, 2006: 1-31.

[29] Dwyer A M. From the Northwest China sprachbund: Xúnhuà Chinese dialect data. The Yuen Ren Society treasury of Chinese dialect data, 1995, 1: 143-182.

[30] Slater K W. A grammar of Mangghuer: a Mongolic language of China's Qinghai-Gansu sprachbund. New York: Routledge Curzon, 2003.

[31] Janhunen J. Sinitic and non-Sinitic phonology in the languages of Amdo Qinghai. studies in Chinese language and culture. Oslo: Hermes Academic Publishing, 2006:

261-268.
- [32] Janhunen J. Typological interaction in the Qinghai linguistic complex. Studia Orientalia, 2007, 101, 85-102.
- [33] 钟进文.甘青地区特有民族语言文化的区域特征.北京：中央民族大学出版社,2007.
- [34] 徐丹,贝罗贝.中国境内甘肃青海一带的语言区域.汉语学报,2018,3:2-15.
- [35] Xu S H, Yin X Y, Li X L, et al. Genomic dissection of population substructure of Han Chinese and its implication in association studies. The American Journal of Human Genetics, 2009, 85(6): 762-774.
- [36] Shou W H, Qiao E F, Wei C Y. Y-chromosome distributions among populations in Northwest China identify significant contribution from Central Asian pastoralists and lesser influence of western Eurasians. Journal of Human Genetics, 2010, 55: 314-322.
- [37] Renfrew C. Archeology and language. Cambridge: Cambridge University Press, 1987.
- [38] 东乡族自治县概况编写组.东乡族自治县概况.兰州：甘肃民族出版社,1986.
- [39] 刘迎胜.回族语言 800 年发展史简要回顾——从波斯语到"回族汉语".中国文化研究,2003:143-153.
- [40] 迈尔苏目·马世仁.在"田野"中发现历史.北京：中国社会科学出版社,2008.
- [41] 杨亚军,许海东.基因分析视野下的保安族源流探微//在"田野"中发现历史.北京：中国社会科学出版社,2008:332-351.
- [42] 徐丹,文少卿,谢小冬.东乡语和东乡人.民族语文,2012,3:59-65.
- [43] 包力高.东乡语与蒙古书面语元音辅音的对应//东乡语论集.兰州：甘肃民族出版社,1988:76-91.
- [44] 马虎成.撒尔塔：一个曾经被忽略的民族名称——也谈撒尔塔与东乡族族源（上）.西北民族研究,1992,2:65-72.
- [45] 马虎成.撒尔塔：一个曾经被忽略的民族名称——也谈撒尔塔与东乡族族源（下）.西北民族研究,1993,1:55-67.
- [46] 余志鸿.从《蒙古秘史》语言看东乡语.民族语文,1994,1:17-22.
- [47] 马志勇."撒尔塔"与东乡族族源.西北民族学院学报（哲学社会科学版）,1983,1:31-48.
- [48] Rachewiltz I, Volker R. Introduction to Altaic philology: Turkic, Mongolian, Manchu. Leiden/Boston: Brill, 2010.
- [49] 孙竹.蒙古语族语言词典.西宁：青海人民出版社,1990.
- [50] 陈宗振,努尔别克,赵相如,等.中国突厥语族语言词汇集.北京：民族出版社,1990.
- [51] Nugteren H, Roos M. Common vocabulary of the Western and Eastern Yugur languages—The Ethnomyms. Rocznik Orientalistyczny, 2003,1: 133-143.
- [52] 保朝鲁.东部裕固语词汇.呼和浩特：内蒙古人民出版社,1984.
- [53] Zerjal T, Wells R S, Yuldasheva N, et al. A genetic landscape reshaped by recent events: Y-chromosomal insights into Central Asia. The American Journal of Human Genetics, 2002, 71: 466-482.
- [54] 齐德舜.唃厮啰家族世系史(博士论文).兰州：兰州大学,2010.
- [55] Janhunen J. On the hierarchy of structural convergence in the Amdo sprachbund//

Suihkonen P, Comrie B, Solovyv V. Argument structure and grammatical relations: a crosslinguistic typology. Amsterdam: John Benjamins Publishing Company, 2012: 177-190.

[56] 高启安,高自厚.中国裕固族研究集成.北京:民族出版社,2002:131-133.

[57] 张志纯.甘肃裕固族史话.兰州:甘肃文化出版社,2009.

[58] Tekin T. The Tariat (Terkhin) inscription. Acta Orientalia Academiae Scientiarum Hungaricae, 1983, 37: 43-68.

[59] Bazin L. Les premières inscriptions turques (Ⅵ^e-Ⅹ^e siècles) en Mongolie et en Sibérie méridionale. Arts Asiatiques, 1990, 45: 48-60.

[60] 林幹.突厥与回纥史.呼和浩特:内蒙古人民出版社,2007:46-57.

[61] Tekin T. A grammar of Orkhon Turkic. Bloomingtong: Indiana University, 1968.

[62] 洪勇明.古代突厥文《苏吉碑》新释.中央民族大学学报(哲学社会科学版),2010,1:122-128.

[63] 佐口透.新疆民族史研究.章莹,译.乌鲁木齐:新疆人民出版社,1993.

[64] 萨莉延羽.黄泥堡裕固族乡的建立.酒泉文史资料(第三辑),1990:176-177.

[65] 萨莉延羽.酒泉境内的裕固族.酒泉文史资料(第十二辑),2001:254-268.

[66] 《裕固族社会历史调查资料》编辑组.裕固族社会历史调查//裕固族东乡族保安族社会历史调查.北京:民族出版社,2009:1-35.

[67] 季永海.从接触到融合——论满语文的衰落(上).满语研究,2004,1:24-34.

[68] 爱新觉罗·瀛生.北京土话中的满语.北京:北京燕山出版社,1993.

[69] 爱新觉罗·瀛生.满语杂识.北京:学苑出版社,2004.

[70] 赵杰.北京话的满语底层和"轻音"、"儿化"探源.北京:北京燕山出版社,1996.

[71] Liu K Y. L'influence du mandchou dans le pékinois modern-Une étude comparative sur le contact linguistique entre le mandchou et le pékinois moderne. Thèse de doctorat de l'INALCO, 2021.

[72] 徐丹.中国境内的混合语及语言混合的机制.语言战略研究,2018,2:59-79.

[73] Thomason S G. Language contact and deliberate change. Journal of Language Contact, 2007, 1: 41-62.

[74] 意西微萨·阿错.倒话研究.北京:民族出版社,2004.

[75] Dwyer A M. The Turkic strata of Salar: an Oghuz in Chaghatay closthes? Turkic Languages, 1998, 2: 49-83.

[76] 芈一之.撒拉族的来源和迁徙探实.青海民族学院学报,1981,3:59-66.

[77] 循化撒拉族自治县地方志编纂委员会.循化撒拉族自治县志(1991-2010).西安:三秦出版社,2017.

[78] 周伟州.西北少数民族多元文化的历史与现状.西北民族论丛,2004,3:1-45.

[79] 马国忠,陈元龙.东乡语汉语词典.兰州:甘肃民族出版社,2001.

[80] 米娜瓦尔·艾比布拉.《突厥语大词典》古语词.民族语文,2009,4:65-71.

[81] 青海省志·宗教志编纂委员会.青海省志·宗教志.西安:西安出版社,2000.

[82] 禹规娥.撒拉族.乌鲁木齐:新疆美术摄影出版社/新疆电子音像出版社,2010.

第十一讲
青藏高原人群的遗传历史

王传超

（厦门大学人类学研究所）

青藏高原是世界海拔最高的高原，包括中国西藏全部和青海、新疆、甘肃、四川、云南的部分以及周边一些国家和地区。青藏高原是藏缅语人群形成和分化的主要地区，有着丰富的遗传和文化多样性。青藏高原的族群形成和迁徙历史一直是学界关注的焦点。近年来，遗传学技术手段的进步及其在人群起源迁徙研究中的应用，为研究者在人群遗传结构层面探究青藏高原考古学文化变迁和语言演化假说提供了直接的证据。

一、遗传、考古和语言学交叉研究的理论基础

生物学、考古学和语言学交叉研究的理论基础，从生物学角度上看，主要是通过DNA回溯我们祖先的起源和迁徙的历程。人类DNA主要分为三类，包括常染色体、性染色体（XY染色体）和线粒体。常染色体是人类整个基因组中最大的一部分，包括来自父母双方的22对常染色体；性染色体中的Y染色体只能由父亲到儿子单向传递，可以很好地反映父系的历史；线粒体DNA是由母系传递的，虽也有极个别的线粒体杂合现象，但总体说来线粒体反映来自母系的历史。正是由于常染色体、Y染色体和线粒体不同的遗传方式，我们可以用这三种类型的DNA组合起来推断祖先的历史。

我们要研究的对象更细化来讲是人类染色体发生的变化，又叫基因突变。我们可以把基因组看作一串字母，基因组包含大约30亿对碱基对，可以用字母来表示：A（腺嘌呤）、C（胞嘧啶）、G（鸟嘌呤）和T（胸腺嘧啶）。整个基因组

就是由 A、T、G、C 这四种碱基排列组成的，如果碱基序列发生了变化，我们就把它称为基因突变。两条对齐的字母序列中大约 99.9% 是相同的，但最后剩下的 0.1% 是不同的，也就是说两个基因组间的差别约为千分之一（大约为 300 多万个碱基位点）。在突变速率恒定的情况下，从这些不同中可以反映出突变累积所花的时间。通过这些突变，人们可以辨识出两个人亲缘关系的远近。同时，这种突变也精确地记录了历史上的信息。

举例来说，我们可以通过发生在 Y 染色体上的突变来以今溯古，可以追溯到产生该突变的祖先支系，最后追溯到我们都来自非洲。追溯的过程就像我们编一本家谱，而突变就像路标，我们可以据此追溯祖先。我们可以把全世界的男性用一个走出非洲的谱系树表示出来，在这个谱系树上我们用 A－T 来代表不同的类型，比如从地图上看，东亚主要是 C、D、N、O、Q 等类型，再向靠近谱系树的根部追溯，就是非洲非常古老的单倍群了。Y 染色体不同类型的分布有其地理规律，这是由于在人群的迁徙和流动过程中会不断产生新的突变，这些突变会随着人群的流动而来到不同的地方。由于在史前阶段没有发达便利的交通，一个人群从祖先人群中迁徙出去，就会产生人群的隔离，隔离会造成 Y 染色体上的不同类型呈现出不同地理分布格局。比如青藏高原上的人群的 Y 染色体类型主要是单倍群 D，这一类型还分布在日本，是日本绳文人的代表类型；除了单倍群 D 以外，在北亚和东南亚还有单倍群 C，它在澳大利亚也有分布；在中国大部分地方主要分布的是单倍群 O，这是中国汉族的主流类型。Y 染色体的地理分布规律给了我们一个路标，为我们从实际的地理分布上追溯人群迁徙的路线提供了可能性[1]。

线粒体 DNA 和 Y 染色体有类似的情况，呈现出与地理相关的分布规律。东亚地区的线粒体 DNA 类型主要包括 D、C、Z、A、B、F、N9、M7、M8、M9、M10 等，不同类型有差别的地理分布提示我们可以通过线粒体 DNA 来追溯母系迁徙的历史[1]。无论是 Y 染色体还是线粒体 DNA 都忠实地保留了父系母系祖先的信息，让我们可以以今溯古。

以今溯古依靠的是现代的样本，2010 年以来，由于古 DNA 研究和高通量测序技术的发展，我们可以用古人的 DNA 材料来推断人群历史[2]。古 DNA 指的是从考古遗址和古生物化石标本中获取的古生物的遗传物质。古 DNA 研究以分子生物学技术为基础，分析古代生物的谱系、分子演化理论、人类的起源和迁徙、动植物的家养和驯化过程等。我们可以从考古遗址的古代样本里提取 DNA，通过古代和现代人群 DNA 比较分析，来推断哪几波不同的古代人群混合后形成我们现在的族群。古 DNA 就是在此基础上蓬勃发展起来的研究领域。

在了解了分子人类学,尤其是遗传学的基本概念后,再讨论基因和语言的关系。早在 1895 年,达尔文就预言,如果我们能有一个完好的人类谱系树,那么这个谱系树可以为目前世界上的各种语言提供最好的分类,他提出语言和基因有协同演化的关系[3]。人群在迁徙和流动过程中,遇到山川河流阻隔会被隔离形成不同的人群,人群隔离后会各自产生不同的基因突变,经过长时间的积累,这些基因突变就代表了这些人群或者族群自身的特征,形成与其他人群不一样的遗传结构和表型差异。同时,这些人群的文化特征,比如语言、宗教、服饰、饮食习惯等也有不同的变化,这可以和遗传学平行地代表这个人群或族群的特点。这是基因和语言协同演化的理论基础。在过去的研究中,我们发现基因和语言的关系在 Y 染色体上体现得非常好。比如东亚地区的语言,包括汉藏、苗瑶、南亚、侗傣和南岛等,都可以对应地找到密切相关的 Y 染色体类型[1]。

不同的语言差别积累过程中,不同人群的基因组也在不断积累基因突变,即使是在全基因组水平上,遗传学谱系树和语言分类的对应关系也非常好。但是女性线粒体 DNA 与语言分类的对应关系并不是特别好,可能原因是,在父系社会中,女性大都是由一个地方嫁到另一个地方,在不同人群间的流动性比较大,所以我们没有发现线粒体 DNA 在地理分布和语言上有较好的对应关系。

二、丹尼索瓦人登上青藏高原

旧石器时代甘青地区的考古材料非常有限,直到最近两三年才取得突破,这一突破主要是由丹尼索瓦人带来的。丹尼索瓦人是在大约 3 万年前灭绝的一种古人类,最早是 2008 年在西伯利亚南部阿尔泰山丹尼索瓦洞(Denisova cave)中被发现。当时发现的化石仅包括一块指骨、一颗牙齿以及一些饰物,由于材料太少,古人类学家来判断它的种属比较困难。后来,遗传学家从遗骨中提取出了古 DNA,发现丹尼索瓦人和欧洲已经灭绝的另外一种古人类——尼安德特人有较近的遗传关系,他们可能有着最近的共同祖先,共祖时间可以追溯到距今六七十万年前,这个共同的祖先可能是当时生活在欧洲的海德堡人[4~5]。

丹尼索瓦人的发现给我们提供了一个重要的研究窗口，使得我们探究亚洲尤其是东亚地区是否有古人类和现代人的混血提供了可能。研究发现，这种情况是有可能的，因为在东南亚的巴布亚人、新几内亚人等本土人群就带有5％～6％的丹尼索瓦人DNA。丹尼索瓦人生活在阿尔泰山地区，为什么能够对东南亚地区本土人群有特别的基因贡献？我们推断丹尼索瓦人在旧石器时代可能广泛分布在亚洲，尤其是东亚，包括从阿尔泰山到中国南方至东南亚地区。现代人的祖先进入东亚的时候，分为南北两个分支，南支很可能在中国的南方和东南亚大陆碰到了丹尼索瓦人，发生了混血，然后带着丹尼索瓦人的DNA来到了广阔的东南亚甚至太平洋地区，逐渐形成了现今的本土人群。而北支，也就是我们汉族的祖先则继续北上，只携带了百分之零点几的丹尼索瓦人血统，比例低到甚至可以忽略不计[4~5]。

丹尼索瓦人的血统广泛地分布到了东南亚地区，除了阿尔泰山以外，是否还有其他地区可能找到丹尼索瓦人？这里有一个关键的地方，就是甘肃南部的夏河县。夏河县有一个叫作白石崖溶洞的考古遗址，该遗址是在20世纪80年代被发现的。2019年，兰州大学和中国科学院青藏高原研究所合作对白石崖溶洞进行了测年，发现其年代为距今约16万年。更惊人的是，在洞中有半截下颌骨，通过体质人类学分析，发现这半截下颌骨可能和丹尼索瓦人有关。这一发现证明了早在16万年前古人类就可能通过甘肃南部区域进入了青藏高原。兰州大学和中国科学院团队还对这半截下颌骨进行了古蛋白分析，运用古蛋白做了谱系树，结果和形态学证据吻合，下颌骨中的古蛋白先是和丹尼索瓦人聚类在一起，然后和尼安德特人聚类，最后和现代人聚类，说明该化石所代表的古人类在生物学上与阿尔泰山地区丹尼索瓦洞的丹尼索瓦人亲缘关系最近。这项研究将史前人类在青藏高原活动的最早时间从距今4万年推至距今16万年，同时为现代藏族和夏尔巴人等高原人群的高海拔环境适应基因找到了可能的本地来源，并首次从考古学角度验证了过去只发现于阿尔泰山地区丹尼索瓦洞的丹尼索瓦人曾在东亚广泛分布的推测[6]。

生物学证据表明，阿尔泰山地区的丹尼索瓦人曾来到了甘肃南部，来到了青藏高原的东北角，可能是最早一批登上青藏高原的古人类。丹尼索瓦人来到青藏高原有什么重要的意义？从遗传学角度看，汉族人到达高原会出现高原反应，但藏族人群可以很好地适应高原生活，一个可能原因是藏族人群带有适应高原的基因突变，通过单倍型分析发现与之最相近的是丹尼索瓦人的单倍型,由此推断可能是丹尼索瓦人为藏族人群提供了高原适应基因突变[7]。这不是达尔文的自然选择的结果,而可能是藏族人群和丹尼索瓦人发生了基因交流,从丹尼索瓦人那里"借"到了适应高原的基因突变,让他们可以在高原上不用经过漫长的自然选择就可以适应高原缺氧的环境。

三、分子人类学上所见的狩猎采集人群南北两批次进入青藏高原

我们把时间尺度推进到1万年以内,重点介绍陈发虎、董广辉和张东菊团队的研究发现,他们自2008年对青藏高原东北部的200余处史前遗址进行了调查,选择了考古地层保存完整的53个新石器-青铜文化遗址开展了动物和植物遗存分析工作。在此基础上,研究团队用碳化植物种子直接测定了63个AMS碳十四年龄,并开展了骨骼碳氮同位素的分析工作。通过测年,他们清晰地重构了不同年代框架下动物、植物走上青藏高原的历程[8]。

距今5 200年以前,在青藏高原活动的人群为狩猎采集人群,最早时间可能追溯到距今2万年前。寒冷的末次冰期结束之后,1.5万年以来气候回暖,古人类频繁游猎到青藏高原中低海拔地区(如青海湖盆地和河湟谷地区),到了距今8 000年前后的现代间冰期的温暖阶段,史前人类更频繁地活动在青藏高原周边地区,但没有证据显示这个时期的人群是永久定居青藏高原,更多表现为季节性活动[8]。

对应环境考古的发现,我们可以在分子人类学上讨论经由甘青地区走上青藏高原的人群。从传统分子人类学角度看,根据男性Y染色体的推断,Y染色体单倍群D和C是在旧石器时代进入青藏高原活动的。石宏等人在研究西藏地区高频的Y染色体单倍群D-M174后,认为这一类型代表了东亚地区最早一批(距今约6万年)从南向北的现代人迁徙[9]。单倍群D-M174在安达曼人、尼格利陀人、藏缅人群和日本的阿伊努人中高频分布。单倍群D是从非洲的DE-M1单倍群衍生出来的,单倍群E是D的兄弟支系,E随着班图人西迁非洲,D则可能东迁到东亚。通过对包括东亚、中亚、东南亚群体中所有Y染色体单倍群D型样本的分析认为,D单倍群于6万年前来到东亚南部并向北迁徙。后来新石器时代文明的发展,造成了单倍群D在东亚的两端分布[9]。赵勉等人在藏族线粒体DNA中也发现了一种能够回溯到末次冰期最高峰(LGM,距今22 000—18 000年)之前的西藏特有单倍群类型(M16),该类型的内部共祖时间超过22 000年,代表了末次冰期最高峰之前进入青藏高原的现

代人祖先,从而证明旧石器时代高原本土人群的确融入了现代藏族人群中[10]。

最近几年随着古 DNA 技术的发展,我们想了解和 Y 染色体单倍群 D 所对应的狩猎采集人群从常染色体上看是什么状态。我们近期做的工作是关于东北亚和蒙古高原的遗传连续性研究,包括对日本、蒙古国、中国陕北地区和中国台湾地区等 7 000 多年前的古代人群样本进行 DNA 测序分析,笔者特别感兴趣的是能否找到和 Y 染色体单倍群 D 所对应的最早一批到达东亚的古人类常染色体证据。通过对日本绳文人的研究,我们发现他们代表了一个独特的支系,在东亚人群中独立出来形成一个聚类,和目前发现的东亚地区其他人群的关系都不太密切,但是我们在青藏高原上并没有找到像绳文人这样能代表旧石器时代遗留人群的古人[11]。

我们发现在整个东北亚包括从黑龙江流域到蒙古高原有着非常强的遗传学上的连续性,比如,我们从东北亚地区取一个 8 000 多年前的古人样本,再取一个 2 000 多年的古人样本,将两者进行比较,很难区分出哪个古代样本是 8 000 年前的,哪个是 2 000 年前的。8 000 年前的东北亚古代人群处在狩猎采集阶段,我们可以把常染色体上的这群人认为是代表东北亚、蒙古高原或者北亚地区一个非常独特的遗传学分支类型,从遗传地理上看,这一类型在主成分分析图聚类在了最北边;而壮侗、苗瑶、南亚和南岛语人群聚类在了南边。在中部和北部交界处的是黄河流域的农业人群,然后是汉族人群连接了黄河流域的农业人群和南方的壮侗、苗瑶、南亚和南岛语人群,形成一个由北向南分布的遗传格局[11]。

那么分布在东北亚和蒙古高原上的狩猎采集人群对青藏高原人群有没有遗传学贡献?这些采猎人群分布范围较广,一直从贝加尔湖到俄罗斯远东地区、阿尔泰山区,甚至直接逼近了我国内蒙古地区,他们完全有可能进入甘青地区,影响青藏高原。东北亚和蒙古高原古人的父系 Y 染色体类型在现今的蒙古语和通古斯语人群中广泛分布。比如 7 000 多年前东北亚 Boisman 考古遗址的古人样本的 Y 染色体属于 C-F1396 分支类型[11],这个类型的下游分支就广泛分布在满族、达斡尔族和鄂伦春族人群里。再比如我们推断成吉思汗和爱新觉罗家族的 Y 染色体类型都和蒙古高原、东北亚这些古人类属于同一类[12~14]。这个人群的 Y 染色体属于单倍群 C,非常有可能是走向东北亚的单倍群 C,随着人群扩张进入甘青地区,和单倍群 D 所代表的狩猎采集人群分两个批次进入青藏高原,他们共同在青藏高原周边区域活动,对青藏高原人群的形成产生重要影响。除了 Y 染色体以外,还有线粒体 DNA 的证据。青藏高原人群常见的线粒体 DNA 类型大多也广泛分布在北亚,和北亚人群有密切的关系[9]。如果我们计算时间,这些类型可追溯到 2 万多年前,从时间上来看是一直可以追溯到旧石器时代的,说明他们可能不是随着农业人群的扩张而进入青藏高原的。

四、黄河流域新石器时代农业人群走上青藏高原

根据环境考古研究,距今 5 200—3 600 年间,与青藏高原毗邻的黄土高原西部(陇西黄土高原)的农业人群沿黄河及其支流河谷扩散至青藏高原东北缘。这部分人群以种植粟(谷子)、黍(糜子)为主,而粟黍的生长受温度限制,此时古人类主要生活在海拔 2 500 米以下地区。根据遗址数量和考古遗存(农作物、驯化、建筑遗迹等)判断,该阶段古人类大规模永久居住至青藏高原东北部河谷地带,形成以粟作农业社会为主的村落,少部分人群扩展到海拔 3 000 米左右地区,如距今 4 700—4 300 年人类定居至西藏昌都地区的卡若遗址[8]。

这一阶段和分子人类学上的汉藏同源的模型相吻合。汉藏同源模型最早是由宿兵等依据 Y 染色体证据在 2000 年提出的,他们发现藏族人群的 Y 染色体大多有两种主要单倍群,分别是 YAP+(单倍群 D)以及 M122C(单倍群 O3),这两种单倍群占他们基因库的 80%。先前的研究表明 M122C 是东亚人群的主要类型,尤其是在中国汉族中高频出现,平均有 54%。藏族中也高频出现的 M122C 表明汉藏之间的遗传近缘关系[15~16]。随后由石宏进行了修正,认为汉藏人群有着共同的祖先,一个分支走向青藏高原演化为藏缅人群,另一分支走向东边和南边形成汉语人群,汉藏是同源的关系[9]。近年来,随着高通量测序技术的发展,Y 染色体上的遗传标记更加精细化了,M122C 这一大类被进一步细分,现代的汉族和藏缅人群中都高频出现的单倍群是 Oα-F5 及其支系,其扩张年代估算为距今 5 800 年,被认为与新石器时代的黄河中上游农业人群(原始汉藏语人群)扩张有关[17]。张梦翰等通过对 109 种汉藏语系语言的 949 个词汇词根-语义组合进行谱系建模分析,估计了原始汉藏语分化成现代语言的最早年代为距今约 5 900 年,这也与 Oα-F5 扩张年代相吻合[18]。此外,在北方汉语人群中较高频的单倍群 Oγ-F11 及其支系在现代藏缅语人群中的出现频率很低[19],从遗传学上支持了汉语在汉藏语系中的早期分离,且汉语和藏缅语分化后,北方汉语人群也较少地参与藏缅语人群的形成过程。近期的母系线粒体 DNA 研究表明,在青藏高原现代藏族人群中广泛分布的单倍

群 A11a1a 和 M9a1a1c1b1a 或可追溯到以仰韶文化和马家窑文化为代表的北方粟黍农业人群,根据线粒体 DNA 遗传变异数据计算的分化时间来推算,这些线粒体类型在距今 3 300 年在藏族人群中达到最高比例,进一步证实了黄河流域粟黍人群对走上青藏高原的农业人群的重要遗传贡献[20]。

黄河上游农业人群古基因组为汉藏同源提供直接证据。黄河流域新石器时代至铁器时代的石峁、齐家、仰韶和龙山文化时期的十余处遗址(石峁、金禅口、喇家、五庄果墚、晓坞、汪沟、平粮台、瓦店、郝家台、聂村、大槽子等遗址)的人骨样本的古 DNA 分析证实了黄河流域中上游新石器时代中晚期农业人群在遗传上的连续性[11, 21],而这一具有连续遗传特征的人群与考古学文化上观察到的仰韶文化及其人群西向扩张过程一致。黄河上游金禅口和喇家遗址的男性 Y 染色体中有 Oα-F5 类型,在线粒体上也有北亚类型[21]。在常染色体上,这些人群遗传学的构成上和黄河中游的农业人群也是非常相近的,可被模拟为汉藏人群的共同祖先。汉族是与藏族遗传关系最近的低海拔人群,两者共享的东亚遗传组分超过其遗传总体组成的 80%[20, 22]。

五、青铜时代以来的青藏高原人群交流和文化互鉴

距今 3 600 年以来,人类大规模向高海拔地区扩张,永久定居至海拔 3 000 米以上地区。环境考古学证据表明,该时期全球气候向寒冷方向发展,且趋于干旱,但欧亚大陆的史前农业扩张,使得大麦、小麦等西亚起源的农作物和家畜羊在距今 4 000 年左右传入甘肃、青海地区,并在 3 600 年前后开始成为青藏高原高海拔地区人类的重要食物来源。大麦和羊对低温的耐受能力强,是人类在气候变冷时期向高海拔地区大规模成功扩张的主要促进因素[8]。

从分子人类学上看,位于中国西北或西南地区的藏缅语人群中还有极低频的 0.13%~2.04% 的 R、Q、T、K-M 和 J 等印欧人群的父系单倍群类型和极低频率的 U 和 T 等欧亚大陆西部人群的母系单倍群类型[15, 23~24]。从常染色体上看,藏彝走廊北端以及西北地区的汉藏人群含有低比例的西方成分[11, 25]。这些表明位于欧亚大陆东西方文明交流核心的中国西部甘青地区同时是东西方人群遗传交流的重要地带。极低比例的西方成分是何时由什么人群传入甘青地区还有待于进一步厘清,有可能是随着大麦、小麦等西亚起源的农作物和家畜羊一起传入的,还非常可能是由历史时期沟通东西方文化的丝绸之路带入的。

藏缅语人群还与周边的南方原住民群体发生着广泛的遗传混合，在中国东南沿海、壮侗语群体、台湾南岛语群体中高频分布的O1a-M119单倍群与在中国华南、南方少数民族、中南半岛及印度Munda人群中分布的O2a-M95单倍群出现在大部分藏缅语人群中[1]。其中南方藏缅语人群的形成是来自北方的藏缅语人群与南方原住民之间发生的性别偏向性混合的结果，北方的藏缅语移民是南部藏缅语人群的主要父系贡献者（62%），南方原住民则是南部藏缅语人群母系的主要贡献者[26]。

六、结语

我们从遗传学、考古学和语言学跨学科角度梳理了人类走上青藏高原的四个阶段：一是距今16万年前，已灭绝古人类丹尼索瓦人已来到青藏高原东北部边缘；二是旧石器时代以Y染色体单倍群D为代表的史前狩猎采集人群从南向北进入青藏高原，也有从北亚南下的狩猎采集人群进入青藏高原；三是新石器时代黄河流域粟黍农业人群经由甘青地区大规模进入青藏高原，促进了汉藏语的分化和传播；四是青铜时代以来欧亚西部人群与青藏高原人群的接触交流，藏缅语人群还与华南壮侗语人群有着广泛的交流融合。目前我们从古DNA上还没有找到旧石器时代以Y染色体单倍群D为代表的史前狩猎采集人群，期待后续有更多进展能够进一步厘清青藏高原人群史前历史。

本文受到国家社科基金重大项目"多学科视角下的汉藏语系的起源和演化研究"（21&ZD285）等的资助。

参 考 文 献

[1] Wang C C, Li H. Inferring human history in East Asia from Y chromosomes. Investigative Genetics, 2013, 4(1): 11.

[2] Green R E, Krause J, Briggs A W, et al. A draft sequence of the Neandertal genome. Science, 2010, 328(5979): 710-722.

[3] Darwin, C. On the origin of species by means of natural selection, or the preservation of favoured races in the struggle for life. London: John Murray, 1859.

[4] Reich D, Green R E, Kircher M, et al. Genetic history of an archaic hominin group from Denisova Cave in Siberia. Nature, 2010, 468(7327): 1053-1060.

[5] Meyer M, Kircher M, Gansauge M T, et al. A high-coverage genome sequence from an archaic Denisovan individual. Science, 2012, 338(6104): 222-226.

[6] Chen F, Welker F, Shen C C, et al. A late Middle Pleistocene Denisovan mandible from the Tibetan Plateau. Nature, 2019, 569(7756): 409-412.

[7] Huerta-Sánchez E, Jin X, Asan, et al. Altitude adaptation in Tibetans caused by introgression of Denisovan-like DNA. Nature, 2014, 512(7513): 194-197.

[8] Chen F H, Dong G H, Zhang D J, et al. Agriculture facilitated permanent human occupation of the Tibetan Plateau after 3600 B.P. Science, 2015, 347(6219): 248-250.

[9] Qi X, Cui C, Peng Y, et al. Genetic evidence of paleolithic colonization and neolithic expansion of modern humans on the Tibetan Plateau. Molecular Biology and Evolution, 2013, 30(8): 1761-1778.

[10] Zhao M, Kong Q P, Wang H W, et al. Mitochondrial genome evidence reveals successful Late Paleolithic settlement on the Tibetan Plateau. PNAS, 2009, 106(50): 21230-21235.

[11] Wang C C, Yeh H Y, Popov A N, et al. Genomic insights into the formation of human populations in East Asia. Nature, 2021, 591(7850): 413-419.

[12] Yan S, Tachibana H, Wei L H, et al. Y chromosome of Aisin Gioro, the imperial house of the Qing dynasty. Journal of Human Genetics, 2015, 60(6): 295-298.

[13] Wei L H, Yan S, Yu G, et al. Genetic trail for the early migrations of Aisin Gioro, the imperial house of the Qing dynasty. Journal of Human Genetics, 2017, 62(3): 407-411.

[14] Wei L H, Yan S, Lu Y, et al. Whole-sequence analysis indicates that the Y chromosome C2*-Star Cluster traces back to ordinary Mongols, rather than Genghis Khan. European Journal of Human Genetics, 2018, 26(2): 230-237.

[15] Qian Y, Qian B, Su B, et al. Multiple origins of Tibetan Y chromosomes. Human Genetics, 2000, 106(4): 453-454.

[16] Su B, Xiao C, Deka R, et al. Y chromosome haplotypes reveal prehistorical migrations to the Himalayas. Human Genetics, 2000, 107(6): 582-590.

[17] Wang L X, Lu Y, Zhang C, et al. Reconstruction of Y-chromosome phylogeny reveals two neolithic expansions of Tibeto-Burman populations. Molecular Genetics and Genomics, 2018, 293(5): 1293-1300.

[18] Zhang M, Yan S, Pan W, et al. Phylogenetic evidence for Sino-Tibetan origin in northern China in the Late Neolithic. Nature, 2019, 569(7754): 112-115.

[19] Wang C C, Yan S, Qin Z, et al. Late Neolithic expansion of ancient Chinese revealed by Y chromosome haplogroup O3a1c-002611. Journal of Systematics and Evolution, 2013, 51: 280-286.

[20] Li Y C, Tian J Y, Liu F W, et al. Neolithic millet farmers contributed to the permanent settlement of the Tibetan Plateau by adopting barley agriculture. National

Science Review, 2019, 6(5): 1005 - 1013.

[21] Ning C, Li T, Wang K, et al. Ancient genomes from northern China suggest links between subsistence changes and human migration. Nature Communications, 2020, 11: 2700.

[22] Lu D, Lou H, Yuan K, et al. Ancestral origins and genetic history of Tibetan Highlanders. American Journal of Human Genetics, 2016, 99(3): 580 - 594.

[23] Wang C C, Wang L X, Shrestha R, et al. Genetic structure of Qiangic populations residing in the western Sichuan Corridor. PLoS One, 2014, 9: e103772.

[24] Yao H B, Tang S, Yao X, et al. The genetic admixture in Tibetan-Yi Corridor. American Journal of Physical Anthropology, 2017, 164: 522 - 532.

[25] He G, Wang M, Zou X, et al. Peopling history of the Tibetan Plateau and multiple waves of admixture of Tibetans inferred from both ancient and modern genome-wide data. Frontiers in Genetics, 2021, 12: 725243.

[26] Wen B, Xie X, Gao S, et al. Analyses of genetic structure of Tibeto-Burman populations reveals sex-biased admixture in southern Tibeto-Burmans. American Journal of Human Genetics, 2004, 74: 856 - 865.

第十二讲
丝绸之路沿线人群的基因交流与语言演化[*]

文少卿

（复旦大学文物与博物馆学系/科技考古研究院）

中国的西北部包括新疆维吾尔自治区、宁夏回族自治区、陕西省、甘肃省和青海省，这片神秘的土地上有着丰富的人类遗传学资源和语言学资源。丝绸之路作为连接非洲—欧亚大陆的贸易网，由其东端西安，蜿蜒至此，越过高山和沙漠，路经中亚，最后到达欧洲。定居于此的多数民族属于阿尔泰语系，但是关于其下诸人群的遗传构成和语言之间的关系知之甚少，本文对此进行探讨。

一、语言和Y染色体——阿尔泰人群语言分类和遗传结构的关系

（一）前言

中国的西北部定居着众多的民族，如汉族、回族、东乡族、保安族、土族、裕固族、撒拉族、维吾尔族、塔塔尔族、柯尔克孜族、哈萨克族、乌孜别克族、塔吉克族、锡伯族、蒙古族和藏族，他们有着不同的信仰、文化和生活习惯，以及经历了可想而知的复杂的历史[1]。

从历史上看，这个区域一直是生活在这些地域以致更大区域范围内的各民族往来、迁徙、交流和融合非常频繁的地区。农耕民族和戎狄、匈奴、突厥、蒙古和满-通古斯等诸多游牧民族在该地区的进退及其政治、军事、经济等方面的活动，对于中国西北不同历史时期自然和人文地理面貌的形成和演变有着极为重

---

[*] 本文节选自文少卿2014年兰州大学硕士论文——《文化传播和基因流的关系——以语言和Y染色体为例》。

要的作用。从语言上看,东乡语、保安语、土族语和东部裕固语属于阿尔泰语系蒙古语族;西部裕固语、维吾尔语、塔塔尔语、柯尔克孜语、哈萨克语、乌孜别克语和撒拉语属于阿尔泰语系突厥语族;锡伯语属于阿尔泰语系通古斯语族[2]。

众所周知,阿尔泰语系的建立在于其诸语言之间存在一些相似的特征。在语音方面,有着类似的语音结构和变化规律;在词汇方面,有着大量的语音对应、意义相同或相通的关系词;在词法方面,构词和构形变化中的黏着手段,很多形态成分之间有一定的共性和联系;在句法方面,句型结构普遍呈 SOV 型,有后置词而无前置词,句子和词组中限定成分位于被限定成分之前,等等。学者们虽然都承认这些语言的相似特征,但对其成因和机制却有不同的解释。这些解释形成了两种观点:一种认为这些相似特征是同一母语原始结构或成分的延续,即"亲缘论";另一种认为是早期历史接触或相互影响的产物,即"接触论"[3]。前者的代表人物为阿尔泰历史比较语言学的奠基人兰司铁,后者的代表人物如科特维奇、格伦伯格、本青等。

基于谱系关系的亲缘论,弗拉基米尔佐夫[4]提出阿尔泰语发生了图 12-1(a)的分化过程。随后,鲍培[5]提出了有所不同的谱系分类[图 12-1(b)]。基于接触关系的接触论,科特维奇[6]认为阿尔泰的三个语族在极古时期可能有着统一的基础语,后来由于不同底层的影响而分化成各自语族。赛诺尔则从乌拉尔-阿尔泰的水平看这个问题,他认为这些语言间的接触分为南北两个路径[图 12-1(c)]:南方路径是由萨摩耶德语、芬-乌戈尔语、突厥语、蒙古语、通古斯语这样的路径进行接触的,北方路径则由芬-乌戈尔语、萨摩耶德语、通古斯语、蒙古语、突厥语这样的路径进行接触。仅就阿尔泰诸语言来说,其接触路径是突厥语—蒙古语、蒙古语—满通古斯语[3],可见蒙古语位于接触的中心环节,从历史地理上看也是如此。

由此可见,阿尔泰语系的人群起源和分类一直以来饱受争议。Y 染色体的非重组区和线粒体基因组上的遗传标记一样,是一种非常重要的遗传信息源。其上的 Y 特异区均为单倍体,父系遗传,且不和 X 染色体发生重组。因为这些特点,其上的突变会沿世代积累,也称为父系遗传。分子人类学家广泛地研究这些人类父系谱系从而追踪迁徙和重塑人类历史[7~9]。另外,Y 染色体和语言分类之间的关联性比线粒体要强的结论也被证实[10~12]。因此,我们选择 Y 染色体遗传标记体系来调查中国西北部的阿尔泰人群,从而考察其父系遗传结构,并利用现存的当地族群详细分析阿尔泰语和阿尔泰人间的关系。我们希望这个研究能够给其他学科提供一些有价值的参考。

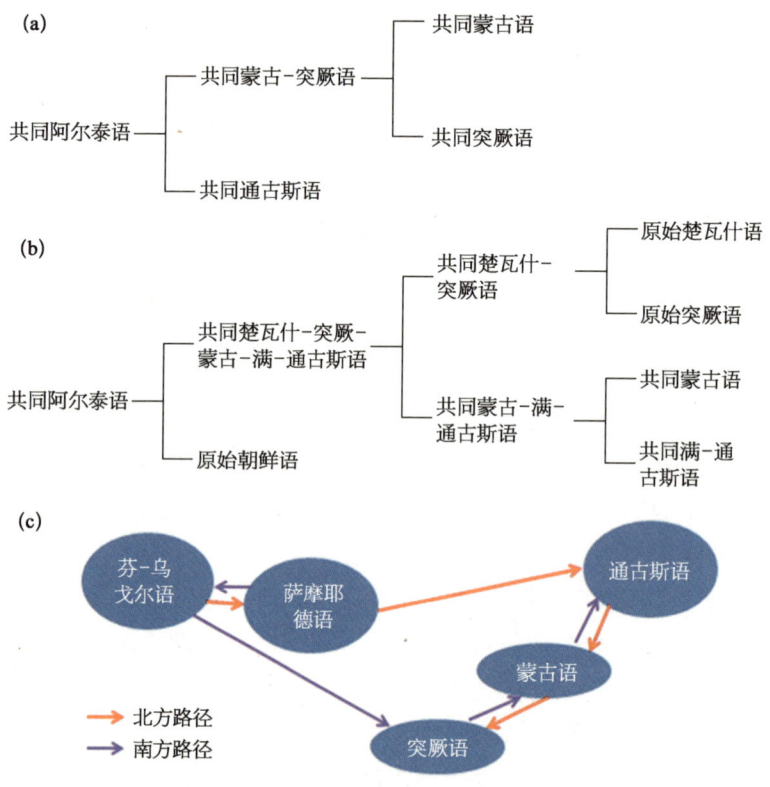

图 12-1 推测的阿尔泰语系诸语言的谱系关系

(二) 材料和方法

1. 选择人群

东部裕固、西部裕固和维吾尔人群的 Y 单倍群数据来源于本实验室之前的研究[13~14],其他的阿尔泰人群来源于参考文献[15~16]。选取群体数据时我们采用了如下策略:① 样本量要大于 30 个个体;② 人群要有明确的族群和地理位置信息。按照这些标准收录的人群中,会出现同一地域或族群的人群有多套数据。该情况下,先使用 Arlequin 3.1 软件[17]计算这些数据集的两两 F_{ST} 值和相关 P 值,当两两 F_{ST} 值没有统计学意义时($P > 0.05$),我们将之合并,否则当无关人群处理。

因此,本次研究包含了来自 20 人群的 964 个样品。这些人群按照语系分为 8 个突厥语人群、5 个通古斯语人群和 7 个蒙古语人群,详见表 12-1。

表12-1　本次研究所采用的20个族群的背景信息

人群	采样点	语言类别	参考文献
西部裕固族	甘肃	阿尔泰语系,突厥语族	[13~14]
维吾尔族-1	新疆	阿尔泰语系,突厥语族	[13~15]
维吾尔族-2	新疆	阿尔泰语系,突厥语族	[15]
塔塔尔族	新疆	阿尔泰语系,突厥语族	[16]
柯尔克孜族	新疆	阿尔泰语系,突厥语族	[16]
哈萨克族	新疆	阿尔泰语系,突厥语族	[16]
乌孜别克族	新疆	阿尔泰语系,突厥语族	[16]
撒拉族	青海	阿尔泰语系,突厥语族	[16]
东部裕固族	甘肃	阿尔泰语系,蒙古语族	[13~14]
土族	青海	阿尔泰语系,蒙古语族	[16]
保安族	甘肃	阿尔泰语系,蒙古语族	[16]
东乡族	甘肃	阿尔泰语系,蒙古语族	[16]
蒙古族-1*	内蒙古	阿尔泰语系,蒙古语族	[15~16]
蒙古族-2*	蒙古国	阿尔泰语系,蒙古语族	[15]
达斡尔族*	黑龙江	阿尔泰语系,蒙古语族	[15]
锡伯族	新疆	阿尔泰语系,蒙古语族	[15~16]
鄂温克族*	内蒙古	阿尔泰语系,通古斯语族	[15]
赫哲族*	黑龙江	阿尔泰语系,通古斯语族	[15]
满族*	辽宁	阿尔泰语系,通古斯语族	[15]
鄂伦春族*	黑龙江	阿尔泰语系,通古斯语族	[15]

* 代表参考人群。

2. 统计分析

每个个体的单倍群命名基于本实验室之前研究所采用的谱系树精度[18]。Arlequin3.5.1.2 软件通过 10 000 迭代,用来计算 F_{ST} 遗传距离以及相关 P 值。多维尺度分析(MDS)基于前面产生的 F_{ST} 距离矩阵,并采用 SPSS19.0 软件(SPSS,Chicago,IL)来显示所研究人群的遗传距离。主成分分析和基于最远邻法的聚类树亦采用 SPSS19.0 软件。

(三) 结果与分析

1. 遗传距离和多维尺度分析

我们使用 Y-SNP 单倍群数据来计算人群遗传距离(以 F_{ST} 值表示),人群两两 F_{ST} 值矩阵见图12-2,热度图的渐变色代表了人群间遗传距离的相对水平,白色代表接近而蓝色代表疏远。为了将群体两两间的遗传距离更清晰地表现出来,我们将该 F_{ST} 矩阵转化为多维尺度分析图。在 MDS 散点图 12-3 中,通古斯语族人群和突厥语人群聚集在了一起,蒙古语族人群没有明显地从通古斯语族人群和突厥语人群分离开。这个分析表明,通古斯语族人群和突厥语人群彼此有着比较大的遗传距离,而蒙古人群离通古斯人群更近,离突厥人群稍远。

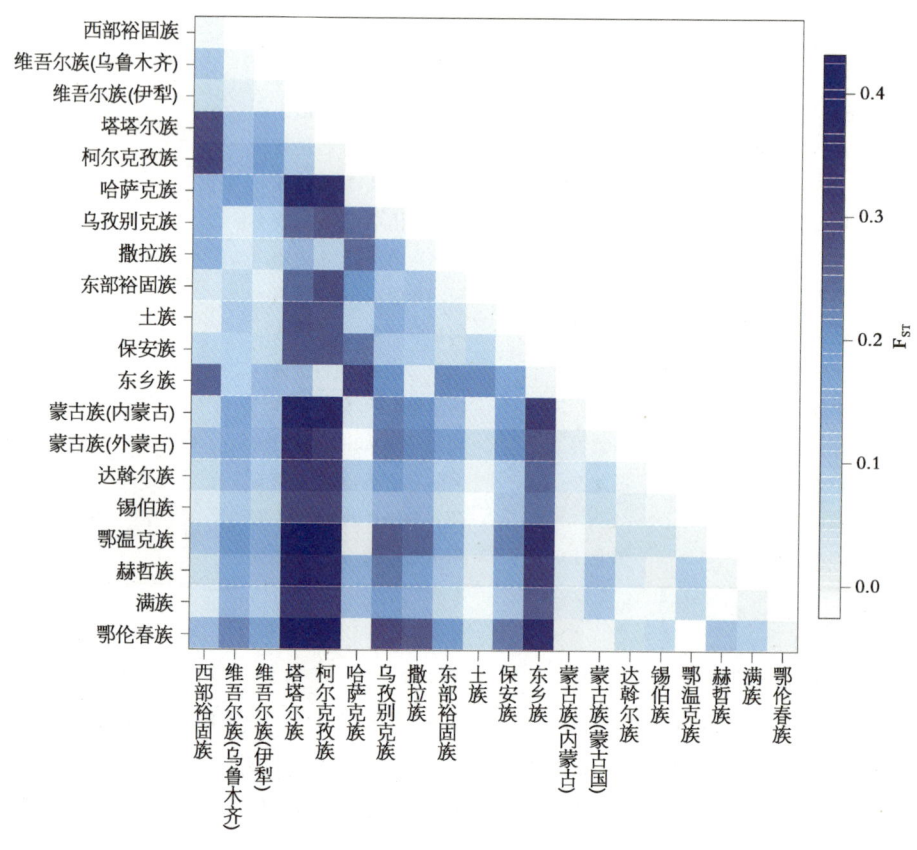

图 12-2 人群间两两 F_{ST} 热度图

2. 主成分分析

主成分分析散点如图 12-4 显示,前两种主成分能够解释 67.2% 的单倍群差异,且人群在主成分分析中的分布与多维尺度分析中的分布有着类似的遗传格局:通古斯人群与突厥语人群彼此分离,蒙古语人群位于两者之间,相对靠近通古斯语人群。

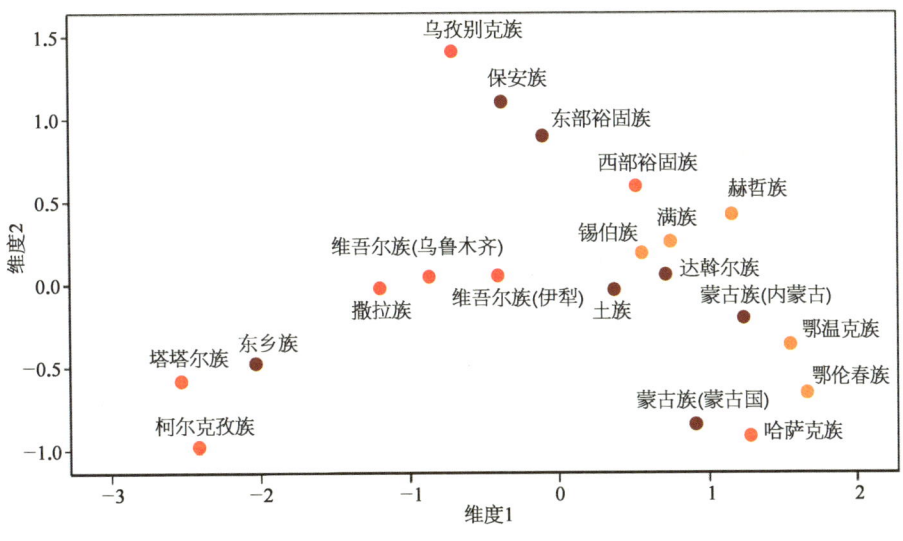

图 12-3 基于 F_{ST} 矩阵的多维尺度分析图

● 代表通古斯语族；● 代表蒙古语族；● 代表突厥语族

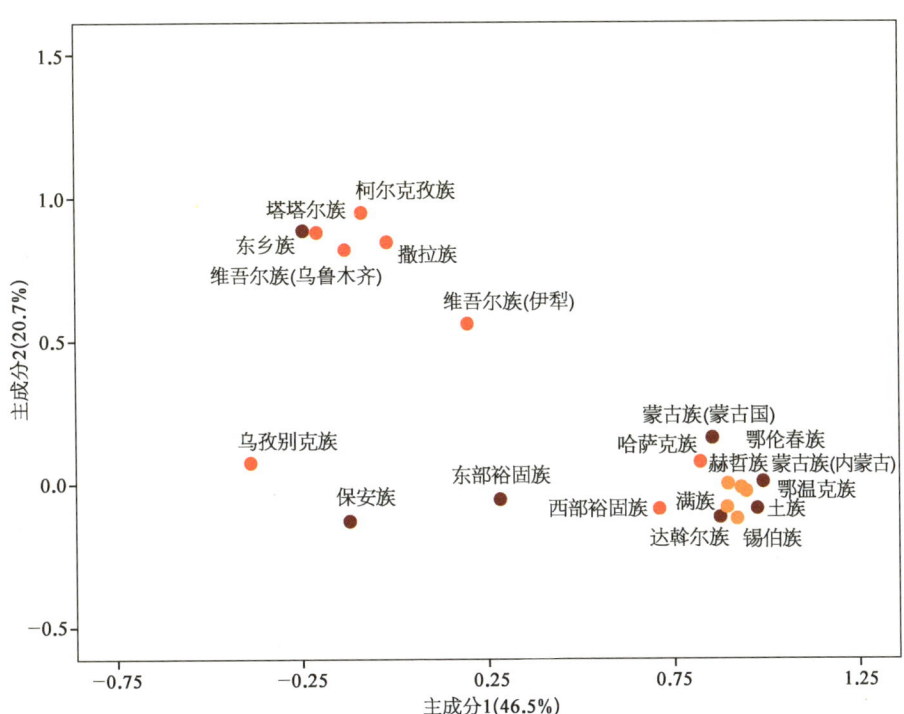

图 12-4 基于 Y 染色体单倍群频率的主成分分析

● 代表通古斯语族；● 代表蒙古语族；● 代表突厥语族

3. 聚类分析

在多维尺度分析和主成分分析中,我们得到了通古斯人群和突厥语人群相对疏远,蒙古人群离通古斯稍近的结论。聚类分析有别于多维尺度分析和主成分分析的方式,可以给我们展示一个整体的结构。如图 12-5 所示,阿尔泰人群可以分成 3 个簇:一个为蒙古-通古斯簇,包括通古斯语组群(鄂温克族、鄂伦春族、赫哲族、满族和锡伯族)和蒙古语组群(蒙古族、土族和达斡尔族),以及一个哈萨克族人群;另外两个蒙古语人群(东部裕固族和保安族)与突厥语人群聚成了一个簇;最后一个簇包括东乡族(属于蒙古语)和三个突厥语人群。这个结果与前面的分析一致,并清晰地反映了中国西北阿尔泰人群的遗传结构与语言学家的分类基本一致,符合语言和基因的平行进化关系。

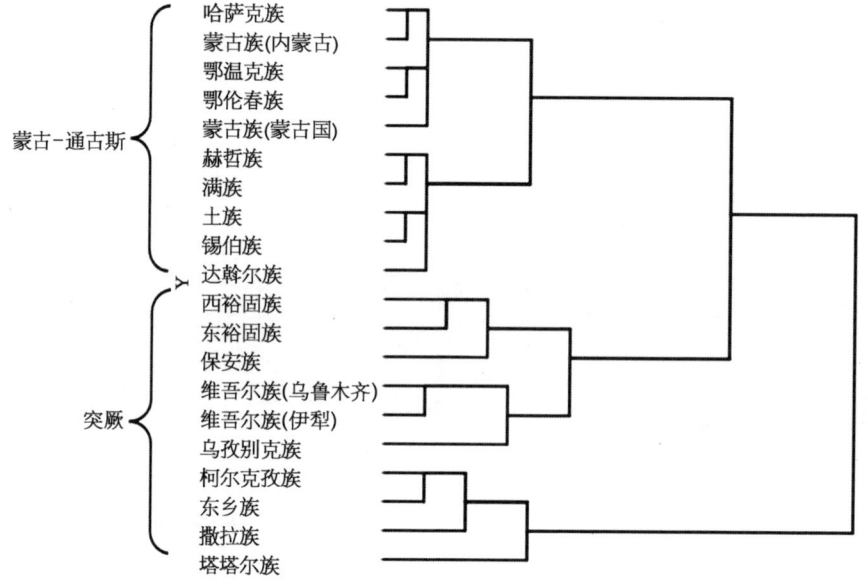

图 12-5　阿尔泰语人群各分支的聚类树

(四) 讨论

遗传距离和多维尺度分析显示通古斯人群与突厥人群之间存在一定的差异,蒙古人群与通古斯人群更为接近。主成分分析显示了类似的结果。为了更加深入地调查阿尔泰语人群和他们语言的关系,经过聚类分析发现存在 3 个彼此区别的簇。这个显著遗传差异可能是由于其不同的遗传起源。两个种群之间的遗传相似性,可能是由不同的群体历史时间造成。因为 Y 染色体的标记系统的复杂性,随机的遗传漂变导致种群的相似性,这是显然不可能的。所以,如果两个种群起源于一个共同的祖先群体,其遗传结构是类似的,他们理所当然应该分为一组[18]。对于语言学家所提出的"亲缘论"和"接触论",我们的研究结果支持赛诺尔的观点,即蒙古语处于通古斯语和突厥语的中心位置,分别参与了突厥语—蒙古语、蒙古语—满通古斯语的接触路径,并伴随着一定程度的基因流,最终形成了 3 个簇的大致分布。

根据我们的分析结果,阿尔泰语人群的遗传结构大致上和语言分类是一致的,这也与其他地方不同规模的调查结果类似[19~23]。但是父系遗传谱系和语言分类间也存在很多不匹配的现象,例如,东乡族离突厥语族群更接近,而非蒙古语族群[24]。像这种基因和语言间关系的例外,可以用精英主导模式解释,即一个群体中少数个体(制定政治、宗教、社会规则的人组成的群体)强行输入一门新的语言,作为结果,这个族群的语言替代就会相应发生,而且往往并不伴随遗传上的替代[11,25~26]。这个过程只有在有着良好的群体结构(有着社会等级制度)的情况下才会发生,这是一种少数精英主导的作用于整个群体而产生语言替代的方式。

总之,从中国北方阿尔泰语族群的父系遗传结构中可以观察到两个事实:① 通古斯人群和突厥人群彼此有着较大的遗传距离,蒙古人群位于两者之间(从多维尺度分析和主成分分析可见)且更接近通古斯人群;② 中国西北的阿尔泰人群的父系遗传结构表现了和语言分类大致上的平行关系。更进一步的研究需要提高 Y 染色体的测试精度,进而区分语族内部各人群的系统发生关系,甚至分化时间。当然,在以后的研究中还需要补充常染色体和线粒体 DNA 的遗传调查工作。

二、语言和 Y 染色体——裕固族溯源

(一) 前言

对于民族的定义,一个要素就是要有共同的语言,正如马克思所说,民族是"人们在历史上形成的一个有共同语言、共同地域、共同经济生活以及表现于共同文化上的共同心理素质的稳定的共同体"。因此,人类学家通过语言和其他文化元素的调查在全球范围内识别出大量的人类族群[2]。但是,在中国

的西北地区有一个民族是个例外,它就是裕固族。这个族群由两部分组成,分别为西部裕固族和东部裕固族,他们的语言迥异,分别属于突厥语族和蒙古语族,但是他们有着强烈的民族认同感[27~28]。这个民族对于了解突厥人群和蒙古人群扩张非常重要,但是对于该族群的形成过程及其与其他人群间的遗传关系的调查研究极其有限[14]。

大多数的史学家认为西部裕固族是646—840年占据蒙古高原的古回纥汗国的直系后代[29~30]。根据历史记载,古回纥部落归属于铁勒联盟。铁勒联盟由十几个小部落组成,是蒙古草原上突厥汗国的主要居民。古回纥曾经被突厥汗国所统治,但最终在蒙古高原广大地区建立了一个大帝国。回纥汗国崩溃后,其中一部分西迁并在现在的甘肃省境内建立了甘州回纥汗国,另一部分在新疆吐鲁番境内建立了西州回纥汗国。撒里畏兀儿人群是甘州回纥汗国被西夏国击败后的幸存者。在明朝初期,嘉峪关以西建立了7个卫所,其中2个是在裕固族部落,剩下5个由蒙古军队组成。经过一系列与西域的战争,这些卫所的居民向东迁移,并最终在今天的甘肃省肃南县落户[29~31]。

如今的裕固族有着明确的两个部分:西部裕固族和东部裕固族。裕固语属于阿尔泰语,但是西部裕固语属于突厥语,东部裕固语属于蒙古语。裕固族由10个部落组成,尽管这种部落结构正在消失,由于每个家庭的姓氏是从古代部落的名称通过意思或读音转化而来,所以裕固人对他们的部落的起源仍保持着清晰的记忆[29~31]。

语言学界普遍认为西部裕固语属于突厥语族东支,接近乌孜别克语和维吾尔语[2,32]。然而,也有许多语言学家认为,西部裕固语应归类为突厥语族的西伯利亚分支,因为它与南西伯利亚地区的图瓦语、哈卡斯语和绍尔语有着大量共享的语言特征[33~34]。东部裕固语归入蒙古语族没有什么争议[35]。而西部裕固语和东部裕固语都包含了大量来自藏语和汉语的借词[36]。

以往关于裕固族的研究都是基于几个Y-SNP标记和有限的系统进化树的分辨率,因此其族源仍不清晰[14,37]。本次研究中,我们对裕固族人群主要组成的Y染色体标记进行了广泛的分析,为裕固族父系基因库提供了更深入的系统发生信息,并使用17Y-STR数据与其他参考人群进行了精细的比较,从而探讨裕固族的起源,以及其与突厥语族、蒙古族、汉族和藏族间的遗传关系。另外,我们还试图了解裕固族的族群认同的建立过程,以及裕固语的突厥-蒙古分支间语言差异的遗传背景。

(二) 材料和方法

1. 样品采集和 DNA 提取

在甘肃省肃南裕固族自治县共计收集了136份男性裕固族样本。所有裕固族样本均为三代以上无关的健康男性,并在采集样本时签署了知情同意书。为了比较裕固族及其周边人群的遗传结构,我们在分析数据时使用了本实验室未公开的478个Y染色体数据,包括甘肃汉族、回族、保安族、东乡族、哈萨克族和图瓦人群。所有的志愿者按要求在知情同意书上填写了具体姓氏、所属部落和所讲语言。根据他们清晰的部落来源和语言可分为:西部裕固组(56个样品),东部裕固组(49个样本),剩下来源不明的定为裕固混合组(31个样本)。

2. Y 染色体分型测试

Y染色体测试包括Y-STR分型方法和Y-SNP分型方法。注意:有两个K*-M9的样品进行了进一步的基因分型,且证实为L-M20+。

Y-STR分型方法:我们使用AmpFlSTR® Yfiler™扩增试剂盒(Applied Biosystems, Carlsbad, CA, USA)检测了每个样本DNA的17个Y染色体的微卫星位点,分别是:DYS456,DYS389Ⅰ,DYS389Ⅱ,DYS390,DYS458,DYS19,DYS385(Ⅰ和Ⅱ),DYS393,DYS391,DYS439,DYS635,DYS392,YGATAH4,DYS437,DYS438和DYS448。具体实验步骤参见文献[38]。

Y-SNP分型方法:SNaPshot技术是由美国应用生物公司(ABI)开发,主要针对多个SNP位点的中通量分型方法,该平台基于3730XL,3130XL等PCR测序仪,也被称为微测序(minisequencing)法。其基本原理遵循了DNA直接测序中的双脱氧终止法,所不同的是PCR反应中只有不同荧光标记的ddNTP。由于每个SNP位点的引物3′端都紧靠SNP点,因此每一种引物在聚合酶作用下,根据模板的序列延伸一个碱基即终止。具体实验步骤参见文献[37]。

3. 统计分析

我们估计了基于单倍群频率的卡方值,确定了西部裕固族和东部裕固族之间的频率有显著差异($P<0.05$)的单倍群。并使用SPSS 19.0对研究人群做了基于单倍群频率的主成分分析(PCA)。然后使用NETWORK 4.6.0.0软件对西裕固父系中Q1a3a*-L53+,M3-的样本及其他人群属于该谱系的Y-STR数据做了中点连接网络分析。最后,为了调查裕固族与周边人群晚近基因流,我们使用Arlequin 3.11软件做了共享单倍型分析。由于已发表的参考文献中测试了不同的Y-STR标记,我们在本次分析中采用了8个最基本的Y-STR。

(三) 结果与分析

1. 基因分型分析

基因分型结果显示在我们的裕固族样本中存在 28 个单倍群类型。单倍群 C3*-M217、D3a-P47、O3a2c1a-M117 和 D1a*-N1+,N2-是最常见的谱系,它们占据了裕固族父系基因库的 51.9%,如图 12-6 所示。

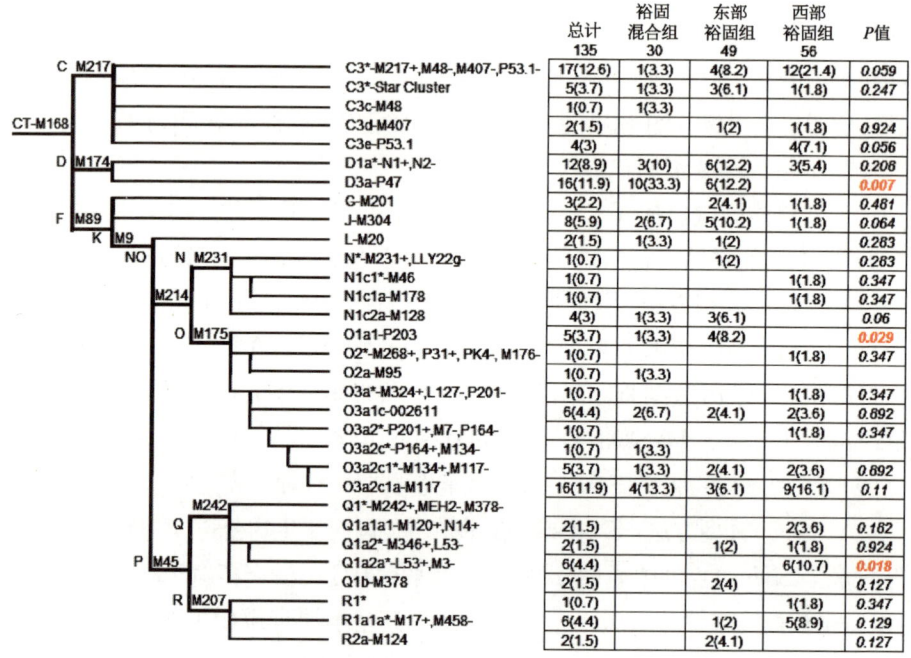

图 12-6 44 个 Y 染色体单倍群的最大简约树以及 3 个裕固族组分的频率

西部裕固族和东部裕固族之间单倍型类型存在较大的频率差异。D3a-P47 和 O1a1-P203 在东部裕固组中占比分别为 12.24% 和 8.16%,但在西部裕固组中均不存在。相对地,C3*-M217 和 Q1a2a*-L53+,M3-显著高频于西部裕固组(41.18%)。这些结果表明,尽管大部分单倍群都为这两个组共享,但是西部裕固族和东部裕固族之间父系上较大的差异还是可以观察到的。

2. 主成分分析

基于单倍群频率的主成分分析也显示了这两个组别间的差异。位于中国西北的人群聚在一起,大部分突厥语人群聚在散点图的上方,包括柯尔克孜族、维吾尔族、乌孜别克族和塔塔尔族(图 12-7),相比之下,所有的裕固族分组都出现在下部,且与蒙古族、哈萨克族、土族和锡伯族聚在一起。相关性分析表明,主成分 2 与单倍群 R1a1 正相关,与单倍群 C-M130 负相关,将这些散点分为两部分。西部裕固组、东部裕固组、裕固混合组和引自寿维华[16]测试的裕固族分散在主成分散点图的下方。寿维华测试的裕固族和我们测试的 3 个裕固族组有较大的差异,其数据包含 43.75% 的 D-M174(在藏族人群中高频[38])。这可能表明寿维华的测试人群在遗传上受到藏族人群很大程度的影响。有趣的是,裕固混合组(图中的裕固族 M)接近在肃南县生活的汉族人群。裕固混合组中的志愿者均为说不清楚自己部落来源的,该组也包含高频率的D-M174(43.3%),说明存在裕固族、藏族和汉族人群间的基因流。根据东部裕固组和西部裕固组的父系谱系的差异,相对于西部裕固族,东部裕固族和其他人群有着更近的亲缘关系。

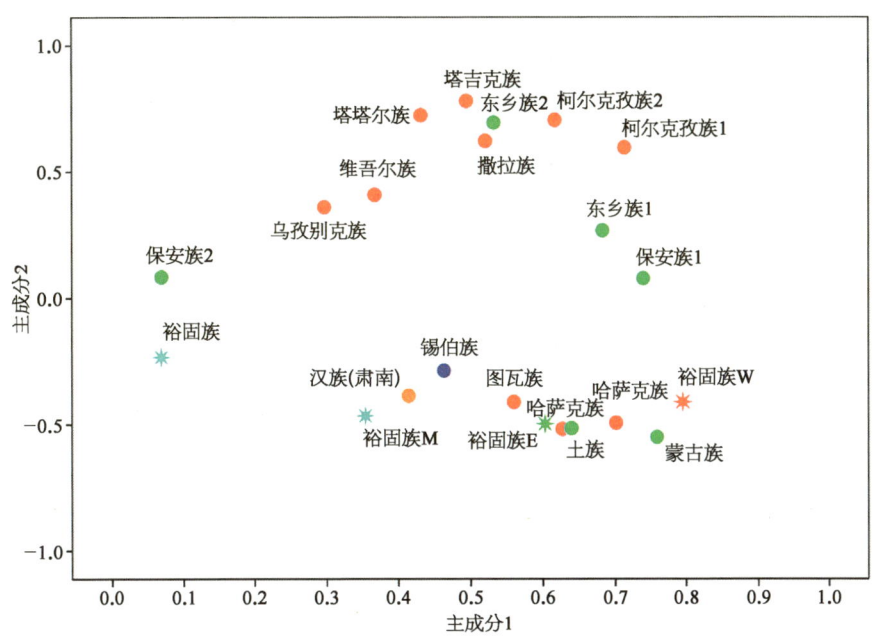

图 12-7 基于 Y-SNP 单倍群的主成分分析图

3. 共享单倍型分析

通过共享单倍型分析(可以显示来自人群间的基因流),可以了解裕固族人群遗传结构的更多细节。C3-M217 下的几个单倍型共享于裕固族、甘肃回族、甘肃汉族、蒙古族和东乡族中。C3 是蒙古语人群最主要的父系谱系[39~40],因而该单倍群下的一些裕固人可能为蒙古起源。裕固族中 D1-M15 和 D3-

P47下一些单倍型也出现在甘肃的当地人群中(如回族、汉族)以及青海和拉萨的藏族人群中,暗示有来自这些人群的晚近基因流。有趣的是,起源于西南亚的单倍群J-M304下一个单倍型共享于裕固族、维吾尔族和甘肃回族中,暗示为这些人群经历过共同的历史事件的遗传残留。O1a1-P203、O3-M122下的亚支和Q1a1a1-M120单倍群下的几个单倍型,共享于裕固族和甘肃回族、甘肃汉族中,显示了这些人群间一个晚近的基因流。Q1a2a*-L53+,M3-是裕固族中一个常见的遗传谱系,只与甘肃回族共享单倍群,因此,该单倍群在这个地区是很独特的。裕固族中大量R1a1a*-M17下的单倍型与维吾尔族、回族和柯尔克孜族所共享,显示了他们可能的突厥起源。

4. 网络结构分析

由于之前的文献均没有测试新位点L53,本次网络结构分析选取的是Q1a2-M346+,M3-单倍群下的Y-STR数据。该单倍群可能代表了西部裕固族最主要的父系遗传谱系。在网络图中,裕固族的单倍型与其他人群的单倍群不同,形成了一个特殊的分支。来自图瓦和阿勒泰的单倍型[41]网络上分布广泛,显示了该单倍群在南西伯利亚一次成功的遗传扩张。该谱系只有几个单倍型在蒙古语人群中被检出[42],但是它们占据了网络图的中心。相反,来自中亚人群(普什图、塔吉克、乌兹别克、土库曼、伊斯法罕的伊朗人)往往出现在网络的边缘(图12-8)。Q1a2a*-M346+,M3-的这一网络结构与突厥

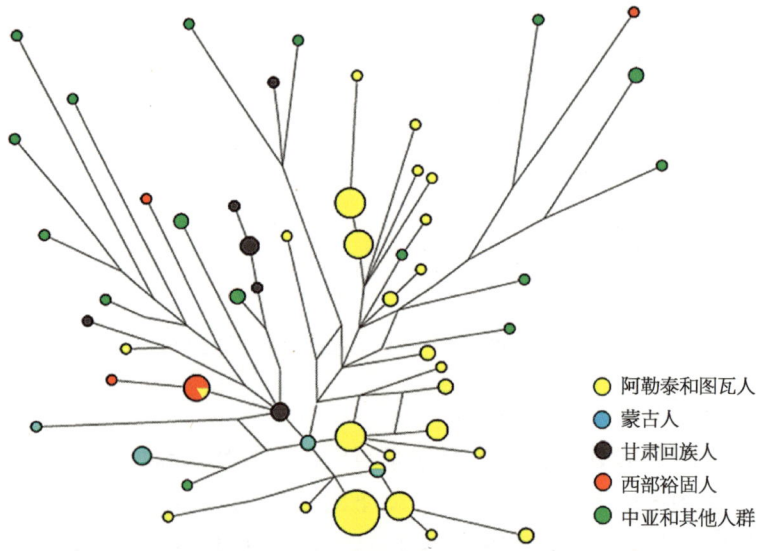

图12-8 单倍群Q1a2-M346+,M3-的网络分析

族群的历史相吻合,即他们原本生活在蒙古草原的西北部,然后向西迁移并扩散到了一个广大的区域[30]。

(四) 讨论

1. 裕固族的混合起源

本次研究中的 Y 染色体单倍群频率数据与裕固族的历史记录相互印证。东部裕固族和西部裕固族除了保留来自古蒙古和古突厥的父系遗传谱系外,也融入了大量其他民族的基因流。首先,裕固族从新疆移居到甘肃省肃南县后,他们接受了来自邻近藏族的佛教[29,31]。之后漫长的时间里,东部裕固族和西部裕固族发生了相互通婚,同时他们与周边的人群,包括在甘肃和青海的藏族、汉族、回族等民族发生了通婚。藏族和羌族人群中典型的父系遗传标记(D1-M15 和 D3-P47)[38]占所有裕固族样本的 20.7%,代表着生活在裕固族周边的藏族基因流。单倍群 O1a1-P203,O2-M268 和亚单倍群 O3-M122 组成占 27.4%,这些父系谱系在汉族和回族中占主导地位,但在大多数蒙古和突厥语族人群中少见或不存在[37,42~44]。因此,这些谱系可被认为是在同一个区域内来自汉族、回族等民族的遗传影响。在本次研究中,我们所发现的每一个单倍群的来源,以及裕固族及周边民族所共享的 Y-STR 单倍型均支持裕固族的混合起源,也与裕固族形成过程的历史记载一致。

2. 与古蒙古相关的遗传谱系

当排除那些可能代表与周边人群晚近混合的单倍群后,单倍群 C3-M217,Q1a2-L53+,M3-和 R1a1a-M17 仍然是最常见的裕固族谱系。这些谱系可能代表了裕固族继承于其祖先的核心父系成分。单倍群 C3*下的"星簇"单倍型(曾被认为是"成吉思汗的标记"[45~46]),在我们所有的 3 个裕固组的样本中均出现。这个遗传谱系及 C3c-M48 和 C3d-M407 主要是高频于蒙古人群中[39~40,42,45],因此,显示了裕固族和蒙古族之间的遗传关联。在以前的研究中,C3e-P53.1 是一种罕见的单倍群类型[40],但在井沟子遗址(约前 500)中被检测到。井沟子遗址属东胡,其为蒙古高原东部迁出的游牧人群[47]。这个单倍群在西部裕固族为 7.1%,可能代表其为蒙古草原上回纥汗国的祖先人群的一部分遗传继承。对于其他 C3*样品,我们没有证据排除这些谱系在突厥汗国和回纥汗国时期也在蒙古草原上占主导地位的可能性。就像历史记载中提到的,当今的蒙古人曾迅速扩张并占据了整个欧亚草原,造成了蒙古草原上的人群替代[48]。这一过程也被遗传数据所支持,即在 Y-STR 上观察到了明显的星状扩张[47]。

3. 与古突厥相关的遗传谱系

西部裕固族中另外两个主要的单倍群显示了其与其他突厥语人群相当大的联系。单倍群 R1a1a-M17 在一些突厥语人群中高频[37,42~43]。有趣的是,裕固族中一个单倍型在伊犁和乌鲁木齐的维吾尔族中也有发现,它同样是柯尔克孜族样本(未发表)中一个常见的单倍型。这一结果表明这 3 个群体的共享成分可能来自曾经突厥汗国和回纥汗国的共同祖先。西部裕固族最独特的谱系为 Q1a2a*-L53+,M3-,迄今为止,这个谱系只在阿勒泰人、回族和图瓦人[41](未发表数据)中出现。阿勒泰人和图瓦人是在南西伯利亚的两个突厥语人群。古回纥部落人群,现今西部裕固族的祖先,在他们于公元 646 年建立帝国之前,生活在蒙古西北的色楞格河流域的盆地中[30]。与此同时,图瓦人的祖先生活在库苏古尔湖(位于色楞格河支流的上游)的南面[30]。随后,图瓦人西迁,并最终定居在今天的图瓦共和国和俄罗斯的阿尔泰山地区[49]。更有趣的是,6 个样本中的 3 个 Q1a2a*-L53+,M3-属于同一个姓氏"Yaghlaqar",该姓氏源于古回纥汗国的皇室[29~31]。我们所观察到的遗传信号是裕固族、古回纥人和当今图瓦人和阿勒泰人间有遗传关系的直接证据。

4. 从遗传的角度看裕固族的形成

本次研究的遗传数据可能需要解释裕固族特殊的状况,即东部裕固族和西部裕固族有着强烈的民族认同感,但说着迥异的语言。虽然他们分享了大量的 Y-STR 单倍型,但是其他几个单倍群揭示了两者间的主要差别。而且,尽管他们之间有大量的通婚,但是有些根本不同的成分仍然分别保留在各自的遗传成分之中。在西部裕固部落和东部裕固驻军迁徙至甘肃省肃南县前,他们归共同的首领管理[29~31]。由于战争的威胁,他们一起东迁,并散布在肃南县的山区。在此之后,当与统治者和周边民族交往时,他们推选自己的部落首领并作为一个整体活动。当他们讨论部落事物的时候,汉语或者藏语往往充当中介。尽管在过去的 60 年部落结构已经逐渐消失,但是大部分人通过其特殊的家庭氏族名称,保留着部落起源的记忆[29~31]。所以,对于现在所有的裕固族人来说,他们有着同样的祖先传说和相同的迁徙故事。更重要的是,他们认为自己是有着相同生活方式,生活在同一区域的同一族群的成员[30~31]。裕固族的历史可能在人类民族的形成过程中增加了一个特殊的案例,即有些人说着不同的语言,但是会认为自己属于同一个族群。

5. 东部裕固族和西部裕固族的语言分化

本次研究的遗传学数据支持东部裕固族和西部裕固族的语言差异。尽管两者享有大量的 Y-STR 单倍型,但是从父系遗传谱系上看两者间还是有显著的不同。裕固族中父系遗传的大部分(43.0%)——单倍群 D-M174 和 O3-M122,可以认为是来自周边的藏族和汉族人群的晚近的基因流。对于西部裕固族的起源,由于与图瓦人和阿勒泰人共享单倍群 Q1a2a*-L53+,M3-,支持他们之间的密切关系。相比之下,本次研究只能找到来自维吾尔族的微弱的基因流。当排除我们前面所讨论的 C3 和 R1a1 中单倍型,在我们的数据集中只有一个 J-M304 的单倍型是裕固族和维吾尔族之间所共享。因此,维吾尔语和西部裕固语之间相似的特征,可能与裕固族曾经在新疆东部生活的历史有关[29~31],而非两门语言间有直接的系统发生关系。

本次研究中,我们追溯了当今裕固族父系基因库的主要历史事件下的遗传谱系和其独特的语言状况。在此,我们通过高分辨率的 Y-SNP 基因分型和共享单倍型的分析方法,提供了裕固族详细的遗传图画。西部裕固族和东部裕固族在形成统一民族前可能有不同的起源。随后,在不同的地域,裕固族有差异地融入周边人群的基因流,因而增加了人群间的遗传差异。裕固族的历史及其祖先回纥人群是突厥族群研究中的重要篇章,期望将来开展更多的工作,进而得到突厥语人群扩张更清晰的画面。

参 考 文 献

[1] 金力,褚嘉祐.中华民族遗传多样性研究.上海:上海科学技术出版社,2006.
[2] Gordon R G. Ethnologue: languages of the world. Fifteenth edition. Dallas: SIL International. 2005. Web version: http://www.ethnologue.com.
[3] 孟达来.北方民族的历史接触与阿尔泰诸语言共同性的形成.北京:中国社会科学出版社,2001.
[4] 符拉基米尔佐夫,鲍里斯·雅科夫列维奇·符拉基米尔佐夫.蒙古书面语与喀尔喀方言比较语法.陈伟,陈鹏,译.青海:青海人民出版社,1988.
[5] N. 鲍培.阿尔泰语言引论.周建奇,译.内蒙古大学蒙古语文研究所,1984.
[6] W. 科特维奇.阿尔泰语言研究.良益,译.民族语文研究参考资料(1),1977.
[7] Jobling M A, Tyler-Smith C. The human Y chromosome: an evolutionary marker comes of age. Nat Rev Genet, 2003, 4(8): 598-612.
[8] Balanovsky O, Dibirova K, Dybo A, et al. Parallel evolution of genes and languages in the Caucasus region. Mol Biol Evol, 2011, 28(10): 2905-2920.

[9] Yan S, Wang C C, Zheng H X, et al. Y Chromosomes of 40% Chinese are descendants of three Neolithic super-grandfathers, 2013, arXiv: 1310.3897 [q-bio.PE].

[10] d'Errico F, Hombert J-M. Becoming eloquent: advances in the emergence of language, human cognition, and modern cultures. Amsterdam: John Benjamins Publishing Company, 2009.

[11] Comas D, Bosch E, Calafell F. Human genetics and languages. Chichester: John Wiley & Sons, 2008.

[12] Forster P, Renfrew C. Evolution, mother tongue and Y chromosomes. Science, 2011, 333(6048): 1390-1391.

[13] Zhou R X, An L Z, Wang X L, et al. Testing the hypothesis of an ancient Roman soldier origin of the Liqian people in Northwest China: a Y-chromosome perspective. J Hum Genet, 2007, 52(7): 584-591.

[14] Zhou R X, Yang D Q, Zhang H, et al. Origin and evolution of two Yugur sub-clans in Northwest China: a case study in paternal genetic landscape. Ann Hum Biol, 2008, 35(2): 198-211.

[15] Xue Y L, Zerjal T, Bao W D, et al. Male demography in East Asia: a north-south contrast in human population expansion times. Genetics, 2006, 172(4): 2431-2439.

[16] Shou W H, Qiao E F, Wei C Y, et al. Y-chromosome distributions among populations in Northwest China identify significant contribution from Central Asian pastoralists and lesser influence of western Eurasians. J Hum Genet, 2010, 55(5): 314-322.

[17] Excoffier L, Laval G, Schneider S. Arlequin (version 3.0): an integrated software package for population genetics data analysis. Evol Bioinform Online, 2007, 1: 47-50.

[18] Cai X Y, Qin Z D, Wen B, et al. Human migration through bottlenecks from Southeast Asia into East Asia during Last Glacial Maximum revealed by Y chromosomes. PLoS One, 2011, 6(8): e24282.

[19] Piazza A, Rendine S, Minch E, et al. Genetics and the origin of European languages. PNAS, 1995, 92(13): 5836-5840.

[20] Karafet T, Xu L, Du R, et al. Paternal population history of East Asia: sources, patterns, and microevolutionary processes. Am J Hum Genet, 2001, 69(3): 615-628.

[21] Tishkoff S A, Reed F A, Friedlaender F R, et al. The genetic structure and history of Africans and African Americans. Science, 2009, 324(5930): 1035-1044.

[22] Friedlaender J S, Friedlaender F R, Reed F A, et al. The genetic structure of Pacific Islanders. PLoS Genet, 2008, 4(1): e19.

[23] Wang S J, Lewis C M, Jakobsson M, et al. Genetic variation and population structure in native Americans. PLoS Genet, 2007, 3(11): e185.

[24] 文少卿,谢小东,徐丹.接触与混合——从Y染色体的角度看东乡人群及其语言的关

系.遗传,2013,35(6):761-770.
- [25] Renfrew C. Archeology and language. Cambridge: Cambridge University. Press, 1987.
- [26] Cavalli-Sforza L L. Genes, peoples, and languages. Proc Natl Acad Sci U S A, 1997, 94(15):7719-7724.
- [27] 陈宗振,雷选春.西部裕固语简志.北京:民族出版社,1985.
- [28] 照那斯图.东部裕固语简志.北京:民族出版社,1981.
- [29] 张志纯.甘肃裕固族史话.兰州:甘肃文化出版社,1991.
- [30] 李树辉.乌古斯和回鹘研究.北京:民族出版社,2010.
- [31] 杨富学.回鹘文献与回鹘文化.北京:民族出版社,2003.
- [32] Thomsen K. Das Gelbuigurische und das Salarische (in Deutsch)//Deny J, et al. Philologiae Turcicae Fundamenta Ⅰ. Wiesbaden: Franz Steiner Verlag, 1959.
- [33] Johanson L. The history of Turkic//Lars Johanson & Éva Ágnes Csató (eds). The Turkic languages. London/New York: Routledge, 1998:81-125.
- [34] Nugteren H, Roos M. Prolegomena to the classification of Western Yugur//Erdal M & Nevskaya Ⅰ (eds.). Exploring the eastern frontiers of Turkic (Turcologica 60). Wiesbaden, 2006:99-130.
- [35] Nugteren H, Roos M. Common vocabulary of the Western and Eastern Yugur languages: the Turkic and Mongolic loanwords. Acta Orientalia Academiae Scientiarum Hungaricae, 1996, 49:1-91.
- [36] Nugteren H, Roos M. Common vocabulary of the Western and Eastern Yugur languages: The Ethnonyms. Rocznik Orientalistyczny LⅥ, 2003, 1:133-143.
- [37] 王传超,严实,候静,等.现代Y染色体揭示1800年前的魏武帝曹操的身世.人类遗传学报,2012,57:216-218.
- [38] Wang C C, Wang L X, Rukesh S, et al. Genetic structure of Qiangic populations residing in the Western Sichuan Corridor. PLoS One, 2014, 9:1-12.
- [39] Malyarchuk B, Derenko M, Denisova G, et al. Phylogeography of the Y-chromosome haplogroup C in northern Eurasia. Ann Hum Genet, 2010, 74(6):539-546.
- [40] Zhong H, Shi H, Qi X B, et al. Global distribution of Y-chromosome haplogroup C reveals the prehistoric migration routes of African exodus and early settlement in East Asia. J Hum Genet, 2010, 55(7):428-435.
- [41] Dulik M C, Zhadanov S I, Osipova L P, et al. Mitochondrial DNA and Y chromosome variation provides evidence for a recent common ancestry between Native Americans and Indigenous Altaians. Am J Hum Genet, 2012, 90(2):229-246.
- [42] Cristofaro J D, Pennarun E, Mazières S, et al. Afghan Hindu Kush: where Eurasian sub-continent gene flows converge. PLoS One, 2013, 8(10):e76748.
- [43] Wells R S, Yuldasheva N, Ruzibakiev R, et al. The Eurasian heartland: a continental perspective on Y-chromosome diversity. PNAS, 2001, 98(18):10244-10249.
- [44] Wen B, Li H, Lu D R, et al. Genetic evidence supports demic diffusion of Han

culture. Nature, 2004, 431(7006): 302 - 305.

[45] Zerjal T, Xue V, Bertorelle G, et al. The genetic legacy of the Mongols. Am J Hum Genet, 2003, 72(3): 717 - 721.

[46] Abilev S, Malyarchuk B, Derenko M, et al. The Y-chromosome C3 * star-cluster attributed to Genghis Khan's descendants is present at high frequency in the Kerey clan from Kazakhstan. Hum Biol, 2012, 84(1): 79 - 89.

[47] Cui Y Q, Li H J, Ning C, et al. Y Chromosome analysis of prehistoric human populations in the West Liao River Valley, Northeast China. BMC Evol Biol, 2013, 13: 216.

[48] Morgan D. The Mongols. Oxford: Blackwell Publishers, 1986.

[49] EwingT E. The forgotten frontier: South Siberia (Tuva) in Chinese and Russian history, 1600 - 1920. Central Asiatic Journal, 1981, 25: 174 - 212.

第十三讲
语言接触与语言共性
——以甘青语言区域若干现象为例

周晨磊

(中国社会科学院语言研究所)

一、引言

　　语言学尽管流派纷呈,但不同学派或明示或暗示地都把"共性"作为终极追求。因为当一种理论不局限于某个语言,而广泛适用更多语言时,其理论解释力才更加令人信服。因此,尽管生成语法早期一直深挖英语这一种语言,其理论追求却指向普遍语法(universal grammar),表明他们志在追寻人类语言的共性。"语言共性"更成为以跨语言考察为主要研究特点的语言类型学的终极追求。

　　对语言共性的认识和追求是学科发展的必然。在现代语言学诞生之前的漫长时间里,人类对单个语言如何运行尚未有充分的理性认识。比如历史悠久的汉语,长期以来人们关注文字、训诂、音韵等所谓"小学",这些研究本身很有价值,但它们并不能系统地揭示汉语各层级的语言单位是通过何种规则组构起来的(即汉语的语法)。随着现代语言学学科的建立以及视野的拓宽,人们看到了更多语言,也看到了表面上"语言之间可以无限制地、以不可预测的方式相互区别"[1]。但是,正如Croft[1]所言,这种差异性实质上体现的是语言的多样性(diversity),并不能据此否认共性的存在。语言再多样,它总有一个变异范围,而语言共性就蕴藏在变异的范围之内。采取这样的思路,Greenberg建立了以语言共性为终极追寻目标的语言类型学(Linguistic Typology)。越来越多的语言学家也以找寻人类语言共性为更高的学术研究目标。

　　找到语言共性并不是终点(尽管这一任务本身尚在持续),更重要的是对共性的解释,因为促使共性形成的因素也许有助于人们解开语言之谜。对共性的解释大致可以分为三类：结构解释、历时解释和外部解释。结构解释认为共时的语法结构本身可以解释语言共性。例如分支方向理论（Branching Direction Theory）[2]就是一种结构解释。历时解释认为共时存在的所有语法现象都是历时演变模式的共时表现，即共时现象需要到历史中寻找成因。语法化（grammaticalization）过程可视为对语言共性的一种历时解释。尽管语法化研究并不直接用于揭示语言共性，但有不少语法化的过程是跨语言常见的，这就客观上构成了共性。这种在历时发展中反复发生的语法化演变可用于解释语言共性，即不少语言的特定单位都发生了相同的历时演变[3~4]。外部解释是从语言系统之外的因素中找到解释，如语言的交际共性、认知共性、社会共性、生物共性等，这与语言本身的多重身份有关。

在建立语言共性的过程中常会遇到这样的情况：在若干种语言中归纳出的共性到了更多语言中就不再成立了，即遇到了反例。这是因为语言都是有个性的。形成语言个性的原因多种多样，其中一个重要的外部因素是语言接触：试想两个原本符合共性的语言在接触后，语言系统会被影响，有可能出现特殊的表现，形成独特的语言个性。本文拟以甘青语言区域内的若干现象为例，在语言共性和个性的视角下，探讨语言接触与语言共性之间的关系。

二、共性与个性

如前所述，每种语言都有个性，这一事实使得毫无例外的语言共性几乎不存在。因此，看似语言个性对语言共性的追求带来阻碍，但正如普遍性蕴于特殊性之中，语言共性也蕴于语言个性之中，对共性的追求并不以抹杀或无视语言个性为前提。语言共性与个性的关系，我们概括为"相辅相成，互惠互利"。

对语言共性的发掘，遵循"从一部分语言中提炼→以更多语言来检验→共性的修正→修正的共性再由更多语言来检验"的过程。从中可见，语言个性对语言共性的贡献有两大方面：① 作为归纳语言共性的原材料；② 对已建立的语言共性加以检验、证明或挑战共性。更具效力的语言共性和对人类语言更深入的认识，离不开对语言个性的细致考察。

反过来，语言共性的建立对语言个性的考察也有重要作用，这体现在当研究具体语言时，如果将其置于人类语言的大背景下，置于语言共性的观照下，可以对语言个性有更加深入的认识，为解决一些局限于某种语言内部难以解决的问题提供有效的思路。

语言接触是造成语言个性的重要因素,故而语言接触与语言共性的关系也符合语言个性和语言共性的总体关系。下文以甘青语言区域内的三个个案来展开讨论。

三、甘青语言区域个案

(一) 语言接触与语言共性的关系

语言接触是两种或更多种语言之间发生联系、互相影响,使得被影响到的语言发生一定变化的现象。当然,受语言接触影响的程度不同,语言发生变化的剧烈程度也不同。由于语言接触能够带来和某语言原有系统不一样的现象,因此很受语言学家的重视。人们期待从中可以观察语言在外力影响下如何变化,甚至是新的语言如何形成。语言接触领域的研究成果非常丰硕,读者可参看 Hickey 主编的著作[5]。

沿着前文思路,语言接触研究和语言共性研究的总体关系也是相辅相成的。一方面,语言共性预测的是语言变异的范围,语言接触可能会加快语言变异,或局部改变语言变异的方向,造成和语言自然演变不同的结果。那么,在语言接触的环境下,所发生的变异还在不在语言共性的管辖范围? 这是语言接触给语言共性提出的挑战。比如我国甘肃、青海地区由于汉语、藏语、阿尔泰语系诸语言(包括蒙古语族语言和突厥语族语言)的长期共存和紧密交流,语言接触频发,形成了甘青语言区域。该区域内的保安语和汉语长期接触,借用了汉语的系词,和自身具有的系词共存,并可同现于一个句子[6]。但保安语原有的系词居末(符合保安语的 OV 语序),借自汉语的系词则在表语之前(符合汉语的 VO 语序),由此形成局部的 OV 语序类型和 VO 语序类型的混合,就不再为 OV 语序语言共性所囊括。

另一个例子来自汉语。一般认为汉语的基本语序是 SVO,但又不太符合 VO 语言的语序特征,在一些特定语序上更是成为全人类语言的例外。对此学界多有讨论,语言接触被认为是其中一个可能的重要原因[7~8]。Szeto 和 Yurayong[8]通过考察大量参项,指出汉语的语言特征具有南北差异。他们将汉语分为四大类,分为北部汉语(Northern Sinitic)、过渡汉语(transitional Sinitic)、中部及东南部汉语(Central Southeastern Sinitic)和远南汉语(far Southern Sinitic),其中位于北方的北部汉语和南方的远南汉语具有显著的类型差异。Szeto 和 Yurayong[7]指出,北方的阿尔泰语系诸语言和南方的东南亚大陆上的语言对邻近的汉语产生重要影响,是北部汉语和远南汉语形成类型差异的关键原因。如此一来,可以想见汉语本身可能具备阿尔泰语系 OV 型的语序特征和东南亚大陆语言 VO 型的语序特征。同时,汉语作为汉藏语系的一员,和 OV 语序的藏语有亲缘关系,也可能是造成汉语共时层面上 OV 和 VO 语序类型特征共存的原因。

语言接触形成的独特现象可能会给已有的语言共性带来挑战,从另一个方面看,也为我们加深对语言共性的认识提供材料。如前所述,语言共性的得出过程是:在有限语言(尽管数目可以很可观)内观察归纳出共性,在研究新的语言时,考察是否符合该共性,如果符合,则更加证明该共性;如果不符合,则可据此对共性进行修正,并在更多语言中加以考察。下面举甘青语言区域内语言接触的三个个案,这三个例子所涉及的语言现象都是以往研究中较少被观察到的,或曰已有共性尚未充分涵盖的。通过对此类现象的观察,有助于我们加深对语言共性的认识。同时,语言共性也为我们深入考察某些从单一语言内部无法考察的现象提供助益。

(二)来自"二"的伴随格标记

我们讨论的第一个个案是甘青语言区域内伴随格标记的来源,在讨论中充分借鉴文献[9]。伴随格标记指加在名词之上,表该名词所指称的对象是另一名词所指的伴随者的语法标记。已有研究对伴随格的考察表明,伴随格标记有诸多语法化来源,包括"朋友/同伴(comrade/company)""跟随(follow)""拿(take)""一(one)""联合(union)"[3]。但甘青语言区域内的不少语言和方言存在另一个来源为"二"的伴随格标记,我们以五屯话和保安语为例:

(1) 五屯话(Sandman[10]57-58,英文文献例句的汉语对译和翻译为笔者所作,下同)

ngu   ngu-de   tixang-liangge   qhi-zhe
第一人称   第一人称-定语   弟弟-伴随格   去-进行体
'我和弟弟一起去'。

(2) 保安语[5]345

tɕi   mənə   dəu-ɢala   daməla
第二人称   第一人称-定语   弟弟-伴随格   抬
'你跟我弟弟(一起)抬'。

除以上两处语言/方言,甘青语言区域内循化方言、西宁方言、甘沟话、周屯话、临夏话、唐汪话等汉语变体及康家语、东乡语、Mangghuer 语等阿尔泰语系语言都有来源为"二"的伴随格标记。更有趣的是,甘青区域之外的蒙古语族语言并不见来源于"二"的伴随格标记[11]。那么,该标记是如何形成的?根据甘青语言区域内各语言/方言的实际情况,我们认为该过程经历了如下几个步骤。

第一步,"二"作为同位语,位于"NP1+并列连词+NP2+'二'"结构中,其中 NP1 和 NP2 具有并列关系,"二"是对它们数量上的同位性说明。这类情况在属于汉语族的周屯话和蒙古语族的 Mangghuer 语中都可以看到。请看下例。

(3) a. 周屯话(田野调查)

扎西带_和小宋两个婚结上了。_{扎西和小宋两人结婚了。}

b. Mangghuer 语[12]107

Chuna dai Yehu ghu=la xi danang dimei a bo
狼   和   狐狸   二=集合 去   后   面包   也 鼓
a luoti a
也 靴子   也
ni-si—ni   yigua bari ri-jiang   bai.
这-复数=宾格 总共   拿   来-宾语:完成   强调
'狼和狐狸把这些东西都拿走了:面包、鼓和靴子。'

在例(3)所示的环境中,"二"具备了进一步语法化的语义和部分句法条件。尽管句法上 NP1 和 NP2 是并列关系,而伴随者往往取旁格,比被伴随者的句法地位低,但在语义上,NP1 和 NP2 是同一事件的两个参与者,这与伴随者和被伴随者的概念对接近。比如虽然 Harry 在 John and Harry 和 John with Harry 中的句法地位不同,但在语义上,它都是一个和 John 处于同一事件的参与者,没有大的区别。在语法上,"二"落在 NP2 的后面,为进一步虚化为附在 NP2 之上的后置标记提供可能。

进一步,由于语义上并列连词(下用"和"概指)和"二"都有囊括两个参与者的功能,因此二者在此功能上有所重叠。由于语言经济性作用,在实际使用中可能会只出现一个,分别形成"NP1+'和'+NP2"和"NP1+NP2+'二'"两种情况。其中,前者就是常规的并列结构,后者则为"二"的进一步发展提供了条件。首先,"二"在某些场合下应该具备"和"的功能,具有被识解为后置的并列连词的可能。下面分别以周屯话和保安语为例进行介绍。

(4) a. 周屯话（田野调查）

　　茶药两一个话。茶和药的说法一样。

b. 保安语[13]69

jaŋ　papa　ana=ʁala　guda　khəl-saŋ　　　　　sanə.
再　 父亲　 妈妈=两　 之前　说-完整体：名物化　此外
'又一次,（我的）爸爸和妈妈,除了之前说的……'.

在例(4)a 中,"茶"和"药"是并列项,"二（两）"既可以视为同位语,也可以在缺少并列连词的情况下分析为后置的并列连词。在周屯话基本语序是 SOV 的情况下,这一分析具有可观的可接受度（OV 语序语言多使用后置词/附缀）。同样,(4)b 中的"二（ʁala）"也可以重新分析为后置的并列连词。在并列连词的基础上,"二"进一步发展为伴随者标记,例(5)中的"二"事实上具有并列标记和伴随者标记的两种解读,体现了从前者到后者的发展中间阶段。

(5) 我阿奶两街上去了。我和奶奶去街上了。

此句中的"我阿奶两"既可以分析为"我 and 阿奶"也可以分析为"我 with 阿奶"。由于动词上没有数的一致关系,很难从句法上认定两种分析哪种正确。根据本地人的语感,此句更适合理解为第二种意思,因为句中"我"是主体,"阿奶"是伴随体：此句适合用于回答"你昨天做了什么"而不是"你和阿奶昨天做了什么"（回答此问题会使用并列连词"带"）。不过这只是基于语感的分析,还不能明确"二（两）"此时已经变为伴随者标记。但例(6)中的"二"就不再适于分析为并列连词了。

(6) a. 甘沟话[14]33

　　嗳傢他我俩吵著哩啊,我嗳傢俩沒吵著。他和我吵,我没和他吵。

b. 康佳语[15]101

[enə　dɔnduʁu-ɢala　guanʃi　isʉn　] kʉn
这　　事情-伴随格　　关系　　有　　　人
'和这件事有关的人。'

动词"吵架"一般是双向的（"我和他在吵架＝我在和他吵＋他在和我吵"）,但例(6)a 的"吵架"是单向的,即"他"和"我"吵,"我"没有和"他"吵。如此,则"二（俩）"就不再适合于分析为并列连词。例(6)b"二（ɢala）"所在的小句只有一个名词,另一个相关的名词 kʉn "人"被关系化了。如果这两个成分是并列结构中的并列项,不会出现其中一个名词被提取而留下另一个名词的情况,故而此"二(gala)"也不能被识解为并列连词。

"二"的上述发展路径在甘青地区的汉语变体和蒙古语族语言中都能找到,没有充分证据表明该标记是从蒙古语族借入汉语或是从汉语借入蒙古语族。我们认为源自"二"的伴随格标记是甘青语言区域内的区域创新,而该标记的存在可以更新和丰富人们对伴随格标记普遍性语法化来源的认识。

(三) 选择连词

这里以周屯话的两个选择连词为例,说明语言接触与语言共性的互动,主要参考自笔者[16]。周屯话是位于青海省海南藏族自治州贵德县周屯村居民使用的汉语方言,受周边安多藏语的深度影响,周屯话的基本语序变为 SOV,或严格的 OV(唐汪话、西宁方言等以 OV 为主,OV、VO 并存)。周屯话拥有两个选择连词,分别是前置的"不是"和后置的"么"。请看例(7)、例(8)。

(7) 扎西房子里有哩,**不是**学里有哩。扎西在房子里,或者在学校。
(8) 扎西房子里有哩**么**(,)学里有哩?扎西在房子里,还是在学校?

1. "不是"

周屯话的"不是"源自汉语的"不是",即系词"是"的否定形式,下简称否定系词。否定系词的用法在周屯话中仍然存在,请看例(9)。

(9) 扎西学生娃不是呀,老师是哩。扎西不是学生,是老师。

"不是"否定系词的用法在周屯话中相对于另一个否定系词——借自藏语的 ma re——是有标记项。其一,从使用频率上看,ma re 要远多于"不是";其二,从标记性上看,"不是"后往往需要加上语气词[如例(9)的"呀"],ma re 无此要求;其三,从句法分布上看,ma re 可以自由地用于否定 NP、小句和句子,"不是"则只限于否定 NP。请看例(10)。

(10) a. 扎西学里去了。扎西去学校了。
　　　b. ma re。/* 不是。

相比有标记的否定系词的身份,"不是"最常见的用法是用作选择连词,请看例(11)~例(13)。

(11) 不是个这里去,不是个那里去。或者去这里,或者去那里。
(12) 黑了走的巴,不是洋火点上,不是手电拿上。黑了的时候走,要么点上火把,要么打手电筒。
(13) 扎西房子里有哩,不是街上有哩。扎西在房子里,或者在街上。

上述三例显示"不是"作为选择连词用法上的三个特点。其一,可以用于每一个选择肢之前[如例(11)和例(12)],也可以用于最后一个选择肢之前[如例(13)];其二,"不是"连接的选择肢只能是小句,不能是 NP。例(14)是不成立的。

(14) * 安文栋,不是连珺学里有哩。安文栋或者连珺在学校。

例(14)要想成立,需要将选择肢改为小句,如例(15)。

(15) 安文栋学里有哩,不是连珺学里有哩。

"不是"连接的选择小句的第三个特点是其只能是陈述句,不能是疑问句。例(16)不成立。

(16) * 安文栋学里有哩么,不是连珺学里有哩么?安文栋在学校吗,还是连珺在学校?

选择连词"不是"是如何形成的?选择连词"不是"是不是发展自否定系词"不是"?如果是,那么如何解释两者的两大不同之处:① 否定系词"不是"只能否定 NP,不能否定小句,而选择连词"不是"只能连接小句,不能连接 NP;② 否定系词"不是"是后置的而选择连词"不是"是前置的。此外,还需要构建二者之间的语义联系:否定义如何发展出选择义?按照常理,否定义和选择义之间是抵触的,试想例(17)。

(17) 扎西在房子里,不是在学校。

例(17)中,当使用"不是"时,其所在的句子是被否定的,不可能作为一个选择项。

尽管存在上述问题,我们考察后仍然认为选择连词"不是"确实是发展自否定系词"不是",对于二者之间的演变路径,笔者[16]进行了详细论证,概括如下。

"不是"演变路径构拟(C 代表"小句"):

"C1,这么不是时,C2">"C1,不是时,C2">"C1,不是 C2">"(不是)C1……不是 Cn"

在该构拟的演变路径中,"不是"首先用作否定系词,否定名词性成分"这么",并且最先用在"不是时"("如果不是")这样的假设语境中。随后"这么"被省略,"时"也脱落,最终"不是"完成向选择连词的演变。

由于周屯话并没有历史语料可供参考(世界上大多数语言都没有充分的历史语料),故上述演变步骤只是构拟。但我们认为此演变路径的可信度较高,主要表现在两方面:一方面是构拟的路径可以合理解释否定系词"不是"和选择连词"不是"两大不同之处的形成过程;另一方面是在人类语言中,从假设语境发展出选择连词的情况是较为常见的,可视为一种共性。Mauri[17]注意到非现实(irrealis)和选择连词的密切联系,她指出非现实语境是选择连词形成的重要语境，其中包括假设（hypothetical）语境。在一些没有选择连词的语言中，非现实的表达策略被用于表达选择。表示否定义的语言单位配上假设语境，构成"if not"义，并发展成选择连词的情况在一些语言中可以找到。汉语的选择连词"要不（是）"就是"如果不是"的假设义发展而来的，在其他语言中也有类似情况，请看例(18)：

(18) a. Hakha Lai 语[18]339

    làwthlawpaa   falaám   ʔa-kál-làw-leè
    农民   Falam   第三人称-去-否定-如果
    haàkhaà-ʔaʔ   ʔa-ʔùm
    Hakha-处所格   第三人称-存在
    '农民去了 Falam，或者留在 Hakha。'
    （字面义：如果农民没有去 Falam，那么他留在了 Hakha。）

b. Nànáfwê 语[17]44

    cɛ́n   wjéljé   sɛ́   nán   ánwán   jé   ɔ́   tíké
    天   一些   如果   否定   门   那   它   开:完成体
    ɔ́   fùndréti   jé   ɲín   ón
    焦点   窗户   那   猛关   焦点
    '有的时候门开了，或者窗户猛地关了。'
    （字面义：如果不是门开了，那么就是窗户关了。）

综上，可以合理推测周屯话"不是"选择连词用法的形成应该也离不开假设语境。顺此线索，我们认为周屯话表"如果"的"时"（"时"表假设的用法遵循"time＞when＞if"的演变链）应该是"不是"选择连词用法形成的必要"伙伴"，即"不是时_{如果不是}"。后因共现频率高和"是""时"在此环境下同音的缘故，"时"被省略，形成共时层面不见于其他语言（至少就现有资料来看）的单独以否定系词形式充当的选择连词。关于选择连词"不是"形成的详细过程，请参看文献[16]。

"不是"的例子充分显示语言共性在考察单个语言时所能起到的重要作用。

2."么"

周屯话的另一个选择连词是"么"，用于连接疑问选择肢，如例(8)。"么"来源句末语气词"么"（即普通话"吗"）。可看例(19)。

(19) 早晨天晴哩么？你来哩么？_{明天天晴吗？你来吗？}

例(19)的两个问句都以语气词"么"结尾，两个问句并置，没有句法上的依存关系。这一环境为"么"的演变提供了条件。另外一个条件是,句末语气词"么"的使用是可选的,即一般疑问句可以仅通过语调来表达疑问,无需"么",如例(20)。

(20) 早晨天晴哩? 你来哩?_{明天天晴吗?你来吗?}

例(19)离"么"理想的演变语境还差一步,即两个问句之间语义上构成选择关系。例(21)提供了这一语境。

(21) 你街上去哩么? 扎西街上去哩么?_{你去街上吗?扎西去街上吗?}

例(21)中"你去街上"和"扎西去街上"在一定情况下构成选择关系,在此语境下"么"可以进一步演变为选择连词,详细讨论可见文献[16]。此处值得注意的是,"疑问语气词＞选择连词"的演变路径在已有的讨论语法化的文献中较少被提及,而相反的"选择连词＞疑问语气词"更为普遍[2]。周屯话的"么"(以及若干西北汉语方言的选择连词"吗"①)为我们提供了新的演变路径,丰富了我们对于跨语言常见的语法化路径的认识。

(四) 言者指称代词

第三个个案依然来自周屯话。该方言有一种非常独特的代词"ta",笔者[19]查阅资料显示此类代词并未见于其他语言的报道,并将之命名为"言者指称代词"(locutor-referential pronoun),其使用规则为:① 如果 ta 用于言说动词的补足语小句,则其指代内部言者(即说出这句话的人);② 如果 ta 不用于①的语境,则其指代叙述言者(即叙述该句/段话的人)②。见例(22)、例(23)。

(22) 扎西来了拿上急赶就走了,ta 去哩说。_{扎西来了,拿上(某物)就急忙地走了,他说他走了。}

(23) 太小时,ta 烧柴拾去时,ta 劲不够,背不动呗。_{很小的时候,我去捡木柴时,我劲不够,背不动。}

笔者[19]分析了 ta 在第一种语境下相当于文献中已有的内指代词(logophoric pronoun)用法,但第二种用法不能为后者概括。同时具备这两种用法的代词,就笔者资料所及,尚未见到。该特殊代词的形成与其和安多藏语的接触有密不可分的关系,有可能是在安多藏语内指代词的影响下,进一步发展出了例(23)中的功能,形成了特殊的"言者指称代词"。安多藏语内指代词的用例如下[20]⁶。

---

① 尽管相关文献未必明确将"吗"定义为选择连词,但从所举例句来看,"吗"可以和"么"做同样分析。

② 举例来说,在"我昨天看见了张三,他说见到我很高兴"中,内部言者是"张三",叙述言者是"我"。有时两类言者所指可以相同,如"我昨天看见了张三,我说见到他很高兴",内部言者和叙述言者都是"我"。

(24) ta   [mo   ɕira   jə=a   mə-ndzo.
    然后 内指代词   返   家=与格   否定-去：非完整
    ndi=ki   khoŋ=ki   gepo   bawa   mən.
    指示=作格   内指代词=领属   丈夫   青蛙   系词：否定
    tə=ki   gonmo=ta   bawa=ki   kondzə
    指示=作格   夜里=后置词   青蛙=领属   衣服
    hət=taŋ=na   ta   nə=zək   jən]   tə=ki
    脱=助动=连词   然后   人=不定   系词   指示=作格
    ze=nəre=ja.
    说=助动=语气
    '"我不会返回家中。我的丈夫不是青蛙。晚上脱掉衣服后，他是一个人。"（公主）这么说道。'

例(24)中的 *mo* 和 *khoŋ* 此处都适合翻译成"我"，但事实上他们不是第一人称代词，而是指向句子言者（即未出现的"公主"）的内指代词。内指代词最早在非洲语言中被发现，后在少量欧洲语言（如芬兰语、高地拉脱维亚方言）中也被发现。近十多年来，亚洲语言（日本阿伊努语的北海道方言、安多藏语、康巴藏语和诺苏彝语等）中也看到了内指代词的身影[20~27]。周屯话的 *ta* 部分功能和内指代词一致，但部分功能不能为后者涵盖，*ta* 是一种全新的代词。*ta* 的形成应和周屯话与安多藏语的接触有关，是在安多藏语内指代词的影响下进一步发展出来的。此个案显示，语言接触有可能会带来前所未见的语言现象，为我们探索人类语言的变异范围提供了重要材料，并为之后在同类个案研究基础上归纳语言共性做好充分准备。

四、结语

本文介绍了语言共性及其常见解释、语言共性和语言个性的关系，并以甘青语言区域的三个个案为例，探讨了语言接触和语言共性相辅相成的关系。

和其他很多学科一样，对共性的追求是语言学研究的重要目标。我们也应注意，要在共性中考察个性，在个性里寻找共性，不应偏废一方。尊重语言的多样性，将具体语言放到尽可能大的人类语言整体背景下（而不是简单地与"英语"比较）进行研究，我们当能更好地考察个性、寻找共性。推而广之，在语言接触、文化接触等类型的接触研究中，更大背景的共性将为我们的研究提供更准确的定位。

参 考 文 献

[1] Croft W. Typology and universals. Second edition. Cambridge: Cambridge University Press, 2003.

[2] Dryer M. The Greenbergian word order correlations. Language, 1992, 68(1): 81-138.

[3] Heine B, Tania K. World lexicon of grammaticalization. Cambridge: Cambridge University Press, 2002.

[4] Kuteva T, Bernd H, Bo H, et al. World lexicon of grammaticalization. 2nd ed. Cambridge: Cambridge University Press, 2009.

[5] Hickey R. The handbook of language contact. Oxford: Wiley-Blackwell, 2010.

[6] 布和, 刘照雄. 保安语简志. 北京: 民族出版社, 2008.

[7] 张敏. 博弈论、演化论与汉语句法的接触语言学研究. 中国语言学岭南书院讲座, 2020.

[8] Szeto P Y, Chingduang Yurayong. Sinitic as a typological sandwich: revisiting the notions of Altaicization and Taicization. Linguistic Typology, published online: February 18, 2021.

[9] Zhou C L. From "two" to a comitative-instrumental case marker: a regional innovation in the Gansu-Qinghai linguistic area. Language and Linguistics, 2022, 23(2): 349-369.

[10] Sandman E. A grammar of Wutun (Ph.D dissertation). Helsinki: University of Helsinki, 2016.

[11] Janhunen J. The Mongolic languages. London: Routledge, 2003.

[12] Slater K W. A grammar of Mangghuer: a Mongolic language of China's Qinghai-Gansu sprachbund. London: Routledge, 2003.

[13] Fried R W. A grammar of Bao'an Tu, a Mongolic language of Northwest China (Ph.D dissertation). Buffalo: University of Buffalo, 2010.

[14] 杨永龙, 张竞婷. 青海民和甘沟话的格标记系统. 民族语文, 2016, 5: 25-38.

[15] 斯钦朝克图. 康家语研究. 上海: 上海远东出版社, 1999.

[16] Zhou C L. On the disjunctive constructions and related constructions in Zhoutun. Lingua, 2022, 266 (1): 103183.

[17] Mauri C. The irreality of alternatives: towards a typology of disjunction. Studies in Language, 2008, 32 (1): 22-55.

[18] Peterson D A, Kenneth V. Coordination in Hakha Lai (Tibeto-Burman)//Martin Haspelmath. Coordinating constructions. Amsterdam: John Benjamins, 2004, 333-354.

[19] Zhou C L. The locutor-referential pronoun in Zhoutun. Himalayan Linguistics, 2022,

20 (3): 169-184.
[20] Ebihara S. Logophoric pronouns in Amdo Tibetan. A collection of linguistics of Tokyo Foreign Studies University, 2014, 10: 3-12.
[21] Clements G N. The logophoric pronoun in Ewe: its role in discourse. Journal of West African Languages, 1975, 10: 141-177.
[22] Culy C. Logophoric pronouns and point of view. Linguistics, 1997, 35: 845-859.
[23] Huang Y. Anaphora: a cross-linguistic study. Oxford: Oxford University Press, 2000.
[24] Nau N. Out of Africa: logophoric pronouns and reported discourse in Finnish and High Latvian dialects. Acta Linguistica Lithuanica, 2006, 4: 55-87.
[25] Bugaeva A. Reported discourse and logophoricity in Southern Hokkaido dialects of Ainu. Gengo Kenkyu, 2008, 133: 31-75.
[26] Liu H Y, Xiao L. On evidentiality in Nuosu Yi. Language and Linguistics, 2016, 17(1): 113-132.
[27] 孙凯.玉树藏语方言(拉布话)研究(博士学位论文).天津:南开大学,2019.

第十四讲
裕固族部落与户族及西部裕固语语言结构特点

钟雪晴（雅尔姬斯）
（德国美因茨大学语言学系）

　　裕固族是我国人口较少的民族之一，主要聚居于甘肃省肃南裕固族自治县，少数聚居于酒泉市肃州区黄泥堡裕固族乡。根据2020年第七次全国人口普查统计数据，裕固族人口数为14 706。裕固族作为一个民族的独特特征之一是，社区之间至少使用三种不同的语言：西部裕固语，属于突厥语族；东部裕固语，属于蒙古语族；还有一部分裕固族人只会说汉语，尤其是居住在酒泉市黄泥堡裕固族乡的裕固族，几代以来只讲汉语。汉语是不同语言群体之间使用的语言。

　　虽然裕固族人使用不同的语言，但他们彼此共享强烈的族群认同，都认为自己是一个民族。在西部裕固语和东部裕固语两种语言中，他们都称自己为"尧乎尔"或"尧熬尔"（Yoɣur [joˈʋʊr]）①。此外，他们传统上有着同样的宗教认同（信仰藏传佛教，并保留了一些萨满教习俗）、文化与风俗习惯，共享共同的生计与生活方式、民族服装、部分民间故事，以及相似的行为和思考方式等[1~2]。本文主要介绍当下裕固族及裕固语概况、裕固族部落及户族、西部裕固语语音及语言结构典型特点及语音变化情况等。

一、裕固族及裕固语概况

　　裕固族传统上是游牧民族，但现在农业和畜牧业是他们的主要生计活动。

---

　　① 本文西部裕固语例词均以裕固语记音符号标写，个别重要例词后用国际音标做了标注。记音符号与国际音标对照表可参考本人博士论文（见参考文献[2]）。

关于其族源,中外学者仍有不尽相同的看法,但目前普遍被接受的观点是,裕固族可以溯源于北方古代民族回纥(回鹘)[3]。裕固族的祖先曾经使用过回鹘文,但他们至少在两个世纪前才停止使用这种文字,即可能一直使用到 17 世纪末。具体来说,西部裕固语使用者称自己为 Sarəɣ Yoɣur,并称其语言为"尧乎尔语"yoɣur;而东部裕固语使用者称自己为 Shəra Yoɣur,其语言被称为"恩格尔语"əngar [əŋˈgär] (sarəɣ [sɑˈrɤɣ]和 shəra [ʂəˈra]的意思均为"黄色",sarəɣ 是西部裕固语,shəra 是东部裕固语)。在历史上他们互相称对方为 Ghara Yoɣur 或 Hhara Yoɣur (ghara [qɑˈrä]和 hhara [χɑˈrä]的意思均为"黑色",ghara 是西部裕固语,hhara 是东部裕固语)。西部裕固语和东部裕固语是两种截然不同的语言,虽然它们在词汇和语法上有一些相似之处,但不能相互理解。

在历史上,裕固族曾有过多种称呼,中国历史文献记载出现比较多的有黄头回鹘(纥)、甘州回鹘、河西回鹘、沙洲回鹘、萨利回鹘、锡喇回鹘儿、撒里畏兀/吾、撒里畏兀/吾儿、锡喇伟古尔、西拉玉固尔、西喇古尔、黄番等 40 多种称呼[4~5]。撒里维兀儿、撒里畏兀/吾等称谓是根据西部裕固语 Sarəɣ Yoɣur 音译的,锡喇伟古尔、西拉玉固尔、西喇古尔等称谓是根据东部裕固语 Shəra Yoɣur 音译的,黄番则是早先外族人对裕固族的称呼。在英文文献中,针对裕固语的称谓,笔者注意到的有 Saryg/Sarī/Sarīg(h)/Sarïɣ Sari/Sarig(h)/Sarö Yug(h)ur/ Yog(h)ïr/Yog(h)ur/Yog(h)or/Yög(h)ur/Yuɣur/Uyg(h)ur/ Uig(h)ur(主要针对西部裕固语);Shira/Shera/Shīra/Šera Yug(h)ur/ Yog(h)ïr/Yog(h)ur/Yog(h)or/Yög(h)ur/Uyg(h)ur/Uig(h)ur(主要针对东部裕固语)。

肃南裕固族自治县位处河西走廊,位于丝绸之路必经之路,西南与青海省接壤,位于安多藏区东北边缘地带,东北与内蒙古相邻。根据 2014 年的肃南统计年鉴[6],大多数裕固族人居住在面积 23 887 平方千米的肃南裕固族自治县,人口数为 10 330,约占肃南县总人口数(38 085)的 27.12%。除了县城所在地红湾寺镇各民族人口都相对较多外,大部分裕固族分布在明花乡、大河乡、康乐镇和皇城镇(表 14-1)。这些地区大多位于山区,基本上只有明花乡位于平原。

使用西部裕固语的裕固族人主要聚居在明花乡和大河乡的韭菜沟、水关等地,皇城镇马营等地也有一部分使用西部裕固语的裕固族人聚居在此;使用东部裕固语的裕固族人主要聚居在康乐镇、皇城镇的北滩、东滩等地,以及大河乡的松木滩、老虎沟等地。居住在大河乡和皇城镇的极少部分裕固族人既会说西部裕固语,也会说东部裕固语。此外,该县各地居住着许多其他民族,包括汉族、藏族、回族、土族、蒙古族等。藏族主要分布在皇城镇、马蹄乡和祁丰乡,总人口数近 1 万。除了裕固语—汉语双语之外,一些裕固语—藏语双语在历史上也存在。

表 14-1 肃南裕固族自治县民族人口概况①

民族 地区	裕固族	汉族	藏族	回族	土族	蒙古族	其他	小计
红湾寺镇	2 771	4 893	1 626	125	107	62	29	9 613
明花乡	2 017	1 176	326	0	16	2	3	3 540
大河乡	1 952	1 852	217	74	55	3	1	4 154
皇城镇	1 637	3 971	2 588	235	158	32	4	8 625
康乐镇②	1 819	1 734	161	163	72	238	5	4 192
马蹄乡	64	2 362	2 383	31	32	21	0	4 893
祁丰乡	70	454	2 534	4	3	1	2	3 068
总计	10 330	16 442	9 835	632	443	359	44	38 085

二、裕固族部落与户族概览

新中国成立前,不同的部落(部落又称"家",裕固语为"鄂托克"Otogh 或 Uhday)形成裕固族社区。历史上裕固族曾长期保留古老的部落,每个部落由若干户族组成。药罗葛或夜落纥(现称为"亚拉格"Yaɣlaqhar)部落是回鹘汗国时期和甘州回鹘时期的原始统治部落,Yaɣlaqhar 的意思是"勇敢"、"强盛"[7],这个部落与当前使用西部裕固语的裕固人有关。根据清代历史文献记载,西凯鄂托克(即大头目部落,又称诺彦鄂托克)已成为裕固族地区当时的统治部落,这个部落与当前使用东部裕固语的裕固人有关。根据记载,清政府将裕固族分为"七族"(即七个部落),并为每个部落指定一个首领,分封一名讲东部裕固语的首领为"七族黄番总管"(即大头目),负责所有七个部落[3,8]。七个部落包括大头目部落、乃曼部落(又被称为八个马家)、巴岳特部落(又被称为五个家)、赛尔丁部落(又被称为四个马家)、杨哥部落、亚拉格部落及贺郎格

---

① 本数据基于《2014 年肃南统计年鉴》(见参考文献[6])。
② 康乐乡已于 2017 年撤乡设镇,现称康乐镇。

部落[9~10]。

俄国学者 Potanin[11] 于 1884—1886 年在今甘青地区考察之时,发现甘州地区(今张掖地区)附近的尧乎尔人"Yögur"有两个族群:"Sira Yögur"(黄尧乎尔)和"Qara Yögur"(黑尧乎尔)。Sira Yögur 说蒙古语,有 5 个鄂托克"Otogh"(部落),隶属于甘州管辖。Qara Yögur 说突厥语,有 2 个鄂托克,隶属肃州(今酒泉地区)管辖。所以到 19 世纪末,裕固族地区仍应该有 7 个部落。

但根据 1942 年蒙藏委员会的《祁连山北麓调查报告》[12]显示,裕固族一共有 10 个部落,和清朝的记载相比多了 3 个。该报告中将讲东部裕固语的群体记载为"黄黄番",以下 7 个部落属于这个群体:大头目家、东八个马家、西八个马家、罗儿家、阳各家(即杨哥家)、四个马家和五个家;报告中将讲西部裕固语的群体记载为"黑黄番",以下 3 个部落属于这个群体:亚那朵家(即亚拉格家)、虎那朵家(即贺郎格家)和黑番家。这其中包括 2 个新部落,罗儿家(裕固语音译为"浩尔开鄂托克")和黑番家。此外,1942 年的报告没有提到八个马家,但提到了东八个马家和西八个马家,这意味着八个马家可能在清朝末期分为两个独立的部落。笔者认为此处黑番家有可能是今大河乡的藏族部落,而据铁穆尔记载[9],西八个马家最初由讲东部裕固语和西部裕固语的裕固族人混合组成,后来讲西部裕固语的裕固族人逐渐占多数。西部裕固语称其为"萨格斯"Saghəs 鄂托克(saghəs 在西部裕固语里为数字"八"之意),而讲东部裕固语的裕固族人称其为"阿日乃曼"Arə Naiman(在东部裕固语里 arə 意为"北部,北方",naiman 意为数字"八"),"阿日乃曼"为"北部乃曼"之意。

中华人民共和国成立前后,调查显示裕固族共有 10 个部落、29 个户族。这 10 个部落分别是大头目家、四个马家、东八个马家、杨哥家、五个家、罗尔家、亚拉格家、贺郎格家、西八个马家,以及 1 个新部落"曼台部落"(东部裕固语称为"鄂金尼鄂托克"),原属大头目家。前 6 个部落加上曼台部落主要与使用东部裕固语的裕固人有关(表 14-2),主要分布在肃南县城的东部,包括现在康乐镇的红石窝、杨哥、大草滩、寺大隆和原青龙片等地,以及大河乡的韭菜沟一带(主要是五个家),皇城镇北极、北峰(主要是曼台部落)等地。亚拉格、贺郎格和西八个家主要与使用西部裕固语的裕固人有关,主要分布在肃南县的西部和北部,亚拉格家主要分布在今明花乡的明海、大河乡的韭菜沟等地;贺郎格家主要分布在今明花乡的莲花、前滩(已转用汉语)、大河乡水关(已基本转用汉语)等地,西八个马家主要分布在今大河乡的雪泉、喇嘛湾等地[13~14]。

表 14-2　中华人民共和国成立前后裕固族部落汇总

汉语名称或音译	裕固语名称
西凯鄂托克/诺彦鄂托克/大头目家	Xike Otogh/Noyan Otogh
乃曼鄂托克/东八个马家	Naiman Otogh
巴岳特鄂托克/五个家	Bayyat Otogh
杨哥鄂托克	Yanggə Otogh
赛尔丁鄂托克/四个马家	Sairdən Otogh
浩尔开鄂托克/罗尔家	Hhoyorke Otogh
鄂金尼鄂托克/曼台部落	Ejini Otogh
亚拉格鄂托克	Yaɣlaqhar Otogh
贺郎格鄂托克	Hhorangghad Otogh
萨格斯鄂托克/西八个马家	Saghəsdəɣ Otogh

不同的户族或氏族(西部裕固语称为"底尔勤"Döhchin [tøʰˈtɕʰin],俗称"骨头"Səmək;东部裕固语称为"牙孙"Yasən [jaˈsən])结合形成了裕固族的各个部落。中华人民共和国成立前后,调查显示裕固族共有 29 个户族,同一户族内不允许通婚。现今裕固族所通用的单字汉姓,主要是根据这 29 个传统户族名称的单字音译(通常取首音,也有取尾音的个例)或意译。大部分为音译如"安"姓源于姓氏"安帐"anzhang,"杨"姓源于"亚拉格" yaɣlaqhar,"贺"姓源于姓氏"贺郎格" hhorangghad,"钟"姓源于姓氏"钟鄂勒"zhunyəl,"郎"姓源于"阿尔郎"əylang 等。而意译是指一些采用的汉姓源自裕固族姓氏的含义,如裕固族亚拉格家的"白"姓源于姓氏"阿克塔塔尔"ahqtatar,此处 ahq [aʰq]在西部裕固语里是"白色"的意思;曼台部落的"石"姓源于姓氏"齐鲁"chəluu [tʂəˈluː],其在东部裕固语里意为"石头"。采用单字汉姓之后,日常生活中裕固族人也常用俏皮幽默的谐音借词表达姓氏,例如徐丹[15]的记载,ghoy [qoj]"羊"表示"杨"姓,qi [tɕʰ]"骆驼"表示"妥"姓,dördeng [tørˈdeŋ]"狼"表示"郎"姓,elma"果子、李子"表示"李"姓等。

大部分户族采用不同的汉姓,也有个别户族选择同一个汉姓,如讲西部裕固语的户族"斯那"səna、"阿克塔塔尔"ahqtatar 以及部分讲东部裕固语的户族"巴岳特" bayyat,都采用相同的汉姓"白"①。同一氏族的人可以属于不同的部落,个别户族既存在于讲西部裕固语的部落,又存在于讲东部裕固语的部落,

---

① 东八个马家的"巴岳特"户族采用"白"姓,而五个家的"巴岳特"户族采用"吴"姓。

如"安帐"（汉姓"安"）是大姓，存在于所有 10 个部落。历史上掌管各个部落的大头目和每个部落的头目均姓"安"，因此有"天下头目都姓安"之说法。又如"巩鄂拉特"ghongərad（汉姓"郭"）存在于亚拉格家、大头目家、东八个马家、杨哥家、罗尔家、曼台部落等；"杜曼"duman（汉姓"杜"）存在于亚拉格家、西八个马家、罗尔家及曼台部落等[13]。

三、西部裕固语语音特征及语言变化

西部裕固语是最东端的突厥语族语言之一[①]。一些突厥语学家认为西部裕固语是古代突厥语和古代回鹘语的嫡语，是最接近古代回鹘语的活的语言[3]。苏联突厥语言学家 Malov 认为西部裕固语属于比鄂尔浑—叶尼塞文献和回鹘文献语言更古老的上古突厥语[4,16]。耿世民和美国突厥学学者 Clark[17] 将西部裕固语标记为突厥语族中最诱人的语言之一，认为其是古代突厥语的"古物博物馆"，且在其历史发展与研究中仍存在很多悬而未决的问题。瑞典突厥语言学家 Johanson[18] 以及 Hahn[19] 等学者认为西部裕固语也是研究和调查最少的突厥语族语言之一。Johanson[18] 和 Roos[20] 注意到西部裕固语与东北部突厥语支的相似之处，尤其是与西伯利亚语支南部的哈卡斯及图瓦语等更为接近，它们共享少量古老特征，但它应该归类于哪个突厥语支目前仍然存在争议。

西部裕固语在语言分类上是黏着语，词的附加成分置于词后，句子的基本语序为：主语—宾语—谓语，即宾动（OV）。西部裕固语遵循元音和谐规律，但因为语言发展变化，有一些词（尤其是多音节词）不符合一般的元音和谐规律。在语法方面发生了一些混合语言中常见的简化现象，如名词的从属性人称附加成分已经退化，尤其是第一、第二人称附加成分可完全省略。动词没有人称附加成分，但反观其他突厥语言，基本在句末动词后都有人称附加成分。西部裕固语内部差异并不大，可分为大河方言和明花方言，虽然在语音和词汇上有一定差异，但可互通。如明花人用 agha 表达亲属称谓"哥哥"，但大河人常用 gogha；agha 在大河方言中是"姐姐"之意，明花人则用 ghəzagha 称呼"姐姐"。明花乡莲花和明海地区的语言稍有差异，包括不同部落甚至户族之间，某些词的语音和语义也略有差异，但不足以算作不同的方言。

---

① 其他如黑龙江省富裕县有所谓的"柯尔克孜语"（哈卡斯语）。

1. 送气音与带擦元音

西部裕固语有送气音，送气音的国际音标为[ʰ]，在西部裕固语里的发音是4个呼出气流较强的清塞音和2个清塞擦音。4个送气清塞音分别是双唇送气清塞音/pʰ/、舌尖齿龈送气清塞音/tʰ/、软腭送气清塞音/kʰ/、小舌送气清塞音/qʰ/，它们分别与4个不送气音相对，分别是双唇不送气清塞音/p/、舌尖齿龈不送气清塞音/t/、软腭不送气清塞音/k/和小舌不送气清塞音/q/。2个送气清塞擦音分别是卷舌送气清塞擦音/tʂʰ/和龈腭送气清塞擦音/tɕʰ/，它们分别与卷舌不送气清塞擦音/tʂ/和龈腭不送气清塞擦音/tɕ/相对。

西部裕固语音系统中的另一个显著特征是带擦元音，这种语音特征在突厥语言中并不常见。Malov[16]最初观察到了西部裕固语的这种现象。苏联突厥语学家 Tenishev[21]认为该现象属于辅音系统。Roos[20]称其为前置送气音（preaspiration），但同时认为前置送气音是元音的一个短促清化的延续。而西部裕固语中的前置送气音通常是指送气主要出现在前一段落所述4个清塞音前，标记为/ʰp,ʰt,ʰk,ʰq/，但有时也会出现在其他清塞音、清塞擦音和清擦音辅音前。陈宗振[4]和钟进文[14]等国内学者称其为带擦元音，陈宗振认为西部裕固语的8个基本元音中有6个元音可以带有这种成分，即[ɑʰ]、[eʰ]、[əʰ]、[oʰ]、[uʰ]、[øʰ]。此外，学者米娜瓦尔·艾比布拉认为撒拉语、图瓦语以及维吾尔语柯坪土语和吐鲁番土语火焰山话中也有这种语言现象，她称之为"紧喉元音"或"带擦音尾元音"[22]。

在西部裕固语中，带擦元音既可以出现在单音节词中，如 aht [ˈɑʰt]"马"，göhp [ˈköʰp]"很多"，ghahq [ˈqɑʰq]"（狗）吠叫"，也可以出现在多音节词中，如 yürehk [jyˈrɛʰk]"心脏"，lomahq [loˈmɑʰq]"故事"。它可以和不送气音形成对比，例如 aht [ˈɑʰt]"马"和 ad [ˈät]"名字"，oht [ˈoʰt]"草"和 od [ˈot]"火"（图14-1和图14-2）。Roos[20]认为在多音节词中，前置送气音（即带擦元音）会影响到元音的发声，使元音变得低促，如 ahdəs [ɑ̥ˈtəs]"打仗"，pəhdər [pə̥ˈtər]"去年"，quhtghə [qṳˈkə]"喉咙"等。姚云、桑塔、孔江平等学者亦对西部裕固语带擦元音做了相关声学研究，认为带擦元音的发声类型可分为两段，前半段与非带擦元音相近，属于正常嗓音，后半段则有别于非带擦元音，属于气嗓音[23]。

虽然中外学界对该语音现象的构成与名称，以及[ʰ]出现的位置有不完全相同的看法，但各位前贤都认为这种特殊语音现象的来源是复杂多样的，同时是西部裕固语的一大特点。

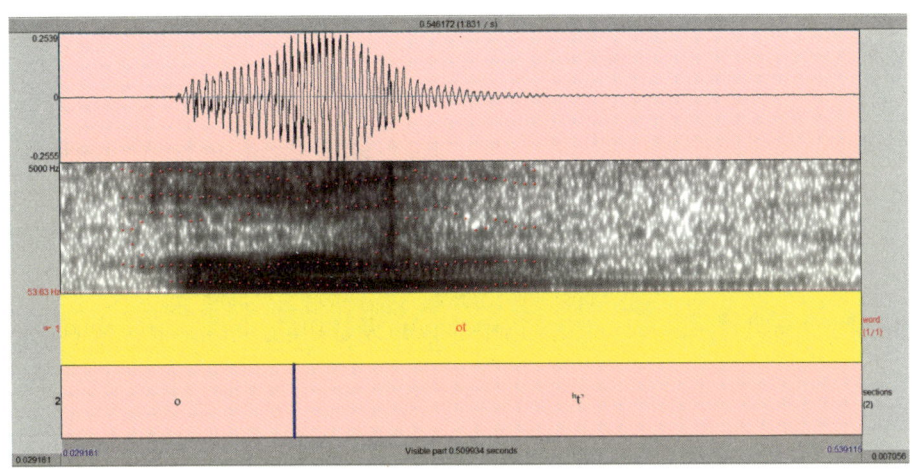

图 14-1　频谱图 1［'oʰt̚］"草"

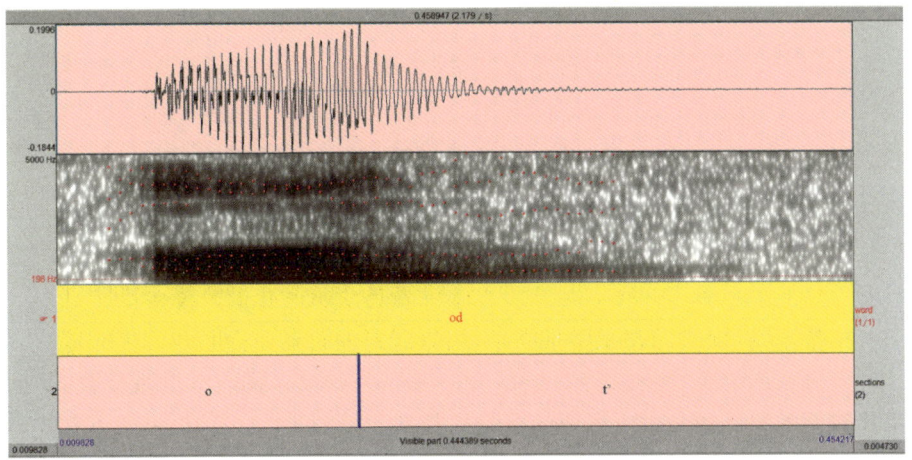

图 14-2　频谱图 2［'ot̚］"火"

2. 计数法

西部裕固语与古突厥语、古回鹘语直接相关,承继了古突厥语的语言特征,保留了许多其他突厥语言中没有的古语,甚至部分保留着古突厥语、回鹘语文献语言中古老的计数方式,尤其是复合基数词 11～19、21～29 结构特殊[4,14],是唯一保存这一古老计数方式的现代突厥语言[20]。西部裕固语的数字大部分承继了古突厥语,比如单纯基数词 1～10,我们可以通过表 14-3 来比较西部裕固语与古突厥语。值得一提的是,西部裕固语 10 的倍数的称数法与古突厥语相比已发生了一些变化，尤其是基数词 30～70，称数法变为单纯基数词 3～7 加基数词 10，如基数词 40 为 dörton (dört＋on)、50 为 beson (bes＋on)；当基数词词干以元音结尾时，元音会被省略再加 on，如 60 为 haldon (ahldə＋on)、70 为 yidon (yidə＋on)。此外，数字 20 和 30 至少各有两种表述方式：① 数字 20 常见的表述方式是 yiɣərmə，有些发音人也使用 shəgon (shəgə＋on)；② 数字 30 常见的表述方式是 uhzhon [uʰˈtʂon] (ush＋on，其变体有 huzhon、fuzhon 等)。然而，当形成从 21～29 的复合基数词时（表 14-4），则使用 ohtəs [oʰˈtɯs]，与古突厥语中的 otuz 发音相近。

表 14-3　西部裕固语基本基数词及其与古突厥语的比较

数字	古突厥语[24]	西部裕固语	数字	古突厥语[24]	西部裕固语
1	bir	bər	20	yegirmi～yigirmi	yiɣərmə ～ shəgon
2	ekī	shəgə [ʂɯˈkɯ]	30	otuz	uhzhon（huzhon/fuzhon）～ ohtəs
3	üč	ush [ˈuʂ]	40	qïrq	dörton
4	tört	dört	50	älïg	beson
5	biš～bis～bes	bes	60	altmïš	haldon
6	altï	ahldə [aʰlˈtɯ]	70	yetmïš～yetmis	yidon
7	yeti～yiti	yidə	80	säkiz on	saghəson
8	säkiz	saghəs [säˈqus]	90	toquz on	doghəson
9	toquz	doghəs [toˈqus]	100	yüz	yüz
10	on	on	1 000	bing	məng

西部裕固语复合基数词 11～19、21～29 结构特殊，我们可以通过表 14-4 来比较西部裕固语与古突厥语的数字。其基本规则是：11～19 的形成方式为单纯基数词 1～9 加上 yiɣərmə (20) 形成复合基数词，例如基数词 11 为 bəre-yiɣərmə (1＋20)；21～29 的形成方式为单纯基数词 1～9 加上 ohtəs (30)，例如基数词 24 为 dört-ohtəs。11～19 在形成复合基数词时有一些变化，例如 bəre-yiɣərmə (11)，beshe-yiɣərmə (15)[4]。在形式上，当单纯基数词词干以辅音结尾时，通常在辅音后加前元音 /e/，再加 yiɣərmə；如果单纯基数词词干以 /ə/ 结尾，那么它通常会变成前元音 /e/，例如 shəge-yiɣərmə (12)；如果数词词干以舌尖齿龈清擦音 /s/ 结尾，那么它会在 yiɣərmə 之前变成卷舌清擦音 /ʂ/ (sh)，例如 saghəshe-yiɣərmə (18)；基数词 13 则变形为 uhzhe-yiɣərmə。笔者注意到目前一些发音人忽略了这些变化，直接将 11～19 的数字发音为 bər yiɣərmə (11),shəge yiɣərmə (12),ush yiɣərmə (13)等。以上提到的这些变音规则不适用于 21~29 之间的复合基数词(表 14 - 4)。当单纯基数词词干以元音结尾时,通常元音会在 ohtəs 前被省略,例如 shəg-ohtəs (22),但有些发音人也会发为 shəgə-ohtəs。值得注意的是,不少发音人开始逐渐停止使用 21~29 之间的特殊计数方式,而使用类似汉语的计数方式,即 shəgon (20)加上单纯基数词 1~9,例如将基数词 22 表达为 shəgon-shəgə。对于 31 以上的复合基数词,则通过简单的并列组合来计数,如 uhzhon-bər (31)(但不用 ohtəs-bər), dörton-shəgə (42), beson-ush (53), saghəs-haldə (86), bər yüz doghəs (109)。

表 14 - 4 西部裕固语复合基数词(11~30)及其与古突厥语的比较

数字	古突厥语[24]	西部裕固语	数字	古突厥语[24]	西部裕固语
11	bir yegirmi	bəreyiɣərmə bər-yiɣərmə	21	bir otuz	bər-ohtəs shəgon-bər
12	ekī yegir[mi]	shəge-yiɣərmə shəgə-yiɣərmə	22	ekī otuz	shəg(ə)-ohtəs shəgon-shəgə
13	üč yegirmi	uhzhe-yiɣərmə ush-yiɣərmə	23	üč otuz	ush-ohtəs shəgon-ush
14	tört yegirmi	dörte-yiɣərmə dört-yiɣərmə	24	tört otuz	dört-ohtəs shəgon-dört
15	biš yegirmi	beshe-yiɣərmə bes-yiɣərmə	25	biš otuz	bes-ohtəs shəgon-bes
16	altī yegirmi	ahlde-yiɣərmə ahldə-yiɣərmə	26	altī otuz	ahld(ə)-ohtəs shəgon-ahldə
17	yeti yegirmi	yide-yiɣərmə yidə-yiɣərmə	27	yiti otuz	yid(ə)-ohtəs shəgon-yidə
18	säkiz yegirmi	saghəshe-yiɣərmə saghəs-yiɣərmə	28	säkiz otuz	saghəs-ohtəs shəgon-saghəs
19	toquz yegirmi	doghəshe-yiɣərmə doghəs-yiɣərmə	29	toquz otuz	doghəs-ohtəs shəgon-doghəs
20	yegirmi~yigirmi	yiɣərmə shəgon	30	otuz	uhzhon (huzhon/fuzhon)~ ohtəs

3. 语言接触

由于与汉语、藏语和蒙古语的语言接触,西部裕固语发生了许多重要的类型学变化,这体现在与其他突厥语和蒙古语的差异上。例如,齿唇清擦音/f/

是西部裕固语28个基本辅音之一,但它在西部裕固语中不是一个常见的辅音,通常只出现在汉语借词中,如 felio"肥料"、fuzi"麦麸"、fanba"晌午"(均为当地汉语方言或其变体)。值得注意的是,在明花乡方言(尤其是莲花片)中,现在一些使用西部裕固语的裕固族人有时会以齿唇清擦音/f/作为词首音发音个别西部裕固语词汇,例如将数字"30"发为 fuzhon,但其应为 uhzhon [uʰˈtʂon]的变体;将"牛"发音为 fugus,其为 uhgus [uʰˈkus]的变体;将"鞋底"发音为 fudung～fudəng,其为 uhdung[uʰˈtuŋ]的变体;将"前面;对面"发音为 fudər～fudur,其为 uhdər～uhdur[uʰˈtur～uʰˈtur]的变体。再如将"飞;飞翔"发音为 fuk,其为源自古突厥语固有词 uk 的变体。而其他突厥语言,包括维吾尔语、哈萨克语、柯尔克孜语和土耳其语等语言中的动词"飞"均以/u/音开头[25],而非/f/音。然而在肃南县大河乡方言中,"三十"和"飞"等词仍被发音为 uhzhon 和 uhk [uʰk],据个人了解没有以/f/音开头的变体情况[2]。这也表明个别/u/开头的西部裕固语词汇出现在前置送气音前时,来自明花地区的部分西部裕固语使用者通过添加/f/来借用汉语发音,也就是说词首/uh/有时会被词首/fu/替换。出现这种情况应该是因为明花地区更接近汉族地区,长期与周边汉族地区有语言接触和语言融合,语言受到当地汉语方言的影响而产生变化。

在其他词汇方面,西部裕固语固有词仍然保留着许多继承自古突厥语的词汇,并与周边突厥语族的亲属语言一样拥有大部分共同词源。一些从古突厥语继承而来的基本词汇如 taghaɣə"鸡"＜ tɑkɑɣu, shəyan "老鼠"＜ sïqyɑn, ghuzyun "山鸦"＜ kuzyun, qholtək "腋;腋下"＜ koltik, talghan "炒面"＜ tɑlkɑn, yəl "年"＜ yïl[26~27], arəɣ 'clean'＜ ɑrïg[28]。西部裕固语虽然保留了许多其他突厥语言中已经消失的古代语言特点,但是因为民族交融,受汉语及其他语言影响也很深。裕固族长期生活在甘肃河西走廊沿线的接触带,与周边的藏族、蒙古族等少数民族社区和汉族社区有长期接触,所以受这三种语言影响比较深,吸收了很多汉语、藏语和蒙古语族语言的词汇。以前主要是受藏语影响,尤其是宗教词汇,基本都是藏语借词,也有一些日常生活词汇,如 bandə"班弟(小和尚)"＜ wande, qhorlo"转经筒"＜ khor-lo, cham"跳神"＜ čham, dem"茶壶"＜ tem[29]。现在受汉语影响非常深,汉语借词则主要为科技、现代经济、政治及日常生活等方面相关的词汇,尤其是明花乡,它的东北边是沙漠,但西南边主要是汉族聚居区,语言消亡速度相对比较快,语言保留得没有大河乡好,在日常对话中经常会使用汉语词汇,常在对话中出现语码混用(code-mixing)和语码转换(code-switching)[①]的现象。现在还有一个令人担忧的情况是,整个肃南县会讲裕固语的年轻人越来越少,很多小孩子基本都不会说。西部裕固语和东部裕固语目前都属于严重濒危语言。

四、余论

本文首先扼要介绍了当下裕固族及其语言,以及部落与户族的基本情况,并探讨了西部裕固语的一些语言特点,包括带擦元音、结构比较特殊的称数法以及受语言接触和其他因素影响而产生的部分语音变化等,希望在某些方面能起到拾遗补阙的作用。当然,带擦元音的形成与来源还有待进一步分析和探讨。此外,裕固语受邻近的汉语、藏语和蒙古语方言的影响较深,因此亟须语言接触和语言融合方面的深入研究,除了进一步探索裕固语的词源之外,其语音、形态甚至句法变化与形成,以及各部落之间某些词在语音和语义上的差别也有待进一步的考察和研究。

参 考 文 献

[1] Bahry S. Perspectives on quality in minority education in China: the case of Sunan Yughur Autonomous County, Gansu (Doctoral dissertation). Toronto: University of Toronto, 2009.
[2] Zhong X Y. Rescuing a language from extinction: documentation and practical steps for the revitalisation of (Western) Yugur (Doctoral dissertation). Canberra: The Australian National University, 2019.
[3] 国家民委《裕固族简史》编写组.裕固族简史.北京:民族出版社,2008.
[4] 陈宗振.西部裕固语研究.北京:中国民族摄影艺术出版社,2004.
[5] 陈宗振.关于裕固族族称及语言名称.民族研究,1990,6:36-44.
[6] 肃南裕固族自治县统计局.2014年肃南统计年鉴.甘肃:肃南裕固族自治县统计局,2015.
[7] 杜若甫.中国少数民族姓氏.北京:民族出版社,2011.
[8] 赵尔巽等.清史稿.北京:中华书局,1976.
[9] 铁穆尔.清代、民国时期的西拉尧乎尔氏族和部落.甘肃裕固族史话.兰州:甘肃文化

---

① 语码混用是指说话人在使用一种语言交流时,同时使用另一种或多种语言中的词语或结构,从而出现两种或多种语码的混用。语码转换是指说话人在同一对话中使用两种语言或更多的语言,通常在句子之间进行交替的现象,从而出现两种或多种语码的转换。

出版社,2009: 47 - 57.
- [10] 安玉军.裕固族形成史研究(博士论文).兰州:兰州大学,2016.
- [11] Potanin G N. Tangutsko-Tibetskaja okrajna Kitaja i Central'naja Mongolija: Putešetvie (The Tangut-Tibet Border Region of China and Central Mongolia). St. Petersburg, Volume 1. 1893.
- [12] 马铃梛.祁连山北麓调查报告.重庆:商务印书馆,1942.
- [13] 钱卫东.肃南裕固族自治县志.兰州:甘肃民族出版社,1994.
- [14] 钟进文.西部裕固语描写研究.北京:民族出版社,2009.
- [15] 徐丹.从借词看西北地区的语言接触.民族语文,2015,2: 23 - 35.
- [16] Malov S E. Jazyk Zheltykh Ujgurov. Slovar' i Grammatika (Language of the Yellow Uigur: Dictionary and Grammar). Alma-Ata, 1957.
- [17] Geng S, Clark L. Sarig Yugur materials. Acta Orientalia Academiae Scientiarum Hungaricae, 1992, 46: 189 - 224.
- [18] Johanson L. Discoveries on the Turkic linguistic map. Nürnberg: Svenska Forskningsinstitutet i Istanbul, 2001.
- [19] Hahn R F. Yellow Uyghur and Salar//Johanson L, Csató É Á. The Turkic Languages. London. New York: Routledge, 1998: 397 - 402.
- [20] Roos M E. The Western Yugur (Yellow Uygur) language: Grammar, texts, vocabulary. Leiden: University of Leiden, 2000.
- [21] Tenishev È R. Stroj Saryg-jugurskogo Jazyka (The structure of the Saryg-jugur language). Moscow: Nauka, 1976.
- [22] 米娜瓦尔·艾比布拉.撒拉语元音的特点.民族语文,2005,6: 49 - 52.
- [23] 姚云,桑塔,孔江平.西部裕固语带擦元音的实验研究.语言学论丛,2016,54 (2): 133 - 148.
- [24] Tekin T. A Grammar of Orkhon Turkic. Bloomington: Indiana University, Mouton and Co, 1968.
- [25] Öztopçu K, Abuov Z, Kambarov N, et al. Dictionary of the Turkic languages: English, Azerbaijani, Kazakh, Kyrgyz, Tatar, Turkish, Turkmen, Uighur, Uzbek. London: Routledge, 1996.
- [26] Dankoff R, Kelly J. Maḥmūd el-Kāṣġarī Compendium of the Turkic Dialects (Dīwān Lughāt al-Turk). Cambridge: Harvard University, 1982.
- [27] Kāshgarī M. Dīwān Lughāt al-Turk (Compendium of the Turkic dialects)突厥语大词典(中文版).北京:民族出版社,2002.
- [28] Erdal M. A grammar of old Turkic. Leiden: Brill, 2004.
- [29] Nugteren H, Roos M. Common vocabulary of the Western and Eastern Yugur languages: the Tibetan loanwords. Studia Etymologica Cracoviensia, 1998, 3: 45 - 92.

第十五讲
东部裕固语与察哈尔蒙古语语音和词汇语义比较*

斯钦朝克图

(中国社会科学院民族学与人类学研究所)

东部裕固语是蒙古语族语言中具有重要特点的语言。该语人群地处河西走廊,是一种受到汉藏语和西部裕固语等多种语言及方言土语影响较深的濒危语言。察哈尔蒙古语是一种能代表古今蒙古语演变的重要的土语。该语人群地处中国蒙古语的中心区域,曾经是整个蒙古语的标准语,后来成为中国蒙古语的标准语。本文从语音、词汇、认知思维和语言接触等几个方面将东部裕固语的乃曼-杨哥土语(原康乐方言)与察哈尔蒙古语进行了系统的共时比较,这种平行比较对深入研究现实语言及其演变规律很有意义。

一、东部裕固语与察哈尔蒙古语基本情况

东部裕固语人群主要居住在甘肃省张掖市肃南裕固族自治县的康乐镇、皇城镇、大河乡等地。这些地区属于祁连山区,海拔都在2 000米以上,他们经营以四季游牧为主的畜牧业:养殖牦牛、羊和马等,用畜产品织布、制毡、编绳等。肃南牦牛、高山细毛羊以及近年来引进的青海欧拉羊都是闻名于世的高寒优良品种。除了赛马、剪马鬃、抢木棍等游牧文化以外,还有很多具有本民族特点的文

---

* 本文是笔者在2021年3月9日在ERC-2019-ADG-883700-TRAM培训班上写的文章基础上修改而成。承蒙徐丹老师、斯琴巴特尔老师审阅并提出宝贵意见,谨此致谢! 古蒙古语用拉丁字母转写,其他用国际音标标注。文中东部裕固语和康家语例子是本人通过田野调查记录的,其他例子均来源于《蒙古语族语言方言研究丛书》,并参考了诺尔金的《标准音—察哈尔土语》(内蒙古人民出版社,呼和浩特,1998)、斯琴巴特尔的《新疆察哈尔方言研究》(内蒙古人民出版社,呼和浩特,2017)等相关著作,特此说明。

化,如穿长袍、戴裕固帽子和首饰,独特的婚丧习俗,小孩子剪头发仪式等。

察哈尔蒙古语人群主要居住在内蒙古锡林郭勒盟、乌兰察布市、巴彦淖尔市和赤峰市的克什克腾旗等地,经营牛、羊、马、骆驼(少量)等畜牧业,附带经营农业。大尾羊、耐力马都是本地良种。察哈尔蒙古人较好地保留了传统的游牧文化,包括饮食(tʃʰakaːn itə: 奶制品、ulaːn itə: 肉制品)、服饰、民歌、音乐、春节、那达慕(ere-yin ɣurban naɣadum,好汉三项即摔跤、赛马、射箭)等。察哈尔奶制品曾是闻名的宫廷贡品。

裕固族总人口数约为 143 780(2010)。东部裕固人口数约为 7 000,其中 3 000 多人会说母语,几乎全部都会说汉语。操察哈尔蒙古语的人口有 50 多万,其中察哈尔蒙古人口数为 10 余万,绝大多数会说母语,大部分会说汉语。

1. 族源族称

裕固族自称"尧呼尔"或"尧熬尔(jɔʁor)",现已用汉语规范为"裕固"。东部裕固人自称"安格尔(aŋqar)"或"恩格尔(eŋker)"、"西拉尧熬尔(ʃəra jɔʁor)",jɔʁor 与古代回纥、回鹘有关。西部裕固人被称为"撒里裕固"(saraq joʁor),东部裕固人被称为"西拉裕固",都是同一名称的不同叫法。也即指汉文"黄色回纥"或"黄头回纥"。aŋqar~ŋqar 的原意是"黄色",无任何贬义,淡黄色的初乳更具尊贵的意味。从其自称 aŋqar~ŋqar 可认为东部裕固人主要来源于蒙古。

察哈尔蒙古族是蒙古族中具有重要地位的部族,其书面蒙古语叫作 čaqar(tʃʰaxăr),但本地察哈尔人称其 tʃaxăr。察哈尔(察罕儿)是拖雷-忽必烈系后裔的部落。1260 年,忽必烈在上都称帝。1470—1634 年察哈尔成为蒙古的政治、经济文化中心。其首领原为达言罕的后裔,是漠南蒙古的宗主部。由于其历史特殊、人口众多,在蒙古族中具有重要的影响,而且其土语具有广泛的群众基础,从而成为中国蒙古语标准音。tʃaxăr 一词的语义有多种说法,如"沿着边境(<jaqa-bar)""宫廷""近卫、仆人"等。

2. 姓氏部落名称

姓氏部落名称有东部裕固人独有的,也有与西部裕固人统称的,还有与察哈尔蒙古人以及蒙古族统称的姓氏部落等。

东部裕固人有 antʃaŋ"安江～安章"(安)、naiman"乃曼"、jaŋkə"杨哥"、sairtin"赛巅～赛尔丁"、ezni"鄂金尼"、sʉltes"苏"(速勒都思)、lantʃʰaq"兰"(兰恰克)、ŋqora/ŋqwara"孟"、kɔŋerat"巩鄂拉提"(郭)、pijat"巴岳特"(白)等主要赫托克部落(htʰɔq)。

察哈尔蒙古人中除了察哈尔部落名称外,还有很多其他部落名称。所谓察哈尔八部鄂托克（otoɣ）为 qulabad"忽剌巴"（呼拉巴特）、auqan"敖汉"、naiman"奈曼"、kešigten"克什克腾"、jaɣud"扎忽"（扎固特）、gemjigüd"谦只兀"（克木齐古特）、qaɣučid"浩齐特"、tatar"塔塔儿"，以及 burbuɣ"卜儿报"、sünid"苏尼特"、qalqa"哈尔哈"、üjümčin"乌珠穆沁"等。[1]

上述部落名称中 koŋərat"巩鄂拉提"（郭）等存在于东部裕固人和西部裕固人中；naiman"乃曼"、sʉltes/süldüs"速勒都思"等姓氏也存在东部裕固人和察哈尔蒙古人姓氏中。

3. 生产生活形式

东部裕固人居住地区处在游牧、半游牧半定居和定居放牧三种生产方式并存状态，至今仍然保持着四季游牧形式，甚至还有一个很有特点的春夏之交的游牧方式。察哈尔蒙古人曾经靠游牧为生，现在则以定居为主、半游牧半定居为辅。两个族群的语言中畜牧业词汇相当丰富且各有自己的特点。东部裕固语人凭借祁连山脉的有利条件，直到 20 世纪 80 年代一直将狩猎作为其副业，其词汇中也有很多狩猎词语，且至今还保留有关打猎全过程的谜语等。察哈尔蒙古人也有打猎的传统。

4. 居住设施

早期东部裕固人和察哈尔蒙古人的居住设施截然不同。东部裕固人居住帐篷，而察哈尔蒙古人居住蒙古包。东部裕固人主要用黑色的褐子（alaʁ）自制帐篷（χara ker）（图 15-1），察哈尔蒙古人把帐篷叫作 mɛːxăn，仅在夏季或其他季节临时使用，而蒙古包是四季使用的房屋，结构与帐篷完全不同（图 15-2）。现在除了夏季或临时使用各自的设施外，定居点一般都使用砖瓦结构的房子。

图 15-1 东部裕固人传统黑帐篷
（艾落贡布东智提供）

图 15-2 察哈尔蒙古人传统的蒙古包
（斯钦朝克图摄）

5. 宗教和文化风俗习惯

两个族群都先后信奉萨满教和佛教。虽然现在萨满教非常少见或几乎不见了，但其痕迹仍保留至今，如萨满在东部裕固语中叫作 həltʃʰə，在察哈尔蒙古语中叫作 poː(博)～ʊtkăn。东部裕固语中至今还保留有关萨满的神话故事。目前东部裕固人主要信仰佛教，信仰程度相对比察哈尔蒙古人更深一些。他们直接接触藏族，懂藏语的人多一些，老人们曾经还能用藏语交流或藏文记录。

　　东部裕固人和察哈尔蒙古人的婚葬习俗既有相同之处也有不同之处。相同处如 χʊrəm/①xœrɪm"婚礼"、tʃʊːrmatʃʰə/tʃʊːtʃʰ"媒人"。不同处如婚礼上东部裕固人诵唱 ʃaːtʰə"沙特"（"沙特"中包含民族来源、宗教信仰、风俗习惯等，具有史诗意味），察哈尔蒙古人则是领诵人(χəlmərtʃʰ)诵祝词；女方家办的仪式，东部裕固语称作 hsʉn tʃyː-～kømpeʂ tʃyː-"戴头"，察哈尔蒙古语叫作 us xaklăx"分发"。此外，东部裕固人还保留着"系腰带"（兄弟同娶一妻）等较古老的婚俗，但这种婚俗已逐渐被放弃。东部裕固人的葬礼有天葬、土葬、火葬3种，而察哈尔蒙古人以土葬为主，早期还有过野葬。

　　东部裕固人与察哈尔蒙古人的服饰有同有异，如鞋、帽等不尽相同，名称也不同。东部裕固人的服饰中不仅有蒙古族西部地区如阿拉善、额济纳和苏北等地缘共同特点，还有藏族和西部裕固人的特点。如 tiːl/təːl"长袍、皮袄"、malaqai/malăk"帽子"、pʰəse/pos"腰带"、qʊtʊsʊn/kʊtʰăl"靴"等基本名称一样，但 məskʰə/kʊptʃʰas"衣服－总称"、tʃarqa/tax"短皮袄"、kʰømpeʂ"头饰前部"、arsəlqa"头饰后部"等则有所不同（图15-3、图15-4）。

图15-3　东部裕固人传统服饰(məskə)（斯钦朝克图摄）

图15-4　察哈尔蒙古人传统服饰(kʊptʃăs tʃasăl)（斯琴巴特尔提供）

---

① 本面中斜杠后面为察哈尔蒙古语。

二、东部裕固语与察哈尔蒙古语的语音比较

1. 元音

（1）单元音

东部裕固语与察哈尔蒙古语单元音特点分别如表 15-1、表 15-2 所示。

表 15-1　东部裕固语单元音表（基本元音）

舌位高低	舌位前后	前						央						后					
	唇状	展			圆			展			圆			展			圆		
	阳阴中性	阳	阴	中	阳	阴	中	阳	阴	中	阳	阴	中	阳	阴	中	阳	阴	中
高			i			y						ʉ							
高半高之间																		ʊ	
半高			e			ø												o	
半高半低之间												ə							
半低																		ɔ	
半低低之间								a(ɐ)											
低																			

注：a 央、低半低之间、展唇阳性元音，实际读音接近 ɐ，考虑到记录方便，采用 a 来表示。但在元音舌位图中把国际音标的前 a 放在央 ɐ 的旁边加括号表示为(a)。

表 15-2　察哈尔蒙古语单元音表（基本元音）

舌位高低	舌位前后	前						央						后					
	唇状	展			圆			展			圆			展			圆		
	阳阴中性	阳	阴	中	阳	阴	中	阳	阴	中	阳	阴	中	阳	阴	中	阳	阴	中
高			i	ɪ								u							
高半高之间																		ʊ	
半高																		o	
半高半低之间												ə							

舌位高低	舌位前后		前				央						后					
		唇状	展			圆			展			圆			展			圆	
		阳阴中性	阳	阴	中	阳	阴	中	阳	阴	中	阳	阴	中	阳	阴	中	阳	阴	中
半低			ɛ			œ												ɔ		
半低低之间									a(ɐ)											
低																				

(2) 短元音、长元音和复元音

	东部裕固语	察哈尔蒙古语
短元音	a(ɐ)、e、ə、i、ɔ、ʊ、o、ʉ、ø、y	a(ɐ)、ɛ、ə、ı、i、ɔ、ʊ、o、u、œ
后续音节元音	a、e、ə、i、ɔ、ʊ、o、ʉ、ø、y	ă、ĕ、ə̆、ĭ、ı̆、ɔ̆、ŏ、ŭ、œ̆
长元音	a:(ɐ:)、e:、ə:、i:、ɔ:、ʊ:、o:、ʉ:、ø:、y:	a:(ɐ:)、ɛ:、ə:、ıɛ:、i:、ɔ:、ʊ:、o:、u:、œ:
复元音	ai、əi、ei、ɔi、ʊi、ʉi、ʊa、ʊai	aɛ、ɔı ~ ɔɛ、ıɛ、oi、ui ~ ue、ʊa:、ɪɔ:
非基本复元音	iɔ、ye、oʉ、ʉi、oɐ、ia	iɔ、iʊ、iu、uə

东部裕固语和察哈尔蒙古语短元音各有10个，其中a、ə、i、ɔ、ʊ、o 6个完全一致，ʉ、u虽然发音部位有所不同，但之间相互对应。这说明古蒙古语（中期蒙古语）7个元音基本保留并保持一致。东部裕固语e、ʉ、ø、y和察哈尔蒙古语ɛ、ı、u、œ不同，其中主要是ø、y和ı、œ的不同，圆唇元音中东部裕固语的舌面前多，察哈尔蒙古语的舌面后多，东部裕固语可能更古老。长元音中a:、ə:、e:、i:、ɔ:、ʊ:、o: 均一致，东部裕固语ʉ:、ø:、y: 和察哈尔蒙古语ı:、u:、œ: 不同。复元音各有8个，但都不一致，因为东部裕固语保留古蒙古语ai、əi、ei、ɔi、ʊi、ʉi等复元音，而察哈尔蒙古语几乎都变为长元音。试比较：

东部裕固语	察哈尔蒙古语	古蒙古语	汉义
naiman	nɛ:m	naiman	八
ɔirɔ	œ:r	oyira	近

东部裕固语中元音有长短对立，但区别词义的并不多，与察哈尔蒙古语不一一对应。试比较：

东部裕固语	察哈尔蒙古语	汉义
pʰi:le-	ulə:-	用嘴吹

na:mər   namăr   秋

东部裕固语和察哈尔蒙古语后续音节中的元音最大不同点是东部裕固语依然保持区别语义的音位,而察哈尔蒙古语失去音位意义,变为弱化音。

(3) 带擦元音

东部裕固语中比较特殊的语音现象,有学者认为是"紧喉元音"或"长辅音"等,主要在以 q^h、q、k^h、k 及 s、ʃ/ʂ 等辅音开头的音节之前出现。这些音无区别语义,虽然以 h 表示,但其实际读音为 k、k^h、q、q^h、χ。目前这种现象很不稳定且有减少的趋势。试比较:

东部裕固语	察哈尔蒙古语	汉义
nɔ^{h}q^{h}ɔi/nɔqq^{h}ɔi	nɔxœ:	狗
sai^{h}q^{h}an/sai χq^{h}an	sɛːxăn	美丽的
ma^{h}qan/ma χqan	max	肉
ta^{h}qa/ta χqa	tɛxaː	鸡
aqla/a^{h}la/aqlaq(特例)裤裆	al	阴部

(4) 元音和谐律

	东部裕固语	察哈尔蒙古语
阳性:	a、ɔ、ʊ	a、ɛ、ɪ、ɔ、ʊ、œ
阴性:	e、o、ʉ、ø	i、ə、o、u
中性:	i、ə、y	ĭ(ɪ、i 中和为弱化语音)

多中性元音表明元音和谐松懈。

(5) 语音屈折现象

东部裕固语中,这种现象比较鲜见。例如:hqanar/qanar"男人"、hkener/kənər/kønør"女人"(具有阳阴或男女性别的区分作用),又如:qanarpʊː,kenerpʉʔ"是男的还是女的?"察哈尔蒙古语没有这种现象。

2. 辅音

(1) 单辅音

东部裕固语和察哈尔蒙古语分别有 36、19 个单辅音,具体如下:

东部裕固语:p、p^h、t、t^h、k、k^h、q、q^h、f、w、β、s、z、ʂ、ʐ、ts、ts^h、tʂ、tʂ^h、tʃ、tʃ^h、tɕ、tɕ^h、ʃ、ɕ、ç、χ、h、m、n、ŋ、ɲ、l、ɬ、r、j

察哈尔蒙古语(基本辅音):p、p^h、t、t^h、k、k^h、w、ɸ、s、tʃ、tʃ^h、ʃ、x、m、n、ŋ、l、r、j

它们的发音部位和发音方法分别如表 15-3、表 15-4 所示。

表 15‑3　东部裕固语辅音表

发音方法 \ 发音部位			双唇音	唇齿音	舌尖音	卷舌音	舌叶音	舌面前音	舌面中音	舌根音	小舌音	声门音
塞音	清	不送气	p		t					k	q	
		送气	pʰ		tʰ					kʰ	qʰ	
塞擦音	清	不送气			ts	tʂ	tʃ	tɕ				
		送气			tsʰ	tʂʰ	tʃʰ	tɕʰ				
擦音	清			f	s	ʂ	ʃ	ɕ	ç	(x)	χ	h
	浊		w	β	z	ʐ			j	(ɣ)	(ʁ)	
鼻音	清				n̥							
	浊		m		n					ŋ		
边擦音	清				ɬ							
	浊				l							
颤音					r							

表 15‑4　察哈尔蒙古语基本辅音表

发音方法 \ 发音部位			双唇音	唇齿音	舌尖音	舌叶音	舌面中音	舌根音
塞音	清	不送气	p		t			k
		送气	pʰ		tʰ			kʰ
塞擦音	清	不送气				tʃ		
		送气				tʃʰ		
擦音	清		ɸ		s	ʃ		x
	浊		w				j	
鼻音	清							
	浊		m		n			ŋ
边擦音	清							
	浊				l			
颤音					r			

第十五讲　东部裕固语与察哈尔蒙古语语音和词汇语义比较　243

东部裕固语中虽然辅音数量多，但其中记录借词辅音较多，如 z、ʂ、ʐ、ts、tsʰ、tʂ、tʂʰ、tɕ、tɕʰ、ɕ、ʑ，在这当中有不少已经渗透到固有词的音，如 tʂ、tʂʰ、ʂ、tɕ、tɕʰ、ɕ、ʑ，其中舌尖前后塞擦音和擦音较为突出。察哈尔蒙古语虽然有 f、tʂ、tʂʰ、ʂ、z 等非基本借词辅音，但未进入固有词中。此外，东部裕固语中保留着一套 q、qʰ、k、kʰ 塞音，而察哈尔蒙古语中只有与其对应和变化的 x、k。这对我们了解古代语音变化提供了很好的例子。试比较：

古蒙古语	东部裕固语	察哈尔蒙古语	汉义
q、k/g（拉丁撰写）	q、qʰ、k、kʰ	x、k	
qara	qʰara/χara	xar	黑
qar	qar	kar	手
köl	kʰøl	xol	脚
ger	ker	kər	房
kimul	xəməsən	xums	指甲

古蒙古语	中期蒙古语	近代蒙古语	现代蒙古语	察哈尔蒙古语	东部裕固语
*qʰ →	qʰ →	χ →	x	x	qʰ/χ
		↘ q →	k	k	q

古蒙古语	中期蒙古语	近代蒙古语	现代蒙古语	察哈尔蒙古语	东部裕固语
*kʰ →	kʰ →	x →	x	x	kʰ/x
	↘ k →	k →	k	k	k

（2）特殊的固有词辅音 pʰ

除了摹拟词（状词）和借词，察哈尔蒙古语、古今蒙古语乃至一些蒙古语族语言的固有词中几乎不见 pʰ 辅音。因此，一般认为 pʰ 为外来音。东部裕固语、土族语、东乡语、保安语、康家语等河西走廊一带一些语言都保留 pʰ，说明该音为古老的辅音。这对词首辅音 h 的来源也提供了依据[2]。试比较：

东部裕固语	察哈尔蒙古语	汉义
pʰa-/pʰaː-	paː-	拉屎（基本词汇）
pʰɔs-	pɔs-	起来、起身（基本词汇）
pʰʉr pʰʉr	pʰur pʰur	扑棱棱（摹拟词）

pʰʉzi	pʰu:s	铺子(汉)（借词）

（3）词首辅音 pʰ/h/ʃ

东部裕固语	察哈尔蒙古语	汉义
pʰɔtən/hɔtən	ɔt	星星
hkʰe	əx	母亲
ʃikʰe	ix	大
hsi～si	iʃ	柄

比较说明上述词首辅音在察哈尔蒙古语中已全部脱落。东部裕固语中来源于古蒙古语词首辅音 h 的变体 ɕ、n̩、ɬ 较为特殊，其在察哈尔蒙古语中有不同的演变。试比较：

东部裕固语	察哈尔蒙古语
ɕi:-/hi:-、ɕa:/ha:、ɕiltʃʰə/həltʃʰə(巫师、萨满)	ə:-、ʋj-、əltʃ 晒、拴、使者
n̩i:-(＜*hni:-＜*hiniye-)	ənjə:-(＜iniye-＜*hiniye-) 笑
ɬa:n(＜*hla:n＜*hula'an)	ʋla:n 红，画家

（4）腭化辅音

这是东部裕固语的一个特点，腭化辅音是音节中的元音脱落而形成的，仅在一些词语的词首出现。而察哈尔蒙古语的腭化音是受后面 i（书面语）的影响所形成的，仅在音节末出现。试比较：

东部裕固语	察哈尔蒙古语
pj、nj、sj、tʰj	pj、nj、tʰj、mj、tj、lj、rj、kj、ŋj、xj
pj：pja:n/pijan　富、富裕	tʃʰepj 腹股沟，emj 生命，ekj 冷蒿
nj：njɔ:n/nijən　官、官老爷	ʋnja:r 雾霾，elj 给，eŋjkj 班级
sj：sjɔ:　芽	pentj 小喇嘛
tʰj：tʰjaq/tʰijaq/tʰiaq　拐杖、棍	tɔetʰj 鹦鹉，mœrj 马，texj 祭祀

（5）唇化辅音

这是东部裕固语的一个特点，发音时常常伴随双唇合拢凸出现象。其变化是有规律的，如 χwa:r/χəwa:r/χawa:r＜χaβar（青龙）"鼻子，前头"。有 χw、qw、kw、ʃw、jw 5 个。如：

东部裕固语	察哈尔蒙古语	汉义
χw：χwa:r	xamăr	鼻子
qw：tʰarqwa:n	tʰarpăk	旱獭
kw：neŋkwen	niŋkən	薄

ʃwː ʃweː-   əbʃaː-   打哈欠
jwː jweː   uj   代

(6) 复辅音

东部裕固语和察哈尔蒙古语分别有 42、48 个复辅音,具体如下:

东部裕固语:ptʃʰ、pʰtʃʰ、mp、mt、mtʃʰ、nt、ntʃ、st、sk、skʰ、rp、rt、rtʃ、rtʃʰ、rq、ʤt、htʃʰ、tʃʰn、tʃʰq、ʃn、ʃp、ʃβ、ʃq、ʂq、ʂr、ʂl、ŋq、ŋk、hq、hk、ht、htʰ、hl、hʂ、htʃʰ、qʃ/kʃ、ltʃ、ltʃʰ、lt、rtʃʰ、hsr、hrtʃʰ

察哈尔蒙古语:pt、ptʰ、ps、pt、ptʃ、ptʃʰ、pʃ、px、mp、mtʰ、ms、mtʃ、mtʃʰ、mʃ、mx、nt、ntʰ、ns、ntʃ、ntʃʰ、nʃ、lt、itʰ、ls、ltʃ、ltʃʰ、lʃ、lx、rt、rtʰ、rs、rtʃ、rtʃʰ、rʃ、rx、stʰ、xtʰ、xs、xtʃʰ、xʃ、ktʃ、kt、ŋk、ŋx、njtj、ljxj、rjxj、ŋjkj、ŋjxj

3. 音节结构

东部裕固语有 10 个音节结构,察哈尔蒙古语则有 6 个,具体如下:

东部裕固语:V、VC、VCC、CV、CVC、CVCC、CCV、CCVC、CCCV、CCVCC

察哈尔蒙古语:V、VC、VCC、CV、CVC、CVCC

4. 重音

两种语言都是以长元音为主的重音。东部裕固语如果是长元音,重音在长元音音节上;如果是短元音,就在最后一个音节上,所以复辅音主要在词首。察哈尔蒙古语如果是长元音,重音在长元音音节上;如果是两个长元音,重音在前面的长元音上;如都是短元音,则在第二个音节上。两种语言的重音都不区别语义。

三、东部裕固语与察哈尔蒙古语词汇比较

1. 核心词中固有词比较

(1) 前 100 个核心词的比较

以下是根据 Swadesh 200 个核心词的前 100 个词的比较(表 15-5、表 15-6)。

表 15-5　前 100 个核心词中东部裕固语与察哈尔蒙古语同源词比较

序号	汉义	东部裕固语	察哈尔蒙古语	英文
1	我	pʉ	piː	I
2	你	tʃʰə	tʃʰiː	you
3	我们	pʉta	pit	we
4	这	eneː	ən	this

(续表)

序号	汉义	东部裕固语	察哈尔蒙古语	英文
5	那	tʰere	tʰər	that
6	谁	kʰen	xəñ	who
7	什么	jaːn/ima/jima	jamăr/juː	what
8	不	pʉʃi/pʉtʰə	piʃ/puː/pʊs	not
9	全部	pʉrən/pʉtən	purə̆ñ/putʰə̆ñ	all
10	多	ɔlen	ɔlŏñ	many
11	一	neke	nək	one
12	二	quːr	xɔjə̆r/ixə̆r"双生"	two
13	大	ʃikʰe/pʰøtyːn	ix/jix/putuːñ/tʰœm	big
14	长	hʉrtʰʊ	ʊrtʰ	long
15	小	htei/tei/paqa	pak/tʃitʃik	small
16	女人	eme	əm	woman
17	男人	ere	ər	man/male
18	人	kʰʉːn/kʰʉn	xuñ	person
19	鱼	tʃaqasən	tʃakăs	fish
20	鸟	ʃʉːn	ʃʊpʊː	bird
21	狗	nɔχɔi	nɔxœː	dog
22	虱子	piːsən	poːs	louse
23	树	mɔːtən	mɔt	three
24	种子	hʉre	ur	seed
25	叶子	laβtʃʰaq	naptʃ	leaf
26	根	jeltəs/rtʃok	untə̆s/ɪtʃkuːr	root
27	树皮	χalɔsən"壳"	xɛls	bark
28	皮肤	arasən	ars	skin
29	肉	maqqʰan	max	meat/flesh
30	血	tʃʰʊsən	tʃʊs	blood
31	骨头	jasən	jas	bone
32	脂肪	jøkʰon	ɔːx	grease
33	蛋	pala(XY.)	ontŏk	egg
34	角	eper/eβer	əpə̆r	horn
35	尾巴	syːl	suːl	tail
36	羽毛	høtøn/hotən	ot	feather
37	头发、毛	kʰokol/hsʉn	koxŏl"额发"/us	hair
38	头	tʰɔlɔqɔi/ʃəkən	tʰɔlkœː/əx	head
39	耳朵	tʃʰkʰən	tʃix	ear
40	眼睛	nʉtʉn	nut	eye

(续表)

序号	汉义	东部裕固语	察哈尔蒙古语	英文
41	鼻子	qʰəβar/χʊaːr	xamăr	nose
42	嘴	aman	am	mouth
43	牙	ʃətən/ʃtən	ʃut	tooth
44	舌头	kʰelen	xəl	tongue
45	爪子	sapar/tərməq	sapăr	claw
46	脚	kʰøl	xol	foot
47	膝	wʉtəkʰ/βətək	optŏk	knee
48	手	qar	kar	hand
49	肚子	ketesən	kətə̆s/xəpə̄l	belly
50	脖子	køtʃyːn	xutʃuː	neck
51	乳房	hkøn	kox	breast
52	心脏	tʃyrken	tʃurə̆x	heart
53	肝	heleken	ələk	liver
54	喝	ʊː-/ʊːtʃʰə-	ʊː-/ɔːtʃʰ-	drink
55	吃	ete-	it-	eat
56	咬	qatʃə-/tʃʊː-	xatʃ-/tʃʊː-	bite
57	看	χalta-/etʃe-	xar-/utʃ-	see
58	听	tʃʰikən tʰal-	tʃʰiknă-/səns-	hear
59	知道	mete-	mət-	know
60	睡	ntaː-/nta-	ʊntʰ-	sleep
61	死	hkʉ	ux-	die
62	杀	ala-	al-	kill
63	游水	mpa-	ʊmp-	swim
64	飞	honəs-	nis-	fly
65	走	jaβə-/jawə-	jap-	walk
66	来	ere-	ir-	come
67	躺	naː-/keptʰe-	kəptʰ-	lie
68	坐	sʊː-/tʃɔqqʊi-	sʊː-	sit
69	站	pai-/pʰɔsə-/erle-	tʃɔks-/pɛː-"在"	stand
70	给	ok-	ok-	give
71	说	kele-/larqə-	xəl-	say
72	太阳	naran	nar	sun
73	月亮	sara	sar	moon
74	星星	pʰɔtən/hotən	ɔt	star
75	水	qʰʊsʊn	ʊs	water

(续表)

序号	汉义	东部裕固语	察哈尔蒙古语	英文
76	雨	χʊra/pɔrəŋ	pɔrɔːn̆/xʊr	rain
77	石头	tʃʰəlʉː	tʃʰʊlʊː	stone
78	沙子	χʊmaq	xʊmǎk	sand
79	地	qatʃar	katʃɪr	earth
80	云	pulət(Tur.)	uːl	cloud
81	烟	hta/htaː	ʊtʰaː	smoke
82	火	qal	kal	fire
83	灰烬	henesən/ɬesən	uns	ash
84	燃烧	ʃətarə-	ʃɪtʰ-/nɔtʃʰ-	burn
85	路、足迹	mør	tʃam/mor	path
86	山	ʊːla	ʊːl	mountain
87	红	ɬaːn	ulaː n̆	red
88	绿	nɔɕɔːn	nɔkɔː n̆	green
89	黄	ʃəra/ʃra	ʃar	yellow
90	白	tʃʰaːn/tʃʰəqaːn	tʃʰakaːn̆	white
91	黑	χara/qʰara	xar	black
92	晚	øtøkʃə/ɔrʉi	utə̆ʃ/ɔrœː	night
93	热	χalʊːn	xalʊːn̆	hot
94	冷	kʰyːtʰen/kʰyten	xuitʰə̆n̆	cold
95	满	tyːreŋ/tʉːr-	tuːrə̆ŋ/tuːr-	full
96	新	ʃənə	ʃin	new
97	好	sein	sɛːn	good
98	圆	tʰøkørek/qorqi	tʰokrŏk/moxru:	round
99	干燥	χʊːraː-"干裂"/χaq	xʊːrɛː "干"	dry
100	名字	nere	nər	name

表 15-6　前 100 个核心词中固有词数量的比较

语种	东部裕固语	察哈尔蒙古语
核心词	100	100
固有词	98	100
借词	2	0
比率	98%	100%

根据上述前 100 个核心词的比较,东部裕固语比察哈尔蒙古语多了 2 个突厥语族语借词 pʉlət、pala,而察哈尔蒙古语以固有词 uːl"云"、ontŏk"蛋"表示,其他几乎一致。另外,表示"小"的形容词在两个语言中都有同源词 paqa 和 pak,但各自的语言中语义有所不同,东部裕固语主要指:① (人和牲畜)年轻,如 paqa kʉn(青年);② 小(用得少),如 natasa paqa(比我小)。察哈尔蒙古语则主要指小、少。东部裕固语有常用的 htiː/htei/tei/htai,主要指:① 小 natasa htai(比我小);② 幼儿;③ 崽。我们暂时认为该词来源不明,是东部裕固语的固有词或特殊词。

(2) 后 100 核心词的比较

以下是根据 Swadesh 200 个核心词中的后 100 个词的比较(表 15-7、表 15-8)。

表 15-7 后 100 个核心词中东部裕固语与察哈尔蒙古语同源词比较

序号	汉义	东部裕固语	察哈尔蒙古语	英文
101	和	wɔlə	pɔlŏn/pɔlɔːt	and
102	动物	amtʰan	ɛmtʰăn	animal
103	后背	nʊrʊːn/aːr	nʊrʊː/ar	back
104	坏	mʊː	mʊː	bad
105	因为	wɔlə/wɔlsɔ	pɔlxəːr/tʰʊl	because
106	吹	pʰiːle	ulə-	blow
107	呼吸	ʊːr ap-/øk ap-	ɛmskă-	breathe
108	孩子	məla(Tur.)	xuːxət	child
109	数	tʰʊːla-	tʰɔːl-	count
110	砍	tʃaptʃʰə-	tʃɛptʃʰ-	cut
111	天(日)	otor	otŏr	day
112	挖掘	maltʰa-	maltʰ-/ʊx-	dig
113	肮脏	kər/χarə ʃaqa	pʊtʃir/xir	dirty
114	愚笨	teme	pitʊː/tʰənək	dull
115	尘土	tʃʰoŋ(汉)/mɛrəq	tʰɔːs/tʰɔrŏñ	dust
116	掉落	naː-/ʊna-	ʊn-	fall
117	远	χɔlɔ	xɔl	far
118	父亲	tʃʰke/atʃaː	ətʃʰik/aːp	father
119	害怕	ai-	ɛː-	fear
120	少	tʃʰyːn	tʃʰoːn	few
121	打架	kʰərɛːltə-	xərəlt-	fight

(续表)

序号	汉义	东部裕固语	察哈尔蒙古语	英文
122	五	tʰa:βən/tʰa:wən	tʰap	five
123	漂浮	qaila-	xop-/tək·t-	float
124	流动	urus-	ʊrs-	flow
125	花朵	tʃʰitɕʰək/metɔq	tʃitʃʰik	flower
126	雾	manaŋ/pʊtaŋ	manǎn/pʊtaŋ	fog
127	四	tørßen/tørwen	torŏp	four
128	结冰	kʰøltə-/kʰør-	xolt-/mostʰ	freeze
129	水果	alma	tʃims/ɛlăm "苹果"	fruit
130	草	we:sən/βesən	ops	grass
131	肠子	ketesən	kətǎs	gut
132	他	tʰere	tʰər	he
133	这里	ente	ent	here
134	击打	χɔq-/χok-	tʃɔx-/kok-	hit
135	拿、持	ap-/par-	ap-/pɛr-	hold/take
136	怎样	ja:kə-/ja:n/jimar	ja:-/ji:-/jamăr	how
137	打猎	kørøsəla-/kørøsəle-	aplă-/aknă-/koro:l-	hunt
138	丈夫	ere/hqanar	ər	husband
139	冰	møsən	mos	ice
140	如果	-sa	xərəp	if
141	在(格)	-tə	-t/-tʰ	in
142	湖涧	nʊ:r	nʊ:r	lake
143	笑	n̪i:-	əniə:-	laugh
144	左	tʃɯ:n/sɔləqɔi	tʃu:n/sɔlkœ:	leftside
145	腿	quja	kʊj	leg
146	活的	amtə	ɛmt	live
147	母亲	hke/meme	əx/ə:tʃ/əmə:	mother
148	窄	y:tʰan	ʊɪtăn/tʃʊxăl	narrow
149	近、边	ɔirə/tʃaqa	œ:r/tʃax	near
150	老的	kʰøkʃən	kokʃin	old
151	玩	na:t-	na:t-	play
152	拉	hta:-/htʰa-	tatʰ-	pull
153	推	tʰulkə-	tulx-	push
154	右边	paru:n	paru:ñ	rightside
155	对、正确	tʃɔqə-/tʃøp	tʃœx-/tʃop	right/correct

(续表)

序号	汉义	东部裕固语	察哈尔蒙古语	英文
156	江河	qɔl/mʉren	kɔl/morŏn̆	river
157	绳	tiːsən	təːs	rope
158	腐烂	hyː-	uː-/iltʃɪr-/əltʃɪr-	rotten
159	摩擦	ʃørke-	ʃorkoː-	wipe
160	盐	taːwsən	taps	salt
161	抓（搔）	maːtʃi-	maːtʃ-	scratch
162	海	taliː	teŋkɪs/talɛː	sea
163	缝纫	χala-	ɔj-/xal-	sew
164	尖、锋利	qʊrtʃʰa	kʊrtʃʰ	sharp
165	短	hqɔr	ɔxŏr/ɔktʰŏr	short
166	唱	tʊːla-	tʊːl-	sing
167	天空	tʰeŋker	tʰəŋkə̆r	sky
168	气味、闻	honor/honoste-	unə̆r/unə̆rtʰ-	smell
169	平	tepɕiː/tʉβʃin	təkʃ/topʃin	smooth
170	蛇	mɔːʁi/mɔːʁoi	məkœː	snake
171	雪	tʃasən	tʃas	snow
172	吐唾沫/唾沫	kaːtʃə tʰʉkə-/nʊləsən	nʊlăm-/nʊlmăs	spit
173	撕裂	tʃysə-/tasəl-	ʊr-	split/tear
174	压榨	ʃɑqʰa-	ʃax	squeeze
175	刺戳/刺	qʰatqə-	tʃitʃʰ-/katʰăk-	stab/pierice
176	拐棍	tʰiaq	tʰajɪk	stick
177	直	tʰoʃ	ʃʊlʊːn̆/ʃʊːt	straight
178	吸吮	sorə-/ʃəmə-	sɔr-/ʃim-	suck
179	肿	qaptʰa-/kyː-	xapt-/xoː-	swell
180	那里	tʰente	tʰənt	there
181	他们	tʰa/tʰeres	tʰət	they
182	厚	tʃʊtʃaːn	tʃʊtʃaːn	thick
183	薄	neŋkøn/neŋwen	niŋkŏn	thin
184	想	sana-/pɔtə-	san-/pɔt-	think
185	三	qurwan	kʊrăp	three
186	扔/抛	qor-/ɔqɔr-	xaj-/ɔkɔːr-	throw
187	拴、捆	çaː-/χaː-/kʊlə-	ʊj-/xul-	tie
188	转	herkekt-/tʰɔrə-	ərə̆k-/tʰœːr-	turn
189	呕吐	pøltʃø-/oqʃə-	poːltʃ-/ɔkʃ-	vomit

(续表)

序号	汉义	东部裕固语	察哈尔蒙古语	英文
190	洗	qʊa-/ʊqwa:-	ʊka:-	wash
191	潮湿	nɔithɔn/tʃhi:k	nœ:thɔ̃n/tʃhi:k	wet
192	哪里	χana	xa:	where
193	宽	ʊ:tʃim/enthə·	orkŏn/ʊ:tʃim	wide
194	妻子	eme	əm	wife
195	风	khi:/salɣən	xi:"空气"/sɛlx	wind
196	翅膀	χanat	talăptʃh/tʃiku:r	wing
197	沉重	kʉntə/kʉntə	xunt	heavy
198	树林	χʐa:l	œ:/ʃʊkʊɪ	wood
199	虫	χɔrɔχqɔi	kɔrxœ:	fruit
200	年	hɔn/tʃəl	ɔn/tʃil	year

表 15-8 后 100 个核心词中固有词数量的比较

语种	东部裕固语	察哈尔蒙古语
核心词	100	100
固有词	94	100
比率	94％	100％

根据上述后 100 个核心词的比较，东部裕固语语比察哈尔蒙古语多了 6 个借词，其中突厥语借词 məla"孩子"、χanath"翅膀"、jiltas"根"3 个占比高，汉语借词 thʉkə-"吐沫"、tʃhɔŋ（上古：dǐen① 近代：tʂhiən② 现代：tʂhən②[3]）"尘土"2 个，藏语借词 χra:l"树林"1 个。相对前 100 个核心词多了 4 个借词，即前 100 核心词中同源词比重占 98％，而后 100 个核心词中占 94％。其中个别词语语音上一致，但语义上已有所变化，如东部裕固语 teme"愚笨"，在察哈尔蒙古语里，təmi 是"无聊的，不怎样的，太，胡，妄"。

通过上述比较，200 个核心词中东部裕固语固有词为 192 个，占 96％，借词共 8 个，占 4％。核心词中的同源词占比比东乡语、保安语、康家语和莫戈勒语高，仅次于土族语和达斡尔语之后。

（3）词汇比较的作用

词汇类型的比较很重要，上述核心词中1‰和7‰的差距是不小的。如果再扩大词汇量，差距就更明显了，因借词量增长比例不是线性递增，而是几何式增长。因为小语种没有能力消化和规范那么多新事物的命名，于是以借用居多，以此推断同源词的占比为前100个核心词中最高，后100个核心词中相对高，基本词汇中较高，一般词汇中适中，整个词汇中较低，新词术语中最低。用借词量化标准评价某一种语言是否已变为混合语或者半混合语时，要把核心词、基本词、文化词语和专有名词等总体考虑用层级的方法分别分析，同源词与借词的比重递进状况如下：

前100核心词＞后100核心词＞基本词汇＞一般词汇＞整个词汇＞新词术语。

此外，从核心词和其他词的比较中发现，东部裕固语和察哈尔蒙古语的借词比例不同，东部裕固语中汉藏语言借词和突厥语族语言借词比例远大于察哈尔蒙古语。

2. 古词语和语义比较

（1）古老词汇的保留情况

东部裕固语保留了较多古蒙古语词汇，而察哈尔蒙古语在继承古蒙古语的同时在发展过程中产生了较多变化，实际上其中很多古词语是东部裕固语所没有的。试比较：

东部裕固语	古蒙古语	巴尔虎-布里亚特方言	察哈尔蒙古语	汉义
χɔntuːl	junta'ul[4]	tɔntuːl[5]	xɔmɛːl	马粪
hərtʃiːsən	hičesün/iceːsün/希扯孙[6]	ʊt	ʊt	柳树
hløk/øløk	ölük	—	—(olōk 书面)	死尸
ɔrɔq tʰaraq	uruɣ tariɣ	ʊrăk	ʊrăk tʰorōl	亲戚
aqsa-	aqsa-	zɛːl-	tʃəːl-	借
χɔq-	görü-le-ünügün	sɔxj-	tʃɔxj-	打
hnokon/nokon		iʃik	iʃik	山羊羔

（2）东部裕固语保留的蒙古语的古老词义，在察哈尔蒙古语里已发生了变化。例如：

东部裕固语	汉义	古蒙古语	汉义	察哈尔蒙古语	汉义
maran	皮肤	mariyan	皮肤	mara:	肥胖
sa:r	臀（牲畜的）	sa'ari	臀	sɛ:r	皮革，鞍、皱
tʃarəm	半	jarim	半	tʃɛrəm	某、一些
ketʃike	后脑勺	gejige	后援	kətʃək	辫子
pɔrɔ:n	风雪	boro'an	风雪	pɔrɔ:ñ	雨
kʰi:	风	kei	风	xi:	空气
ʃeke	二岁山羊羔	ešige	山羊	iʃik	山羊羔
htʰɔq	部落、村庄	otoɣ	部	ɔtʰɔk	鄂托克（现为旗名）

（3）固有词的语义发生变化。例如：

东部裕固语	汉义	察哈尔蒙古语	汉义
oltə	褐刀	ilt	大刀
tʰur-	饿，饥	tʰur-	瘦
pəta:n χʊla	面片	pata:	饭
ʃaʃβə	喇嘛	ʃɛβ	徒弟
χara ker	帐篷	xar kər	牢房
tʃɔqtər	驼峰	tʃɔktər	鬣、鬃
tʃy:len	便宜，软	tʃo:/ŏn	软
arasən	果皮等	ars	皮肤
alma	水果	ɛlim	梨
kenen	迟钝	kənəŋ	冒险
tʰørøl	娘家	tʰorŏl	亲属
terele-	睡觉	tərəl-	枕枕头
pʊɪrsaq	馒头	pɔ:rsŏk	点心
kerkan/keken	师傅	kəkəñ	活佛
tʃʰqa:n/tʃʰa:n	白、小米	tʃʰaka:ñ	白
mʊ: sein	东西	mʊ: sɛ:ñ	劣质的
kʊŋtə	深色，重	xunt	重
na:-	睡，躺	ʊn-	落
tʃalβar-	请求	tʃɛlpăr-	祈祷

salqʰən	大风,中风	sɛlxǎn	风

（4）保留带附加成分的古老词汇的比较

主要指这些词汇保留了固有词的附加成分,而现代蒙古语则已不用。例如：

东部裕固语	察哈尔蒙古语	汉义
taqʰa-sən	tax	马掌
马掌- SUF	马掌	
qʊtʊ-sən	kʊtʰǎl	靴
靴- SUF	靴	

3. 不同词语和语义比较

东部裕固语和察哈尔蒙古语之间存在一些不同的词汇。试比较：

东部裕固语	察哈尔蒙古语	汉义
malaqaitʃʰə（malaɢai 帽子）	malkɛ:	狐狸
qal tʃaqəl-（火闪）	kilpa: ň kiləβ-	闪电
qatʃar-i:n kʰy:sən（地脐）	mo:k	蘑菇
tʰørø-（牲畜的）出生	tʰor-	出生（总称）
tʃək/tʃʰik	tərs	芨芨草

实际上,东部裕固语保留了 heneken"狐狸"一词,与察哈尔蒙古语中的 unək"狐狸"对应。但出现了 malaqaitʃʰə 后就几乎不用固有词了。据了解,察哈尔蒙古语 malkɛ: 用得少,一般都用固有词。

4. 游牧和畜牧业词语比较

东部裕固语人群和察哈尔蒙古语人群均不同程度地保留传统的游牧经济,畜牧业依然是其主要经济,因此该类词汇非常丰富,从中也可一窥其相关经济生活的状况。

（1）有关四季游牧形式的词语

四季游牧是北方游牧民族传统的经济形式,虽然现在随着地理、气候和生产方式的改变已有所改变,但两种语言中四季游牧名称至今依然保留着。游牧季节及名称比较如下：

东部裕固语	察哈尔蒙古语	汉义
χaβər nətʰɔq	xaβar-tʃa:	春营地
na:mər nətʰɔq	namar-tʃa:	秋营地
tʃʊnə nətʰɔq	tʃʊs-lǎŋ	夏营地

| wəl-tʃəŋ/tap | oβol-tʃoː | 冬营地 |
| nɔqɔ-lɔŋ | — | 春夏之交的营地 |

以上这些词语是由四季名称＋-tʃaː/-tʃoː～-tʃəŋ（ypyl-zyŋ 卫拉特）～-lɔŋ/-laŋ（词缀）构成的。东部裕固语是词干＋词缀和合成词两种构词方法。东部裕固语的 nɔqɔ-lɔŋ 是一个独特的游牧季节和方式，即在春夏之交寻找幼嫩的草场放牧的营地。因此有人说东部裕固语有五季牧场，即春夏之交成为一个季节。

(2) 牲畜名称

东部裕固人现在的主要畜类有称之为"四畜"的牦牛、绵羊、山羊、马，察哈尔蒙古人则至今保留"五畜"，即牛、绵羊、山羊、马、骆驼。早期东部裕固人也有骆驼，因为其语言中一直保留着有关骆驼的词语。牲畜名称比较如下：

东部裕固语		察哈尔蒙古语	
tørβen tʃyːltʰ mal	四畜	tʰaβan kɔʃoː mal	五畜
χara hkor	牦牛	uxə̌r	牛
χʊnə	绵羊	xœn	绵羊
maːn	山羊	jamaː	山羊
mɔrə	马	atʊː	马
		təmə	骆驼

早期蒙古语有非常少见的量词，如 xoʃoː：① 喙，（狼、狗等的）嘴；② 山嘴儿；③ 铧；④ 角[7]。该量词的原意在东部裕固语中被广泛使用，但作为牲畜的量词被替换为 tʃyːl "种类"。

牲畜名称按其年龄、雌雄都有不同的单词。除了有较多相同的词语（相同的多，不同的少），还有各自不同的词语。试比较：

东部裕固语		察哈尔蒙古语	
tʃʰisaq		tʃʊsak	二岁母绵羊
saqlaq	（同西部裕固语）	saklǎk	母绵羊（锡林郭勒盟有些地方使用）
jarqa	（同西部裕固语）	pırʊː	二岁牛
omsə	犍牛（同西裕，是古老词语）	—	
ʃat	（同西部裕固语）	tʰʊkǎl	牛犊
palaŋ		ʃar uxə̌r	黄牛
orkʉ	犏牛	—	
tʃʰəqtʃʰom	乳犏牛	—	

azman　犍黄牛　　　　　　　　asmăn/asmăk　去势未净的牲畜
χara hkor（不是指黑牛）　　　sarlăk（xar uxər 黑牛）　牦牛

这些词语有些可能源于西部裕固语或突厥语族其他语言，也可能受地域环境等影响而有所不同。比如，山羊类词语中 nʉkʉn、ʊxăn、jama: 是蒙古语族语言固有词，ʃeke 是来源于突厥语族语言的表示"山羊"的借词。试比较：

东部裕固语	察哈尔蒙古语	古蒙古语	汉义
nʉkʉn	iʃik	ünügün -	山羊羔
ʃeke	ʃutləŋ		二岁山羊
səis	ʃutləŋ ər jama:	šilegü	二岁公山羊
tʃʰisaq	tʃʊsak	jusaɣ	二岁母山羊
serkʰe	sərx	isige/serke	羯羊
tʰekʰe	ʊxăn	teke/uquna	种公山羊
ma:n	jama:	imaɣan	山羊

此外，东部裕固语保留和扩展了古蒙古语的词义，古蒙古语 isige 指"羯羊"、"小羯羊"，是来源于突厥语族语言 ečkü/øtʃkɛ/eʃki/øʃkɛ"山羊"。随着 ünügün 的消失，在察哈尔蒙古语等现代蒙古语中以 iʃik 取而代之，但在东部裕固语则保留了原义，且指二岁山羊。[8]

（3）牲畜粪便名称

仅以牲畜粪为例，就有丰富的词语，具体见下文第四节。

5. 狩猎词语比较

东部裕固语和察哈尔蒙古语中有丰富的狩猎词语。试比较：

东部裕固语	察哈尔蒙古语	汉义
kørøsən/køre:sən	koro:s	猎物
kørøsətʃʰə/pʰʊ:tʂʰə	antʃʰin/koro:tʃʰin	打猎者、猎人
kørøsəle-	aknă-/koro:l-	打猎
nəmən	nʊm	弓
səmən	sʊm	箭
tʃanə	kaβx	夹子
ta:rə	tɛrj	火药
ta:rə qɔtʰ/qʰɔtɕʰə	xɔtʰ（书面语）	火药桶、弹药袋
tʃaqərqam	—	圈塌石（用来捕猎物）

tǝzǝma	—	打猎用的扣子
—	aŋ	狩猎
—	aβ	围猎

东部裕固语没有 aŋ、aβ 而用更古老的 kørøsǝle-，察哈尔蒙古语也未保留 xɔtʰ 等狩猎用具。

6. 采集农耕词语比较

尽管东部裕固语和察哈尔蒙古语都以畜牧业为主，但也有较多农耕词语，其中包括固有词，说明他们也有农耕传统。如东部裕固语的 amǝn、察哈尔蒙古语的 am 均泛指"米"或"谷物、粮食"，其最早音义为 amun"稷"，指五谷之首，并称为谷神，也称 mɔŋkɔl am（直译为蒙古稷）属于他称。这是察哈尔在内的蒙古人种植的主要农作物，脱粒加工后的 xuːrsăn am"炒米"是传统主食。上述 amun"稷"和察哈尔蒙古语的 ʃulxeː"黍"、xɔnɔ̆k"谷"以及东部裕固语 narǝn amǝn、察哈尔蒙古语的 narĭm"小米"等固有词均证明古代至少种植五谷之稷、黍。察哈尔蒙古语还有 sakăt"荞麦"等，其农耕词语比东部裕固语多些。试比较：

东部裕固语	察哈尔蒙古语	汉义
tʰaraːltʃǝn/luŋje 庄稼、农业	tʰeraːlăn	农业
amǝn	am	米
tʃʰqaːn	pʊːtɛː	小麦
pʰǝrtʃʰaq	pʊrtʃʰăk	豆
suqʊŋ	sɔŋkĭn	葱
sarǝmsaq	sɛrimsăk	蒜
alma 水果	ɛlĭm	梨子

北方和西北地区未发现种植"水稻"[9]的遗址，但在其语言中存在着独特的名称。试比较：

东部裕固语	察哈尔蒙古语	古蒙古语	
htʰʊrqan	tʊtʰrăk（书面）	tuturɣan	
克尔梅克	土族	莫戈勒	
tʰʊtʰʊrkʊ	tʰutorqa	tʰutʰuʀ·ān	
维吾尔语	哈萨克语	柯尔克孜语	乌孜别克语
ʃal	kyriʃ	ʃal/gyrytʃ	ʃali
塔塔尔语	图瓦语	西部裕固语	
tygi	kyryʃ	tuturɢan（大米）	

满通古斯语族语言中把稻谷一般都叫作 handu。该词语主要在蒙古语族的 6 种语言和西部裕固语中出现。这说明蒙古语族语言先接触到稻谷并将其传播给了西部裕固语。

7. 宗教文化词语比较

东部裕固语	察哈尔蒙古语	汉义
pʰərqʰan	pʊrxā̃	佛
lama 高僧	lam（普通喇嘛总成）	喇嘛
ʃaːβə 喇嘛（普通）	ʃɛβ 小喇嘛	
aqʰa 一般喇嘛（西裕 aʰɢa 和尚、高僧、师傅）	xʊβilkaːn̄ 活佛	
həltʃʰə/çiltʃʰə/əltʃʰə	poː/ʊtkā̃	巫师,萨满

əltʃʰ 在察哈尔蒙古语中的意思为"使者、使臣",萨满以天人之间的使者自居。

东部裕固语	察哈尔蒙古语	汉义
ʃaːtʰə "沙特"祝赞词	xəlmər	祝颂词
tʃʰyra	tʃʰʊraː	鲜奶干（小块状）
təlqci tʰarlama jɔsə	orβoːn nɛːr	剃头仪式（给小孩第一次剃头）
məskə/qɔptʃʰɔsen	kʊptʃʰǎs	服装（总称）
qapʰ tʰərqʰa	kaptʰak	荷包

只有东部裕固语独有的词语（来源不明的独有词）：

东部裕固语	察哈尔蒙古语	汉义
htiː/tei/htai	pak/tʃaːxǎn	小
ɬar	—	雪鸟
hanə-（西裕同）	ɔtʃ-	去
hampu-	ʊntʰǎr-	灭
palta-	as-/nətʃʰ-	点燃
qal tʃaqʰəl-（火闪）	kilβɛːn̄ kiləβ-	闪电
qatʃar-iːn kʰyːsən（地脐）	moːk	蘑菇
satan 血块,愤怒	notʃ	血块

只有察哈尔蒙古语独有的词语[17],试比较：

察哈尔蒙古语 东部裕固语
aβkɛː 山洞 —
ɔŋʃ 特异功能 —
əxui- 关系好的人出现裂痕 —
ɪrβɛːx 小孩子患病 —
ʊlkaːrxăk 大方 qaran ʃikʰə 大方
jɔltʃʰɔŋ 杂碎(给宰杀牲畜的时候帮忙的人员) —
paːrtʃʰăk 脏 χarə ʃəqa 脏

8. 特殊词语比较(独有词/底层)
察哈尔蒙古语 东部裕固语
pɔrik (牲畜的)耐力 tərəs/taː-lβər 耐力
pɪtʃ 羊香肠(羊肠里灌肉末做成) —
əːr 酸乳浆(奶豆腐的原料) —
nʊxlăm 奶豆腐(分多种) —
nɔːlʊːr 鲜牛奶发酸之前较凝固的奶油 —
xaːβăr 蒙古包门两边用木头制作的挡风栅 —
itʰuːl 秋季打草开始装运等全过程 —
iːl- 离群远走,离乡他往(古蒙古语) —
tʃʰɛn ʃixʃik 喝茶时配的炒米、奶制品、熟肉、点心等 —
ɔtʰɔr xɛːtăk 冷冻季节的游牧处(设施) —
ɔr xɔlpɔː 按牲畜的年龄核算好以后赔的牲畜 —
sʊŋʃiñ kuilək- 给王公贿赂 —
tamăk nər- (原义:往烟袋里装烟)慰问死者家属 —
tʰʊŋkʰ/tərsən tʰʊŋkʰ 芨芨草根部(鼓起来的部分) tʃʰik 芨芨草秆
tut 都德(来源于藏语)(用黄油、白面、砂糖、黄油渣子、炒米、冰糖、葡萄和在一起凝固后用酒杯大的模子制作的奶制品)

9. 语音变化大的同源词比较
有些词虽然同源,但语音变化较大,试比较:

东部裕固语	察哈尔蒙古语	汉义
hɔnəs-	nis-	飞
qʰʊsʊn	ʊs	水
taːβen	taβ	五

weːsən	oβs	草
n̩iː-	ənjəː-	笑
htaː-/htʰa-	tatʰ-	拉
htʰʊrqan	tʰutʰrāk（书面语）	稻子
ʃaːβə 喇嘛	ʃɛβ	徒弟

10. 语义变化大的同源词比较

东部裕固语	察哈尔蒙古语	汉义
ʊːlqa	am	粮食
nøtyːr	ʊːr/ʊkʊːr	臼

有趣的是，察哈尔蒙古语把臼和杵叫作 ʊːr/ʊkʊːr、mantʃʰ/nutuːr，东部裕固语则叫作 nøtyːr、tʃʰatʃʰəlʉː，其中从词干 nut-"捣、杵"派生的 nutuːr 在察哈尔蒙古语指"杵"，而在东部裕固语指"臼"。这就是语言的演化魅力。当然，tʃʰatʃʰəlʉː"杵"的词源还有待深入研究。

四、东部裕固语与察哈尔蒙古语蕴含的认知思维的比较

从认知语言学的角度看，两个族群的有关词语蕴含着其认知文化思维的特点，尤其是畜牧业词语中蕴含的情感色彩（褒义）丰富多彩，如对马文化的尊崇非常一致。

1. 对牲畜粪便名称的细分与认知

对非畜牧业如农业族群的认知来说，牛粪是很平常的粪便，甚至是一种垃圾。但在牧民的心目中，它是一个比较重要而且具有感情色彩的天然特需品。尤其是干牛粪，这不是人们一般思维上的脏东西，而是一个能够烧火取暖、做饭等与牧民生活息息相关的生活必需品。对牧民来说，它与粮食、饮用水、燃料同等重要。所以不管是东部裕固语还是察哈尔蒙古语都把牛粪分成干牛粪、冻牛粪、稀牛粪、春天的牛粪、夏天的牛粪、秋天的牛粪、不同颜色的牛粪若干类，并给予不同的名称。他们觉得用牛粪熬的奶茶、做的饭菜更香，于是其诗歌、谚语、民间故事都出现 harqal/arkāl "干牛粪"等词语。如歌曲"蒙古人"一开头就是"arkāl-iːn ʊtʰaː pʊrkɪlsǎn maltʃʰiniː kərtʰ torsŏn piː"（直译：我出生在干牛粪的烟缭绕的牧民家里）。这和游牧民族对牲畜及粪便的细微观察相吻合，所以其名称也很丰富。仅以牲畜粪为例，就有很多不同的词语，例如：

东部裕固语	察哈尔蒙古语	汉义
pʰaːsən	paːs	粪便（总称）
harqal	arkāl	干牛粪
tɔŋqɔrma 冻牛粪、干牛粪（西部裕固语指冻牛粪）	xoltuːs	冻牛粪
hɔntʊːl	junta'ul（古蒙古语）[10]、xəmɛːl	马粪
htøk/χərqəl	xʊrkʊːl	驼粪、羊粪
htøk/tøk	xʊrkʊːl（otǒk 书面语）	羊粪蛋
tʃəl	xʊmăk	羊粪沫
kʰerβeʃ （<古突厥语）	kerbiši（古蒙古语-砖）、xortʃɔŋ	羊粪砖
homekʰiː tʃəl	məxi: xʊmăk	多年的臭羊粪

2. 方位名称的异同与对空间的认知

东部裕固语和察哈尔蒙古语的方位词及表示空间的词语很丰富。尽管都保留了一些同源词，但所指却有所不同。东部裕固语保留了更古老的方向名称，即以日出日落的词语表达方向。这是包括匈奴、乌桓、鲜卑、突厥、回鹘、契丹、女真在内的北方民族的传统方位词。如"匈奴拜日月是每天都要举行的，这是日常生活中的一种习俗。"[11]北方诸民族语言中的方向名称以日出日落为参照物的二元方位词较多，如突厥语族、蒙古语族和满通古斯语族诸语言中至今都不同程度地保留这些词。回鹘式蒙古文文献中也记载了 naran urɣuqui nangɣiyas-un ɣajar（太阳升起的南家子处）[12]。达斡尔语 nar garwəi、保安语 naraŋ χargunə ɕɔg[13]；"维吾尔语 kyntʃiqiʃ、哈萨克语 kynʃəʁəs、柯尔克孜语 kyntʃiqiʃ、乌孜别克语 kyntʃəʁəs、塔塔尔语 kyntʃəʁəs、图瓦语 ʃrʃrs ʤyk、撒拉语 guntʃəχɡan janə 东方"[9]均表示"太阳＋升起"的意思。这一点察哈尔蒙古语则不同，没有保留这个用法，而只用 tʃuːn parʊːn。东部裕固语人用太阳和自己的身体（或大山的前后）做参照物符合人类认知的普遍规律，尤其居住在四面环绕的山区的人们。如当地的村名 ølmø-tʰə（前面的或南面的）ɬamtʃʰʊq"东牛毛村"、χɔi-tʰə（后面的或背面的）ɬamtʃʰʊq"西牛毛村"是根据当地方向命名并用汉语翻译的村名。当地人的前面（ølmø-tʰə）是指一般意义的东，当地人的后面（χɔi-tʰə）指一般意义的西。实际上东部裕固语的这种命名更符合人类早期认知，即人类最早以太阳升落和人身的前后命名东西方向。早晨朝着太阳升起的方向定为东，以身体朝太阳升起的方向命名前和南也是可以理解的，也就是最早指的"南北"（是现在人们普遍认知的东西方），后来跟着普遍的认知所指的南北方向在东部裕固语叫作 tʃaqa/parʊːn"南"、ataq/tʃʉːn"北"。实际上最早人们把现在的东方及日出的方向认为"南"(前),日落的方向认为"北"(后),后来从二方发展到四方,并以身体为坐标,从立体发展到平面时把原来朝东的"南"改为现在的"南"。有些语言和方言土语以及文献资料中至今都保留原来的空间方位概念。东部裕固语就是其中最典型、鲜活的例子。

方位词语的语法特点和语缀在东部裕固语和察哈尔蒙古语里也大同小异,如接加界限格(离格)和凭借格(造格)、领格、与位格等附加成分,但不能接加其他格的附加成分;可以接加领属附加成分,但不能接加复数附加成分。东部裕固语还保留了古老语缀-qʃ/-kʃ 形式(na-qʃ 往这边),而察哈尔蒙古语则被简化(naːʃ)。有些是用身体部位名称转指的:χʷaːr(＜鼻子)前面、χarqʷaː(＜肋骨)旁边。东部裕固语和察哈尔蒙古语在认知文化思维上都认为"西面"是"上位"或"上座",所以请客人上面坐叫做 tʃaqa-tə(上面)tʃʊqpɛʃ!(东部裕固语)/təʃeːn(往上) sʊː!(察哈尔蒙古语),位置一般都是现在的南面或西面。当时门朝太阳的上面就是现在的南面,后来门朝南面时指现在的西面。东部裕固语的 tʃaqa 指上面、南方。

东部裕固语	汉义	察哈尔蒙古语	汉义
naran qarma ʃɔk (太阳升起的方向)	东	tʃuːn	东、左
naran tʃaqama ʃɔk (太阳落下的方向)	西	parʊn	西、右
tʃaqa ʃɔk	南方、上面	omŏn	南、前
ataq ʃɔk	北方、下方	xœːtʰ	北、后
ølmø	东、南、前	omŏn	南、前
χɔi-tʰə	西、后	xœːtʰ	北、后
ataq	末、下、北	atăk	末
aːr-tə	在后、北面	ar	后面、北面
parʊːn	南方、右	paruːn/tʃoβ tʰal	右、西
tʃʉːn	北方、左	tʃuːn	东、左
sɔlɔqəi/tʃʉːn	左	sɔlkœː/tʃuːn	左

其中 tʃʉːn 几乎被遗忘,取而代之的是 sɔlɔqəi。这说明东部裕固语虽然用太阳的方向指东西方向,但左右是以 tʃʉːn、parʊn(北南)之称的。图瓦语把左称为 parɣn(也叫 tʃyːn)、右为 tʃyːn[9],赫哲语把西叫 solkhi,女真语把右叫

tʃən[14]，均与东部裕固语的方位相同。

东部裕固语和察哈尔蒙古语指四方名称相同但方向不同。试比较：

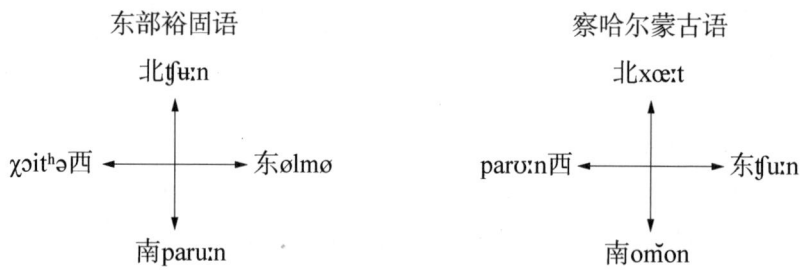

3. 日食月食等一些天文现象的名称异同与对其认知

东部裕固语和察哈尔蒙古语对日食月食等天文现象的命名不同，这反映两个族群的不同认知思维。试比较：

东部裕固语				察哈尔蒙古语		汉义
narən-tə	tʃɔːləŋ	naː-/narən	tʃɔːləŋtʰə-	nar	xirtʰ-	日食
日-LOC	苦难	粘/日	遇难	日	染污	
sara-tə	tʃɔːləŋ	na/sara	tʃɔːləŋtʰə-	sar	xirtʰ-	月食
月-LOC	苦难	粘/日	遇难	月	染污	
tʰeŋker-iːn	tʃʰəqaːn	mør		tʰəŋkr-iːn	ɔjtɔl	银河
天-GA	白	路		天-GEN	缝道	
qal tʃaqʰəl-				kilβəːn kiləβ-		闪电
火 闪				电 闪		
ʊlʊ/tʰɔq pʊː-				ajăŋk nirək		雷击
雷 击				雷 轰		

4. 一些常用名称异同与背后的不同认知

东部裕固语中一些独特的合成词与察哈尔蒙古语不同，可以看作是他们认知思维的差异所致。试比较：

东部裕固语		察哈尔蒙古语		汉义
qatʃar-iːn	kʰyːsən	moːk		蘑菇
地-GEN	脐	蘑菇		
mulqa	qʰusun	nɪlăx	xuːxət	婴儿
婴	水	婴	孩	
tʃəl	aman	œː		周年
年	口	周年		

qal na-	kal alt-	失火
火 落	火 失	
tʰuluq χara	nɔxœ: xar koro:s	狗熊
熊 黑	狗 黑 野兽	
tʰy:mər palta-	tuimăr alt-	失火
野火 点	野火 失	

两个族群对当地的动植物都有特殊的名称。这些名称都是根据各自族群的理解命名的。上述 tʰuluq χara "狗熊"、ɬar "雪鸟"、qatʃar-i:n kʰy:sən（地脐）"蘑菇"等词语都是在东部裕固语的历史地理环境中出现的。有的文化词语在其他语言中无法翻译，只能音译，如 ʃa:tə "沙特"（东部裕固语和西部裕固语）、asăr "阿斯尔"（察哈尔蒙古族宫廷音乐器乐合奏曲）。由于察哈尔蒙古语原为宫廷周围的强大部落、文化中心，奶制品为宫廷所用，所以察哈尔奶制品至今都非常有名。

五、东部裕固语与察哈尔蒙古语语言接触

河西走廊是古丝绸之路上多民族、多语种接触交往的地区。东部裕固语受汉藏语、突厥语及西域语言的影响比较深，察哈尔蒙古语则受汉藏语、满语等语言影响较多。

1. 一般接触（一般借词）

地区内部环境不同，借词程度也不同。有东部西部裕固语兼通的，有东部裕固语和藏语兼通的，多数是裕固汉兼通的。察哈尔蒙古语则蒙汉兼通。东部裕固语和察哈尔蒙古语都有汉藏语言借词，但同一个借词存在发音差别。另外，数量和影响程度不同。东部裕固语借词比察哈尔蒙古语多。试比较：

东部裕固语	源语言	察哈尔蒙古语	汉义
fɯ:tʃi	书记 shuji	ʃu:tʃi:	书记
skalβa	བསྐལ་པ bsgal pa	kalāβ	时代
zampəklən	འཛམ་བུ་གླིང tzam bu gelang	zampu:liŋ	瞻部洲

（1）源于突厥语族诸语言的借词

东部裕固语中突厥语族语言借词比察哈尔蒙古语中的多，主要是通过西部裕固语借入的，其中包括古突厥语等。试比较：

东部裕固语	西部裕固语	古突厥语	塔塔尔语	察哈尔蒙古语	汉义
paqʰər	baʰɡər	baqər	baqər	tʃis	紫铜
χaləŋ	qalən	qalən	—	sa:l	彩礼[15]

以下是东部裕固语中的突厥语族语言借词：pʉlət"云"，χʊatʃʰaq"提包、书包"，erle-"站立"，orkemtʃʰ"蜘蛛"，pala"蛋"，sɔlə-"圈住、关进"，pʰurβa"毛毯"，pʰʉkərt-"喷"，χanat"翅膀"，χaltu-"刚才"，χəjaqʰ"奶皮子"，hsar"乡村、村庄"，kʰəikʰə"不行的、不善于的"，kʰətʃem"牛毛"，kʰøløkʰi"蝴蝶"，kʰøløpʰi"影子"，kʰølpʰə"山羊毛"，kʰølmek"青羊、岩羊"，qʊzaŋ"山阴、阴坡"，kələt"锁子"，mɔpɛ"哑巴"，saŋ"眼屎"，ʃat"牛犊"，jarqa"二岁牛"，taŋʃa"办法、主意"，təqɛpʰ"密的"，tat"锈"，teketʃʰə"伴娘"，tʃʰəmək"偷盗"，tʃʰyrtʃʰa"皮口袋"，tʃa:qas"火撑子"，tʃalən"霜"，tʃɛ:mɛʃ"木勺子、勺子"，tʃɔqqɛi-icpɛʃ"坐、蹲"，zɔŋie"脚跟"，zəŋqan"榆树"，japtaq"光背的"，jalaq"猪食、狗食"，jezne"姐夫"，jɔqɔla-"收拾"等。

（2）满通古斯语借词

由于东部裕固语与满通古斯语的接触较少，因此东部裕固语中满语借词也很少。试比较：

东部裕固语	西部裕固语	满语	蒙古语	汉义
sʊ:mal	sumal	sumala	sumal	口袋

关于该借词在满语中较普遍使用，如 sumala"口袋，小口袋，囊"、sumaltu"袋鼠"[16]。我们认为，满语的 suma"火罐儿"[16]也可能与 sum-ala 同根，可构拟为 *suma/suman。蒙古语中该词指以羊毛或驼毛织的"口袋"。因此，该词也有可能是阿尔泰语言早期固有词。

察哈尔蒙古语就不同了，满语借词很多。当时作为大清直属八旗满蒙接触比满裕接触更深，与其他蒙古盟旗也不同。历史因素对语言接触有直接影响。例如：察哈尔蒙古语：antʃa:"父辈的尊称"、aʃa:"嫂子"、aka:"兄长的尊称"、əmə:"妈妈"、ampa:"父辈和祖父辈的尊称"、atʃa:"姐姐辈或年长女性的尊称"、tə:m"笑柄、笑话"、utʃ"冠军"、tʃɛ:"亚军"、ila:tʃ"第三名"、ʃarăx"王位的继承等"。[17]在察哈尔蒙古语人名中有很多满语名字，尤其以-ŋka:语缀结尾的名字很多，如 sɛ:tʃʰi-ŋka:(赛青嘎)等。

（3）汉语一般借词

东部裕固语与汉语的接触比较早而且层次较深，尤其是现代，汉语影响比任何其他语言都大。

① 早期借词

涉及民生方面的借词较多，具有使用面广、稳定性强等特点。例如：

东部裕固语	察哈尔蒙古语	汉义	东部裕固语	察哈尔蒙古语	汉义
laː	laː	腊	tʃʰɔŋzə	tʃʰɔŋx	窗子
ʃəŋ	ʃəŋ	升	sʉŋ	tsʰun	寸
zɔːχo	tʃʊːx	炉灶	jaŋzi	jantʃ	样子
ʃɔŋ	kɔs	双	kʰʉi	alǎx	锤
təŋ	təŋ	灯	qaŋ	kaŋ	钢
lʊːsa	lʊːs	骡子	laŋ	laŋ	两
piːkə	xontʃil	被儿	tʃʰəŋ	tʃiŋ	称
qaːməs	tʃaŋje	张掖			

qaːməs 来源于甘州，东部裕固语现指张掖和城市两个义项，而古蒙古语中叫作 ɣamju。

② 近现代借词

东部裕固语	察哈尔蒙古语	汉义	东部裕固语	察哈尔蒙古语	汉义
tenjəŋ	kınʊː	电影	kʉntʃʰaŋ	uiltβər	工厂
kampʉ	kampu	干部	waː	waːr	瓦
z̪aŋla-	jaŋna-	让	kʉːʃi（kʉːʃi 为当地汉语方言）	tʰərkuːlěktʃʰ	主席
kʉŋ	tʃʰak	钟	liʃi	xuː	利息
jaŋχʉi	jaŋxui	水泥	wazi	ɔimǎs	袜子

此外，东部裕固语还有 kuanjʉŋ"光荣"、tʃen/tɕian"间"、tɕiazi"（家子）部落、村子"、tɕiʉla-"救"、tʃʃʉeɣə"角"、jaʊtəŋ"窑洞"、jyəmøla-"约摸"等汉语常用借词。

（4）藏语一般借词

东部裕固语中的藏语借词也比较多，涉及宗教信仰、生产生活的方方面面。而察哈尔蒙古语中藏语借词相对少。这些在一般比较中可以看得出来。试比较：

东部裕固语	藏语	察哈尔蒙古语	汉义
tʰəq	tog	ajıŋk	雷
təl	tel	maːtʃ（书面）	芝麻
jinta mənta	in ta min ta	lap/tʃaːpǎl	一定、必须

tʃʰɔːrten	mchor rten	təːwaːtʃăŋ	天堂、塔
tʃɔmʊ	jo mo	tʃʰapkăntʃʰ	尼姑
kerkaɴ	tge rgan	kəkəːn(活佛)	师傅、教师
naq	nags	nars(松树)	深林、松树
tʃʰampa	cham pa	tʰakʃʊːr	感冒
tarla-	tar	təktʃrəx	兴盛
zampəkləŋ	tzam bu ling	zampʊːtʰip	瞻部洲

2. 深度接触

也叫深层借用，主要指借词语音渗透到固有词，有语法成分的借用，固有词与借词并用，谐音联想转借词、语序借用、模式借用等。

（1）汉语深度借用

① 汉语语音深层借用

tɕ tɕʰ ɕ tʂ tʂʰ ʂ 等汉语语音渗透到东部裕固语固有词中，察哈尔蒙古语则不同。试比较：

东部裕固语	察哈尔蒙古语	汉义
tʂʰəna	tʃʰɔn	狼
tɕarəm 一半	tʃɛrĕm	一些
ʂəra/ʃəra	ʃar	黄

② 固有词和汉语借词并用

东部裕固语	察哈尔蒙古语	汉义
øle/kʉŋzʊo	atʃɪl	工作
tʰaraːltʃən/lʉŋje 庄家、农业	tʰɛraːlăŋ	农业
teβəsker/zɻuzi	təβskər	褥子
htʃʰʉr/jyanjin	ʊtʃʰɪr	原因
alpatʰə/zɻənmin	art	人民

③ 谐音联想转借/模式借用

这种情况主要在东部裕固语及河西走廊其他一些语言中出现。试比较：

东部裕固语	察哈尔蒙古语	汉义
ɬaːn qʰʊsʊn(红水)/jyer	ujər	洪水
ajʁa(碗)/tʰemen 万	ajɪk/tʰom	碗、万
santʃaq/tʃueɣə 鬏角、角	santʃʰăk/tʃiɔr/mo	鬏角、角
ʃəpar 獐子、张姓	xutər/tʃan	獐子、张姓

keːr 碗、王姓	ajək/wan	碗、王姓

（2）藏语深度借用

① 藏语语音深度借用

ɬ 音不仅用于藏语借词，还渗透到东部裕固语固有词中，例如：

东部裕固语	察哈尔蒙古语	汉义
laptʃʰəq/ɬaptʃʰəq	naptʃʰ	叶子
ɬək ɬək	luk luk	心脏跳动状

根据东部裕固语的语音变化分析，东部裕固语的 ɬ 至少有两种来源，即 ɬaɢaŋ"神庙"（藏语一般借词）这样直接借自藏语的 ɬ 和 ɬaːn＜＊hulaːn＞＊hlaːn＞ɬaːn"红"属于内部变化即清化而形成的另一种 ɬ。借词的 ɬ 也影响了固有词。

② 固有词和藏语借词并用

这种情况较多，甚至有时借词比固有词使用广泛，例如：

东部裕固语	察哈尔蒙古语	汉义
tʃʰətʃʰək/metəq	tʃʰitʃʰək/xuaːr（汉）	花
naqatʃʰə/taqa	naxtʃʰ	舅舅
ajʁa(木碗)/keirə	ajak	碗
etʃe-/χalta-	utʃ-	看

此外，东部裕固语的 jaβə-/hanə-（西部裕固语）"去"（察哈尔蒙古语 jaβ-"去"）也属于该类深度借用，但适用范围和语义分工不同，jaβə-表示"回去"，而 hanə-则表示广义的"去"。ajʁa(木碗)/keːir(指其他碗)也有所分工。

（3）语法深度借用（汉藏语言）

语言接触或影响不仅仅是个借词问题，还包括语音、词汇、语法甚至认知的借用，可分一般借用和深层借用，根据徐丹的观点就是模式借用[18]。

① 代词及模式借用

东部裕固语中有概念借用或模式借用。如：藏语 bdag 有"主人、我、自己"三个义项，该模式影响了东部裕固语。东部裕固语 etʃen 原有一个义项"主人、君主"，后语法化为藏语一样的三个义项，即作为一般名词时表示主人，作为人称代词使用时表示反身代词和第一人称[19]。作反身代词时语流中简化为 tʃen，如 pʉ-tʃen"我自己"、tʃʰə-tʃen"你自己"、tʰa-tʃen"您自己"。土族语 ndʐeːn 即表示名词的"君主"，既表示反身代词，还能够充当第三人称代词尊称[20]。而察哈尔蒙古语没有这类借用，反身代词与东部裕固语也不同。试比较：

东部裕固语	察哈尔蒙古语	汉义
etʃen	ətʃən	主人
etʃen	pi:	主人
etʃen	o:r	自己

② 反身代词

试比较：

东部裕固语	察哈尔蒙古语	汉义
etʃen	o:r	自己

表 15‑9 东部裕固语模式借用比较

语种	词形	词义	第一人称代词	反身代词	第三人称代词
藏语	bdag	主人	我	自己	
东部裕固语	etʃen	主人	我	自己	
土族语	ndʑe:n	主人		自己	他（尊称）
西部裕固语	ehsə	主人		自己	

③ 表示反身代词的 etʃen"自己"在转述成分句子中还能够表示第一人称。有趣的是，该词在土族语中除表示"主人"和"自己"外，还能充当第三人称代词尊称。西部裕固语中表示主人的 ehsə 还指反身代词，ehsə 原义为"主人"，与维吾尔语的[igɛ]、哈萨克语的[ije]、柯尔克孜语的[ee]（均为"主人"）同源。* eɣe 主人＋ -sə（第三人称附加成分）→eɣesə＞ ehsə[9]。藏语、东部裕固语、西部裕固语、土族语、保安语、维吾尔语等语言的一致性不仅表明彼此之间相互深度影响，而且类型学或认知思维上也具有类似性。

东部裕固语和察哈尔蒙古语的借词总体情况如图 15‑5 所示。

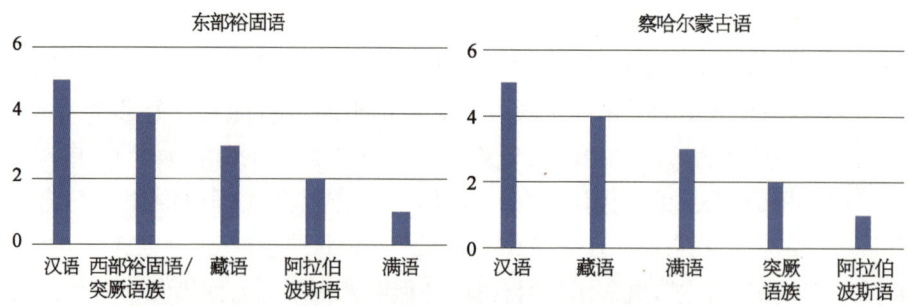

图 15‑5 东部裕固语和察哈尔蒙古语的借词比率

除了汉语外,东部裕固语中来源于突厥语族语言、藏语、阿拉伯波斯语的借词相对多,察哈尔蒙古语中来源于藏语、满语的较多。

六、结论

尽管东部裕固语人群与察哈尔蒙古语人群相隔万里,民族不同,语言有别,但经济生活、宗教信仰、风俗习惯、饮食服饰文化等都基本相同,两者同属蒙古语族语言,在语言、文化和认知思维方面都保持着诸多共同点。但是东部裕固人居住的是黑帐篷,察哈尔蒙古人居住的是蒙古包,穿的长袍样式也有所不同,尤其是帽子。东部裕固人住的帐篷、穿的长袍与藏族接近,说明他们之间相互影响。东部裕固人的"沙特"和察哈尔蒙古人的"阿斯尔"都具有各自鲜明的文化特点,婚葬习俗也有所不同。

从两个族群的语言平行比较而言,具有较多线性发展情况。如基本元音和辅音、元音和谐率,同源词和固有词以及形态变化等。大约具有60%的一致性,说明两个族群保持着亲缘关系。纵向比较而言,东部裕固语保留古老的固有词辅音 p^h,词首辅音 $p^h/f/h/ʃ/ç$,具有一套对称的辅音 $q^h、q、k^h、k、χ(x)$。东部裕固语中还保留着古词语及其语义。受汉藏语言影响,东部裕固语则出现修饰语在中心词之后的现象。东部裕固语还保留了古老的历法循序。第三人称代词尊称、反身代词与察哈尔蒙古语不同。从方位名称与空间认知来看,察哈尔蒙古语反映古蒙古语的特点。另一方面,受汉语,藏语和西部裕固语乃至突厥语族语言的影响,东部裕固语中出现了诸多与察哈尔蒙古语乃至蒙古语族语言不同的变化,如外来语语音渗透固有词语音、语序变化、格和代词模式借用、谐音联想转借等,从而使其发展成为独立的语言。察哈尔蒙古语也保留一些与东部裕固语不同的词语,包括除了其本身特殊的土语词语外,还保留一些与东部裕固语不同的语音形式和词汇语义特点。不管从内部发展规律还是外部影响来看,两种语言越来越疏远。东部裕固语受到西部裕固语乃至突厥语族语言的影响很深,而察哈尔蒙古语受到满语乃至满通古斯语族语言影响较深,东部裕固语和察哈尔蒙古语与汉语接触方面比较一致,元音辅音均受到较强的影响。

参考文献

[1] 乌兰.蒙古源流.沈阳:辽宁民族出版社,2000:326.

［2］斯钦朝克图.关于东部裕固语辅音 p^h 及其蒙古语族语言的对应——兼论蒙古语族语言词首辅音 p 和 h 之关系.民族语文,2021,5：66-78.

［3］李珍华,周长楫.汉字古今音表.北京：中华书局,1999：162.

［4］粟林均,确精扎布.『元朝秘史』モンゴル語全單語・語尾索引.東北アジア研究センター叢書 第 415 号,東北大学東北アジア研究センター.2001：468-469.

［5］乌达等.巴尔虎土语词汇.呼和浩特：内蒙古大学出版社,1985：183.

［6］粟林均.〈华夷译语〉甲种本モンゴル语全单语・语尾索引.东北大学东北アジア研究センター.2003：14-15.

［7］内蒙古大学蒙古学学院蒙古语文研究所.蒙汉词典(增订本).呼和浩特：内蒙古大学出版社,1999：657.

［8］斯钦朝克图.蒙古语 išige 来源及其演变.满语研究,2018,2：15.

［9］陈宗振等.中国突厥语族语言词汇集.北京：民族出版社,1990.

［10］斯钦朝克图.《蒙古秘史》语言中的'junda'ul'(准咎兀勒)与蒙古语族语言中的音译对应.蒙古语文,2020,7：9-15.

［11］陈序经.匈奴史稿.北京：中国人民大学出版社,2009：84-85.

［12］道布.回鹘式蒙古文文献汇编.北京：民族出版社,1983：66、75.

［13］孙竹.蒙古语族语言词典.西宁：青海人民出版社,1990：465.

［14］朝克.满通古斯语族语言词汇比较.北京：中国社会科学出版社,2014：323-325.

［15］陈宗振.三论《突厥语词典》中保留在西部裕固语里的一些古老词语.北京：民族语文,2009,2：59.

［16］胡增益.新满汉大词典.乌鲁木齐：新疆人民出版社,1994：697.

［17］彭楚克,特木尔,阿拉塔.察哈尔土语词典.呼和浩特：内蒙古人民出版社,2012：15.

［18］徐丹.汉语河州话及周边地区非指人名词的复数标记"们".北京：民族语文,2011,6：20.

［19］保朝鲁,贾拉森.东部裕固语和蒙古语.呼和浩特：内蒙古人民出版社,1992：214-215.

［20］清格尔泰.土族语和蒙古语.呼和浩特：内蒙古人民出版社,1992：195、207.

第十六讲
甘青一带汉语中"是"的特殊用法及其形成原因
——从"河州花儿"中"是"的演变谈起

彭大兴旺[1]　黎　皓[2]

(1. 法国东亚语言研究中心 & 法国国家科学研究中心；2. 德国美因茨大学语言学系)

一、引言

　　甘青一带汉语方言中"是"的特殊用法一直受到语言学界的关注。除了作系词、强调标记和焦点标记外，这些汉语中的"是"还能作句末语气词、话题标记、状语从句标记以及引语标记[1~7]。对于这一特殊"是"的来源，各语言学家莫衷一是。如马伟[2]认为循化话中"是"的特殊用法可能受到撒拉语（突厥语族）的影响，尹龙[4]则认为循化方言中的语气词"是"和藏语判断动词不无关系。除此之外，有学者认为从句标记"是"实则为汉语里的"时"[7~8]，还有学者认为"是"为汉语和阿尔泰语不断"协商""融合"的结果[6]。

　　前人研究大多从共时语料出发，将甘青一带的汉语方言与少数民族语言或古代汉语进行对比，很少利用甘青方言本身的历时材料。因此，本文拟从甘青一带流行的传统民间艺术形式"花儿"入手，探索"是"的特殊用法在20世纪20年代至21世纪初所经历的演变。同时，我们将对比甘青及区域外汉语中"是"的特殊用法。根据"是"在"花儿"中的历时演变和甘青地区外的方言语料，我们推测"是"作话题标记和条件从句标记的用法来自汉语内部创新。此外，我们还将结合甘青少数民族语言的材料，解释状语从句标记"是"在甘青汉语中用法扩展和分布扩大的原因。

本文主要考察"河州花儿"①。"花儿"之名可以追溯到明朝,属于"民间的口头创作"。"河州花儿"主要流行于古河州地区,即今甘肃南部的临夏、东乡、积石山、和政、广河、康乐、永靖,以及临洮、渭源、临潭、夏河,青海东部的同仁、循化、民和、大通、化隆、乐都、西宁、贵德、湟中、湟源等地……[9]4,7,13。由于"花儿"历史悠久,并且具有口语性强及流传范围广等特点,我们认为可以利用其中的语料来考察"是"在甘青汉语口语中的历时演变。本文主要考察"是"在20世纪20年代至21世纪初"花儿"中的历时演变。②

二、"是"在甘青方言里的特殊用法

在讨论话题标记和条件从句标记"是"的历时演变前,我们先看看"是"在甘青汉语中有哪些特殊用法(表16-1)。

表16-1 甘青一带方言中"是"的特殊用法

句末语气词	陈述句	家莫说**是**。他没有说。	循化话[4]122
	疑问句	你阿会组完尼**是**？你什么时候做完？	临夏话③
话题标记		有钱汉**是**娶了个媳妇,媳妇**是**,这个媳妇有钱汉再看不上。有钱的家庭娶了个媳妇,娶亲后,有钱的男人再也看不上这个媳妇了。	唐汪话[5]355
		手抓**是**,东乡的好吃。手抓肉啊,东乡的最好吃。	临夏话
状语从句标记		雨下**是**假放哩吗不放？如果下雨的话放不放假？	甘沟话[7]53
		你兀里搭走的话**是**我的衣裳拿来哩。你若打(从)那里走的话,(顺便)把我的衣服取来。	保安族汉语方言[10]38
引语标记		他你去,我夔去**是**。他叫你去,不叫我去。	循化话[2]69
		他今天没功夫**是**。他说,他今天没功夫。	河州(临夏)话[11]53

表16-1中"是"的用法虽不见于汉语普通话,但存在于"花儿"中。通过考察,我们发现除句末语气词外,"是"的其他用法在"花儿"中都有明确用例,这说明"花儿"中"是"的用法能够反映甘青汉语口语的实际情况。限于篇幅,本文只

---

① 除"河州花儿"外,有少数例句来自"洮岷花儿"。尽管"洮岷花儿"和"河州花儿"在句式、音调上有较大差别[9]3,但两者对于"是"的记录十分相似,说明"是"的特殊用法并非局限于河湟一带的汉语方言。

② 需要说明的是,"花儿"中部分"是"为垫音词,没有实际意义。本文在考察"是"的用法时不考虑这一类"是",仅考察与甘青汉语口语中"是"用法一致的例子。

③ 未标明文献出处的临夏话和保安语语料由本文第二作者黎皓提供。

考察"花儿"中"是"作话题标记和条件从句标记的用法,其他用法暂时不谈。

"花儿"中的"是"主要出现在表示时间和假设关系的状语从句后,表示"……时"和"……的话",本文统称为条件从句。在现代甘青汉语口语中,状语从句标记"是"出现的语境更广,除了条件从句外,还出现在顺承、转折、让步、因果从句后。需要说明的是,状语从句标记"是"已经虚化,主要起标记从句的作用,并不承载假设、顺承、转折、让步、因果等具体语义。如在保安族汉语方言[10]38的例子中,假设逻辑关系由"……的话"表达,"是"仅作为从句标记出现。张竞婷、杨永龙[7]54谈到甘沟话时也说道:"甘沟话这种'是'的功能比较宽泛,不像普通话的'如果''因为'那样有明确的关系意义……逻辑关系主要靠上下文和其他虚词显示……"

三、"花儿"中的话题标记和条件从句标记"是"

我们考察了20世纪20年代至21世纪初八本"花儿"中"是"作话题标记和条件从句标记的用法。其中,《甘肃歌谣》刊于1925年,《甘宁青史略副编》于1919开始撰写[12],这两部著作的"花儿"可代表20世纪20年代的语料。《花儿集》初版于1940年刊出,收录了张亚雄1928—1938年收录的600余首"花儿"[13]10,反映了20世纪30年代的语料①。《花儿选》成书于1954年,收录了"花儿"歌唱家朱仲禄20年间收集的"花儿"[15]10,体现了20世纪30—50年代的语料。《青海民歌选》、《甘肃民歌选第二辑》和《甘肃民歌选(花儿)第一辑》均成书于20世纪50年代,代表了20世纪50年代前后的语料。《河州花儿》于2007年出版,引用了不同年代出版的"花儿"。该书作者郭正清(临夏人)根据现在的语言习惯,对所选"花儿"进行修改,可视作现代甘青汉语方言的代表。本文以《花儿集》、《花儿选》和《河州花儿》为主要研究对象,其他作品作为补充②。通过对比"花儿"材料,我们发现话题标记和条件从句标记"是"的演变如下:① 话题标记"是"在20世纪20年代的"花儿"中初露端倪,在20世纪30年代正式形成,随着时间推移,话题标记"是"的使用频率逐渐减小。

---

① 本文《花儿集》的语料摘录自1986年再版版本。当1986年版和1940年版有别时,将加注说明。无特别说明则代表两个版本的语料一致。

② 匿名审稿人之一指出,记录"花儿"的艺人有时会对作品加以修改,从而影响语料的真实性。但我们认为恰恰是这些"修改"体现了语言习惯的变迁,因为原来的用法已经不符合"现在"的习惯了。此外,我们尽量参考同一时代不同的"花儿"语料,并和现代的甘青汉语方言进行对比,最大限度保证语料的真实性。

② 条件从句标记"是"的出现稍晚于话题标记，我们只在 20 世纪 30 年代及以后的"花儿"中找到它的身影。但是，条件从句标记"是"形成后，使用频率稳步上升，逐渐成为今天甘青汉语中常见的从句标记。

(一)"花儿"里话题标记"是"的历时演变

在讨论"花儿"中的话题标记"是"之前，我们首先要明确"话题"的定义。根据徐烈炯、刘丹青[16]的研究，汉语中的话题包括"论元共指性话题"、"语域式话题"、"拷贝式话题"和"分句式话题"，本节只考察前 3 种比较典型的话题。"论元共指性话题"是指构成话题的成分实际上和谓语动词的一个论元同指，这个论元一般为主语、宾语或间接宾语。"语域式话题"是指话题为述题提供时间、地点等信息，或者限定范围、背景等。"拷贝式话题"是指话题直接复制了述题的成分。需要说明的是，按照徐烈炯、刘丹青[16]的定义，后一小节考察的条件状语从句属于"分句式话题"。但由于条件状语从句和本节讨论的话题在句法结构和语义上都有区别，且"花儿"中标记这两类成分的"是"演变趋势不一致，所以我们分开考察话题标记"是"和条件从句标记"是"。

1. 20 世纪 20 年代的话题标记"是"

根据我们目前掌握的"花儿"材料，20 世纪 20 年代的语料中只有一个模棱两可的话题标记"是"，如例(1)。

(1) a. **错是**我两个人都错了，不是再不要怪了。[17]7
　　b. **错是嘛**我们俩齐错了，尕不是再不要怪了。[9]59

在例(1)a 中，"是"既可以看作焦点标记："错，是我两个人都错了"；也可以看作话题标记："错是，我两个人都错了"。第二种解读在《河州花儿》[9]中得到了印证。郭正清[9]59 在引用该例时，在"错是"后加上了"嘛"，请看例(1)b；"嘛"作为语气词，是典型的话题标记。因此，我们认为例(1)a 中的"是"能够被解读为话题标记。相反，如果"是"倾向于作标记焦点，句子应当该改为"错嘛，是我们俩齐错了"。可见，"是"的话题标记用法在 20 世纪 20 年代的"花儿"中已初露端倪。

2. 20 世纪 30—50 年代的话题标记"是"

到了 20 世纪 30 年代，"花儿"中出现不少"是"作话题标记的例子，请看下面的例(2)~(6)。例(3)中话题和动词的主语同指。例(4)中的话题和动词宾语共指，都属于"论元共指性话题"。例(2)中地点词作话题，例(5)和例(6)则是时间词作话题,都为述题发生提供地域或时间背景,属于"语域式话题"。①

(2) **山是**好不过万寿山,城儿好不过北京。[14]253,[13]176

(3) 抓住手者尕妹啦问,**尕妹是**没转者眼睛。[14]308,[13]201

(4) **刀子斧头是**奴不怕,单怕的阿哥们丢下。[14]268,[13]109

(5) **多天是**没见的小姊妹,怀中抱。[14]312,[13]202

(6) 夜明珠埋着土里了,**如今是**明亮亮了。[15]150

需要注意的是,上述例句中有些"是"既能看作话题标记,又能看作焦点标记。例如,例(2)中的"山是好不过万寿山",既可以理解为"山,是好不过万寿山_{山确实好不过万寿山}",也能被理解为"山是,好不过万寿山_{山啊,好不过万寿山}";例(3)中的"尕妹是没转者眼睛",可以理解为"尕妹,是没转者眼睛_{尕妹确实是没转眼睛}"和"尕妹是,没转者眼睛_{尕妹啊,眼睛都没转}";例(6)中的"如今是明亮亮了",既可以理解为"如今,是明亮亮了_{如今,确实是明亮亮}",也能理解为"如今是,明亮亮了_{如今啊,明亮亮了}"。但根据这一时期其他"花儿"对这些句子的记录以及《河州花儿》[9]对它们的修改(详见下一小节),我们倾向于把例(2)~(6)中的"是"理解为话题标记。下面两组相似的例句都来自 20 世纪 30—50 年代的"花儿",其中 a 句的话题被"是"标记,b 句没有标记。

(7) a. **刀子斧头是**奴不怕,单怕的阿哥们丢下。[14]268,[13]109

　　b. **刀子斧头**不害怕,只怕是你把我闪下。[15]34

(8) a. **山是**好不过万寿山,城儿好不过北京。[14]253,[13]176

　　b. **山儿里**好不过万寿山,城儿里好不过是北京。[18]48

除此之外,我们还发现少数"是"和话题标记"哈"互换的情况。下面两个例子都来自《花儿集》[13~14],但例(9)的宾语被"是"标记,例(10)的宾语被"哈"标记。这一时期"哈"作宾格标记的用法尚未成熟,仍可看作话题标记[19]。

(9) **刀子斧头是**奴不怕,单怕的阿哥们丢下。[14]268,[13]109

(10) **刀子斧头哈**不害怕,只害怕你把脑闪下。[14]108,[13]85

综上所述,"是"作话题标记的用法在 20 世纪 30—50 年代已经成型,而有两种解读的例子实际上属于焦点标记向话题标记演变的桥接语境(bridging context)[20]。

3. 21 世纪初的话题标记"是"

在我们掌握的"花儿"材料中,话题标记"是"在 21 世纪初使用频率大幅下

---

① 表示时间背景的"语域式话题"和表示"……时"的状语从句有一个明显区别:"语域式话题"一般由单独的时间词充当,而表示"……时"的从句一般是一个完整的小句。

降,这一趋势体现在两个方面。首先,《河州花儿》[9]中几乎没有"是"作话题标记的用例①;其次,许多《花儿集》[13~14]中被"是"标记的话题到了《河州花儿》中发生了变化:这些话题或是没有标记,或是被"哈"标记(若话题和宾语同指),请看例(11)~(13)。

(11) a. 我两人商量者同路走,**穷欢乐是**在后头。[14]184, [13]146

　　 b. 我两人商量者同路走,**穷欢乐**它还在后头。[9]262

(12) a. **阿哥是**浪来不浪来?**花枕头是**一对儿放来。[14]216, [13]160

　　 b. **阿哥你**浪来不浪来,**花枕头**一搭里放来。[9]31

(13) a. 杨五郎出家者当和尚,**君命是**写到个匾上。[14]134, [13]104

　　 b. 杨五郎出家者当和尚,**君命哈**写到个匾上。[9]271

上述例子表明话题标记"是"在现代"花儿"中大大减少,但它在甘青汉语口语中依旧可以用作话题标记(表16-1中的例子)。

(二) "花儿"中条件从句标记"是"的历时演变

1. 20世纪20年代的条件从句标记"是"

在我们掌握的"花儿"语料里,"是"在20世纪20年代尚不能作条件从句标记。《甘肃歌谣》和《甘宁青史略副编(卷五)》中的"是"只能作系词和焦点标记,不出现在条件从句后,请看例(14)~(17)。

(14) 尕妹妹跟前有人哝,**无人哝**,睹着坐哝。[17]17

(15) 花开葫芦,树搭架。**花开着**,葫芦吊下。[17]23

(16) **活者了**捎一封书信来,**若死了**也托一个梦来。[21]63

(17) a. 冰冻三尺口子开,**雷响一声**雨下来。[21]64

　　 b. 冰冻三尺口自开,**雷响三声着**,雨来。[17]20

例(14)~(17)都属于条件状语从句。例(14)的条件从句被语气词"哝"标记,例(16)中后一句被假设连词"若"标记,例(15)和例(17)b中的条件从句带有体标记,例(16)的前一句和例(17)a则没有标记。可见,早期"花儿"中的条件从句还不用"是"标记。

2. 20世纪30—50年代的条件从句标记"是"

到了20世纪30—50年代,"是"作为条件从句标记的用法开始出现,例(14)~(17)中的条件从句在这一时期开始被"是"标记。需要注意的是,尽管

---

① 《河州花儿》中有少数可两读的"是",但没有明确单独用"是"作话题标记的例子。

这一时期"是"开始作为条件从句标记出现,但用法还不稳定,常常出现同一例句在不同"花儿"中标记不同的情况,请看下面的例子。

(18) a. 尕妹身旁有人哩,**没人是**陪我者坐哩。[14]242,[13]171

b. 尕妹的半个里有人呀耶,**没人时**我陪着坐哩。[22]174

(19) a. 果子开花是树搭架,**花败是**葫芦们吊下。[14]218,[13]161

b. 花开葫芦树搭架,**花败了**葫芦儿吊下。[15]12

(20) a. **活者了**捎一封书信来,**死了是**托一个梦来。[14]62,[13]53

b. **活着时**捎一封书信来,**死了时**托上个梦来。[23]61

(21) a. 冰冻三尺口子开,**雷响三声者**雨下来。[14]73,[13]58

b. 冰冻三尺口子开,**雷响三声是**雨来。[15]60

(22) a. 狗娃儿抬的牛肋巴,**卧下了**就像个兔儿。[14]280,[13]189

b. 狗娃儿抬的牛肋巴,**卧下(是)**就像个兔儿。[15]100

例(18)~(21)与例(14)~(17)收录的句子相同,但例(18)~(21)中的条件状语从句开始带有标记"是"。这表明在20世纪30—50年代的"花儿"中,"是"开始作为条件从句标记使用。但不同作品中条件从句的标记情况不同,又体现出条件标记"是"的用法并不稳定。如例(18)、(19)a、(20)b、(21)b中的条件从句被"是/时"标记①,例(21)a的条件从句被"者"标记,例(19)b、(22)a中的条件从句带有体标记,而例(22)b中的"是"可用可不用。可见这一时期条件从句后"是"的使用并不稳定。

除了不同版本"花儿"中"是"的用法不同外,同一个作者收集的"花儿"也有标记不同的情况。下面三组相似的例句都出自同一作品,其中 a 句不被"是/时"标记,b 句则被"是"或"时"标记。

(23) a. 晌午过了饮官马,**回来了**桩儿上吊下。[14]280,[13]189

b. 吃罢早饭饮官马,**回来是**马桩上吊下。[14]258,[13]178

(24) a. 把尕妹好比白牡丹,**没银钱了**,阿哥折不到手里哩②。[14]277,[13]187

b. 把尕妹好比白牡丹,**没银钱是**折不到手里。[14]254,[13]176

(25) a. **牡丹不开**清水儿浇,绿叶叶他个家展了。[22]60

b. **牡丹不开时**清水浇呀,绿叶叶他个家展呀了。[22]172

可见,"是"作条件从句标记的用法最早在20世纪30—50年代的"花儿"

---

① 关于"是"和"时"的讨论,请见下文。
② 张亚雄[14]277原句为:"把尕妹好比白牡丹,沒銀錢,阿哥們折不到手哩"。

中出现,但这一时期条件从句标记"是"尚未成熟,可用可不用的情况居多。

下面我们谈谈"是""时"混用的问题。在上述例句中,有的"是"表示假设关系,即"……的话"[如例(20)a],有的则更像时间从句标记,表示"……时"[如例(23)b]。根据 Kuteva et al.[24]的总结,时间标记演变为假设标记在世界语言中十分常见,因此,我们可以假设"是"的本字为表示时间关系的"时"。然而,早期"花儿"中关于"是""时"的记载并不支持这一假设。在我们掌握的语料中,条件从句标记"是"最早出现在《花儿集》[14]。《花儿集》代表了20世纪30年代的语料,这一时期的从句标记"是"既可以表示假设关系,也可以表示时间关系[如例(20)a和(23)b]。但是,《花儿集》中没有单独用"时"标记条件从句的情况①,这说明从句标记"是"刚出现时并不和"时"相混。

到了稍晚一点的《花儿选》[15]、《甘肃民歌选第二辑》[22]和《甘肃民歌选(花儿)第一辑》[23],"时"开始单独出现在条件从句末,并且和"是"混用。请看例(26)~(28)。

(26) a. 两条身子一娘生,**打你是**我疼者哩。[14]334,[13]212

　　　b. 两个身子一条心,**打你时**我疼着哩。[15]17

(27) a. 浑身打下的青疙瘩,**不死是**老这么做哩。[14]281,[13]189

　　　b. 浑身打下的青疙瘩,**不死时**就这个做法。[15]212

(28) a. 娘家里接来你不要去,**你去是**阿哥们想哩![14]231,[13]166

　　　b. 娘家里接来你不要去,**你去时**阿哥们想哩。[23]57

例(26)~(28)中的a、b两句基本相同,a句选自《花儿集》,用"是"标记条件从句;b句来自《花儿选》和《甘肃民歌选(花儿)第一辑》,用"时"标记。前文的例(18)和(20)也反映了同样的演变。根据语料,我们推测"是"至晚在20世纪30年代成为条件从句标记。在形成初期,"是"和"时"的读音是明显区分的,所以《花儿集》中的条件从句标记只有"是"。由于"是"本身不承载具体逻辑关系,其假设或时间义的解读取决于语境,所以更像是一个附缀;再加上甘青一带汉语方言声调系统的简化趋势[25]10,"是"从读音上逐渐难以辨认。所以,当"是"出现在条件从句末,表示"……时"或"……的话",就有可能被解释为"时",因为"时"历来可以表达时间和假设关系[26],这也是为何20世纪40—50年代"花儿"中的条件从句标记开始出现"是""时"混用的情况。这一情况持续至今,详见下一小节。此外,其他地区汉语方言中条件从句标记"是"的使用也支持我们的判断,具体请看后文。

---

① 当"时"出现在条件状语从句后时,一般为"时节"或"时候"。

3. 21世纪初的条件从句标记"是"

到了郭正清[9]编著的《河州花儿》里,"是"标记条件从句的频率大大增加,许多在20世纪50年代前没有标记的条件从句都被加上了"是",这说明"是"作为从句标记的用法越来越普遍。《花儿集》、《花儿选》分别和《河州花儿》的对比如下所示:

表 16-2 《花儿集》和《河州花儿》中条件从句标记"是"的对比

《花儿集》[13~14]	《河州花儿》[9]
冰冻三尺口子开,雷响三声者雨下来。[14]73,[13]58	冰冻三尺是口子开,雷响了三声是雨来。[9]27
来的迟了门关了,我两人没缘法了![14]333,[13]211	来下的迟了是门关了,我两人没缘法了。[9]212
长路不走情留下,过后了还见面哩。[14]233,[13]167	长路哈不走了情留下,过后是还见个面哩。[9]46
阿哥们说话暖不住心,尕妹子维旁人哩。[14]235,[13]168	阿哥们说话是暖不住心,尕妹子维旁人哩。[9]211
月亮上来蒲篮大,亮明星上来碗大。[14]108,[13]85	月亮上来是筐篮大,热头上来是碗大。[9]33
三星上来一绺儿。[14]101,[13]81	三星儿上来是一绺星。[9]213
麦穗儿黄了手不要逗。①[14]231,[13]166	麦穗儿黄了是手不要逗。[9]217

表 16-3 《花儿选》和《河州花儿》中条件从句标记"是"对比

《花儿选》[15]	《河州花儿》[9]
有钱的他闹好时候,没钱的落在后头。[15]102	有钱是闹的者人前头,没钱是退的者后头。[9]258
身子回了心没回,心回了咋这么想哩。[15]80	尕身子回了者心没有回,心回是咋这么想哩。[9]236
这么着想你着想死哩呀,想死了呀谁知的道哩呀。[15]163	这们者想你是想死呢,想死是谁知的道呢。[9]53
年轻的时候草尖上飞,老来了再不能后悔。[15]109	年轻的时节草尖上飞,老来是没有个后悔。[9]44
衣裳破了破穿着,鞋破了拿麻绳连着。[15]131	衣裳破了是破穿者,鞋破了麻绳拉连者。[9]44
牡丹不开浇水哩,绿叶子扶植是长哩。[15]14	牡丹花不开是清水拉浇,叶叶儿它个家展哩。[9]45
上山是容易下山是难,过河着没知道深浅。[15]188	上山是容易下山是难,过河是没知道深浅。[9]346

从表16-2和表16-3可以看出,许多在20世纪50年代以前未被标记的条件从句,在《河州花儿》[9]中都被加上了"是"。那么,在20世纪50年代已经

---

① 张亚雄[14]231中的原句为:"麥穗兒黃了手不要鬥"。

被"是"标记的条件从句又是什么情况？我们对比了《花儿集》[13~14]、《花儿选》[15]和《河州花儿》[9]中相同的例子,发现除例(29)~(31)外①,其他条件从句后的"是"都被保留。这说明从20世纪50年代起,条件从句标记"是"在甘青汉语方言里的用法逐渐固定:50年代前已有的条件标记"是"基本被保留,而没有标记的条件从句也往往被作者加上了"是"。

(29) a. 吃罢黑饭**是**你取来,奴把你留的站下。[14]258,[13]141

b. 吃罢黑饭你取来,奴你哈留下了站下。[9]31

(30) a. 月亮上来**是**亮上来,照着窗子上亮来。[14]216,[13]160

b. 月亮上来**者**亮上来,窗子上照的者亮来。[9]31

(31) a. 把尕妹好比白牡丹,**没银钱是**折不到手里。[14]254,[13]176

b. 尕妹好比是白牡丹,**没银钱**折不到手里。[9]211

尽管条件标记"是"的用法逐渐固定,但尚未成为条件从句的强制标记,例(29)~(31)就是例证。此外,《河州花儿》[9]中也有同一句话在不同地方出现时有"是"和无"是"两种情况,见例(32);"是""时"互换的情况依旧存在,见例(33)。根据现代甘青汉语方言的语言事实,有"是"的条件从句比无"是"的更加自然,因此,我们认为"是"正朝着条件从句必要标记的方向演变,但这一演变尚未完成。另外,"花儿"中被"是"标记的状语从句多表示假设和时间关系,很少表示因果、转折、让步等关系。

(32) a. **端起个饭碗**想起你,琪花哈挖不者嘴里。[9]37

b. **端起个饭碗是**想你哩,我由不得清眼泪淌哩。[9]327

(33) a. 尕妹的半个里有人哩,**没人是**我陪者坐哩。[9]23

b. 尕妹的半个里有人哩,**没人时**,我陪者坐哩。[9]323

那么,条件从句和话题标记"是"从何而来？在"花儿"中为何拥有相反的演变趋势？

四、状语从句标记"是"的产生

(一) 条件状语从句标记"是"从何而来

关于甘青一带汉语中状语从句"是"的来源,语言学界尚未有定论,目前主

---

① 《花儿选》[15]18"**盘窝是**要抱个蛋哩"中的"是"在《河州花儿》中被删去:"**盘窝者**要抱个蛋哩"[9]298。但《河州花儿》中的例句并不直接引自《花儿选》,而是引自《中国民间歌曲集成·青海卷》[27]84:"**盘窝着**要抱(个)蛋哩"。

要有三种假设：① "是"实际上是汉语的"时"[7~8]；② "是"的形成受到安多藏语假设、条件、转折和顺承等关系复句的影响[28]；③ "是"的形成受到突厥、蒙古语族语言中条件副动词"sa"①的影响[2,6]。

如果从状语从句标记"是"的句法位置、语音形式和语义看，它与突厥、蒙古语族语言中的条件副动词"sa"更相似，如例（34）～（36）。这三例中的条件副动词都出现在表条件的分句末，音节首辅音都为擦音"s"，且都表示假设关系，和状语从句标记"是"高度相似。因此，不少学者认为状语从句标记"是"来自突厥、蒙古语族语言中的条件副动词，属于语言接触的产物。

（34）**蒙古语族：保安语**[29]104

  ɕirodə ɢuraor-sə ndʐaŋ lə rəm.
  下午 雨下-条件副动词 他 不 来
  要是下午下雨，他就不来了。

（35）**蒙古语族：东乡语**[30]68

  naran ɕiə-sə osun ʂuralanə.
  太阳 晒-条件副动词 草 黄
  太阳一晒草就要发黄。

（36）**突厥语族：撒拉语**[31]71

  asman nene jaʁ-sa, sel en ge(l)-ɣa(r)。
  天空 再、又 下-条件副动词 洪水 下 来
  若再下雨的话，洪水将冲下来。

然而，当我们把考察范围扩大，会发现状语从句标记"是"在甘青地区以外的汉语方言中也存在。到目前为止，我们已经在晋语、吴语、湘语和赣语中发现了"是"作条件从句标记的例子，其用法和甘青一带汉语中的"是"十分相似。除此之外，这些方言中的"是"也可以作话题标记。例（37）～（39）中，a 句的"是"为话题标记，b 句为条件从句标记。

（37）**晋语：绥德话**[32]

  a. 书**是**（,）你要好好念叻。书呀你要好好念呢。
  b. 跟工在外**是**（,）可难叻！打工在外吧非常艰难！

---

① 由于元音和谐的关系，甘青一带突厥、蒙古语族语言中的条件副动词有"sa""se""sə""so""si"等形式，本文统一用"sa"代表。

（38）吴语：上海话[33]

　　a. 老张**是**，今朝是勿大开心。老张啊，今天不怎么开心。

　　b. 小张开车子**是**，速度肯定快个。小张开车的话，速度肯定快。

（39）湘语：岑川话（笔者调查）

　　a. 个鼻子**是**，lən⁵⁵啊哒啦！那个鼻子啊，掉啦！

　　b. 走哒箇半路上**是**，要屙尿。走到半路的时候，要撒尿。

　　除了上面3个方言外，"是"还能在邵东话、长沙话、隆回话、益阳话（湘语）[34]、平江话、抚州话（赣语）（笔者调查；[35]）、西安话（中原官话）（成萌，私人通信）和横山话（晋语）[36]等汉语方言中作话题标记和条件从句标记，这些方言有的离甘青语言区域近（中原官话、晋语），有的相隔甚远（湘语、赣语、吴语）。Enfield[37]190定义语言区域时提道："在一个语言区域里，相邻的语言属于不同的语系，但享有一系列相似的结构特征。这些特征由于语言接触产生，且不见于紧邻该语言区域外围的其他语言（这些语言最好和语言区域内的某些语言属于同一个语系）"。根据这一定义，可以发现条件状语从句标记"是"并不属于甘青语言区域特有的句法特征，因为它还广泛分布在这一区域外的汉语方言里。据目前掌握的材料看，湘语、赣语和吴语与突厥语、蒙古语在历史上没有接触，受到后者影响的可能性较小。结合"花儿"中"是"的历时演变，我们认为甘青汉语中的条件从句标记"是"属于汉语方言的内部创新。

　　关于条件从句标记"是"是否来自"时"，除了早期"花儿"中的证据外，我们还能从其他方言的语料中找到旁证。例如，在声调系统复杂的汉语方言里，条件从句末"是"的声调和"时"明显区分（如岑川话、平江话和抚州话等）；换言之，这些方言的条件从句标记明确为"是"而非"时"。结合"花儿"中的语料，我们判断甘青一带汉语方言中的条件从句标记本字应该为"是"，随着甘青汉语声调系统的简化，逐渐出现"是""时"相混的情况。综上所述，甘青汉语中的条件从句标记"是"属于内部创新，其来源为系词"是"。

（二）条件状语从句标记"是"如何演变

　　在前面我们提到部分话题标记"是"可以解读为焦点标记，我们认为正是在这种具有两种解读的语境里，焦点标记被重新分析成话题标记。例如，例（40）～（41）①中的"是"既可以标记后面的新信息，也可以看作标记前面的话题。

---

① 这两例中的"是"在《河州花儿》中被删去。

(40) 猪八戒戴的个花花帽，**高老庄是**招亲者哩。[14]144,[13]109

(41) 唯有阿哥是你可怜，**尕妹家是**不敢个浪来。[14]145,[13]110

刘丹青[33]120在分析上海方言话题标记"是"的来源时提道："'是'作为话题标记与作为焦点标记都源于主谓之间的关键位置。而位于话题与焦点之间的一些信息标记的指向两重性，是焦点标记与话题标记发生交叉的原因"。我们认为，上述"花儿"例句中的"是"属于焦点标记，位于主语和谓语之间，起到强调新信息（通常是谓语）的作用。当它的强调意味不明显时，就可能被重新分析为主语所带的成分，成为话题标记①。

当"是"成为话题标记后，出现在条件从句后就顺理成章了。赵元任[38]118,119曾提到汉语普通话中的话题（主语）标记和条件句标记用同样的停顿词。Haiman[39]通过比较英语、Hua语（巴布亚新诸语言之一）、他加禄语和土耳其语等语言，发现条件句标记和话题标记常常同型，且两者在语义上十分相近。江蓝生[40]考察了汉语中的"的话"，认为"的话"先成为话题标记，再成为假设分句标记，因为"假设分句和话题有同质关系"。徐烈炯、刘丹青[16]也认为条件从句属于话题的一种，其作用都是为述题提供背景信息。在这种情况下，话题标记"是"有可能在类推机制的作用下，和其他话题标记一样出现在条件从句后。

综上所述，我们认为甘青汉语中的条件从句标记"是"来自汉语内部创新，其来源为焦点标记"是"。当焦点标记"是"被重新分析为话题标记后，就可以出现在条件分句末，因为两者的语义有相通之处。这也解释了为何"花儿"中的话题标记"是"早于条件从句标记"是"的出现，且最早的例子既可以解读为话题标记，又可以解读为焦点标记。在今天的甘青汉语方言中，"是"依旧可以作话题标记和焦点标记。

（三）历时文献中的话题和条件句标记"是"

在古代朝鲜编纂的汉语教材中，我们发现了"是"作话题标记和条件句标记的例子，如《训世评话》(1473)、《象院提语》(1670)、《华音启蒙谚解》(1883)和《你呢贵姓》(19世纪末)等书中有不少"是"作话题标记的例子[41]，《老乞大》(14—18世纪)中则有少数"是"标记条件分句[42]。由于同时代的其他汉语材

---

① 匿名审稿人之一指出，上海话属于话题优先程度较高的方言，因此可能催生多种形式的话题标记。通过考察，我们发现"花儿"中的话题标记不仅有"是"，还有语气词"哈、啦"等，表现形式也比较丰富。

料中没有"是"作话题标记的用法,竹越孝[43]认为这些汉语材料中"是"的特殊用法受到了朝鲜语话题标记的干扰。我们认为,"是"有可能在汉语历史上就已完成"焦点标记＞话题标记"这一演变。但由于缺乏其他历时材料,我们暂时无法对这一假设进行深入探讨。

五、状语从句标记"是"和突厥、蒙古语族语言中的条件副动词

话题标记和条件从句标记"是"都来自汉语内部创新,但为何前者在"花儿"中呈现递减趋势,后者反而越来越普遍,且用法发生了扩展?我们认为这跟甘青一带突厥、蒙古语族语言中的条件副动词不无关系。

甘肃青海一带是中国境内著名的语言区域,这里的汉语、安多藏语、蒙古语族(东乡族、保安族、土族、东部裕固族)、突厥语族(撒拉族、西部裕固族)诸语言共享许多语言特征。甘青的汉语和少数民族语言互相影响,少数民族语言借入了大量汉语词汇和少量句法表达方式,汉语则较多地借入了非汉语的句法表达方式,如 SOV 语序、格标记等[44]。前文已经指出,条件从句标记"是"在句法、语义和读音上都与突厥、蒙古语族语言中的条件副动词高度相似。因此,非汉语母语者在使用汉语时,就有可能将汉语中的条件从句标记"是"和非汉语的条件副动词"sa"等同起来,从而导致"是"出现在原来不能出现的句法环境。随着非汉语和汉语母语者的交流愈发频繁,汉语母语者逐步接受了"是"的新用法。从语言接触的角度看,这一"接受"的过程属于"模式(pattern)借贷",即甘青汉语将少数民族语中条件副动词"sa"的其他用法借入,但仍保留其本身的词汇形式。"模式借贷"是指"语音外壳和借贷语言毫不相关,但语义和句法功能却是一致"的借贷方式[45]10。① 根据 Matras 和 Sakel[46]的研究,在"模式借贷"中,借入语[recipient (*replica*) language]一般用自身已有的语法成分去表达从源语言(source language)中借入的句法结构或语义。

通过对比甘青汉语和其他地区汉语中的状语从句标记"是",以及突厥、蒙古语族语言中的条件副动词"sa",我们发现甘青汉语的从句标记"是"拥有许多其他汉语方言中没有的功能,而这些功能和条件副动词"sa"高度一致。

---

① 条件从句标记"是"虽然和条件副动词"sa"语音相似,但是是在汉语内部独立产生以后,再借入条件副动词的功能,故属于"模式借贷"。

首先,除了标记假设和时间从句外,甘青汉语中的从句标记"是"还能出现在表示因果、转折、让步等多种逻辑关系的从句后,这和蒙古、突厥语族语言中的条件副动词"sa"高度相似。关于甘青汉语状语从句标记"是"和少数民族语条件副动词"sa"的对比,可参阅马伟[2]、敏春芳、程瑶[6]、张竞婷、杨永龙[7]等文献,此处暂不赘述。在其他汉语方言中,条件从句标记"是"很少出现在因果、转折、让步从句后。例如,上海话[33]、抚州话[35]和湘语[34]的相关语料只记录了从句标记"是"表假设的用法,西安话的从句标记"是"也只能出现在表示假设或时间关系的从句后(成萌,私人通信)。根据我们收集的岑川方言自然语料,状语从句标记"是"主要用在假设和时间从句中,基本没有用在转折、因果和让步从句后的例子。

其次,甘青汉语从句标记"是"还能出现在指示代词后,构成复合词"DEM指示代词+是",如甘沟话的"这么儿是"、"尼么是"[7]55,唐汪话中的"中是"、"弄是"[5]337,临夏话的"这么是"等。"DEM+是"一般出现在句首或两句之间,有凝固成词的趋势[7]55,作用相当于连词。被"DEM+是"连接的句子有时存在假设、因果、转折或时间关系,有时没有明显关系,如唐汪话和临夏话的例子。

(42) **唐汪话**[5]

a. 他一个大话说着,**中时**,他底这羊可三年天气上时,一早生圈里起呀,场子里起啊,十个、八个、十个、八个底死着。_{他说了大话,这样,三年的时间里,他的羊,每早去圈里时,羊十个、八个地死。}

b. 我木这地方发生料这样底中底个一个事情,**中是**,这我们这里有一个山区叫是下山,下山上出料个中底个问题。_{我们这地方发生了这样的一个事情。那时,我们这里有一个山区叫下山,下山上出了个这样的问题。}

(43) **临夏话**

a. 这么有一天是,这癞蛤蟆尼,这尕娃睡觉的时候,癞蛤蟆尼跑着出去了。**这么是**这个第二天醒的时候,这个尕娃这个癞蛤蟆寻不见。_{有一天,这个小孩睡觉的时候,癞蛤蟆跑出去了。第二天的时候,这个小孩找不到这只癞蛤蟆。}

b. 以前一个尕娃白啊,tɕie 抓了一个狗啊,tɕie 拉 tɕie 的狗坐尼,**这么是**,瓶子里一个癞蛤蟆,tɕie 一天就癞蛤蟆看尼。_{以前一个小孩,他抓了一只狗,他和他的狗坐着,瓶子里有一只癞蛤蟆,他一天就在看那只癞蛤蟆。}

例(42)和例(43)中 a 句的情况相似。在例(42)a 中,"DEM+是"的前一句"他说了大话"是后一句"羊十个、八个地死"的原因;例(43)a 中"癞蛤蟆跑出去"是"小孩子找不到癞蛤蟆"的原因。因此,"DEM+是"可以解读为"因为这样"。但是,例(42)和例(43)b 中 DEM+是"的语义却不明显。例(42)b 中,"我们这地方发生了这样的一个事情"与"我们这有一个山区叫下山"之间没有明显的逻辑或时间关系；例(43)b 中的"他和他的狗坐着"与"瓶子里有一只蛤蟆"也是如此。通过观察上下语境，此时的"DEM＋是"更像是说话过程中衔接前后句的标记。方梅[47]认为自然口语中的连词有两种功能：真值语义表达功能和非真值语义表达功能。真值语义功能是指连词可以表达逻辑语义关系、事件关系和时间关系，而非真值语义功能则指连词能保证言谈单位的连贯和衔接。当连词只表达非真值语义功能时，属于"弱化连词"，可看作组织言谈的话语标记(discourse markers[48]323)。例(42)和例(43)b 中的"DEM＋是"则属于"弱化连词"，因为它们仅起到保持话语连贯的作用。在我们查阅和收集的材料里，"DEM＋是"在自然语料中频繁出现。

在甘青以外的汉语方言中，我们尚未找到"DEM＋是"作弱化连词或话语标记的用法①，但甘青非汉语中的"DEM＋sa"却有着类似用法。根据 Slater[49]160-161 的描写，土族语中有一个话语连接词(discourse connector)："ting_DEM＋sa"。"tingsa"出现在句首，有时表示前后句之间存在推断、因果等逻辑关系，有时语义较泛，仅表示一件事发生在另一件事之后或者说话场景的转换。东乡语和保安语中的"DEM＋sa"也有同样的用法。如下面保安语和土族语的例子。

(44) 保安语

a. tɕhi aku-nə tor-tɕi kenaŋ, qualə quaren
你 女孩-宾格标记 带领-持续.自我 以后 俩人 俩
tewa-tə tɕi, nəken tewa-tə tɕi- si qui takə
村子-地点格 去 一个 村子-地点格 去-副动词.条件 讨 能
ɕo thenkə-si ko aku-tə ko talaŋ-kə war-χə-saŋ
不 然后 大 女孩-与格 大 褡裢-单数 拿-致使-形动词.过去
tɕikaŋ aku-tə tɕikaŋ talaŋ war-χə-saŋ
小 女孩-与格 小 褡裢 拿-致使-形动词.过去
你带着女孩，(你)俩人去两个村子讨饭，去同一个村子的话，讨不到，然后，给了大女孩一个大褡裢，小女孩一个小褡裢。

b. tɕhina rə-si ＜ ja thenkəsi tɕhina kaka tɕhi
狼 来-副动词.条件 呀 那么 狼 哥哥 你

---

① 需要注意的是，部分其他汉语的"是"可以出现在指示代词后，表示"这样的话"，但此时的"是"仍为条件句标记，"这样"指代前面出现的句子。这一用法和甘青汉语中单纯作话语标记的"DEM＋是"并不一样，因为后者已经语法化为保持话语连贯的连词，不再表示"这样的话"。

enkətɕi rə-o＞?
怎么　　来-结果

狼来的时候,(兔子说:)"呀,那么,狼哥哥你怎么来了?"

(45) 土族语[49]160

a. **Tingsa**　ning=du　　kendin　　kong-si　　niu-ji　　chenli-ser
那-sa　　这个-与格标记　肯定　　人-复数　　躲-命令式　听-进行时
bang.
系词:客观

(那么)肯定有些人躲在这里听。

b. "Ghada　ang=ji　　ang=ji　　yao-jiang,"　ning　ge-ji.
外面　　哪=方向格　哪=方向格　去-客观:完整体　这　引语-命令式
Tingsa　ningger　cai=ni　　di-ser　　di-ser　　gan=ni
那-sa　　老女人　　食物-宾格　吃-进行体　吃-进行体　她=属格
gha=du　bulai=ni　khuru　ri-jiang　bai.
碗-与格　孩子-属格　手指　来-客观:完整体　强调

"他出去外面了"他说。然后,这个老妇人吃着吃着食物,在碗里出现了这个男孩子的手指。

例(44)a中"thenkə-si"连接的前后句存在因果关系:两个女孩要去两个村子讨饭,因为这样(thenkə-si),就给了大女孩一个大褡裢,小女孩一个小褡裢;相反,例(44)b中"tenkə-si"连接的前后句没有明确逻辑关系。在土族语的两个例子中,例(45)a出现的语境为:三个说话的人都否认自己泄露了秘密,其中一人总结道:"那么肯定是有人在这偷听。""tingsa"在这里表示推测,可以理解为"如果三人说的都是实话,那么……"。相反,例(45)b中"tingsa"连接的句子仅表示另一个新事件的开始,和前一个动作之间没有明显的逻辑关系。可见,甘青蒙古语族语言中的"DEM＋sa"也能起到连词的作用,既能表达真值语义,也能表达非真值语义。Slater[49]将"tingsa"处理成话语连接词,与我们前面提到"DEM＋是"作话语标记的用法十分相似。

由于土族语中的从格标记和条件副动词都是"sa",Slater[49]认为"tingsa"中的"sa"为从格标记。但根据例(45)中"tingsa"表达的语义,我们更倾向于认为"sa"是条件副动词而非从格标记。条件副动词"sa"最开始出现在指示代词后,构成条件句,表示"这样的话"。随着"DEM＋sa"的频繁出现,它连接的前后句不总具有明确的逻辑关系或时间关系,这导致"DEM＋sa"的语义虚化,逐渐从条件句语法化为保持话语连贯的"弱化连词"。这一语法化过程可能先在蒙古语族语言中发生,因为甘青汉语中的"DEM+是"尚未完全语法化为连词,很多情况下能被解读为条件从句;同时,"DEM+是"中间还能插入其他成分,如例(43a)中的"这么有一天是"。

综上所述,甘青汉语的条件状语标记"是"在语言接触过程中,模式借贷了条件副动词"sa"的多种功能,并复制了条件句"DEM+sa"语法化为话语连接词的路径。这导致甘青汉语中的"DEM+是"开始向连词转变,并出现"弱化连词"的用法。Heine 和 Kuteva[50]539 认为这种复制过程属于接触诱发语法化(contact-induced grammaticalization)中的复制型语法化(replica grammaticalization),即借入语不仅吸收了源语言的某一语法范畴,还复制了这一语法范畴产生的语法化路径。

除了用法扩展外,甘青汉语中状语从句标记"是"的使用频率高可能也与少数民族语言相关。前文提到,"花儿"中状语从句标记"是"的使用频率自20世纪50年代起呈上升趋势,且在口语中的强制程度逐步增加,这可能与突厥、蒙古语族语言中条件副动词的必要性有关:由于"sa"的使用具有强制性,所以非汉语母语者在使用汉语时,倾向于在假设、时间、转折、因果、让步等从句后加上"是",从而导致"是"的使用越来越普遍。通过与岑川及平江方言对比,我们发现"是"在甘青方言中的强制程度要高于岑川话和平江话。另外,甘青一带的少数民族语言(藏语、突厥语、蒙古语)都属于格语言,话题标记的使用并不发达;换言之,非汉语中并没有和话题标记"是"对应的常见成分,这或许可以解释为何"花儿"中话题标记"是"没有像状语从句标记一样越来越普遍。

六、余论

本文通过考察20世纪20年代至21世纪初的"花儿"材料,总结出条件从句标记"是"及与之相关的话题标记"是"的历时演变:话题标记"是"在20世纪20年代的"花儿"中首次出现,随着时间的推移使用频率逐渐下降;条件从句标记"是"出现在20世纪30年代,刚出现时写作"是",后来逐渐"是""时"混用。随着年代推移,条件从句标记"是"的使用频率逐步上升,成为现代甘青汉语中状语从句的常见标记。结合甘青语言区域外的方言数据,我们认为话题标记和条件从句标记"是"属于汉语内部创新。条件从句标记"是"出现后,在语音、句法位置和语义上与突厥语、蒙古语族语言中的条件副动词"sa"十分相似。因此,条件从句标记"是"通过"模式借贷",将条件副动词的其他功能借入汉语,并复制了"DEM+sa"语法化为连词的过程,这使得甘青一带的状语从句标记"是"区别于其他汉语方言中的状语从句标记"是"。

我们发现,甘青汉语常常通过"模式借贷"的方式吸收少数民族语言的句法结构,即用已有的成分来表达外来的句法形式。除了本文考察的状语从句标记"是"外,甘青汉语方言中宾格标记"哈"的形成和汉语自身的语气词不无关系[19],与格标记所有者的功能也属于"模式借贷"[51],而五屯话中工具格"两个"的词形可能也来自汉语[52]15①。我们或许可以将借贷模式与语言内部各成分的演变速率联系起来。Greenhill 等[53]曾考察 81 个南岛语,得出句法结构比基础词汇演变更快、更容易受到语言接触影响等结论,这恰好反映了甘青汉语在语言接触中的情况,即句法借入比例高于词汇借入[54]70,[45]7-9,[44]273。结合"模式借贷"的特点,我们推测汉语在借入少数民族语的句法结构时常使用自身已有的词汇,这使得外来句法形式不那么"陌生",从而接受程度更高。当然,关于模式借贷和语言各成分演变之间的具体关系还有待进一步研究。

参 考 文 献

[1] 王森.临夏方言"是"字的用法.方言,1991,3:204-205.
[2] 马伟.循化汉语的"是"与撒拉语[sa/se]语法功能比较.青海民族研究(社会科学版),1994,3:69-75.
[3] 兰州大学中文系临夏方言调查研究组.临夏方言.兰州:兰州大学出版社,1996.
[4] 尹龙.循化话中的语气词刍议.青海民族学院学报(社会科学版),2006,4:122-124.
[5] 徐丹.唐汪话研究.北京:民族出版社,2014.
[6] 敏春芳,程瑶.语言接触视域下临夏话"是"字句特殊用法研究.兰州大学学报(社会科学版),2015,6:54-60.
[7] 张竞婷,杨永龙.青海民和甘沟话的状语从句标记"是"及其来源.语文研究,2017,2:53-59.
[8] 莫超.白龙江流域汉语方言语法研究(博士学位论文).南京:南京师范大学,2004.
[9] 郭正清.河州花儿.兰州:甘肃人民出版社,2007.
[10] 张竞婷.保安语汉语方言格范畴研究(硕士学位论文).兰州:兰州大学,2013.
[11] 马树钧.汉语河州话与阿尔泰语言.民族语文,1984,2:50-55.
[12] 王梅.试论慕寿祺的民族思想——以《甘宁青史略》为中心.西北民族大学学报(哲学社会科学版),2016,3:121-127.

---

① 当然,这并不代表甘青汉语不会从少数民族语言中进行实体(matter)借贷。比如,五屯话中的有界限副动词"tʻara/tala/thala",甘沟话、青海话、唐汪话中的从格标记"sha/sa/ɕiɛ"都直接来自蒙古语族语言[52]18,[54]66,[45]11,[55]139。

[13] 张亚雄.花儿集.北京：中国文联出版社,1986.

[14] 张亚雄.花儿集.重庆：青年书店,1940.

[15] 朱仲禄.花儿选.西安：西北人民出版社,1954.

[16] 徐烈炯,刘丹青.话题的结构与功能(增订本).上海：上海教育出版社,2007.

[17] 袁复礼.甘肃歌谣.歌谣周刊,1925,82.

[18] 纪叶.青海民歌选.北京：人民文学出版社,1954.

[19] 徐丹.从早期"花儿"里的语言现象看甘青一带格标记的形成.中国语文,2024,1：3-19.

[20] Heine B. On the role of context in grammaticalization//Ilse W, Gabriel D. New reflections on grammaticalization. Amsterdam/Philadelphia：John Benjamins Publishing Company, 2012：83-102.

[21] 慕少堂.甘宁青史略副编(卷五).兰州：兰州俊华印书馆,1936.

[22] 周健,剑虹.甘肃民歌选(第二辑).兰州：甘肃文化局、甘肃省文联,1954.

[23] 剑虹,周健.甘肃民歌选(花儿)(第一辑).兰州：甘肃人民出版社,1957.

[24] Kuteva T, Heine B, Hong B, et al. World lexicon of grammaticalization. 2nd. Cambridge：Cambridge University Press, 2019.

[25] 徐丹,贝罗贝.中国境内甘肃青海一带的语言区域.汉语学报,2018,3：2-15.

[26] 江蓝生.时间词"时"和"后"的语法化.中国语文,2002,4：291-301.

[27] 《中国民间歌曲集成》全国编辑委员会,《中国民间歌曲集成·青海卷》编辑委员会.中国民间歌曲集成·青海卷.北京：中国ISBN中心,2000.

[28] 谢晓安,华侃,张淑敏.甘肃临夏汉语方言语法中的安多藏语现象.中国语文,1996,4：273-280.

[29] 布和,刘照雄.保安语简志.北京：民族出版社,1982.

[30] 刘照雄.东乡语简志.北京：民族出版社,1981.

[31] 林莲云.撒拉语简志.北京：民族出版社,1985.

[32] 黑维强.绥德方言"是"的几种用法及其语法化考察.兰州学刊,2016,8：118-126.

[33] 刘丹青.话题标记从何而来？——语法化中的共性与个性续论//沈家煊,吴福祥,马贝加.语法化与语法研究(二).北京：商务印书馆,2005：107-130.

[34] 林素娥.湘语与吴语语序类型比较研究(博士学位论文).上海：复旦大学,2006.

[35] 王健,熊远航.江西抚州方言判断动词"是"的特殊用法.EHESS报告,2018.

[36] 张军.陕北横山话的话题标记"是".语文研究,2012,3：54-58.

[37] Enfield N J. Areal linguistics and mainland southeast Asia. Annual Review of Anthropology, 2005, 34：181-206.

[38] Chao Y R. A grammar of spoken Chinese. Berkeley：University of Carlifornia Press, 1968.

[39] Haiman J. Conditionals are topics. Language, 1978, 54(3)：564-589.

[40] 江蓝生.跨层非短语结构"的话"的词汇化.中国语文,2004,5：387-400.

[41] 竹越孝.朝鲜时代汉语教材的内部差异——以"是"的用法为例.南开语言学刊,2018,1：29-37.

[42] 赵长才.训世评话中"是"的两种用法及其来源.历史语言学研究(第六辑).北京：商务印书馆,2013：162-173.

[43] 竹越孝."汉儿言语"与"朝鲜式汉语".中国北方语言接触与汉语历史演变研讨会,2022,3.24-3.25.

[44] 徐丹.追踪甘青一带语言区域内汉语及其变体格标记形成的轨迹.语言科学,2021,20(3)：272-286.

[45] 徐丹.甘青一带语言借贷的历史层次及模式.民族语文,2018,6：3-21.

[46] Matras Y, Sakel J. Investigation the mechanisms of pattern replication in language convergence. Studies in Language, 2007, 31(4)：829-865.

[47] 方梅.自然口语中弱化连词的话语标记功能.中国语文,2000,5：459-480.

[48] Bussmann H. Routledge dictionary of language and linguistics. London and New York：Routledge, 1996.

[49] Slater K W. A grammar of mangghuer—a Mongolic language of China's Qinghai-Gansu Sprachbund. London and New York：Routledge Cuzron, 2003.

[50] Heine B, Kuteva T. On contact-induced grammaticalization. Studies in Language, 2003, 27(3)：529-572.

[51] Xu D. From topic to case marker—a case of case formation in Gansu-Qinghai linguistic area. Asian Languages and Linguistics, 2020, 2：278-308.

[52] 陈乃雄.五屯话初探.民族语文,1982,1：10-18.

[53] Greenhill S J, Wu C H, Hua X, et al. Evolution dynamics of languages systems. PNAS, 2017, 114(42)：1-8.

[54] 徐丹.中国境内的混合语及语言混合的机制.语言战略研究,2018,14(2)：59-79.

[55] Peyraube A. On some endangered Sinitic languages spoken in Northwestern China. European Review, 2018, 26(1)：130-146.

第十七讲
甘青区域的语言与人群：以保安语为例

黎　皓

（德国美因茨大学语言学系）

　　语言是构建社会身份和归属感的重要方式。在人群迁徙或移动的过程中，在不同的时空背景下，人群使用的语言也不断发生变化。甘青区域的人群在历史的长河中往复更替，形成现在语言文化极具多样性的面貌。本文通过保安族相关的历史材料、研究，结合保安语及目前已有的相关人群基因方面的证据，试图理解语言和人群之间多维度的关系。

一、甘青语言区域：语言和人群的多样性

（一）区域形成的时空背景

　　甘肃、青海两省交界处属黄土高原向青藏高原的过渡地带，自东向西主要山脉有阿尔金山、祁连山以及西倾山，为大陆性干旱半干旱气候，有农区、牧区、农牧混合区。古往今来，不同人群居于此地，繁衍生息，随着历史的跌宕而更替往复，最终形成语言文化多样、多种人群相融共生的面貌。秦汉时期，有羌①人居于该处。《后汉书·西羌传》[1]记载："河关之西南，羌地是也。"此处"河关"即今天甘肃临夏州积石山县②，"河关之西南"则属今日青海境内；十六国时期有鲜卑乞伏、秃发部落迁至甘青区域，分别建立"西秦"（385—431）及"南凉"（397—414）。据《临夏县志》[2]记载，412年，乞伏乾归被乞伏国仁之子

---
① 据杨建新[3]："古代羌人无自称，史无记载。羌很可能是商殷人对他们的称呼，为后人所沿用。"
② 一说在今天青海省同仁县保安一带[42]。

公府所杀,乾归之子炽磐追杀公府,后建都于枹罕(今临夏州境内)。而南凉秃发鲜卑曾建都至今天青海境内(乐都、西宁),414年被西秦乞伏炽所灭。同一时期,活动于此区域的还有吐谷浑,其族源与慕容鲜卑关系密切[3]。据积石山县县志[4]记载,吐谷浑为人名,其孙叶延建立政权之时,"以祖父吐谷浑之名做姓氏,亦为国号和部落名"。至唐朝,吐蕃部落自西藏向外扩张,活动范围向北延伸至青海甘肃一带。到11世纪初,河湟地区形成以唃厮啰为首的吐蕃政权。13世纪初,成吉思汗时期,蒙古军渡河攻打西夏,其中一批蒙古人驻扎于青海一带,宪宗三年(1253),蒙古在河州设立吐蕃宣慰司都元帅府。根据芈一之[5~7],汉人①迁至甘青一带生产生活,当追溯至汉朝,隋唐亦有移民屯田戍边,北宋末年汉人在河湟一带的活动足迹不再显著,元朝时更是隐而不见,"中原人"相关的史料记载难得一见,很可能被其他族群同化。而明清之时,汉人移民人口增多,得以繁衍和发展。可见,甘青区域的历史并非是某一个单一主体持续的过程,从过去与现在的连接中,许多历史线索使我们看到该区域复杂、多元面貌可能的形成过程,人群的语言和基因则在众多要素中相对直接地反映出这一特征。

(二) 甘青语言区域的相关定义

20世纪30年代,Trubetzkoy提出语言联盟(sprachbund)的概念,用以解释和描述巴尔干区域复杂的语言状况。此后,语言区域这一概念引起了部分语言学家极大的兴趣,相关的定义不断被补充和完善。Campbell[8]就各个学者对语言区域相关的定义进行了详细的梳理,总结出3个重要的构成要素:① 地理区域范围;② 共享特征;③ 几个相互接触或借贷的非同一语族的语言。Dwyer[9]在其描写循化话的文章中首次提出"中国西北语言联盟"(the northwest China sprachbund)这一说法,但似乎对"语言联盟"的界定十分宽泛,作者指出其文中的"西北官话"涉及的地方有甘肃、青海、宁夏、陕西、山西以及内蒙古部分区域,而事实上这一范围囊括了中国北方绝大部分的地理区域。相较于Dwyer,Slater[10]将地理区域限定至青海、甘肃两省,提出"青海-甘肃语言联盟"(the sprachnund of Qinghai-Gansu)这一术语,指出存在于甘青边界处的语言分别有汉语方言、藏语群语言(bodic)、蒙古、突厥语族语言。Janhunen[11~13]在其

---

① 此处应当指从中原王朝所辖之地迁移至此的汉族人群,笔者田野调查时发现,今天甘青一带的一些少数民族,如青海同仁的土族、甘肃积石的保安族,使用汉语时仍用中原人来称呼当地汉人。

相关研究中使用术语"青海语言'复合体'"(the Qinghai linguistic complex)及"安多语言联盟"(the Amdo sprachbund),但同时指出"安多语言联盟"等同于Slater的"青海-甘肃语言联盟"。Janhunen[12]指出,安多语言联盟涉及甘肃、青海、四川三省,语言多样性最为集中之处为甘青边界,作者将该区域中的语言分为汉语方言、藏语群语言及阿尔泰类型(突厥、蒙古)语言,认为阿尔泰类型语言特征在区域内所有其他语言中都有所体现,汉语和藏语特征则以互补分布的方式出现。徐丹、贝罗贝[14]在以往研究的基础上,提出甘青语言区域,认为该语言区域涉及的地理范围北至青海湖,东南至同仁,横向延伸包括甘肃临夏、甘南一带。区域内的语言具体包括:属蒙古语族的东乡语、保安语、土族语、东部裕固语、康家话,属汉语方言及其变体的临夏话、循化话、青海话、唐汪话、甘沟话和五屯话①,属汉藏系藏缅语族的安多藏语及突厥语族的撒拉语和西部裕固语,该研究同时指出区域内的语言通过接触或借贷具有共享特征。

二、保安语及其语言学特征

保安语是甘青语言区域内的非汉语言之一。保安语人群主要分布在青海省黄南藏族自治州同仁县及甘肃省临夏回族自治州积石山东乡族保安族撒拉族自治县。居于同仁一带的保安语使用者为土族,信仰藏传佛教,同时使用当地藏语方言和汉语方言(青海话),而积石山县保安语使用者为保安族,信仰伊斯兰教,同时使用当地汉语方言临夏话。青海保安语和同仁当地的藏语有着长期持续的接触,而甘肃保安语在迁入大河家后,较大程度地受到了当地临夏话的影响。由于语言接触环境、生活习俗和宗教信仰的不同,两地保安语主要在语音、词汇上逐渐形成差异。

(一)谱系划分

保安语属蒙古语族语言。从地理维度来看,蒙古语族语言分布广泛,覆盖了欧亚大陆相当大的一部分区域。这一区域从里海西南延伸至中国东北区域,向北抵达贝加尔湖区域及部分阿穆尔(Amur)盆地,向南则包括阿富汗北部及中国甘青区域[15]。根据Volker[16],苏联学者Rudnev最早对蒙古语族语

---

① 文章作者在尾注中指出唐汪话和五屯话是汉语方言的变体,五屯话已经发展到"混合语"的程度,而唐汪话还未发展至"混合语"的程度。

言进行正式分类,他以东部、西部、北部划分蒙古语的方式对以后的蒙古语言研究产生了较大影响,但作者同时指出 Rudnev 的分类对语族内部的多样性以及较为边缘的语言缺乏重视。在 Sinor[17] 的划分中,作者将莫卧儿、达斡尔及甘青区域内的东乡语、蒙古尔语(土族语)、东部裕固语等蒙古语族语言视作单独的、具有存古特征的一组(archaic group)。而 Poppe[18] 将达斡尔、莫卧儿及蒙古尔语划分为一组,其中保安语、东乡语被划分为蒙古尔语所属的次方言。1950 年,中国科学院开展了中国境内蒙古语族语言的调查工作,Todaeva 作为苏联专家参与其中,她在其后的论文中将保安语和东乡语作为独立的语言而非次方言进行描写和分析[19,20]。Nugteren[21] 将蒙古语族语言分为"中心"蒙古语族语言(central)及"边缘"蒙古语族语言(peripherical),后者包括达斡尔、东乡、保安、蒙古尔、东部裕固及莫卧儿语,通常"边缘"组的语言表现出一些与"中心"组语言互补的语言学特征,如元音和谐律、词末重音等。在最近的研究中,Nugteren[22] 使用 Shirongol① 一词指称甘青区域内除东部裕固语以外的其他蒙古语族语言。在新的划分中,作者不再将民和、互助的蒙古尔语视为方言,并新增加了康家语。康家语的使用者为青海省黄南藏族自治州尖扎县康杨镇的回族,该语言和保安语、东乡语较为接近[23]。陈乃雄[24] 将康家语看作保安语所属的次方言。如上文所述,从 20 世纪 50 年代初期开始,国内学者对蒙古语族语言开展了大规模调查,得到了丰硕的描写材料。在此基础上,有学者如清格尔泰[25]、孙竹[26]、喻世长[27] 对蒙古语族语言,尤其是蒙古语的划分进行了详细的讨论。在《蒙古语族语言和方言调查汇报》中[28],我们可以看到调查工作队在调查初期提出的主要问题就包括:"土族、保安、东乡等语言的情况如何?""它们和蒙古语的关系如何?"这一问题在上述学者的文章中有所涉及,尤其在《论蒙古语族的形成和发展》一书中[27],作者从语言本身的异同点出发,明确了三者作为独立语言的地位,但未对康家语加以论述,斯钦朝克图[29] 在其后的相关论著里填补了这一空缺。

  语言学意义上的谱系分类通过基础词汇、语音对应关系、语义限制等多个方面来证明语言间的亲属关系,通常认为有共同来源的语言为一个系属[30]。语言和人群来源具有较强的关联性,但并非一一对应。人群的移动、地方政治经济、语言威望等各种外部社会因素影响语言的代际传递,甚至在一些情况

---

① 据 Janhuen[15],Shirongol 一词最早由俄国探险家 Potanin 使用,概括性地指代当时在河湟一带使用与蒙古语族语相近语言的人群。从今天的视角来看,这些人群包括土族语、保安语及东乡语的使用者。

中,优势语言能够完全替换威望不足的语言。云南省玉溪地区通海县的卡卓语就是一个很好的例证,该语言的使用人群被认为与元代入滇的蒙古人有关,他们自称"卡卓""噶卓",也自称"蒙古""蒙古勒",其民族识别为蒙古族,但在语言上,该人群使用的卡卓语和蒙古语族诸语言相去甚远。根据语音、词汇和语法诸多方面的特征,该语言被认为与缅藏语言具有同源关系[31]。

(二) 语言学特征

保安语和同语族中的其他语言一样,属于黏着语,其语法功能通过后缀形式来实现。保安语语序为 SOV,有格系统,如例(1),动词 *ntə* 置于句子末尾,后缀 *-nə* 为宾格标记,后缀 *-tɕi* 则附着在动词后表示时体以及示证性(亲涉性);为主宾型配列语言,请比较例(1)、例(2)①,句中及物动词的施事论元 *pu* 和不及物动词的单一变元 *ntɕaŋ* 保持同一形式。名词性短语中的修饰成分通常置于中心语之前,见例(3)、例(4)。

(1) *pu   maqa-nə   ntə-tɕi*
    我   肉-ACC   吃-PRS.DUR.EGO
    我吃肉呢。

(2) *ntɕaŋ   jɯ -tɕi*
    他   走-PRS.DUR.EGO
    他走了。

(3) *teraŋ   kʰuŋ*
    四   人

(4) *tɕikaŋ   noqui*
    小   狗

和蒙古语相比,保安语有诸多不同之处,下面我们将从语音、词汇、形态等方面对保安语做一个概括性的介绍②。

1. 语音特征

甘肃保安语有短元音、长元音及二合元音。长元音多反映在音值层面,对立区别词义的情况很少,可以找到的例子有:*moor* "路":*mor* "马", *naaraŋ* "窄":*naraŋ* "太阳"。二合元音 *ia*、*ue*、*yə* 仅见于借词,尤其是汉语借词。有单

---

① 本文所用例句均来自笔者于积石山县大墩村田野调查时收集的材料。
② 本文主要以甘肃保安语大墩话为例,下文简称保安语,需要时会注明青海保安语或甘肃保安语。甘肃保安语转写根据笔者整理的音系情况记音,其他则遵循所引书作者的记音。

辅音、复辅音,其中塞擦辅音 ts^h、$t\varsigma$、$t\varsigma^h$ 只见于借词;而复辅音主要出现在词首音节,有两个来源,一见于同源词,由词首音节的元音清化脱落或异化所致,二则和借入带有复辅音的藏语词相关。和蒙古语比较来看,元音和谐律的缺失是保安语的一个明显特征,也很难从同源词或形态变化中找到元音和谐律留存的痕迹。保安语的音节结构可通过该序列表示:$(C_1)(C_2)V_1(V_2)(C_3)$,最为典型的音节结构为 CV。

不同于蒙古语、达斡尔语的词首重音,甘青语言区域中的保安、东乡语、土族语、东部裕固语及康家语的主要重音落于词末,即最后一个音节的音通常以响度更强、音长更长,以及音高更高的方式来实现。词末重音通常被认为是突厥语族语言的一个显著特征。在保安语中,重音的主要作用体现在韵律方面,只在部分借词中有区别语义的作用(同临夏话中高低重音的模式相关)。词干添加后缀时,重音可后移,落在附加成分的最末音节上,例如:

(5) rə　　　　来　　　（命令式）

(6) rə'tɕi　　 来了　　（现在时持续体）

(7) rətɕi'si　 来的话　（条件式）

甘青语言区域中蒙古语族语言词末重音是如何形成的？是内部的历时演变还是同其他语言接触所致？那森柏[32]在《东乡语词重音》一文中表明,这一问题是不容易回答的。Field[33]在其描写东乡语的博士论文中提出过假设,他认为东乡人的祖先很可能是操突厥语族语言的人群,词末重音则是底层语言的保留。并且,作者认为甘青语言区域的几个蒙古语族语言可能在不同程度上和突厥语人群相关①。近年来,在语言学和分子人类学相结合的研究中[34~35],我们了解到该区域中的蒙古语族语言的确受到来自中亚人群的影响,其中包括操突厥语族语言的人群,但是否可以依此判断突厥语就是其语言底层,目前看来仍有困难②。

2. 词汇特征

保安语中主要的词汇构成有蒙古语同源词、汉语、藏语借词、突厥语词,以及由于宗教信仰而在甘肃保安语中使用的波斯语、阿拉伯语文化词。根据陈乃雄[36]研究,20 世纪 50 年代青海保安语(保安下庄村)中藏语借词占比达 42.6%,汉语借词占 14%,而甘肃保安语(大墩村)中汉语借词占 40.4%,藏语借词占 17.3%。根据笔者 2018—2019 年田野调查资料,在 Swadesh 的 200 词

---

① 例如,他所提到 Schcram Louis 关于蒙古尔(土族)的研究,该研究认为蒙古尔人群的来源并非只有蒙古人,突厥沙陀一部在被吸收同化的过程中成为近代蒙古尔人的来源之一。

② 感谢审稿人对该问题的指正和补充。

中,除去同源词①,青海保安语(年都乎村)中藏语借词占比15％(相较于汉语借词3.5％的占比),甘肃保安语(大墩)在100词中,汉语借词占比4％(相较于藏语借词7％的占比),而扩大到200词时,汉语借词占比提升至7％,藏语借词降至6％(青海保安语在100词时,藏、汉借词的占比分别为16％和2％)。从这一数据出发,结合保安族的迁移历史,以及当地实际的语言使用情况,不难看出汉语对甘肃保安语产生的影响。总之,近60年,藏语和汉语对两地保安语的影响趋势大致未变。无论是青海保安语中的藏语借词还是甘肃保安语中的汉语借词都涉及生产生活、文化政治等各个领域。甘肃保安语大墩话中,一般早期借入的汉语词在语音上会主动适应保安语(借语)的音系系统,如表17-1所示。

表17-1 甘肃保安语中的汉语借词

汉语	词性	源语(临夏话)	借语
树	n.	ʂu	ɕu
筛子	n.	ʂaitsi	ɕiɕi
本事	n.	penʂi	penɕi
砂石	n.	shashi	ɕaɕi
板凳	n.	pandē	pantoŋ
铁锹	n.	tʰieɕiā	tʰeχaŋ

而在保安语中有一小部分突厥语词,仅涉及生活用词,见表17-2。

表17-2 甘肃保安语中的突厥语词

汉语	词性	突厥语词
妈妈	n.	anə
墙壁	n.	tam
纸	n.	katukə
核桃	n.	tɕankəχ
麻	n.	kʰentɕir
杏子	n.	orɯ
老鼠	n.	tɕʰitɕʰiχaŋ
石头	n.	tʰaɕi
漂亮的	adj.	jiχsa

---

① 两地保安语200词中的同源词占比均在80％以上。

需要说明的是，青海保安语年都乎话稍有不同，杏子一词使用 alma，老鼠一词使用 ħalta 或汉语借词 luɕi。

3. 形态特征

形态方面，保安语和蒙古语也有诸多不同之处。如格标记，保安语中的格标记除主格（零形标记）以外，都以综合格（case syncretism）的形式出现，分别是领宾格-nə、与位格-tə、离比格-si 以及造联格（工具格及联合格）-qalə。在甘青语言区域的这几个蒙古语族语言中，东部裕固语的工具格为-AAr[①]，联合格的形式有-lA 或-ti，互助土族语有造联格形式-la，以上标记可以在蒙古语中找到具有对应关系的形式；但保安、康家、东乡语中的造联格形式-qalə，无论从形态还是来源都无法在蒙古语中找到相对应的情况，表现出一定的特殊性。根据 Xu[37]，我们了解到保安语（及土族语）格标记在人称代词系统中也表现出特殊性，其中，第一、第二人称的领属格与宾格形式相互区分，宾格则和与格同形，如 natə（1.SG.DAT/ACC）。另外，和东乡语一样，保安语的复数标记为-la/lə，这一标记被认为同突厥语族语言的复数标记-lAr 有关[38]。在动词形态中，保安语区别于其他蒙古语族语言（不包括土族语）的一个显著特征反映在其具有系统的示证范畴上，保安语的系动词、存在动词以及限定动词的直陈式都有自我（egophoric）/非自我（non egophoric）的区别，如系动词有 ji, o 两种形式，前者与自我相关，而后者与非自我相关。

三、保安地方和保安族

（一）历史地理意义上的保安

保安镇现为青海省黄南藏族自治州同仁市下辖的乡镇级单位，位于市境北部，隆务河以东。据考证，在该区域内"保安"用作地理相关的专有名词最早出现于明初洪武年间，为驿站名，即保安站。该驿站有可能为元朝时所设立的"山后七站"之一，元时七站站名分别为：好来、阿仁、剌哥、美吉、朵的、云都及亦思麻因[②]；元亡，明承袭旧制，或其后更名为保安这一汉语称呼[39]。明初永乐年间[③]，为加强安防，河州卫刘钊奏调中左千户一所，居住贵德守备。《循化

---

① 本文以大写元音的方式代替语言和谐律所要求的其他变体形式。
② 作者于原文中引用《明兴野记》所记录的名称。
③ 一说为永乐四年，另一说为永乐九年。

志》卷四记载[40]:"明初立河州卫,分兵屯田,永乐四年都指挥使刘钊奏调中左千户一所贵德居住守备,仍隶河州卫,保安其所属也。贵德共十屯,保安有其四。"此四屯分别是脱(妥)屯、吴(吾)屯、季(计)屯和李屯,藏语称"蔡孜裕"①,汉称四寨子[41]。脱屯对应今天的保安,一种解读为"住在高处的汉人",另一种指"以脱姓为主的村庄";吴屯对应吾屯,分上吾屯和下吾屯;季屯对应年都乎(藏语,有人解读为"泉神之上"[38],也有人解读为"霹雳降魔"[42]);李屯分上下,上李屯为今天的郭麻日(藏语,意为"红色的门"),下李屯为尕洒日(藏语,意为"新修水渠")。根据芈一之[42]的研究,保安城为四寨子人合力修筑,每一寨子修一面墙。《循化志》卷二载道:"保安堡土城一座周围长六百八十四丈,高二丈五尺,明时建;按城之建不知何时,闻其初乃脱屯之堡也。"今天的年都乎村还保留着一通明时的残碑,为纪念"屯首"王廷仪所树,碑文记载:"筑堡曰保安,设官防御,并于计、吴、脱、李四寨选士五百名,均之以月饷"。从以上的历史线索来看,"保安"这一名称,至少从明朝开始为官方所用,且沿用至今。历史文献材料中脱、吴、季、李以保安四寨统称,说明保安一词在该区域内所具备的权威性和影响力。这和以后出现在甘肃大河家境内的"保安人"或"保安族"等称呼密不可分。

(二) 保安族

保安族是中国境内的少数民族,人口较为稀少,主要居住在今甘肃省临夏回族自治州积石山保安族东乡族撒拉族自治县。1953年,其人口统计数据为4 957人[43]。根据第七次人口普查②结果,保安族人口数为24 434,常驻甘肃的人口数为20 794。自治县内保安族人口主要分布在大河家镇大墩、梅坡、甘河滩村,刘集乡高李、肖家大庄村及柳沟乡斜套村[4]。在保安族居住的地方有"保安三庄"这一说法,"三庄"包括大墩、甘河滩、梅坡三个村落,但笔者在同当地人接触时发现,有部分保安族并不完全认同这一说法,认为有误导之嫌,使外界普遍认为保安族只存在于这三个村落。保安族,信仰伊斯兰教,自称保安人,保安语为 ponan k^{h}uŋ③,曾被误称为"回回"或"保安回"。保安族的先辈曾居住在"保安四寨",咸丰末年至同治初年,由于宗教矛盾,信仰伊斯兰教的保安人决定东迁,先至循化,三年后再次东迁,至大河家,此后祖祖辈辈安居于

---

① ཁྲེ་ཚེ་བཞི། khre tse bzhi[41]。
② 数据来源:http://www.stats.gov.cn/sj/pcsj/rkpc/7rp/zk/indexch.htm。
③ k^{h}uŋ 为蒙古语同源词,意为人。

此。需要说明的是，梅坡的保安族并不说保安语，其他村落的保安族称呼梅坡人为营伍人，清朝曾于保安堡设营，据此推断最初迁至梅坡的应当是保安城内信仰伊斯兰教的一群人；这一推断通过《族群归属的自我认同与社会定义——关于保安族的一项专题研究》一书中所收集的口碑资料得以佐证[44]：

> 梅坡人是原来保安城里杂居的人，有生意人，吃粮当兵的人，到处来的都有。发生矛盾的时候大家集中到了保安城，出逃的时候他们也就跟着出来了。他们一直不说保安话，所以这一点是很明显的……

可见，当时迁移的人群应当有两部分，一部分是保安城内说汉语的穆斯林人群，一部分则是城外说"保安语①"的穆斯林人群，根据书中资料以及笔者田野调查时了解到的情况来看，城外的迁移人群主要来自尕洒日和保安下庄。

保安族的经济主要依靠农耕、经商及手工业。手工业一般以家庭为单位，在保安族经济生活中占有一定比例，以制作生产工具为主，如刀、剪、镰、斧等。根据马世仁[45]，制作金属器具是保安族长期以来维系生存的重要手段，这一技艺与元朝时的军事活动密切相关。在甘肃保安语中有不少与之相关的词汇，如 ŋkor "铁匠"，toqolekutɕʰoŋ "刀匠"，tshotsilekutɕʰoŋ "锁匠"，χitɕhilekutɕʰoŋ "剪子匠" miankulekutɕʰoŋ "银匠"。蒙古语中铁匠为 төмрийн дархан 或 дархан，但后者也可以概称指"匠人"、"工匠"、"手艺人"等，前者则和保安语中的刀匠、锁匠等词的构形一致，同为复合词。在以青海保安语为基础编纂的《保安语词汇》一书中[46]，"铁匠"为藏语借词 ŋgara，对应书面藏语 mgara ba，可以看到借入青海保安语时词首复辅音的发音部位发生了变化，由双唇鼻音变为后鼻音（软腭鼻音）。比较青海保安语的 ngara，甘肃保安语的 ŋkor[45]（书中用汉字记作"果尔"）发生了较大变化，它在借入后经历了元音高化且词末元音清化并最终掉落的情况。

四、保安族族源探析

（一）族源传说

根据《保安族简史简志合编》[47]（初稿，以下简称《初稿》）②，和保安族来源有关的口头传说，有以下五种：① 来自今天东乡县妥家沟信仰伊斯兰教的蒙

---

① 保安语在迁移之前一般被称作"土语"，故加引号以示区别。
② 《保安族文化形态与古籍文存》第 214 页注明《保安族简史简志合编》（二稿）完稿于 1958 年。

古人；② 从新疆来的蒙古人，或从新疆来的"细回回"；③ 明初至同仁一带经商的东乡杨妥家人；④ 四川保宁府（今四川阆中）来的"回民"；⑤ 从陕西、临夏调去戍守保安城的"回回"。在《裕固族东乡族保安族社会历史调查》中[48]，《对族源迁移原因说法的反映》①一文就《初稿》中保安族族源的说法征求了当地老人的意见。总的来讲受访对象认为有可能的说法为④、⑤。二者的共同之处在于，都认为保安族的祖先中有一部分是"吃粮当兵"去到保安地方的回族（"回民"）。2007年《保安族简史》（修订版）中再次探讨了保安族族源问题，同《初稿》比较，新增加的说法认为保安族的形成与信仰伊斯兰教的"色目人"有关。这一说法还见于《积石山保安族东乡族撒拉族县志》，其原文为[4]：

> 原先在青海同仁居住生活的是藏族和土族，元初有蒙古军队和随蒙古军东来的"色目人"就地屯田屯守，成为"守边防番"的营伍人，亦兵亦农，垦田备战。

根据笔者与当地保安族老人的交流来看，色目人这一说法似乎比较被现在的保安族所认同，老人认为他们的祖辈是"成吉思汗带过来的中亚人，是从事冷兵器制作的工匠"。

从以上各种传说提供的细节来看，语言和信仰作为构建其身份认同的重要因素，在族源的探寻过程中成为各种构想的重要线索。但纵观历史，在一些特殊的情形之下，一个族群被迫或自愿改变其语言和信仰的例子并不少见。因此，在此基础上，我们将在下文试图提供更多的证据，以期对该人群的来源和语言有更深的理解。

（二）自称和他称

保安族自称保安人，是因为100多年前其先辈从保安地方迁移而来。根据菅志翔[44]，最早迁移过来的保安人由于还保持着居住于同仁时的生活习惯，衣着不同，语言不同，在当地人看来介于"番"和非"番"之间，因此被称呼为"半番子"。应当说明的是，这一称呼具有否定含义，是一种贬称②。而在同仁，还保留着迁出之前对保安穆斯林的称呼，根据周毛先[41]，当地的热贡人（藏族）称呼当时的"保安族人"为"索合加③"，意为"蒙汉"，特指信仰伊斯兰教的蒙古人；

---

① 《保安族文化形态与古籍文存》第229页注明该调查完成于青海保安城、下庄、郎加，调查时间为1959年1月30日至2月2日。

② 今天的临夏汉语方言中仍可听到这一词汇，为詈语。

③ སོག་རྒྱ། sog rgya[41]

同时指出今天的沃果日人对曾经居住于沃果日村南的"保安族人"称呼为"三特拉"(santera)。《华夷译语》收录的词汇中与之相近的有"撒儿塔温",意为"回回",其中"温"是蒙古语"xɣн"明时汉语的注音,对应保安语的"$k^huŋ$"。可见在当时的蒙古语中,撒儿塔即对穆斯林人群的称呼。周毛先[41]指出,沃果日又称脱家沃果日,是藏语对今天保安下庄的称呼,根据保安族迁徙前在同仁的分布情况来看(图17-1),沃果日村南正好对应的是撒儿塔大庄,从语音的角度来看,santera 和 sarta 两个词很可能恰巧发生了语音置换(metathesis),这是一个较为普遍的音变现象,根据以上信息我们推断沃果日人所称的"三特拉"很可能就是"撒儿塔"。值得一提的是,东乡族自称"撒儿塔"或"桑塔",根据基因研究,其族源中贡献最大的是中亚人群[34]。

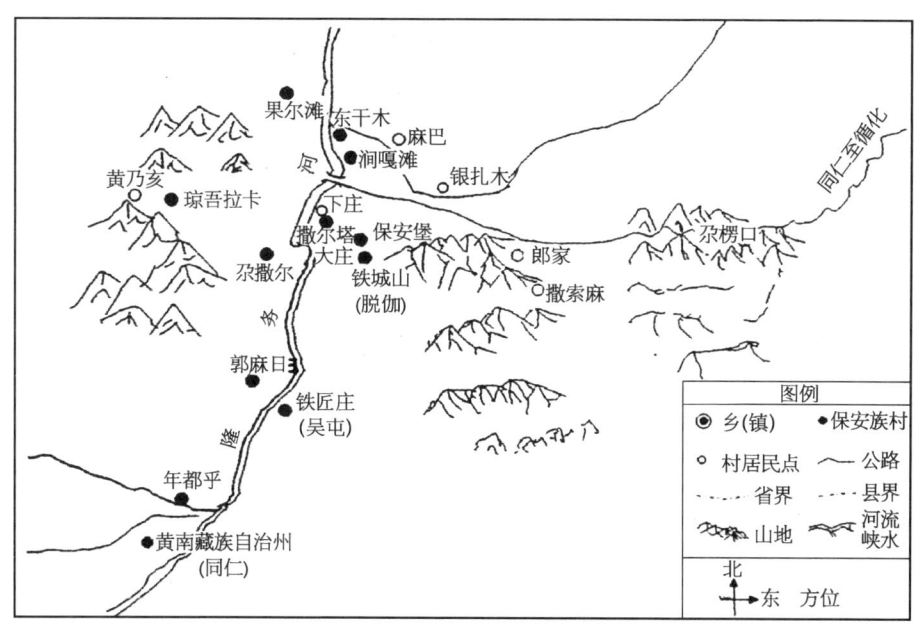

图 17-1　保安族迁徙前在同仁的分布情况[45]

(三) 基因证据下的保安族来源

目前有两篇文章对保安族的来源问题提供了基因方面的证据,一篇是《基因分析视野下的保安族源流探微》[49],另一篇是 *The Silk Road: language and population admixture and replacement*[35]。前者使用了78个积石山县男性保安族人群的样本,通过 Y-STR 和 Y-SNP 两种实验手段得出数据,经分析后认为"从父系遗传背景来看,保安族的族源归属于中亚",其单倍群的总体分布与中亚部分人群接近,如东干、乌兹别克、土库曼、库尔德及亚美尼亚。而后者共使用了 64 个来自积石山县的保安族人群的样本,数据显示:保安族的父系基因库中 J-M304(West Eurasian),O3a2c1a-M117(Sino-Tibetan)和 C3*-M217(Mongolian)三个单倍群最为显著,其中和中亚人群相关的 J-M304 占比最高,为 18.75%,基于这一数据,文章作者分析保安族的先族人群应当来自中亚,其后代与汉藏人群、蒙古人群混合形成今天的保安族。

五、余论

甘青语言区域,即今天的祁连河湟一带,人群、语言、文化、信仰呈现出复杂多样的面貌,按照某种单一的维度去理解和认识这一区域内同人群相关的各种现象,往往只能看到表面。综合上述的历史材料、民间传说以及基因方面提供的证据来看,保安族的主体人群和中亚有着密切联系,该主体人群经历过一次彻底的语言替换,导致了基因遗传和语言"错置"的现象。依此来看,上文中提及的同色目人有关的族源传说是有一定道理的。有趣的是,青海同仁使用保安语的人群(土族)大多认为他们的祖先是"霍尔人",他们是成吉思汗大将多日达那波的后裔[41]。根据李克郁《"霍尔"杂谈》[50]一文,"霍尔"一词曾是吐蕃人对蒙古人的称呼(成吉思汗统一蒙古后)。虽然使用同一语言(不同方言),但青海甘肃两地保安语的使用者在其族群溯源的问题上看法并不相同,较为遗憾的是,目前基因样本均来自甘肃省积石山县的保安族人群,我们无法从遗传的角度对两个群体作出比对,期待后续的研究可填补这一空白,以期对该区域的人群历史和语言描绘出更加清晰的脉络。

参 考 文 献

[1] 范晔.后汉书:西羌传.北京:中华书局,1965:卷 87.
[2] 临夏县志编纂委员会.临夏县志.兰州:兰州大学出版社,1995.
[3] 杨建新.中国西北少数民族史.北京:民族出版社,2003.
[4] 积石山保安族东乡族撒拉族自治县志编纂委员会.积石山保安族东乡族撒拉族自治县志.兰州:甘肃文化出版社,1998.
[5] 芈一之.青海汉族的来源、变化和发展(上).青海民族研究,1996,1:5-12.
[6] 芈一之.青海汉族的来源、变化和发展(中).青海民族研究,1996,2:33-37.

[7] 芈一之.青海汉族的来源、变化和发展(下).青海民族研究,1996,3:34-41.
[8] Campbell L. Areal linguistics: a closer scrutiny//Matras Y, Mcmahon A, Vincent N. Linguistic areas: convergence in historical and typological perspective. New York: Palgrave Macmillan, 2006.
[9] Dwyer A M. From the Northwest China sprachbund: Xúnhuà Chinese dialect data. Yuen Ren society treasury of Chinese dialect data, 1995 1: 143-182.
[10] Slater K W. A grammar of mangghuer: a mongolic language of China's Qinghai-Gansu sprachbund. London and New York: Routledge Cuzron, 2005.
[11] Janhunen J. Sinitic and non-Sinitic phonology in the languages of Amdo Qinghai. Studies in Chinese language and culture. Oslo: Hermes Academic Publishing, 2006: 261-268.
[12] Janhunen J. Typological interaction in the Qinghai linguistic complex. Studia Orientalia Electronica, 2007, 101: 85-102.
[13] Janhunen J. On the hierarchy of structural convergence in the Amdo Sprachbund. Argument structure and grammatical relations: a crosslinguistic typology, 2012: 177-190.
[14] 徐丹,贝罗贝.中国境内甘肃青海一带的语言区域.汉语学报.2018,3:2-15.
[15] Janhunen J. The Mongolic languages. London and New York: Routledge, 2003.
[16] Volker R. Intra-mongolic taxonomy//Janhunen J. The Mongolic languages. London and New York: Routledge, 2003.
[17] Sinor D. Langues mongoles//Meillet A, Cohen M. Les langues du monde. Centre national de la recherche scientifique, 1952.
[18] Poppe N. Introduction to Mongolian: comparative studies. Mémoires de la société finno-ougrienne. Suomalais-Ugrilainen Seura, 1955.
[19] Todaeva B H. Einige besonderheiten der paoan-sprache. Acta Orientalia Academiae Scientiarum Hungaricae, 1963, 16 (2): 175-197.
[20] Todaeva B H. Über die Sprache der Tung-hsiang. Acta Orientalia Academiae Scientiarum Hungaricae, 1959, 9 (3): 273-310.
[21] Nugteren H. On the classification of the "peripheral" Mongolic languages. Studia Uralo-altaica, 1997, 39: 207-216.
[22] Nugteren H. The classification of the Mongolic languages//Robbeets M, Savelyev A. The Oxford guide to the transeurasian languages. Oxford: Oxford University Press, 2020: 91-104.
[23] 斯钦朝克图.康家语概况.民族语文,2002,6:66-77.
[24] 陈乃雄.从一些词法形态看康家话与保安语的关系.西北民族研究,1997,1:150-160.
[25] 清格尔泰.关于蒙古语族与语言及其研究.内蒙古大学学报,1985,4:18-28.
[26] 孙竹.蒙古语族语言研究.呼和浩特:内蒙古大学出版社,1996.
[27] 喻世长.论蒙古语族的形成和发展.北京:民族出版社,1983.

[28] 托达耶娃,清格尔泰,索德那木,等.蒙古语族语言和方言调查汇报.民族语文科学讨论会印,1955.

[29] 斯钦朝克图.康家语研究.上海：上海远东出版社,1999.

[30] Schleicher A. Darwinism tested by the science of language. JC Hotten,1869.

[31] 木仕华.卡卓语研究.北京：民族出版社,2003.

[32] 那森柏.东乡语的词重音//甘肃省民族事务委员会,西北民族学院西北民族研究所.东乡语论集.兰州：甘肃民族出版社,1988.

[33] Field K L. A grammatical overview of santa mongolian. Santa Barbara：University of California,1997.

[34] 徐丹,文少卿,谢小冬.东乡语和东乡人.民族语文,2012；3.

[35] Xu D, Wen S Q. The Silk Road：language and population admixture and replacement//Xu D, Li H. Languages and genes in Northwestern China and adjacent regions. Singapore：Springer Nature,2017；55-78.

[36] 陈乃雄.保安语的语音和词汇.西北民族研究,1990(1)：33-48+32.

[37] Xu D. From topic marker to case marker：a case of case formation in Gansu-Qinghai linguistic area. Asian Languages and Linguistics,2020,1(2)：278-308.

[38] 陈乃雄.保安语和蒙古语.呼和浩特：内蒙古人民出版社,1986.

[39] 武沐,贾陈亮."保安人"与"保安族"关系探讨.青藏高原论坛,2013,1；76-84.

[40] 龚景翰.循化志：卷四.西宁：青海人民出版社,1981.

[41] 周毛先.热贡"蔡孜德裕"：隆务格曲流域"四寨子"人之身份演变与文化调适研究.兰州：兰州大学,2015.

[42] 芈一之.同仁土族考察报告——四寨子(五屯)的民族历史//芈一之.芈一之民族历史研究文集.北京：民族出版社,1985；496-492.

[43] 保安族简史编写组.保安族简史.兰州：甘肃人民出版社,1984.

[44] 菅志翔.族群归属的自我认同与社会定义：关于保安族的一项专题研究.北京：民族出版社,2006.

[45] 马世仁.在"田野"中发现历史：保安族历史与文化研究.北京：中国社会科学出版社,2008.

[46] 陈乃雄.保安语词汇.呼和浩特：内蒙古人民出版社,1988.

[47] 中国科学院民族研究所甘肃少数民族社会历史调查组.保安族简史简志合编.中国科学院民族研究所,1963.

[48] 甘肃省编辑组.裕固族东乡族保安族社会历史调查.兰州：甘肃民族出版社,1987.

[49] 杨亚军,许海东.基因分析视野下的保安族源流探微//马世仁.在"田野"中发现历史：保安族历史与文化研究.北京：中国社会科学出版社,2008.

[50] 李克郁."霍尔"杂谈.青海民族研究,1998,3；61-66.

索 引

A

阿尔泰语系　149~150,190~191
安纳托利亚假说　94~96,98
安姓部落　168

B

稗　23
包括式和排除式　132
保安语　122,296~301
保安族　302~306
边地半月形文化传播带　64~65,72
表型性状　17

C

察哈尔蒙古语　235~271
长江下游　4~6
长江中游　7
词汇　245,252~255,271,299~300
词汇借贷　120~123,133~134,137,139,
　　143~144

D

达斡尔族　55
大豆　11~13

丹尼索瓦人　181~182
单倍群　52
倒话　120~128
底层语言　174
奠基者父系类型　53
定居　10
东部裕固族　235~271
东乡　163
东亚　3,11~25,77~82
侗台语人群　57~60

E

二元量化法　124

F

法医学应用　111~112
泛欧亚语　150
非真值语义功能　288
复制型语法化　290

G

甘青地区　34~45
甘青语言区域　210~213,215,295
狗　19

H

汉化　175
河西走廊　64,72
河州花儿　273～274
花儿　273～282,290～291
华西地区　63～65
话题　276
话题标记　274～278,284～286
混合语　118～120,133～134,139～140

J

基因家谱　104～107,112～113
基因交流　15
基因组　19
计数法　229
家犬　19～22
家畜　3,17
家猪　15～19
坚果　24
接触诱发语法化　290
精英主导模式　152,162～163,165,171,175
句法借贷　120,123～124,128～129,132～134,139,143～144
句法特征　161
聚类　13

K

考古学　88～90,93～94,99
库尔干假说　88～89,98
扩散　8

L

连词　288
量化　119
邻接树　137～138
邻接网　137～138
领袖集团的精英主导模式　162,165,171
龙山　11,13

M

模式借贷　132,286,290～291
母系线粒体　141

N

南岛语人群　57～59
内部机制　160
农耕群体　162,171
农耕语言　172
农业起源　3
农业生态　22～24
农业-语言共扩散假说　66～67,72,81
农作物　3,9,11,22～23

P

谱系树　52～54,78,80

Q

漆树　25
迁徙　15～19,62～63,66～69,72
青藏高原　179～187

R

人类活动　34～58

S

撒尔塔　163
生存环境　34～35,37,39
生业模式　34,43,45
绳文　23～25
实体借用　127
史前时代　34

黍　9~11
水稻　3~8
粟　9~11

T

唐汪话　120~122,129~134,137~139,
　　143~144
桃　13~15
条件从句　275
条件从句标记　278~282
条件副动词　284,286~287,289~290
通古斯语人群　57
统治集团的精英主导模式　162,163,171
突变速率　109
突厥语　148~153

W

外部机制　160
文化主导模式　170~171
五屯话　120~128,133~137

X

西部裕固语　227~233
西部裕固语带擦元音　228
西部裕固语语音特征　227
西部裕固族　198
西辽河流域　10
线粒体DNA　15,79,179~180
小米　9~11
新石器时代转型　76~77,81~82
驯化　3~24

Y

亚拉格部落　169
演化　62~63,66,68~69,72
演化速度　119,134

野生　4~7,9,11,13~16
移民　15~17
遗传分化　16
遗传结构　190~191,196~197
遗传学　91~93,96~99,104
以物证史　160,161
印欧语系　87~99
游牧群体　162,171
游牧语言　172
语言共性　209~211
语言接触　160,211~212,219,231
语言类型　160
语言类型学　209
语言谱系　160
语言区域　284,286,295
语言学　90~91,94~96,298
语音　239~245,298~299
裕固语　222~224
裕固族　197~205,222~225
裕固族部落　224

Z

栽培　7~9
藏缅语　179,185~187
藏缅语族　62~63,66~69,72
藏彝走廊　64,70,72
真值语义功能　288
栉文　22~23
状语从句标记　282~286
资源生产　23~25
宗教优势导向　143
祖先核心成分　174

Swadesh　119
Y染色体　19,52~53,79~82,104~105,
　　140,179~180
Y染色体谱系　81,113